가족치료의 기술 원서 3판

첫 면접에서 종결까지

J. Patterson · L. Willams · T. M. Edwards · L. Chamow · C. Grauf-Grounds 공저
김유숙 · 박주은 · 천희선 · 이현숙 공역

Essential Skills in Family Therapy (3rd ed.)

학지사

Essential Skills in Family Therapy, Third Edition
by JoEllen Patterson, Lee Williams, Todd M. Edwards, Larry Chamow,
and Claudia Grauf-Grounds

역자 서문

코로나19 팬데믹 이후 우리 사회는 이전과 달리 인간관계가 전반적으로 소원해지고 있다. 가족 밖의 관계가 소원해질수록 가족에 대한 기대는 커진다. 이것은 동시에 기대에 따른 실망감도 커지게 하므로 이에 따른 다양한 가족문제가 대두될 수밖에 없다. 그리고 이런 문제가 치료현장에서 크게 부각되면서 치료자들이 가족관계를 조정할 필요성이 늘어나게 되었다. 이런 것을 잘 반영하듯이, 치료영역은 물론 교육, 사회복지와 같은 다양한 영역에서 활동하는 전문가들이 가족치료의 필요성을 느끼면서 학습의 기회를 찾고 있다.

그런데 대부분의 치료자가 이론적 이해나 임상적 접근을 처음 접하게 되는 것은 개인치료이다. 치료자들은 개인치료 훈련을 받고 현장에서 활동하면서 가족치료의 중요성을 인식하고 자신의 접근영역을 넓히려고 시도할 때 많은 혼란을 경험한다. 가장 큰 어려움은 기존의 치료와 가족치료의 차이를 잘 설명하면서 가족치료로 이끄는 안내자를 만나기가 쉽지 않다는 점이다. 개인치료 훈련을 받은 치료자들은 체계론적 관점의 전환을 강조하는 가족치료를 만나면 관점의 차이로 인한 저항을 갖는 경우도 많다. 그런데 이러한 의문을 함께 고민해 줄 심리적 원조자나 서적이 많지 않다. 따라서 치료자들은 가족치료와 개인치료 사이의 간극을 좁히기까지 많은 시간과 굴곡을 거칠 수밖에 없다. 이 책은 이와 같은 고민을 하는 치료자들에게 도움이 되었다는 평가를 받고 있다.

이 책은 개인치료의 기반을 가진 치료자들이 가족의 심리원조를 할 때 도움이 될 기술들을 가능한 한 읽기 쉽게 정리하였다. 치료가 치료자와 내담자의 만남을 강조하기 때문에 우리는 오랫동안 치료영역에서 기술이라는 단어를 홀대해 왔다. 그것은 치료자의 움직임을 구속하여 있는 그대로의 인간을 경험하는 데 방해요소가 될 것이라는 편견이 있었기 때문이다. 그러나 우리는 이 책을 통해 기술의 습득이 치료자들의 치료역량을 향상시키고 궁극적으로 내담자에게 도움이 된다는 점을 알 수 있었다. 이를 뒷받침하듯이 이 책의 2판은 가족치료를 전공하는 학생들이 흔히 알고 싶어 하는 것들을 친절하게 알려 주는 답변서이자 치료자들이 실제 치료과정에서 직면하게 되는 여러 가지 딜레마를 해결해 주는 성실한 답변서라는 평가를 받아 왔다. 이번 3판을 번역하면서 독자들의 이러한 기대를 저버리지 않을 것이라는 확신을 가질 수 있었다.

3판의 번역을 권유해 주신 학지사의 김진환 사장님과 좋은 책으로 출간될 수 있도록 애쓴 편집부 여러분에게 감사의 마음을 전한다. 그러나 무엇보다도 이 책에 애정을 가진 독자들에 의해서 3판이 번역될 수 있었음에 감사하다.

2021년

역자 일동

저자 서문

우리는 20년 전 샌디에이고대학교(University of San Diego: USD) 학생들을 위해 『가족치료의 기술(Essential Skills in Family Therapy)』을 집필하였다. 이 책이 다른 가족치료 전공 학생들에게도 도움이 되기를 바라기는 했지만, 우리는 이 책을 마치 우리 학생들에게 보내는 개인적인 편지처럼 썼다. 이 편지는 학생들이 가장 자주 하는 질문에 대해, 그리고 그들이 하고 싶을 것 같은 질문에 대해 답하려고 시도하였다. 예를 들면, 우리 학생들은 흔히 임상 작업을 시작하고 처음 몇 달 동안은 자신이 부족하다는 느낌이 들었다고 보고하였다. 다른 학생들은 충성심에 대한 우려를 가지고 있었다. 그들이 개인치료모델에서 가치를 발견한다면 그래도 여전히 가족치료자라고 할 수 있을까? 그들이 훈련을 받으며 성장함에 따라 그들의 질문은 더욱 복잡해졌다. 예를 들어, 그들은 개인, 부부 그리고 가족평가의 균형을 어떻게 맞출지 궁금해했다. 그들은 향정신성 약물이 내담자에게 미치는 영향과 어떻게 하면 의사와 협력하여 그들을 돌볼 수 있을지 검토하였다. 더 최근에는 우리 학생들이 가족치료자로 일하면서 신경생물학과 유전학의 역할에 관심을 가지게 되었다.

USD 프로그램의 장점이자 단점은 자체적으로 훈련 클리닉을 갖고 있지 않다는 것이다. 그래서 우리 학생들은 처음 임상을 시작할 때부터 편의성과 비용의 효율성에 초점을 맞춘 지역사회 장면에서 내담자를 보게 된다. 또한 학생들은 의사, 변호사, 학교 치료자, 교사, 그 밖의 정신건강 전문가를 포함하여 다양한 전문가와 함께 작업한다. 우리는 학생들이 치료자로서 그들의 역할에 천천히 익숙해지도록 하기 위해 부단히 노력하지만, 한편으로는 결과에 초점을 맞추는 지역사회 클리닉의 영향으로 USD의 훈련이 심리치료의 기원(origin)과는 상관없이 무엇이 효과가 있는지를 강조하게 되는 것을 깨달았다.

USD 교수진은 공동으로 우리 프로그램을 이끌어 온 핵심적인 신념들을 발전시켜 왔다. 우리는 George Engel의 견해를 따라 생물심리사회적 관점이 우리의 작업을 인도해야만 한다고 믿는 동시에, 특별히 체계론적 사고를 강조한다. 또한 내담자 개인과 가족을 돕는 것이 우리의 첫 번째 목표이며, 우리는 그 목표를 달성하도록 돕는 모든 개념, 과정, 치료법 그리고 모델에 개방되어 있다. 끝으로, 우리는 어떤 치료든 상관없이 치료자가 가족들을 서로 돌보는 데 참여시킬 수 있을 때 내담자를 북돋을 수 있다고 믿는다. 이러한 견해들이 지난 20년간 우리의 일을 이끌어 왔다.

『가족치료의 기술』은 USD 프로그램을 반영한다. USD 프로그램은 학생, 치료에 대한 실용적 접근, 다학문적 접근, 그리고 내담자에 대한 가족의 영향에 초점을 맞추고 있다. 우리가 1판과 2판을 쓸 때부터 이러한 신념들이 우리를 이끌었으며, 그와 동시에 우리는 진화해 왔다. 3판은 우리의 교육과 임상 작업을 형성하기 시작한 새로운 영향들을 반영한다. 우리는 우리의 작업에 중요한, 새로운 영향들 대부분을 언급해 보려고 했다. 그러나 간략한 입문서로 의도되었던 한 권의 책에 모든 새로운 정보를 넣는다는 것은 적절치 못하다는 것을 발견했다. 그래서 우리는 이 책에 소개된 핵심 생각들을 확장하기 위해서 Guilford Press를 통해 세 권의 책을 더 출간했다. 『치료자를 위한 정신약의학 안내서(Therapists' Guide to Psychopharmacology)』는 의사와의 협동치료를 제공하기 위한 전략을 설명하며, 약물치료를 결정하고 치료에 참여하는 데 있어서 가족의 중요성을 강조한다. 또한 우리는 『부부 및 가족치료자를 위한 평가 기술(Essential Assessment Skills for Couple and Family Therapists)』과 『임상가를 위한 가족치료 연구방법(Clinician's Guide to Research Methods in Family Therapy)』을 발간하였다. 이 책들은 첫 번째 저서인 『가족치료의 기술』에 나오는 생각들을 확립하고 확장하였다.

제1장은 임상 작업을 위해 자신감 형성하기와 같이 초보 치료자들이 흔히 경험하게 되는 문제를 다룬다. 책의 나머지 부분은 초보 치료자들이 임상적 사안들에 대한 분명한 이해와 치료기술의 적용 능력을 발전시키도록 돕는 데 할애되어 있다. 제2~6장은 내담자와의 첫 접촉부터 시작해서, 종합 평가, 치료계획과 개입까지 치

료의 일반적인 순서를 따르고 있다. 모든 치료자에게 필요한 정신건강 기술들은 가족치료 지식과 밀접하게 연관되어 있다. 여기에서 우리의 목표는 초보 치료자들에게 그들의 강사가 제시한 접근법을 단순히 적용하는 것이 아니라, 임상적 이슈에 대해 생각하기 위한 도구를 제공하는 것이다.

제7~10장은 호소문제와 내담자 가족의 특성에 기초한 특정 임상적 상황들을 다룬다. 우리는 심각한 정신적 문제로 어려움을 겪고 있는 아동・청소년, 노인, 부부, 가족과의 작업을 위한 주요 이슈와 접근법을 검토한다.

제11장은 모든 치료자가 맞닥뜨리는 몇몇 일반적인 장애물에 주목하며 치료가 진전되지 않을 때 거기서 벗어나는 구체적인 방법을 제공한다. 제12장은 치료에서 종종 간과되는 부분인 종결에 초점을 맞춘다. 제13장은 가족치료 안에서 새롭게 떠오르는 이슈들을 살펴봄으로써 책을 마무리한다. 초보 치료자가 가능한 한 최고의 돌봄을 내담자에게 제공하는 데 있어서 이 분야와 함께 계속해서 성장할 수 있으려면, 이러한 새롭게 나타나는 주제들에 주의를 기울여야만 할 것이다.

지난 20년간, 우리는 미국과 해외의 학생들로부터 이 책이 실용적이면서도 명확하다는 평가를 받고 있다는 것을 알고 격려를 많이 받았다. 우리의 목표는 우리가 배워 온 많은 아이디어와 모델을 간결하고 실용적인 안내서로 압축하는 것이었다. 『가족치료의 기술』 3판이 우리의 목적을 반영하였기를 바란다.

차례

제1장

초보 가족치료자

-도전하기-

탐은 실습 사이트에 새로 올라온 자신의 첫 내담자의 접수면접지를 열어 보았다. 약간 고조된 기분과 걱정이 뒤섞인 마음으로 문서에 적힌 정보를 훑어보았다. 치료의 목적을 묻는 항목에는 "남편의 음주와 자녀들을 때리는 문제에 대처할 방법이 필요함"이라고 적혀 있었다. 이것을 본 탐은 어디서부터 치료를 시작해야 할지 막막했다. 내담자가 어떤 이야기를 하더라도 그냥 들어줘야 할까? 아니면 좀 더 직접적인 접근을 취하여 즉시 남편의 물질남용 문제를 평가해야 할까? 또 다른 초점은 아동학대의 징후이다. 어쩌면 이 심각한 문제가 다른 모든 사안보다 시급할 수 있다.

샐리는 빡빡한 하루 일정을 살펴보면서 오늘 하루를 무사히 마칠 수 있을지 걱정이 앞선다. 그녀는 어제 아버지가 암에 걸려서 일 년을 넘기기 힘들다는 말을 전해 듣고 밤새 뒤척였다. 샐리는 기진맥진했지만, 내담자들에게 좋은 모습을 보여 주기 위해 오늘 만나게 될 가족에 대해 생각하기 시작한다. 존스 씨에게는 여덟 살 난 아들이 있는데, 그는 백혈병(leukemia)과 주의력결핍 및 과잉행동 장애(Attention-Deficit/Hyperactivity Disorder: ADHD) 외에도 여러 가지 문제를 가지고 있다. 존스 씨의 가족 주치의는 그가 '대처 방법을 배울 수 있기를' 기대하면서 치료를 의뢰하였다. 샐리는 잠시 동안 아버지에 대해 느끼는 자신의 힘든 마음이 오늘 치료에 영향을 미치지는 않을까 생각했지만, 5분 후 첫 회기가 시작되기 때문에 이 문제를 깊이 생각할 시간이 없다.

앤은 어제 있었던 집단 슈퍼비전 과정을 생각하면서 얼굴을 찡그린다. 그녀는 토마스 부인과의 회기가 녹화된 비디오 테이프가 자신이 얼마나 훌륭한 합류 기술(joining skill)을 가지고 있는지를 보여 주리라고 생각했었다. 토머스 부인이 치료를 좋아했으며 앤의 조언을 진지하게 받아들였다는 사실을 슈퍼바이저와 동료 학생들이 분명히 볼 수 있을 줄 알았다. 그러나 그들은 치료자와 내담자의 라포 형성에 관심을 갖기보다는 앤이 생각도 못한 평가와 관련된 질문으로 그녀를 당황시켰다. 예를 들어, 토머스 부인의 이혼과 그녀의 우울증과는 어떤 관계가 있는가? 부인이 늦은 밤까지 술을 마시는 것이 물질남용과 관련이 있다고 생각하지 않았는가? 자녀들이 방임되고 있는 것은 그녀에게 부모로서의 역할을 위한 시간과 에너지가 거의 없기 때문인가? 부인이 일자리를 찾는 데 앤이 관여할 수 있는 적정선은 어디까지라고 생각하는가? 앤은 이처럼 명료하면서도 중요한 평가와 관련된 질문을 간과해 버린 자신이 과연 치료자가 될 자격이 있는지를 곰곰이 생각하였다.

대부분의 치료자는 임상작업을 시작할 때 상당한 불안을 느낀다(Skovholt & Rønnestad, 2003). 그들은 강점보다는 부적절한 부분을 더 의식하며 훌륭한 임상작업을 하는 데 필요한 기술과 지식, 그리고 자신감을 어떻게 얻어야 하는지에 대한 도움을 얻고 싶어 한다.

많은 치료자가 이론적인 교육과정을 이수하면 기법을 습득했다는 자신감을 갖는다. 대학원에 진학할 즈음이 되면, 그들은 학생으로서의 생활이 친숙하고 교과 과정에서의 학업적 성취에 익숙해져 있다. 그러나 학업적 성취가 치료자로서의 능력으로 바뀌지는 않는다. 교수들은 어떻게 하면 치료에 기본적으로 필요한 기술을 가장 잘 전달할 수 있을지, 학생들은 또 어떻게 하면 그것들을 가장 잘 얻을 수 있을지를 몰라서 모두 헤매게 된다.

학문적인 이론과 실제 임상장면에서 그러한 이론을 적용하거나 기법을 실시하는 것에는 많은 차이가 있다. 집중적인 이론 교육을 받은 후에도 학생들은 다음과 같은 풀리지 않는 의문 때문에 고민하게 된다.

"내담자와 그 가족에게 어떤 말을 해야 할까?"
"이 상황에서는 어떻게 해야 할까?"
"접수면접 양식을 작성한 다음에는 무얼 해야 할까?"

"내가 초보자이고 완전히 부적절하고 압도당한 느낌이 든다는 걸 내담자가 눈치챘을까?"

"어떻게 한 회기의 면담과정을 통해 그에게 일어난 일들을 정확히 정리하면서 그 중에서 무엇이 중요한지를 판단할 수 있을까?"

"처음 한두 회기의 면담과정에서 확실한 개입이나 기법을 사용할 수 없다면 그 치료는 실패한 것일까?"

"분명히 이런 사례를 위한 이론을 배운 것 같은데, 이론 수업에서 배운 정보를 이처럼 반항적인 사춘기 소년과 적대적인 어머니에게 어떻게 적용해야 하는지 모르겠어!"

학생에게 실제로 필요한 것은 임상현장에서 첫 시작을 할 때 치료자로서의 기술을 향상시키는 방법을 배우는 것이다. 이 책은 이러한 실제적인 것을 제공한다. 철저한 평가로부터 주의 깊은 치료계획까지, 특정한 개입의 요점으로부터 치료관계를 확립하는 미묘한 차이까지 그리고 치료가 '꽉 막혔을 때' 해결하는 방법에 대한 필수적인 치료기법의 '노하우'를 담은 가이드라인을 제시한다.

가족치료, 정신건강 그리고 의약 분야의 통합적인 추세를 고려해 이 책은 생물심리학적 관점(biopsychosocial view)을 포함한 평가와 치료를 강조한다. 이러한 접근은 치료자에게 내담자들이 제시하는 폭넓은 이슈들을 다루기 위한 효과적이고 포괄적인 틀을 제공하게 될 것이다. 그러므로 가족 상호작용이 여기서도 여전히 관심의 초점이기는 하지만 우리의 목표는 초보 치료자가 다양한 내담자 가족의 욕구를 가장 잘 채워 줄 뿐만 아니라 다른 분야의 정보와 기술을 통합할 수 있도록 준비시키는 데 있다.

가족치료 이론과 개인치료의 진단이나 치료를 하나로 통합하는 능력은 자신의 임상경력을 막 쌓아 가려는 초보 치료자에게는 특히 중요한 부분이다. 예를 들어, 가족치료를 적용해야 하는 특수하고 중요한 임상장면이라 할지라도, 실제 치료적 개입을 할 때는 모든 치료에서 보편적으로 적용할 수 있는 부분을 많이 활용하기 때문이다. 예를 들어, 자살에 대한 위험이나 물질남용을 위한 평가, 다른 기관에 효과적으로 의뢰하는 기법 등은 바람직한 치료를 추구한다면 본질적으로 갖추어야 하는 것들이다. 따라서 이 책은 기존의 전통적인 가족치료의 경계를 넘어서 기본적인 치료기술에 대해 가능한 한 포괄적이고자 한다.

가족치료를 처음 접하는 학생들의 많은 수가 자신의 슈퍼바이저가 선호하는 이론이나 자신이 관여한 치료기관에서 가장 많이 접했던 방법을 자신들의 기준으로 삼는다. 우리는 어떤 문제에 대해 가족치료가 적절한지를 평가하는 것은 필수적인 임상 기술이라고 믿는다. 문제가 가족치료자의 기량(또는 기술 수준)의 범위 밖에 있으며 다른 정신건강 분야의 전문가에게 맡기거나 다른 전문기관과 협력관계를 가지는 것이 가장 좋은 치료적 개입일 수 있다는 것을 인식할 수 있어야 한다.

실제로 정신 질환과 정신약의학(psychopharmacology)의 생물학적 변인에 대한 연구는 치료자들이 "말로 하는 치료" 이상의 것에 수렴될 것을 제안한다. 여러 분야의 전문가들이 함께 치료 팀을 만들거나 다학문적 치료(multidisciplinary treatment)에 관심이 높아지고 있다는 것은 치료자가 생물심리사회적 통합모델을 적극적으로 수용하면서 다른 분야의 치료 전문가들과도 협력하고자 하는 것을 의미한다. 약물치료에 대한 지식 기반과 의사에게 자문을 구하는 능력은 다학문적 접근의 한 측면이다.

이 책의 많은 부분이 치료자로서의 여정에 대한 특정한 과정과 기술에 대해 서술하지만, 제1장에서는 초보 치료자들을 위한 걱정거리를 해소하는 데 할애할 것이다.

시작하기

> "제 첫 번째 치료여서 긴장할 대로 긴장했죠. 저는 이 가족과 무엇을 해야 할지 전혀 몰랐어요. 그들도 자신들이 왜 모두 여기 왔는지 모르는 것 같았어요. 저는 이 치료를 예약한 어머니와 그 가족이 치료에 대해 얼마나 알고 왔는지를 알아내기 위해 얘기하고 있었죠. 그런 사이에 내가 이 부인을 정말 좋아하지 않는다는 걸 깨달았어요."

실습생의 이 같은 경험담을 통해 많은 초보 치료자가 가지는 두 가지 중요한 고민을 엿볼 수 있다. 첫 번째는 "어떻게 하지?" 하는 의문이며, 두 번째는 치료과정이나 내담자에 대한 치료자 자신의 다양한 감정이나 반응을 어떻게 치료에서 잘 다룰 수 있느냐의 문제이다.

치료를 해 가면서 치료기법이나 학문을 터득한다는 것은 어렵고 도전적인 과제인데, 특히 처음 내담자를 만날 때는 더욱 그렇다. 많은 초보 치료자가 종종 자신의 임상능력이 부족하거나 불안정하다는 감정을 느낀다(예: Bischoff & Barton, 2002; Bischoff, Barton, Thober, & Hawley, 2002; Watkins, 2012; Woodside, Oberman, Cole, & Carruth, 2007). 그 중 몇몇은 자신의 실수 때문에 내담자에게 직간접적으로 해를 입힐 수도 있고 때로는 임상적 실수 때문에 상태가 악화될지 모른다는 두려움을 가진다. 또 다른 몇몇은 자신의 경험 부족으로 내담자에게 아무런 도움이 되지 못할까 봐 걱정하기도 한다. 소수이기는 하지만 어떤 사람은 자신이 치료자로서 경력을 이어 갈 수 있을지에 대해 심각하게 고민에 빠지는 경우도 있다.

발달적 관점에서 본다면 치료자와 슈퍼바이저는 모두 자신감에 관한 문제를 고려해야 한다(Bischoff & Barton, 2002). 임상경험이 부족한 초보 치료자는 당연히 자신의 능력을 과소평가할 것이다. 그러나 슈퍼바이저의 입장에서 본다면 자신감에 넘치는 초보 치료자가 오히려 더 염려가 된다. 그렇다고 해서 자신감이 충만하다는 사실이 반드시 치료의 능력을 향상하기 위해서 뭔가를 배우는 데 방해가 되거나 복잡하게 만드는 것만은 아니다.

불안감과 자만심 관리하기

초보 치료자들은 어떻게 하면 자신감의 결여나 불안이나 걱정에 압도당하지 않으면서 그것들을 잘 다룰 수 있을까?

첫째, 그들은 이러한 현상이 지극히 당연하다는 점을 깨달아야 한다. 심리치료처럼 복잡한 것을 배우는 일은 어려울 수 있으며 특히 처음에는 더 그렇다. 역설적이게도 치료를 어떻게 하는지 배울수록 모르는 것이 얼마나 많은지를 깨닫는다. 이러한 역설은 치료자가 되는 것에 대한 불안감을 가져다준다. 사실상 학생들이 치료자가 되기 위해 필요한 것을 과연 자신들이 가지고 있는지에 대해 의문을 품는 것은 드문 일이 아니다(Watkins, 2012). 초보 치료자들은 압도당하는 기분을 자신이 치료자로 적합하지 않다는 신호로 해석할 수 있는데, 이것은 그들의 불안과 불안정감을 부채질할 뿐이다. 이러한 감정의 강도와 이에 대처하는 방법은 치료자마다 다르겠지만, 모든 초보 치료자가 어느 정도는 이러한 감정과 씨름한다.

둘째, 초보 치료자는 이러한 경험을 다른 치료자나 슈퍼바이저와 나누는 것이 바람직하다. 그러나 불행하게도 초보 치료자들이 이러한 고민을 다른 사람과 나누지 못하는 것은 자신이 무능하거나 실패자로 드러나는 것이 두렵기 때문이다. 용기를 내어 자신의 두려움을 동료들에게 나눈다면 그들도 대개는 비슷한 염려를 털어놓을 것이다. 불안과 두려움을 나누는 것은 초보 치료자가 겪는 이러한 어려움이 이 직업에 자신이 적합하지 않다는 신호가 아니라 발달과정에서 마땅한 일이라는 것을 받아들이는 데 도움이 된다(Bischoff et al., 2002). 슈퍼바이저 또한 불안과 자신감 결여가 이 단계의 발달과정에서는 있을 수 있고 정상적인 것이라는 확신을 제공해 줄 수 있다.

초보 치료자는 왜곡된 인식이나 비현실적 기대가 자신감에 관한 두려움이나 갈등을 야기하고 있는 것은 아닌지 점검해야만 한다. 초보 치료자는 완벽주의 성향이나 비판적인 자기 대화로 힘들어할 수 있으며(Hill, Sulivan, Knox, & Schlosser, 2007), 이에 대한 도전이 필요할 수 있다. 시어는 초보 치료자인 자기 자신에게 가혹했으며 심지어 경험이 부족한 자신이 많은 내담자를 치료하는 것이 과연 윤리적인지 질문하기까지 했다. 그는 자신의 내담자가 좀 더 경험이 많은 치료자를 만났다면 더 잘 치료받을 수 있었을 것이라고 자주 생각했다. 그러나 어느 날 시어는 자신의 내담자가 만났어야만 했다고 생각한 그 경험 많은 치료자 역시 한때는 초보 치료자였다는 것을 깨달았다. 숙련된 치료자가 되는 유일한 길은 지금 그가 통과하고 있는 학습의 과정을 통과하는 것이 아니던가. Minuchin이나 Satir 같은 유명한 치료자들조차 한때는 미숙한 치료자였다는 것을 알게 되자 그는 안심이 되었다. 많은 건설적인 생각과 이미지는 초보 치료자의 불안을 달래는 데 큰 도움이 된다.

셋째, 내담자와 치료자의 관계는 근본적으로 치료적 도움이 된다는 점을 명심하는 것이 중요하다. 치료자는 내담자가 긍정적인 경험을 갖게 하기 위해 반드시 무언가를 해야 하는 것은 아니다. 대부분의 초보 치료자는 일반적으로 자신이 내담자와 관계를 맺는 기술은 가지고 있다고 믿기 때문에 이 말을 들으면 무척 안심이 될 것이다. 초보 치료자에게 내담자의 말을 경청하거나 합류하는 것이 얼마나 중요한지를 일깨워 주면, 대부분의 치료자는 마음이 놓이고 "그 정도는 나도 할 수 있지!" 하는 자신감을 갖게 된다.

넷째, 초보 치료자는 내담자를 만나는 그들의 초기 경험은 종종 모든 새로운 직업이 그렇듯이 가파른 학습 곡선을 수반한다는 점을 기억해야 한다. 처음 몇 달간은 생전 처음 해 보는 많은 일을 하게 될 것이다. 처음 해 볼 때는 이렇게 하는 게 맞는지 확신할 수 없기 때문에 당연히 불안하다. 그러나 여러 번 하면 훨씬 자신감을 느끼게 될 것이다. 예를 들어, 가족의 접수면접 과정을 두세 번 경험한다면 그 일을 하는 것이 덜 불안해질 것이다. 그러나 여러 상황이 친숙해지도록 충분한 경험을 하는 데는 시간이 걸린다.

많은 초보 치료자는 언제쯤 자신감과 관련된 고민에서 벗어날 수 있을지 궁금해한다. 경험 많은 임상학자들은 5~7년(혹은 5,000~7,000시간)의 임상경험을 하게 되면 대부분의 임상적 이슈 또는 문제를 여러 번 만나게 된다고 말한다. 그 결과 그들은 치료자로서 경험할 수 있는 대부분의 문제를 수차례 겪을 수 있다. 그 결과, 그들은 치료자로서 자신의 능력에 매우 안정감을 느끼거나 자신감을 갖게 된다.

다행스럽게도, 반드시 5,000~7,000시간을 치료해야만 괄목할 만한 자신감을 가지게 되는 것은 아니다. 초보 치료자는 내담자를 만나기 시작한 첫해에도 자신감이 증가하는 것을 보게 된다(Bischoff & Barton, 2002). 초보자에게 일반적인 강한 불안감과 당혹감은 처음 내담자를 만난 지 한 달에서 세 달 정도가 되면 대체로 가라앉는다. 또한 그들은 비록 계속해서 비효율적이거나 도움이 안 된다는 감정과 씨름하기는 하지만, 자신이 내담자에게 직접적으로 해를 끼칠지도 모른다는 두려움은 줄어든다.

500~700시간 정도의 치료경험이 쌓이면 그들은 치료자의 자신감에 관련된 또 다른 중요한 시점에 도달한다. 이때쯤이면 충분한 임상적 성공을 경험했기 때문에 그들은 내담자를 돕는 자신의 능력에 어느 정도 자신감을 발달시키기 시작한다. 이 정도 경험의 단계에 들어서면 초보 치료자는 대체로 사례를 개념화하는 능력이 발전했다고 보고한다. 그들은 무엇이 바뀌어야 하는지는 알지만, 이 변화를 초래하기 위해 어떻게 개입해야 하는지에 대해서는 아직 확신이 없다.

임상경험이 1,000~1,500시간 정도 되면 대부분의 치료자는 자신의 전반적인 능력에 대해 자신감을 갖게 된다. 이때쯤이면 그들은 사례개념화를 보다 잘할 수 있으며, 다양한 효과적인 개입도 개발해 나간다. 물론 치료자는 가끔씩, 특히 어려운 사례나 문제와 씨름할 때, 여전히 자신의 능력에 의문을 가질 수 있다. 사람들과 작업하기 시작한다면 자신감 이슈가 또 다시 등장할 수 있다. 그러나 이 시기의 치료자들은 대부분 자신의 임상능력에 대해 더 이상 심각하게 의심하며 괴로워하지는 않는다.

치료자의 발달단계

McCollunm(1990)은 개인치료 훈련을 받은 치료자가 가족치료를 하기까지 세 단계를 거친다고 말했다. 첫 번째 단계에서는 가족단위의 내담자들과 작업을 할 때 필요한 기술을 획득하려는 데 초점을 맞춘다. 두 번째 단계에서는 체계론적 이론을 그들의 임상작업에 적용하기를 배운다. 마지막 단계는 "치료자의 자기(self of the therapist)" 단계로서 그들은 그들의 임상작업과 관련하여 보다 개인적인 문제에 초점을 맞추게 된다. 예를 들어, 자신들의 원가족과의 경험이 현재 만나고 있는 내담자 가족과의 작업에 어떤 영향을 주는지를 탐색한다.

McCollunm의 소견은 경험이 많은 치료자가 가족치료를 하도록 가르치는 데 근거하고 있지만, 치료경험 없이 가족치료를 배우려는 사람에게도 이 같은 발달단계를 적용하는 것이 가능하다. 한마디로, 초기 기술단계에서 치료자는 내담자에게 무엇을 할까를 파악하려고 노력한다. 이론단계에서는 어떻게 생각할까로 초점이 바뀐다. 그리고 마지막 단계에 이르러 치료자는 만나고 있는 가족에게 자신을 활용하는 데 초점을 맞춘다.

각 단계는 특별한 강조점을 가지고 있지만, 세 단계 모두가 때때로 겹쳐진다. 이러한 발달단계는 시간과 경험에 의해서 구분되었지만 다른 요인들이 초점들 중 어느 하나 또는 모두를 전면에 내세울 수도 있다. 그 요인들 중에는 특정 내담자 가족이나 임상적 이슈, 슈퍼바이저나 훈련 프로그램이 강조하는 것 그리고 특히 치료자의 지속적인 관심사가 있다.

1단계: 기본 기술의 습득

임상현장에 첫발을 내디딜 때 치료자는 뒤섞인 감정에 휩싸인다. 대부분의 경우 드디어 '치료를 하게 된다'는 흥분을 느끼며, 어떤 사람은 심지어 빨리 내담자를 만나고 싶어 안달한다. 그들은 지금까지 수업시간에 배운 이론을 치료과정에서 만나는 사람들에게 성공적으로 적용해 보고 싶다는 의욕이 넘친다. 그러나 대다수 치료자의 보고에 따르면, 첫 내담자를 만나기 전의 가장 흔한 반응은 상당한 불안감이다.

첫 내담자를 만나기 전이나 또는 치료를 진행하면서 이 같은 걱정을 가지는 것은 지극히 당연한 일이다. 초보 치료자는 이러한 불안감에 압도되는 느낌을 받았다고 말한다. 첫 치료 후에 집에 돌아가서 울었다고 말한 사람도 있으며, 많은 치료자가 스트레스로 인해 두통, 불면증, 복통 혹은 식욕의 변화를 경험했다고 보고했다.

초보자에게 있어서 초기 단계는 기본적인 기법을 배우고 연습하는 시간이다. 긴장을 풀고 치료실에서 내담자와 함께 있는 법을 배우는 것으로 출발하면 좋을 것이다. 철저한 평가와 효과적인 치료는 내담자의 이야기를 듣고 주의를 기울이며 내담자에게 자신이 이해받고 있다는 것을 보여 주는 치료자의 능력에 달려 있다. 초보자는 '무언가 해야 한다'는 것에 대한 불안을 여유로운 호기심과 공감으로 바꾸는 법을 배울 수 있다. 이러한 접근은 유용한 질문과 탐구로 이어질 것이며, 그것으로부터 치료가 시작된다.

2단계: 사례개념화 습득

초보 치료자는 치료관계가 필요하기는 하지만 변화를 위해서 언제나 충분한 요소는 아니라는 것을 곧 알게 된다. 그들은 더 이상 내담자와 단지 함께한다는 것만으로 만족하지 않는다. 그들은 어떤 내담자는 변화를 위한 구체적인 아이디어나 제안이 필요하다는 것을 깨닫는다. 동시에 치료자는 더욱 효과적인 치료를 위해서는 가족의 역동에 대한 분명한 이해에 뿌리를 둔 개입이 필요하다는 것을 알게 된다. 그리하여 치료자는 자신의 사례에서 무엇이 일어나고 있는지에 관한 개념화에 초점을 두는 두 번째 단계로 진입한다.

사례개념화를 익히는 것은 어렵고, 어쩌면 많은 좌절감을 안겨 줄 수 있다. 이 단계에서 치료자는 다음과 같은 고민을 하기 시작한다.

"이 사례에 가장 필요한 정보가 무엇인지를 어떻게 판단하지?"

"이 내담자는 매주 다른 문제를 가지고 오네. 내가 어떤 문제에 집중해야 하는지를 어떻게 판단해야 하지?"

"이 사례에 적용 가능한 이론이 있어야 하는데 어떤 이론이 여기에 효과가 있을지 모르겠네."

"지난주엔 어떻게 풀어 나가야 할지 감을 잡았던 것 같은데, 오늘은 또다시 뭐가 뭔지 잘 모르겠네."

"과정에 집중해야 한다는 걸 알지만, 난 지금 내용에 빠져 있는 것 같아."

일반적으로 초보 치료자는 훌륭한 통찰과 가설을 발전시킬 수 있지만, 이 조각들을 함께 연결해서 일관된 그림이나 치료 계획을 만드는 것은 어려워한다. 그러나 점점 조각들이 함께 맞추어지는 명료한 순간들이 생길 것이다. 시간이 지날수록 이런 순간들이 혼동과 혼란의 시기보다 더 길어질 것이다.

두 번째 단계의 초기에는 많은 치료자가 어떤 특정한 이론적 관점을 적용해 사례를 개념화하는 것이 도움이 된다는 것을 발견한다(McCollum, 1990). 그들은 한 가지 이론적 관점을 집중적으로 사용해 보면서 그것의 한계를 깨닫기 시작하고 다른 이론을 시도해 볼 수도 있다. 이처럼 치료자는 여러 가지 다른 이론을 탐색하면서 마침내 각 이론들의 장점을 모아 자신만의 개념의 틀로 발전시켜 나간다.

3단계: 자기(self)로서의 치료자

보다 많은 기술을 습득해 가면서 사례를 개념화하는 것도 편해지고 익숙하게 되면, 치료자는 치료에서 자신들을 바라보기 시작한다. 치료자의 자기가 치료에 큰 영향을 줄 수 있다는 인식이 증가하게 되며 초보 가족 치료자는 치료적 만남에 대하여 자신이 어떤 기여를 하고 있는지 확인하는 일에 점차 더 많은 관심을 갖게 된다.

이 단계 동안에 치료자는 종종 자기로서의 치료자가 치료에 도움이 될 수도 해가 될 수도 있다는 것을 탐구할 것이다. 우리의 다양한 개인적 경험이 치료작업을 할 때 새로운 아이디어와 이해를 위한 촉매제가 될 수 있다. 예를 들어, 자신의 부모와 성인 대 성인의 관계를 성공적으로 발전시킨 치료자는 분리 개별화의 문제로 고통받고 있는 내담자에게 자신의 경험을 활용할 수 있다. 특별한 삶의 경험, 예컨대 정신적 외상, 부모-자녀 관계, 사별, 질병들도 치료과정에서 긍정적인 요소로 활용될 수 있다.

그러나 치료자의 개인적인 미해결 문제나 '성장해야 할 영역'은 치료에 장애가 되기도 한다. 따라서 어떤 치료자는 이 단계에서 자신의 개인적인 문제를 보다 심층적으로 들여다보면서 자기 자신을 위한 치료로 연결하는 경우도 있다. 치료자 자신의 개인사를 돌아보면서 얻은 성숙함과 통찰은 다양한 인생경험을 건설적으로 치료에 접목하는 데 필요한 관점을 제공해 줄 수 있다.

치료에 대한 강박관념

많은 초보 치료자가 자신의 치료와 내담자에 대해 생각하는 것을 멈출 수 없다고 말한다. 사실 내담자에 대해서는 깨어 있는 모든 순간, 심지어는 깨어 있지 않은 순간까지 생각하게 된다. 치료를 처음 시작하는 치료자들이 꿈속에서도 내담자를 만나거나 치료 상황을 경험한다고 호소하는 경우는 흔히 있는 일이다.

새로운 것을 배운다는 것, 특히 치료에 도전하기 위해 무언가를 배운다는 것은 많은 시간, 관심과 에너지가 필요하다. 게다가 치료자를 직업으로 선택한 대부분의 사람은 인간에 대한 깊은 열정과 관심을 가지고 있다. 따라서 그들은 내담자에 대한 생각에서 좀처럼 벗어나기 힘들며, 특히 그들이 고통이나 괴로움에 처해 있다고 판단될 때는 더욱 그렇다.

내담자에 대해 생각하는 것은, 심지어 강박적으로 생각하는 것도 시간과 경험이 축적될수록 줄어드는 경향이 있다. 대다수의 숙련된 치료자는 치료시간 이외에는 내담자의 생각을 그다지 많이 하지 않는다고 한다. 이런 변화가 가능한 한 가지 이유는 경험 덕택에 임상의 숙련된 감각을 터득해 가기 때문이다. 또한 치료자는 객관성과 내담자에 대한 감정적 관여 사이의 균형을 맞추는 법을 배운다. 이를 테면, 치료자는 어떻게 감정적 경계를 형성해 나가야 하는지를 습득해 가는 것이다(Skovholt & Rønnestad, 2003). 그 감정적 경계선이 너무 모호하면 치료자는 압도되고 그 가족체계 속에 동화될 것이다. 반면, 너무 경직되어 있으면 가족에게 합류하거나 어떤 문제를 적절하게 이해할 필요가 있는 감정이입이 부족해질 가능성도 있다. 지금까지 언급한 이와 같은 문제는 초보 치료자가 겪는 문제로서 시간이 지나면서 이런 경계를 잘 조절하는 방법을 배우게 된다.

심리적 소진 관리하기

단순하게 생각하면 이제 막 가족치료자로서 발을 디딘 초보 치료자에게는 심리적 소진이라는 감정은 어울리지 않은 것처럼 보인다. 하지만 초보 치료자는 임상훈련을 받는 동안 이러한 감정에 어느 정도 휘말리게 된다. 치료자로서 경력을 이어나가야 할지 말아야 할지 고민할 정도로 심신이 지친다는 이야기는 그리 놀랄 만한 일이 아닐 정도로 흔한 것이다. 이처럼 초보 치료자의 소진과 관련된 가능성은 다음과 같은 몇 가지 이유 때문이다.

첫째, 치료를 배운다는 것은 상당한 인내를 필요로 하는 일이다. 이미 언급했듯이 초보 치료자는 자신의 내담자에 대해 끊임없이 생각하게 되기 때문에 임상작업으로부터 벗어나 정신적 쉼을 갖기가 어렵다. 또한 초보 치료자로서의 자신의 능력에 대한 염려는 치료를 하면서 느낄 수 있는 즐거움을 앗아갈 수 있다(Edwards & Patterson, 2012).

둘째, 치료자는 임상작업 외부의 스트레스 요인을 가지고 있다. 예를 들어, 치료자는 훈련 프로그램의 일부로서 다른 수업을 듣거나 종합시험, 혹은 석사/박사학위 논문을 끝내야 할지도 모른다. 또는 학비나 생활비를 위해 부업을 할 수도 있고, 가족구성원이나 배우자 중 누군가를 보살필 수도 있다. 이런 모든 의무를 성공적으로 수행하기 위해 상당한 스트레스를 받을 수 있다.

셋째, 치료를 배우기 위한 학업 과정이나 임상작업이 개인적인 문제를 부각시킬 수도 있다. 임상치료 훈련에서 얻게 되는 통찰은 필연적으로 훈련과정에 있는 학생으로 하여금 자기 자신과 가족을 돌아보게 만든다. 이 과정은 개인적으로 보다 성숙해지는 계기를 만들어 주기도 하지만, 다른 한편으로는 치료자가 되는 과정에 대한 또 다른 고민을 안겨 주기도 한다.

소진을 피하기 위해서는 자기 자신을 잘 관리하는 것이 필수적이다(Norcross & Guy, 2007). 예를 들어, 틈틈이 '재충전의 시간'을 가질 수 있도록 노력하는 것도 중요하다. 시간에 쫓겨서 일하는 사람은 일반적으로 자기 자신에게 이러한 시간을 허락하지 않는다. 처리해야 할 일들이 감당하기 어려울 정도로 많은 경우에 이런 시간을 갖는다는 것이 납득이 안 될 수도 있지만, 잃어버린 시간은 새로운 활력과 효율성을 가지고 일할 수 있게 됨으로써 보충이 된다. 아이러니하게도, 많은 치료자가 내담자에게 이런 조언을 하지만 정작 자기 자신은 실천에 옮기지 못하는 경우가 많다.

치료시간을 일정하게 제한하려는 의지는 정신적인 소진을 피하는 중요한 요령이다. 초보 치료자는 대개 내담자가 편리한 시간에 치료 예약을 잡으려고 한다. 어떤 경우의 초보 치료자는 일주일에 3~4일 정도의 치료 분량을 가지고 있으면서도 5일 동안 꼬박 출근을 하는 경우도 있다. 치료자로서 연륜이 쌓이면 치료자는 종종 치료 가능 시간을 자신을 위한 시간으로 비워 두려는 의지를 갖게 된다.

또한 강력한 사회적 지지망이 필요하다. 치료자 중의 많은 수는 치료자가 되기 위한 훈련과정 동안 가족으로부터 정서적 물질적 도움을 받기도 한다. 치료 분야 외부에 있는 가족과 친구가 초보 치료자로서의 짐을 잠시 내려놓을 수 있도록 도와줄 수 있다. 그러나 치료자가 되는 데 따르는 독특한 스트레스 요인을 이해할 수 있는 같은 분야 사람들로부터의 지지도 필요하다. 같은 프로그램 안에 있는 동료들과 연결되고 지지를 받는 것은 값을 매길 수 없을 만큼 소중하다(Edwards & Patterson, 2012). 소진을 피하기 위해서는 경험이 없는 치료자와 경험이 많은 치료자 모두 임상 경험을 나눌 수 있는 동료들이 필요하다.

결론

이 장에서는 치료를 처음 시작하는 초보 치료자가 치료자로서 초기 시절에 겪을 수 있는 어려움에 대해 정리해 보았다. 이런 어려움을 다루는 동안, 마음속에 '큰 그림'을 간직하고, 치료자가 되는 것의 이점을 상기하는 것이 중요하다. 치료자가 되기 위해 돕기 위해 배우는 것은 개인적인 성장을 위한 촉매제가 될 수 있다. 다른 가족을 돕기 위해 배운 것을 자신의 삶이나 가족에게도 적용해 보게 되는데, 이것을 통해 더욱 만족스러운 삶을 유지할 수 있다. 치료자로서 내담자가 보여 주는 용기와 열정의 순간에 감동할 수도 있다는 점도 또 하나의 특권이다. 어떤 개인이 보다 만족스러운 삶을 만들어 가고 자신이 그러한 변화와 성장에 한 부분을 담당했음을 아는 것은 보람된 일이다. 때때로 가장 힘들었던 내담자는 그가 실제로 변화에 성공했을 때 치료자에게 가장 큰 성취감을 안겨 주는 사람이 된다. 어려운 시간을 겪고 있다고 생각할 때 다음과 같은 '조언'을 명심하면 도움이 될 것이다.

1. **좋은 치료자가 되기 위해서는 시간이 필요하다.** 이것은 스스로가 학습자가 될 수 있는 기회이다. 어느 누구도 단번에 모든 것을 습득하는 전문가가 되리라고 기대하고 있지는 않다. 훌륭한 치료자가 되기 위해서는 오랜 동안의 훈련과정이 필요하다.
2. **자기 자신을 돌보는 것을 소홀히 하지 마라.** 스트레스를 줄이는 건설적인 방법들을 사용하라. 주위의 동료들을 적극 활용하는 방법을 터득하라.
3. **의구심이 드는 것은 당연하다.** 자신에게 조급해하지 말고 긍정적인 면에 초점을 맞추고 치료자가 되기 위한 발달과제에 주의를 집중하라.
4. **이 분야에 뛰어들게 된 자신의 강점을 활용하라.** 새로운 이론이나 기법을 배우는 동안 자신의 직감, 다른 사람과 함께 작업하고자 하는 열망, 그리고 타고난 능력을 계속 주목하라.

제2장

초기 면접 전에

지역 치료센터로 전화를 건 에스쿠샤 부인의 목소리는 초조하게 떨리고 있다. "치료자와 꼭 얘기해야 해요…… 제발요." 그녀가 다급하게 말한다. "제 손자가 문제를 일으키고 있어요. 손자에게 도움이 필요해요. 나는 더 이상 뭘 해야 할지 모르겠어요. 그 아이가 혹시라도…… 난 너무 무서워요." 접수를 받는 센터 직원은 이런 내용을 노트에 간단히 받아 적은 후, 가족치료 인턴에게 이와 같은 상황을 알렸다. "지금 손자가 벽을 친다고 호소하는 부인과 전화 연결이 되어 있어요." 전화를 받은 직원은 말을 계속 했다. "지금 이 분을 맡아 줄 수 있나요?" 이렇게 하여 새로운 내담자와 새로운 인턴은 질문과 불안으로 가득 찬 시간을 공유하게 된다. 이제 곧 첫 접촉이 이루어진다. 이 접촉에 따라서 성공적인 치료를 가능하게 하는 미래의 협력 관계가 쉬워질 수도 있고 어려워질 수도 있다.

치료에 대한 가족의 기대와 치료에 관한 불안 다루기

앞에서 언급한 사례의 순간은 치료적 경험에서 가장 중요한 국면 중 하나를 묘사한 것이다. 그것은 바로 치료가 시작되기 직전의 상황이다. 내담자는 이처럼 어느 한 순간에 의해 치료를 받을지의 여부를 결정하게 된다. 이전에 긍정적인 치료경험이 있는 내담자는 희망을 가지고 다시 치료를 받겠지만, 그렇지 않은 경우는 다시 치료를 시작하는 것에 대한 희망과 기대를 갖는 동시에 두려워하는 양가적 감정에 휩싸인다.

에스쿠샤 부인의 경우를 살펴보자. 그녀의 가족은 전통적으로 부모와 친척, 조부, 오래된 친구들 그리고 다른 가족과 가까운 사람들을 통해 여러 가지 문제를 해결해 왔다. 부인이 걱정하는 '전문가'의 도움이 필요한 문제는 모든 가족이 용납할 수 있는 선을 넘어 버린 손자에 대한 문제뿐이다. 부인은 이전의 치료경험이 전혀 없었기 때문에 과연 이런 외부인이 얼마나 도움을 줄 수 있는지 의심할지도 모른다. 왜냐하면 그녀는 이미 할 수 있는 모든 방법을 동원해 봤기 때문이다. 치료자는 과연 그녀를 믿어 줄까? 그녀는 이처럼 끔직한 딜레마를 어떻게 전달해야 할까? 진심으로 자신의 문제에 관심을 가지는 사람이 있기는 할까? 도움을 요청하는 것 자체가 실패했다는 것을 의미하는 것일까?

가족은 자신들이 생각해 볼 수 있는 해법을 모두 시도해 보고 나서야 비로소 치료받기를 결심하는 것이 일반적이다. 따라서 누군가의 조언을 받아들이거나, 치료 약속을 잡기 위해 전화를 거는 경우는 대부분 이런 과정을 거친다. 첫 만남의 내담자들은 대다수가 지치고, 진절머리가 나 있으며, 절망적인 상황에 빠져 있다. 더욱이 가족마다 각자 치료의 태도, 기대치 그리고 동기가 확연히 다를 수 있다. 그들은 치료에 참여하는 표면적인 이유와 드러나지 않는 이유를 가질 수 있는데 가족들의 이유가 일치하는 경우는 극히 드물다. 또한 이런 정보의 많은 부분은 첫 면담까지, 또는 그 이후까지도 드러나지 않을 수 있다. 그러나 내담자를 처음 만나는 순간부터 다음과 같은 질문을 염두에 두는 것이 바람직하다.

"내담자가 치료에서 기대하는 것은 무엇인가?"
"내담자가 치료에 올 때 걱정하는 것은 무엇인가?"
"어떤 동기가 이들을 치료로 이끌었으며, 누가 그들을 의뢰했는가?"
"그들은 왜, 지금 이 순간 치료에 참여하기로 한 것일까?"

만약 치료자가 드러나지 않은 내담자의 동기, 기대, 불안과 관련된 쟁점을 알아차리지 못한다면 부주의하게 반응함으로써 내담자로 하여금 치료는 위험을 무릅쓰며 받을 만한 가치가 없다고 결정하게 만들거나, 반대로 다른 곳에서 보다 나은 도움을 받을 수 있는 내담자를 자신이 떠맡게 되는 결과를 초래할 수 있다. 한 예로, 초보 치료자는 이혼, 양육권, 입양, 혹은 다양한 소송 절차가 얽힌 법적인 사례에 연루될 수 있다. 그런데 가족치료자 중에는 이혼 조정이나 양육권 평가의 세부사항에 대해 훈련받은 경우가 극히 드물기 때문에, 일반적으로 이런 상황에서 치료하는 것은 거절하는 것이 현명하다.

법적 분쟁이 일어날 소지가 전혀 없는 사례라고 하더라도 가족원들의 치료를 시작하려는 이유나 동기의 수준을 평가하는 것은 중요하다. 개인 단위의 치료의 경우에는 개인이 원하지 않으면서 치료에 참여하는 경우가 드물기 때문에 이런 이슈들이 부각되는 경우는 거의 없다. 그러나 합동치료의 경우에는 상황이 다르다. 예를 들어, 부부를 함께 만나는 부부치료의 경우, 종종 어느 한쪽이 치료에 대한 동기가 높다거나 적어도 치료가 관계문제를 다루는 데 효과적인 방법이라고 보는 한편, 다른 한쪽은 치료에 저항하거나 결혼문제를 다루기 위한 더 나은 해법이 있다고 생각할 수 있다. 또한 '배우자를 돕기 위해서' 혹은 '가정을 지키기 위해서'라는 명목하에서만 치료에 응하는 경우도 있다.

가족상담의 경우라면 치료에 참가하는 이유와 동기가 더욱 다양해진다. 어쩌면 가족 중에 강압적인 한 명이 다른 가족을 치료에 참가하도록 강요했을지도 모른다. 또 어쩌면 가족이 함께 개인적이고 중요한 이슈에 대해 이야기하기 위해 '중립적인' 치료자의 안전함과 매주 규칙적으로 만나는 치료 일정이 필요했을 수도 있다. 덧붙여서 누가 의뢰했는지에 대한 정보와 과거 치료경험은 치료자가 가족들의 다양한 태도를 판단하는 데 상당히 중요한 척도가 된다. 법원 명령에 의한 치료라면 꼭 그렇지 않을지라도 내담자가 저항하거나 내키지 않아 할 것이라는 점을 예상할 수 있을 것이다. 학교 상담교사, 목사, 주치의 혹은 가족의 지인에 의한 의뢰는 이 처음 치료에 어떻게 접근하는지에 영향을 줄 가능성이 높다. 예를 들어, 가족은 학교 상담교사의 '문제'에 대한 견해에 동의하지 않을 수 있으며 그 결과 치료에 열의가 거의 없을 것이다. 반면, 전문가의 의뢰 같은 경우는 가족이 적극적으로 도움을 찾을 필요가 있다는 확인이 될 수 있다. 이와 유사하게, 다른 기관이나 치료자와의 과거 접촉이 가족에게 과도한 기대를 품게 하기도 하며, 때로는 치료에 대해 아무런 기대도 가지지 않게 하는 데 영향을 주기도 한다. 이와 같은 잘 드러나지 않는 기대나 불안감은 치료자가 새롭게 만나는 가족에게 어떻게 접근해야 하는지에 따라 달라질 수 있기 때문에 첫 시작부터 이 부분에 대해 잘 알고 관여하는 것이 중요하다.

에스쿠샤 부인 같은 내담자는 첫 대면에서 치료자만큼이나 수많은 질문을 가지고 있을 것이다. 질문 목록의 첫 줄은 치료자에게 진정으로 이해하고 돌봐 줄 능력이 있는지에 대한 염려와 치료자가 실질적으로 도와줄 수 있는지에 대한 질문이 대부분을 차지할 것이다. 내담자는 얼마나 빨리 연락을 받을 수 있었는지 또는 문제에 대한 자신의 간략한 설명을 상대방이 잘 이해했다고 느낄 수 있었는지 여부에서 이 질문들에 대한 답을 발견할 수 있을 것이다. 각 개인의 요구에 반응하는 치료자 또는 기관의 유연성이 내담자의 이와 같은 질문에 대한 대답을 전해 준다. 치료비에 대한 언급과 내담자의 이야기를 듣는 것 사이에서 비중을 두는 정도에 따라 사람이 우선이지 돈이 우선인지가 전해진다. 만약 내담자가 첫인상을 통해 치료자가 자신들을 돌보지 않거나 도와줄 수 없다고 판단하면 첫 면담은 결코 성립될 수 없을 것이다. 반면, 공감과 자신감을 전달하는 첫 전화면담은 성공적인 치료의 초석을 마련할 수 있다.

내담자와의 첫 접촉을 위한 제안

수많은 기대와 불안, 내담자로부터 나올 만한 예상 질문들을 생각하고 있는 치료자는 첫 대면을 위한 여러 가지 실용적인 제안을 활용함으로써 첫 전화면담을 이끌어 가는 일에 도움을 받을 수 있다.

1. 경청한 후 당신이 들은 것을 내담자에게 반영하라.

당신은 단지 듣고 내담자가 말한 것을 간략하게 반영함으로써 잠재적인 내담자로 하여금 당신이 자신의 이야기를 들어준다고 느끼도록 도울 수 있다. 효과적인 경청은 5분만에 끝날 수 있으며, 내담자는 문제가 해결될 수 있다는 새로운 희망을 갖고 전화를 끊을 수 있다.

2. 위기 상황인지 평가하라.

첫 통화를 통해 즉각적인 위기개입, 입원, 집으로부터 가족을 분리하거나 또는 경찰이나 아동보호소 같은 다른 기관의 개입이 필요한지 알 수 있어야 한다. 치료자는 치료소나 기관의 이와 같은 긴급 사안에 대한 규약을 미리 알고 있어야 한다. 더 나아가 이런 경우에 적용되는 자치단체 혹은 주 법률도 알고 있는 것이 바람직하다(예: 아동학대 신고의무).

3. 자신의 임상능력의 한계를 인식하라.

제시된 문제를 진단하고 다룰 수 있는 지식과 경험이 자신에게 있는가? 몇몇 기관은 초보 치료자가 맡는 내담자를 철저히 분류한다. 예를 들어, 일차적인 문제가 생물의학에 관련된 것이나 자살사고, 약물 및 알코올 남용 혹은 공포증 등과 같이 전적으로 개인적인 문제라면 결혼이나 가족의 문제를 다루는 가족치료자의 영역 밖의 일이다. 그러므로 무엇보다 자신의 강점과 한계를 분명히 인식해야 한다.

4. 민첩하게 반응하라.

전화를 걸어 주기, 첫 치료일자를 잡기, 평가 완료는 당신이 할 수 있는 한 빨리 해야 한다. 이와 같은 행동은 치료자가 내담자의 걱정을 심각하게 생각하고 그들의 필요에 대응할 수 있는 능력이 있다는 것을 나타낸다. 이런 행동은 치료자에 대한 신뢰감을 만들어 내고 초기부터 도움을 줄 수 있다는 확신을 갖게 한다.

5. 특정한 가족이 왜 먼저 연락을 했는지 파악하고 가족 각자와의 라포가 중요하다는 사실을 명심하라.

치료자는 종종 이런 문제와 관련하여 몇 가지 실수를 한다. 가장 '심리학적 관심이 있는' 또는 힘 있는 가족에게 신경을 쓰면서 문제의 일부이면서 동시에 문제 해결의 일부 일지 모르는 가족을 부지중에 무시할 수 있다. 첫 치료가 시작되기 전에 처음 전화를 건 가족은 엄밀히 말하면 가족의 대변인이다. 따라서 치료자는 첫 치료 전에 다른 가족들과 연락을 하고 싶을 수 있다. 이처럼 추가적으로 전화통화를 하는 목적은 모든 가족이 환영받는다고 느끼며 그들 각자의 생각과 감정이 치료자에게 중요하다는 것을 알게 하려는 것이다.

6. 이야기를 들어주기를 바라는 내담자의 욕구를 훼손하지 않되 치료의 '행정적' 부분을 가급적 빠르고 효율적으로 전달하라.

기본적 비용과 지불, 치료예약 방법 그리고 치료약속 취소에 관한 조항을 알리는 것은 중요하다. 교통수단에 관한 문제도 여러 명의 가족이 참여하게 되는 경우에는 생각해 봐야 할 문제이다. 내담자들이 자가용이 있는가 혹은 다른 누군가가 데려다 줘야 하는가? 대중교통을 이용해야만 하는가? 치료센터까지 오는 길을 알고 있는가? 가족의 직장과 학교 일정은 어떠한가? 어린 자녀가 있다면 치료시간 동안 돌봐 주어야 하는가? 이런 문제들에 대해 잘 파악할 수 있다면, 치료자와 가족 사이에 흔히 일어나는 예약을 하고서도 치료에 오지 않거나 예약을 취소하는 문제는 피할 수 있다. 충분한 설명에 의한 동의와 비밀보장에 대한 문제는 일반적으로 첫 치료 전에 치료기관에서 우편으로 이와 관련된 양식을 보내거나 전화로 전달할 수 있다. (3장에서 이와 같은 문제들에 대해 자세하게 다룰 것이다.) 어떤 방법으로 이런 정보를 전달하건 간에 내담자들이 그들에게 무엇이 기대되며 그들이 치료로부터 무엇을 기대할 수 있는지에 대해 분명하게 알도록 하는 것이 중요하다.

7. 첫 접촉은 기초적이고 문제와 관련 있는 정보와 이슈에서 벗어나지 않도록 제한하라.

첫 접촉은 직접적인 개입이나 충고, 제안을 하는 데 좋은 시간은 아니다. 전화면담을 진행할 준비를 하라. 잠재적 내담자는 문제에 대해 긴 이야기를 분출하는 것, 당신의 자격증, 치료법이나 철학에 대한 자세한 정보를 아는 것, 즉각적인 진단을 받을 수 있는 것 등에 관심이 있거나 첫 번째 면담에서 다루도록 남겨 두는 것이 좋은 다른 관심사를 가지고 있을 수 있다. 당신은 내담자가 이해받는 느낌을 갖기를 원하겠지만 첫 만남에서는 문제를 좀 더 탐색할 기회에 집중해야 한다. 일반적으로 내담자가 일단 자신의 문제를 이야기할 수 있는 약속과 장소가 있다는 것을 알게 되면 불안감이 현저히 줄어들 것이다.

어떤 정보를 얻어야 하는가

많은 기관과 치료자가 첫 접촉 동안 얻은 정보를 토대로 작성하는 접수면접 양식을 가지고 있다. 이런 정보는 접수창구 직원이나 치료자가 전화로 파악할 수 있다. 다른 방법은 서류를 첫 치료 전에 우편이나 이메일로 보내 작성하게 하거나 첫 회기 시작 전에 대기실에서 완성하도록 한다. 첫 전화면접은 시간에 제약이 있어서 공식적인 접수 질문지보다는 덜 포괄적이겠지만, 다음과 같은 질문에 초점을 맞추면서 내담자를 평가하거나 내담자와의 합류를 시작할 수 있다.

1. 문제는 무엇이며 내담자가 어떤 식으로 문제를 제시하고 있는가? 이것은 응급 상황인가? 심각한 문제인가? 중등도의 문제인가? 불연속적인 상황인가, 만성적인 어려움인가?
2. 가족이 이 상황에 어떻게 반응해 왔는가? 지금까지 어떻게 다뤄 왔는가?
3. 과거에 치료경험이 있는가?
4. 가족은 왜, 지금 치료를 찾았는가?
5. 어떤 부수적인 사실이 상황에 영향을 주는가? (예: 다양한 스트레스 요인의 특성과 빈도-직업적, 개인적, 신체적 혹은 다른 것일 수 있음)

[그림 2-1]은 결혼이나 가족문제를 다루는 치료자에게 가장 중요하다고 생각되는 정보를 담은 접수면접 양식의 예시이다. 특별한 정보에 대한 강조는 정신건강 전문가가 받은 교육에 따라 다양하다. 예를 들어, 대부분의 정신의학과 의사의 접수면접 양식은 각 개인의 관계보다 증상에 집중할 것이고, 아동심리학자는 아동의 출생 전 생육사나 출생에 관한 정보를 포함할 수 있다. 치료자의 전문 분야를 불문하고, 모든 치료자의 접수면접 양식은 문제에 대한 내담자의 간략한 묘사(내담자가 직접 작성), 과거 치료 경험 그리고 현재 치료 중인 질병이나 의학적 문제에 대한 질문이 포함되어야 한다. 이런 정보는 전화로 파악된 것이든 첫 치료 회기에서 파악된 것이든 직접적인 평가와 치료에 도움을 주는 중요한 자료이다.

성명: ____________ 전화번호: ____________ 생년월일: ____________

출생지: ______________________________ 연령: ____________

주소: ______________________________ 결혼 여부: ____________

종교: ____________ 인종: ____________ 성별: ____________

근무지: ______________________________ 근무 기간: ____________

마지막 근무지: ______________________________ 근무 기간: ____________

주소: ______________________________ 부서장: ____________

전화번호: ____________ 근로 시간: ____________ 연봉: ____________

최종 학력: ____________ 기관: ______________________________

자녀 이름:	생년월일:	연령:	학교명:
____________	____________	______	______________
____________	____________	______	______________
____________	____________	______	______________
____________	____________	______	______________

본인 또는 배우자가 이것과 유사한 혹은 다른 유형의 치료 프로그램에 참여한 적이 있습니까?

□ 예 □ 아니요

만약 있다면,

언제? ______________________________

기관: ______________________________

이유: ______________________________

이번 치료의 목적:

____

____

이전에 이 기관을 소개받은 경험이 있습니까? □ 예 □ 아니요

만약 있다면, 누구에 의해?

____

의뢰 사유:

____

다른 치료자와 치료 중입니까? ☐ 예 ☐ 아니요

만약 있다면, 누구와? ______________________________

언제? ____________________ 치료기간은? ____________________

정신 병력으로 입원한 적이 있습니까? ☐ 예 ☐ 아니요

만약 있다면, 언제? ____________________ 기관: ____________________

누구에 의해? ______________________________

약물 의존 혹은 남용으로 과거 또는 현재 치료를 받고 있습니까? ☐ 예 ☐ 아니요

만약 있다면, 언제? ____________________ 기관: ____________________

누구에 의해? ____________________ 치료기간은? ____________________

어떤 것이든 사용하고 있는 물질이 있습니까? ☐ 예 ☐ 아니요

만약 있다면,

현재 사용 중인 약물 혹은 알코올: ______________________________

이 물질을 얼마나 자주 사용하고 있습니까?

____

현재 신체적인 문제로 진료를 받고 있습니까? ☐ 예 ☐ 아니요

만약 있다면,

복용하는 약 목록: ____________________ 주치의: ____________________

연락처: ____________________ 주소: ____________________

과거 체포되거나 범죄 경험이 있습니까? ☐ 예 ☐ 아니요

만약 있다면, 언제? ______________________________

체포 사유는? ______________________________

상황의 결말: ______________________________

현재 어떤 문제를 경험하고 있습니까?

____

____

치료에서 기대하는것은 무엇입니까?

____

____

지금 함께 살고 있는 모든 가족구성원:

________________ ________________

________________ ________________

________________ ________________

________________ ________________

________________ ________________

지금 겪고 있는 가장 주된 문제에 대해 서술하시오:

____

____

필요하다면 다른 친인척들이 치료에 참가할 수 있습니까? ☐ 예 ☐ 아니요

만약 없다면, 불가능한 이유:

____

비상시 연락할 사람: ________________ 연락처: ________________

주소: ________________________________

서명: ________________ 날짜: ________________

모든 내담자께:
무엇이든 치료에 관한 문의할 것이 있으면 담당 치료자와 치료해 주시기 바랍니다.
기타: ________________________________
예비 치료 계획: ________________________________

[그림 2-1] 접수면접 양식 예시

누가 치료에 참여해야 하는가

첫 전화통화를 하는 동안 치료자는 가족의 참여가 중요하다는 사실을 알릴 필요가 있다. 대부분의 치료자가 내담자의 문제와 관련된 모든 사람이 면담의 전 과정에 참여해야 한다고 주장할 만큼 융통성이 없지는 않다. 그러나 치료가 언제나 가족의 문제와 관련이 있다는 초기의 일관된 메시지는 주변인으로만 머물고 싶어 하는 가족의 참여를 이끌어 낼 수 있는 초석이 된다. 호소하고 있는 문제가 형제간의 다툼 혹은 부모-자녀의 갈등처럼 다른 사람과의 관계가 포함된 것이라면, 관여된

모든 사람이 치료에 오는 것을 규칙으로 정하는 것이 유용하다.

이런 기본적인 원칙 외에 다음의 가이드라인은 내담자를 위한 최상의 치료형태를 조기에 결정하는 데 도움이 될 것이다.

1. 가족에게 누가 치료에 오기를 원하는지 그리고 그 이유가 무엇인지를 물어보라.
2. 최근의 문제에 의해 가족 중 누가 영향을 받았는지 확인하라. 그리고 그들이 치료를 받으러 오고 싶어 하는지 물어보라.
3. 세대 간의 경계를 고려하라. 치료에 모든 연령대의 집단을 함께 참가시키는 것이 적절한가?
4. 문제가 주로 개인적인 것일지라도 다른 가족이 치료에 참여하는 것이 치료에 도움이 되거나 그 개인에게 정신적인 지지가 될 것인가?
5. 다른 가족들이 치료를 방해하고 잠재적으로 위해를 가할 가능성이 있는가?
6. 가족이 가족 단위의 치료에 참여할 어떠한 동기와 능력을 가지고 있는가?
7. 문제에 따라 회기마다 참여하는 가족을 변경하는 것에 열려 있되 모든 가족과 관계를 형성하기 위해 노력하라.

내담자는 누가 치료에 참여해야 하는지에 대해 의견을 가지고 있기 마련인데, 그러한 생각 기저의 이유를 고려하고 다뤄야 한다. 예를 들어, 어떤 경우에는 한쪽 배우자가 "자신이 부부관계에 문제를 일으키고 있기 때문"이라며 개인치료를 요구하기도 한다. 치료자는 관계 문제가 포함되어 있다는 것을 지적할 수 있으며 부부가 함께 치료에 참여하기를 권할 수도 있다. 이와 마찬가지로, 어떤 가족은 "지목된 환자(IP)"만이 치료에 참여할 필요가 있다고 생각할 수 있다. 분명히, 치료 목표와 치료에 누가 참여하는가 사이에 직접적인 관계가 존재한다. 즉, 치료 목표는 가족 중 누가 치료에 참여하려는 의지가 있느냐에 따라 한정되거나 확대될 수 있다. 치료방식이 정립될 때, 참여자와 치료 목표 사이의 관계가 가족에게 명확히 밝혀지는 한, 회기마다 누가 와야 하는지에 대한 엄격한 규칙은 없어도 된다.

결혼과 가족 문제를 다루는 치료자인 Doherty와 Simmons가 1996년에 실시한 조사에 따르면 가족 치료자는 개인 상담, 부부상담 그리고 가족상담 순으로 치료를 하게 될 가능성이 높았으며 이 패턴은 십 년 후에도 유지되었다(Beaton, Dienhart, Schmkdt, & Turner, 2009). Northey(2002)는 이 결과를 또 다른 조사에서도 확인했다. 미국결혼가족치료학회(AAMFT)의 조사에서는 "혼자 오는 내담자가 전체의 54%이며, 커플이나 가족단위로 오는 경우는 각각 35%에서 42% 사이로 나타났다"(493쪽). 결혼과 가족문제는 가장 흔한 문제로 간주된다. 대중은 이런 문제들을 주로 개인이 아닌 관계의 문제로 개념화하기 시작하고 있는 것으로 보인다. 라디오나 텔레비전 프로그램 그리고 많은 인기 잡지와 영화가 정신건강 문제의 관계적 특성을 강조해왔으며, 점차 역기능적 관계뿐만 아니라 정상적인 관계의 스트레스도 살펴보려는 의지가 커지고 있는 것 같다. 치료자는 새로운 내담자에게 관계의 힘이 얼마나 사람들의 생각, 감정, 행동에 영향을 미치는지 강조함으로써 합동치료가 가진 이익에 대해 일러 주어야 한다. 관계의 어려움을 일으키는 데 사회적, 문화적 요인이 하는 역할 또한 논의될 필요가 있다. 개인 치료가 적절한 경우가 많이 있지만, 가족치료자는 보통 두 명 이상을 참여시켜 관계에 초점을 맞추는 치료를 한다. 부부 또는 가족치료자가 개별적인 면담을 하게 되는 경우라도 그들은 이 사건을 체계론적 관점에서 볼 가능성이 높으며, 이는 치료의 초점이 내담자의 삶에 연루된 '주요선수(main players)'와 사회체계를 살펴보는 것을 포함할 것이라는 것을 의미한다.

초기 가설 세우기

대부분의 치료자는 첫 접촉 이후 몇 가지 가설을 세우기 시작하기에 충분한 기본 정보를 갖게 되는데, 그 가설들은 그들에게 첫 면담에서 어떤 영역을 더 깊이 있게 다뤄야 할지를 알려준다. 질문은 그 같은 가설들을 지지하거나 철회할 자료들을 얻어 내도록 설계되어야 한다.

치료자가 임상적 사고 과정을 시작하기 위해서는 알려진 정보와 그 정보가 어떻게 유용할지에 대해 세심한 주의를 기울일 필요가 있다. 우리는 너무 자주 내담자가 제시한 문제를 제대로 이해하기 전에 빨리 사건의 숨겨진 의미를 찾으려 한다. 어떤 정보를 이용할 수 있는지 먼저 간추린 다음에 주요 이슈를 선택하는 것이 도움이 될 수 있다. 내담자가 중요하다고 생각하는 것은 무엇인가? 처음에는 핵심 질문을 하는 과정이 내담자의 동기나 행동에 대해 해석하는 것보다 훨씬 더 유익한 것으로 드러날 것이다.

가설을 세우는 과정은 창의적으로 생각할 기회이다. 치료자의 추측과 추론은 유사한 사례를 다뤘던 경험, 개인 또는 가족의 발달에 대한 지식 그리고 치료자의 임상적 직감 또는 직관적 통찰에 기반을 두고 있다. 이 단계에서는 답을 찾으려 하지 말고 질문을 발견해야 한다. 가설은 무슨 일이 일어날지 또는 어떤 사건이 일어날 수 있었는지와 관계가 있다. 치료자의 입장은 안다고 추정하는 것이 아니라, 직관을 형성한 다음 질문하는 것이다. 다음과 같은 치료적 상황의 예는 몇 가지 가설을 세우는 것이 임상적 평가를 시작하는 데 있어서 얼마나 유용한지를 보여준다.

학교를 좋아해 본 적이 없는 9세 소녀가 어느 날 갑자기 등교를 거부한다. 그녀는 은둔하게 되었고 시무룩해졌다. 그녀에게 왜 학교에 가지 않느냐고 물어보면 울기만 할 뿐 대답을 하지 않는다. 이 사례에 관해 가설을 세우기 위해서는 우선 주요 이슈들을 기록하고 간추리는 것이 유용하다. 호소 문제는 소녀의 등교 거부이다. 문제에 관해 질문을 받을 때 그녀의 반응은 울고 철수하는 것이다. 이 이야기의 핵심 단어는 "갑자기"이다. 갑작스럽게 변했다는 것은 가설을 세우는 데 있어서 결정적인 정보이다. 그녀의 갑작스러운 태도와 행동의 변화는 무언가 불쾌하고 아마도 충격적인 일이 일어났을 것이라는 추론으로 이끌 수 있다. 그녀가 자신의 행동에 대한 질문에 대답하기를 어려워한다는 것은 어떤 무서운 일이 일어났으며 그녀가 그것으로부터 철수하고 있다는 생각에 '연료'를 추가해 줄 것이다. 이상은 치료자가 탐색해 보아야 할 몇 가지 가설이다. 또 다른 가설들은 다음과 같다:

1. 그녀는 학교에서 누군가의 협박을 받고 있다.
2. 집에서 갑작스런 변화가 일어났고 그녀는 집에 있고 싶어 한다.
3. 그녀에게 학교 공포증의 증상이 나타나고 있다.
4. 그녀는 우울한 상태에 있으며, 그녀가 학교에서 겪는 어려움은 우울증의 징후이다.
5. 그녀는 말하기 두려운 신체적 문제를 가지고 있다.

이런 가설들은 치료자에게 그녀의 행동 변화에 대한 가능한 설명을 제공한다. 이것들은 무엇을 더 알아봐야 할지에 대한 방향을 제시하지만 완성된 리스트라고 할 수는 없다. 가설들은 초점을 좁혀 주고, 가능성을 배제하는 데 도움을 준다. 몇 가지 가설이 세워진 후에 치료자는 어떤 부가적인 정보가 유용한지를 생각하기 시작할 수 있다. 내담자에 대해 호기심을 갖는 것은 치료자의 탐색에 있어서 '유용하며 평가적이지 않은 위치(position)'가 될 수 있다. 마찬가지로, 슈퍼바이저와 동료들이 사례 회의에서 취해야 할 방향이나 추구해야 할 질문을 제안해 줄 수 있다. 덧붙이자면, 비록 예비적 정보라 해도 건강검진, 심리검사 혹은 발달평가에 대한 의뢰가 필요하다는 것을 시사할 수 있다.

결론

치료는 내담자가 치료자를 만나기도 전, 첫 접촉에서 시작된다. 내담자는 치료와 치료자에 대한 인상을 형성하기 시작한다. 또한 치료자는 초기 가설을 세우기 위한 정보를 얻기 시작할 수 있다. 우리는 최근에 치료가 처음인 내담자와 이야기를 나눴다. 그녀는 따뜻한 접수 직원의 음성과 대기실 분위기가 곧바로 그녀를 안심시켰다고 하였다. 그녀는 치료를 시작할 준비가 되어 있었다. 한 인턴 치료자는 그녀의 내담자가 대기실에서 상담실로 걸어가는 동안에 자신의 아들에 대해 이야기하기 시작했다고 말했다. 그녀는 그것이 무엇을 의미하는지 궁금해했다. 첫 전화부터 시작해서 내담자가 당신 또는 당신의 기관과 갖는 모든 접촉에 주의를 기울이기를 권한다. 초기의 상호작용을 잘 다루는 것은 나머지 치료과정을 위해 긍정적인 분위기를 마련해 줄 수 있다.

제3장

초기 면접

첫 회기가 시작되기 5분 전 사라는 긴장된 눈빛으로 시계를 본다. 천 번쯤은 된 것 같은 기분으로, 그녀는 회기 시작 부분에서 하고 싶은 말을 마음속으로 연습한다. 그녀는 너무 긴장해서 뭔가 중요한 것을 잊을까 봐 걱정이다. 그녀는 좋은 인상을 줄 수 있기를 간절히 바란다. 이제 2분 전, 뱃속에서 파닥이는 나비들(butterflies in her stomach, 역자 주: 몹시 초조하고 긴장이 되어 속이 울렁거릴 때 쓰는 표현)만 사라진다면 준비가 됐다고 느낄 수 있을 것 같다. 그녀는 문을 바라보면서 잠시 떠나고 싶어진다. 치료실의 문이 열리자, 그녀는 심호흡을 한다.

이 장면은 첫 회기를 기다리는 내담자의 모습일까, 치료자의 모습일까? 둘 다 맞을 수 있다. 치료자와 내담자는 치료가 시작될 때 두려움, 흥분, 초조함을 경험한다. 내담자는 치료자를 각기 다른 여행에 데려갈 것이다. 이 장은 당신의 여행이 좋은 출발로 시작될 수 있도록 초기 면접에서 검토해야 할 기본적인 이슈들을 다룬다.

초기 면접의 단계

많은 초보 치료자가 여러 단계 중에서도 특히 초기 면접에 대해 생각해 보는 것이 도움이 된다는 것을 발견한다. 첫 번째 단계에서 치료자는 내담자가 치료에 온 것을 환영한다. 이 단계의 목적은 소개를 하고 내담자를 안심시키는 것이다. 행정적 문제는 두 번째 단계에서 검토한다. 이 단계의 목적은 내담자에게 비밀보장, 비디오테이프 녹화, 치료비 등 치료과정을 정확히 이해시키는 것이다. 행정적 문제를 다룬 후 치료자는 목표설정 단계로 들어간다. 여기서 치료자는 내담자가 치료를 통해 무엇을 원하는지에 대해 알게 된다. 일단 치료에 대한 내담자의 목표와 기대를 파악하고 나면 치료자는 평가단계를 시작할 수 있다. 평가는 첫 면접에서 시작해서 여러 단계에 걸쳐 이루어진다.

각 단계에 소요되는 시간은 내담자마다 다르다. 내담자를 환영하고 행정적 문제를 다루는 첫 면접은 대개 10~15분 이내에 이루어진다. 그러나 어떤 내담자는 치료과정에 대한 질문이 많아서 두 번째 단계가 길어지기도 한다. 목표설정 단계에 걸리는 시간은 몇 가지 요인의 영향을 받는다. 어떤 내담자는 자신의 걱정거리에 대해 간략하게 말하지만, 이야기가 옆길로 새기도 하고 호소문제에 대해 장황하게 이야기하는 내담자도 있다. 또한 목표설정을 위해 필요한 시간은 내담자의 수에 따라 달라질 수 있다. 가족 내의 목표에 대해 모든 가족의 관점을 끌어내는 것은 개인과 작업하는 것보다 대체로 시간이 더 오래 걸린다. 대부분의 경우, 치료자는 첫 면접에서 평가를 위해 어느 정도 시간을 할애할 것이다. 그러나 어떤 내담자와는 단지 치료목표를 설정하는 것이 현실적으로 가능한 기대일 수 있다.

치료자가 초기 면접을 성공적으로 마치려면 몇몇 중요한 과제들을 잘 성취해야 한다. 목표설정과 같은 일부 과제는 특정 단계에 적합하다. 그러나 다른 과제들은 특정 단계에 쉽게 맞지 않거나 초기 면접의 여러 단계에 걸쳐 주의를 해야 할 수 있다. 예를 들어, 치료자는 초기 면접의 각 단계에서 내담자와의 관계 형성을 위한 작업을 수행해야만 한다. 중요한 평가 정보 또한 첫 번째 회기의 어느 시점에서나, 심지어 치료자가 좀 더 공식적인 평가단계를 시작하기도 전에 나타날 수 있다.

관계 형성하기: 내담자와 합류하는 방법

첫 회기에 가장 중요한 작업은 치료자가 내담자와 성공적으로 합류하는 것이다. '합류(joining)'란 내담자가 치료자와 연결감을 느낀다는 것을 의미하며, 이는 대개 치료자가 자신을 이해하고 존중하며 보호한다고 느낄 때 나타난다. 합류는 (라포를 형성하는) 기법이자 태도이다. 합류의 중요성은 아무리 강조해도 지나치지 않는다. 이는 앞으로의 작업을 위한 토대이다. 합류에 실패하면 평가부터 개입에 이르는 치료자의 모든 노력이 방해를 받게 된다. 치료자가 그들과 안전하고 안정된 관계를 구축하지 못한 경우, 내담자는 민감한 정보를 꺼내 놓는 것을 주저하게 된다. 마찬가지로 치료자가 그들과 강력한 치료적 관계를 형성하지 못했다면, 내담자는 치료자의 제안에 저항하거나 방어적일 수 있다. 궁극적으로, 내담자와 합류하는 데 실패하면 치료가 조기에 종결될 수 있다(Roos & Werbart, 2013; Sharf, Primavera, & Diener, 2010).

합류는 초기 면접의 전 과정을 통해 세심한 주의를 기울여야만 하는 과정이다. 이는 내담자가 치료자의 사무실에 온 것을 환영하는 치료의 첫 순간부터 시작된다. 션은 치료자에게 갔던 경험이 어떠했는지 질문을 받자, "처음부터 좋게 느껴지지 않았어요."라고 대답했다. 그녀가 자신을 소개할 때 치료자는 딴 데 정신이 팔려 있는 것 같았다. 치료자는 과제를 끝내느라 바빴고 주의가 산만했다. 치료자는 션과 악수도 하지 않았고, 눈도 마주치지 않았다. 치료자는 내담자와 연결하고 치료가 이루어질 수 있는 안전한 환경을 조성할 기회를 놓쳤다.

내담자는 대개 치료받으러 오는 것을 불안해하기 때문에 치료자는 회기를 시작할 때 내담자를 안심시키기 위해 노력해야 한다. 어떤 치료자는 문제에 대해 이야기하기 전에 어색함을 없애려고 내담자와 가벼운 대화를 나누기도 한다. 예를 들어, 치료자는 그들에게 어떤 일을 하고 있으며, 즐겨 하는 것은 무엇인지 등을 물어볼 수 있다. 이러한 접근은 치료자가 그들에 대해 관심이 있음을 나타내는 것이다. 또한 치료자도 자신에 대해 이야기를 할 수 있으며, 이때 내담자는 치료자에 대해 알게 된다. 치료자가 내담자와의 공통점을 찾아낼 수 있게 되는 것이 이상적이며 이는 연결감을 형성하도록 돕는다.

또한 합류는 초기 면접의 여러 시점에서 이루어질 수 있다. 예를 들어, 비밀보장, 치료비 및 기타 이슈에 대한 내담자의 질문을 정중하게 듣고 대답해 줌으로써 합류가 이루어질 수 있다. 마찬가지로, 각각의 내담자에게 자신의 이야기를 할 기회를 주는 것은 그들로 하여금 치료자가 경청해 주고 이해해 준다고 느끼게 함으로써 합류를 촉진한다. 또한 반영적 경청, 시선 맞추기, 몸을 앞으로 기울이는 행동 등은 치료자가 내담자에게 관심이 있으며 그들의 말을 경청하고 있음을 나타낸다. 내담자에 대한 긍정적인 메시지로 초기 면접을 마무리하는 것도 치료자와의 유대감을 강화하는 또 다른 방법이다. 예를 들어, 치료에 저항하는 남편은 치료에 대한 강한 거부감에도 불구하고 치료실에 올 만큼 부부관계를 돌볼 마음이 있다는 점에 대해 칭찬받을 수 있다.

합류를 촉진하는 기술을 배울 수 있다고 하더라도, 타인과의 관계를 발전시키는 것은 비법이나 일련의 기술로 축소될 수 없다는 것을 인식하는 것이 중요하다. 사실, 바로 당신이 누구인가가 당신이 치료에 가져오는 가장 큰 자산이다. 치료자의 성격, 태도, 삶의 경험 그리고 온정은 관계의 일부가 되고 관계의 형성을 돕는다.

당신이 누구인가는 대체로 합류를 돕는 자원이지만, 때로는 유대감을 발달시키는 데 방해가 되기도 한다. 인종이나 민족, 성적 지향성, 사회경제적 지위, 종교적 지향 등에 기초한 편견이나 부정적 인식을 갖고 있는 치료자는 그러한 특성을 가진 내담자와 유대감을 형성하는 것이 어렵다. 마찬가지로 치료자는 그들이 고통스러운 관계를 가졌던 누군가(아마도 부모나 배우자)를 연상시키는 내담자와 합류하는 것은 어려울 수 있다. 따라서 치료자는 개인적인 문제나 편견이 치료자-내담자 관계를 방해하지 않도록 경각심을 가져야 한다.

행정적 문제 다루기

초기 면접에서 먼저 해야 할 과제 중 하나는 내담자가 치료과정을 이해할 수 있도록 행정적 이슈에 대해 말해 주는 것이다. 행정적 이슈를 검토할 때 치료적 이슈가 나타날 수 있다는 것을 인식하는 것이 중요하다. 예를 들어, 비디오테이프 녹화를 강력하게 반대했던 한 내담자는 별도의 평가를 통해 사람들에 대한 불신 수준이 매우 높다는 사실이 발견되었으며, 그것은 치료에서 초점을 맞출 핵심 영역이 되었다. 따라서 치료자가 행정적 문제를 다룰 때 내용뿐만 아니라 과정에도 주의를 기울인다면 평가 또는 심지어 개입을 위한 중요한 기회를 잡을 수 있다.

비밀보장과 정보공개

치료자가 치료과정에서의 비밀보장 문제에 대해 내담자와 의논하는 것은 매우 중요하다. 내담자는 치료 시 비밀보장의 특성뿐만 아니라 비밀보장이 불가능한 상황(예: 자신이나 타인에게 위해 위협, 아동학대, 노인/부양자 학대)에 대해 알고 있어야 한다. 내담자에게 직접 말하거나 쓰도록 하는 방법이 좋다. 동의서에는 치료과정에서 어떤 것이 비밀보장이 되고 어떤 것은 비밀보장이 안 되는지를 포함해야 한다.

부부 및 가족과 작업하는 치료자는 가족 간 비밀보장을 어떻게 다룰 것인지에 대해서도 고려해야만 한다. 예를 들어, 어떤 치료자는 부부치료의 한 부분으로 개별 회기를 갖고자 할 수 있다. 마찬가지로, 다른 치료자는 가족치료 외에도 아동·청소년과 개별적으로 만나기를 원할 수 있다. 치료자는 이러한 개별 회기를 통해 얻은 정보를 비밀로 할 것인지, 가족과 공유할 것인지를 판단해야 한다. 어떤 치료자는 가족 간에 비밀이 없어야 한다고 주장하는 반면, 다른 이들은 개별 회기에서 얻은 정보를 비밀로 해야 한다고 주장하기도 한다. 어떤 입장을 취하든 치료를 시작할 때 비밀보장의 범위에 관한 분명한 지침을 제공하는 것이 중요하다.

치료자는 이전 치료자나 정신의학과 의사, 내과 의사, 교사, 변호사, 법원, 보호관찰관 등과 같이 특수한 사례들과 관련된 사람이나 기관과 상의하기를 원할 수 있다. 이러한 경우, 치료자는 그들과의 접촉을 승낙하는 [그림 3-1]과 같은 양식에 내담자의 서명을 받을 필요가 있다. 정보공개를 위해서는 치료에 참여하는 모든 사람의 서명이 필요하다. 예를 들어, 부부가 치료에 참여했다면 치료자는 두 사람의 서명을 모두 받아야만 한다. 누군가가 내담자와 관련하여 당신에게 접촉해 왔다면, 정보공개의 동의 없이는 치료를 받는다는 사실조차 알려 주어서는 안 된다. 일부 다른 전문가들이 정보 공유를 위해 서면으로 동의를 받는 것의 중요성을 간과할 수 있다는 것은 놀랄 만한 일이다. 다른 전문가들의 입장은 개의치 말고 사례를 협의하기 전에 반드시 정보공개에 관한 동의서를 받아야 한다.

내담자의 비밀보장을 다룰 때 치료적인 이슈가 나타날 수 있다. 예를 들어, 부부 치료 중인 남편이나 아내가 판사가 치료기록을 볼 수 있는지를 묻는다면, 치료자는 부부 중 한 사람이 이혼을 심각하게 고려하고 있음을 의심해 볼 수 있다.

수신: ____(의사, 병원 등)

나는 _______ (주)법에 따라 내담자와 그의 치료자 간의 의사소통은 기밀에 속하며 내담자의 동의 없이는 치료자에 의해 공개되지 않으리라는 것을 알고 있다. 또한 나는 치료자가 보관하고 있는 내담자 관련 기록이 내담자의 동의나 법적 절차를 거치지 않고 제삼자에게 노출되지 않는다는 사실을 알고 있다.

나는 _______ (치료자 이름)가 치료에 관한 정보와(나) 기록을 ________ (공개할 사람이나 기관의 이름)에게 공개하도록 허가한다.

나는 다음과 같은 목적으로 치료에 대한 정보를 공개하도록 허가한다.

____

____

____

나는 다음과 같은 정보 유형을 공개하도록 허가한다(택일):

____ 치료와 관련된 모든 정보나 기록

____ 다음 정보만(자세하게)

____

____

____

이 허가는 ______ (날짜)까지 유효하다. 나는 이 허가의 취소나 변경은 서면으로 해야 한다는 사실을 알고 있다.

날짜 ______

내담자 이름(인쇄) ____________________

내담자 서명 ____________________

증인 ______________________________ 날짜 _________

[그림 3-1] 정보공개 동의서

비디오 녹화와 관찰

초보 가족치료자는 종종 슈퍼비전을 목적으로 치료회기를 녹음하거나 비디오로 녹화하라는 지시를 받는다. 적절하게 접근한다면 내담자들 대부분은 비디오 녹화에 동의할 것이다. 치료자는 비디오 녹화가 내담자와 치료자 모두에게 왜 도움이 되는지를 설명하고, 녹화에 관한 비밀보장을 거론할 수 있다. 치료자는 슈퍼바이저와 정기적으로 의논하고 있다는 것과 비디오 녹화는 슈퍼바이저로 하여금 치료 회기에서 어떤 일이 일어났는지 직접 보게 한다는 것을 내담자에게 말해 줄 수 있다. 치료자가 슈퍼바이저와 이런 식으로 의논하는 것은 '두 명의 머리가 하나의 머리보다 낫기 때문'에도 도움이 된다. 치료자는 비디오 녹화가 이전 회기를 통해 어떤 일이 일어났는지를 검토하게 해 주며, 마치 영화를 두 번째 볼 때 무언가 새로운 것을 알아차리게 되는 것처럼, 그것을 통해 새로운 통찰을 얻을 수 있다는 이야기도 덧붙일 수 있다. 마지막으로, 회기를 녹음해 두면 치료자가 회기의 일부를 내담자들을 위해 재생할 수 있다. 비디오 녹화도 이런 식으로 사용된다면, 축구팀이 개선 방법을 알기 위해 녹화된 경기 장면을 지켜보는 것과 같이 내담자들로 하여금 자신들이 서로 어떻게 상호작용하는지 지켜보도록 할 수 있다.

치료자는 비디오테이프가 비밀 정보임을 강조하며 누가 그 기록을 볼 것인지 내담자에게 알려 주어야만 한다. 또한 치료자는 녹음이나 녹화 기록은 영구적으로 보관되는 것이 아니며, 정기적으로 삭제되거나 재사용된다는 것을 내담자에게 확인해 줄 필요가 있다. 내담자는 비디오 녹화에 대한 동의서 작성을 요청받아야만 한다. 동의서 양식에는 비디오 녹화의 목적, 비디오테이프를 보는 사람, 치료종결 후 어떻게 관리하는지 등이 약술되어 있어야 한다.

어떤 내담자는 비디오 녹화를 꺼릴 수 있다. 치료자는 그 이유를 조심스럽게 검토해야 한다. 많은 경우, 내담자는 단순히 비디오테이프에 찍히는 것이 의식되어 녹화를 꺼린다. 그러한 반응은 일반적이며, 사람들은 대체로 녹화되고 있다는 것을 금방 잊어버린다는 것을 알게 되면 대부분 녹화에 쉽게 동의한다. 그러나 비디오 녹화에 동의하지 않는 사람들은 예외적이기 때문에 조심스럽게 주의를 기울여야만 한다. 이들은 민감한 정보를 갖고 있어서 그러한 비밀을 보호하거나 유지하려고 한다. 예를 들어, 비디오 녹화를 거절했던 어떤 내담자는 나중에 불법 활동에 가담

한 사실이 간접적으로 드러났다. 어떤 사례에서는 내담자가 민감한 정보를 노출할 때 비디오 카메라를 끄겠다는 약속을 받고 비디오 녹화에 동의하기도 한다. 내담자가 무슨 일이 있어도 비디오 녹화를 하지 않겠다고 한다면, 치료자는 치료적 관계의 손상이나 치료의 조기 종결을 막기 위해서 그 결정을 존중해야 한다. 내담자가 일단 치료자나 치료과정에 대해 좀 더 신뢰하게 되면 결국은 비디오 녹화에 동의할 것이다.

실시간 슈퍼비전(live supervision)이나 관찰/반영팀의 사용이 치료에 포함된다면, 치료자는 내담자와 이러한 사실에 대해 의논해야만 한다. 이유와 유익이 분명하게 설명된다면 내담자들은 대부분 그 방식에 동의할 것이다. 내담자가 요청하는 경우 일방경 뒤에서 회기를 지켜보는 슈퍼바이저나 팀 구성원들과 내담자를 만나게 할 수 있다.

치료비

치료비를 결정하기란 쉽지 않다. 치료를 화폐가치로 환산한다는 것은 어려운 일이며, 치료자는 도움을 제공하는 역할을 하면서 요금을 부과하는 것에 대해 불편해한다. 치료비에 대한 치료자의 부담은 내담자에게 쉽게 전해질 수 있으며, 치료 시 갈등과 스트레스의 원인이 될 수 있다. 치료자의 임상경험이 풍부해지고 가치 있는 서비스를 제공한다는 자신감이 증가하면 치료비를 결정하는 일은 훨씬 쉬워진다.

치료적 관계는 사업적인 측면이 있으며, 치료비는 사업적인 방식으로 다뤄져야 한다. 치료비에 대한 논의는 분명하고, 직접적이고, 사실적이어야 한다. 내담자는 물건 대신 서비스를 구매하는 것이다. 어떤 기관에서는 내담자의 수입에 기초해서 치료비를 결정하는 지침을 갖고 있다. 어떤 지역에서는 치료비를 결정하는 데 '관례와 통상'에 따르기도 한다. 관례에 따른 요금은 지역에 따라 다를 수 있다. 대부분의 프로그램이나 임상가들은 최소한의 치료비 기준을 정해 놓고 일정 범위 안에서 작업한다. 어떤 임상가는 여러 가지 행정적인 문제를 다루는 시작 단계에서 치료비 문제를 다루려는 반면, 다른 이들은 초기 면접이 끝날 때가 가장 좋다고 본다.

치료비를 결정하는 것 외에도 지불 방법, 지불 시기, 뒤늦은 약속 취소나 불참에 대한 요금에 대해서도 의논해야 한다. 요금과 그에 관한 규정을 의논할 때 서면동의를 해 두는 것이 좋다. 제삼자에게 지불 책임이 있다면 치료자와 내담자 모두 그 사실에 대해 정확히 이해하고 있어야 한다. 제삼의 지불자는 그들이 부담하게 될 치료 회기의 횟수, 호소 문제의 유형 및 진단 등에 제한을 둔다. 예를 들어, 많은 제삼의 지불자는 『정신질환 진단 및 통계편람-제5판(Diagenostic and Statistical Manual of Mental Disorder-Fifth Edition: DSM-5)』의 'V' 코드(American Psychiatric Association, 2013)목록에 있는 '생활의 문제(problem of living)'나 부부치료는 지원하지 않을 수 있다. 치료자는 제삼자가 지불할 경우 치료를 시작할 때 보험 적용 범위를 확인해야 한다. 또한 제공자의 적격성, 연말 소득공제, 지급 비율, 치료 횟수의 제한, 비용이 지급되는 치료유형 등의 문제를 검토해야 한다. DSM-5 진단을 받은 사람은 대개 보험 환자로 배정될 필요가 있다.

다른 행정적인 문제와 함께 치료비 지불에 관한 세부사항을 결정하는 것도 진단과정의 일부이며, 이는 치료에 대한 가족의 기대와 책임을 분명히 하는 데 도움이 된다. 예를 들어, 치료비를 의논하는 과정에서 치료자는 내담자가 의료비 지출과 같은 어려움 때문에 치료비를 전액 지불할 수 없다는 것을 알게 되기도 한다. 한편, 내담자가 치료비를 기꺼이 지불하려 하지 않는 것이 치료에 대한 낮은 동기 수준을 반영할 수도 있다. 무료 서비스를 제공받는 내담자는 일반적으로 그것의 가치를 높이 평가하지 않는다. 치료비는 비록 작은 액수라 할지라도 서비스를 효과적으로 사용하도록 자극한다. 또한 요금을 지불한다는 것은 치료가 내담자에게 가치가 있다는 것을 나타낸다.

기타 행정적 문제

기타 행정적 문제에 대해서도 내담자와 의논해야 한다. 어떤 치료자는 내담자와 그들의 전문적 자격요건에 대해 이야기할 필요가 있다. 예를 들어, 캘리포니아 주법은 면허가 없는 가족치료자에게 자신을 수련생이나 인턴으로 밝히도록 요구한다. 여러 기관과 전문가들은 내담자로 하여금 그가 고통스러운 사안의 검토를 위한 질문을 받을 수 있다는 등의 잠재적인 위험을 포함하여 치료가 무엇인지에 대한 간략한 묘사가 포함된 사전동의서를 읽고 서명하게 한다. 사전동의서는 이 장에서 다룬 비밀보장과 치료비 지불과 같은 여러 가지 문제를 약술하고 있다. 비디오 녹화에 대한 동의는 이 동의서나 별개의 문서에 포함될 수 있다. [그림 3-2]는 이러한 사안들을 담고 있는 기본적인 사전동의서이다.

나는 _______ (치료기관명)에서의 치료에 관계의 문제, 심리적/정서적 문제를 다루는 것이 포함되며 이것이 때때로 힘들 수 있다는 것을 알고 있다. 그러나 이 과정은 개인적으로 그리고 관계적으로 나를 돕기 위한 것임을 이해한다. 나는 내가 다른 치료를 이용할 수 있다는 것을 알고 있다.

나의 치료자는 ______ (치료기관명)에서의 치료에 대한 모든 질문에 만족스럽게 대답해 주었다. 나는 내가 더 질문할 것이 있으면 치료자가 대답을 해 주거나 나를 위해 대답을 찾아줄 것이라는 것을 알고 있다. 나는 이것이 치료자와의 치료를 통해 가장 잘 성취될 것이라고 들었지만, 언제든 치료를 떠날 수 있다는 사실에 대해 알고 있다.

나는 ______ (치료기관명)이 다음과 같음을 알고 있다.

1. 가족치료 석사/박사과정 학생들은 자격이 있는 치료자의 슈퍼비전을 받으면서 치료를 한다.
2. 치료회기는 비디오로 녹화되며, 슈퍼비전이나 치료팀의 치료자들이 관찰한다. 나는 슈퍼비전이나 치료팀과의 논의를 위해 내 회기를 비디오로 녹화하는 것에 동의한다. 나는 치료가 끝나면 비디오테이프 기록이 삭제된다는 사실을 알고 있다.

나는 내 회기에 대한 정보 공유를 문서로 서명하지 않는 한, 치료에서 다룬 모든 것에 대해 비밀보장이 된다는 사실을 알고 있다. 그러나 치료자는 내 정보나 비디오 테이프를 더 나은 치료를 위해 슈퍼바이저나 치료팀과 공유할 수 있다. 또한 치료자는 다음과 같은 비밀보장의 예외 상황이 있음을 알려 주었다.

1. 아동학대가 노출된 경우
2. 노인이나 의존자 학대가 노출된 경우
3. 자신을 해치겠다고 협박한 경우
4. 타인을 해치겠다고 협박한 경우
5. 법원에서 소환장을 발행한 경우
6. 당신이 치료에 필요하다고 판단한 경우 혹은 법원의 명령으로 평가가 필요한 경우
7. 법적 조치가 이루어지는 과정에서 정신적으로나 정서적으로 위해를 가했다는 주장이 있는 경우

각 회기 치료비는 _______ 이며, 치료 회기마다 지불한다. 나는 약속을 지키지 않거나 24시간 이내에 취소할 경우 정상 요금의 50%를 지불해야 한다는 취소 방침에 대해 알고 있다.

응급 상황 시에는 위기센터 전화 ______ (전화번호)로 연락하거나 가까운 병원 응급실로 가도록 안내받았다.

모든 참가자의 서명

서명: ______________________________ 날짜: ______________________________

서명: ______________________________ 날짜: ______________________________

서명: ______________________________ 날짜: ______________________________

서명: ______________________________ 날짜: ______________________________

서명: ______________________________ 날짜: ______________________________

[그림 3-2] 기본적인 사전동의서 양식

치료에 대한 내담자의 기대 정의하기

초기 면접에서 해야 하는 또 다른 중요한 과제는 치료가 무엇을 성취할지와 어떻게 진행될지에 대한 내담자의 기대를 정의하는 것이다. 이것은 내담자가 바라는 것이 당신이 치료자로서 제공할 수 있거나 기꺼이 제공하고자 하는 것과 양립할 수 있도록 하기 위해 필수적이다.

내담자의 목표 정의하기

기대를 정의하는 첫 번째 단계는 내담자가 치료를 통해 이루고자 하는 것이 무엇인지를 질문하는 것이다. 효과적인 방법은 "제가 어떻게 도움이 될 수 있을까요?" 또는 "제가 무엇을 하면 좋을까요?"라고 물어보는 것이다. 내담자는 일반적으로 자신이 문제라고 생각하는 것부터 말하기 시작한다. 내담자는 치료자가 이러한 문제를 해결해 줄 수 있기를 바란다. 사람들은 종종 제거하고 싶은 것을 이야기하며("아버지가 나에게 잔소리하지 않았으면 좋겠어요."), 그들이 원하는 것을 이야기하기를 어려워한다("아버지가 나에게 잘하고 있다고 말해 주었으면 좋겠어요."). 가능하면 내담자에게 그들이 바라는 변화를 부정적인 언어(일어나지 않을 일) 대신 긍정적인 언어(앞으로 일어날 일)로 묘사하도록 격려하는 것이 좋다.

문제와 목표에 대해 논의할 때 각 가족의 이야기를 들어 보는 것이 중요하다. 이는 각 가족과 합류하는 데 도움이 될 것이다. 또한 치료자는 문제 자체나 누구에게 문제가 있다고 보는지에 대한 가족의 생각이 일치하지 않다는 것을 알게 될 수 있다. 가족 각 사람은 다른 가족은 주지 않을 어떤 정보를 제공할 것이므로, 치료자는 다른 관점에서 문제를 바라볼 기회를 갖기를 원한다. 이 과정에서 일어날 수 있는 문제는 한 사람이 대화를 독점하는 것이다. 치료자는 다른 가족에게 기회를 주기 위해 이 과정을 중단시킬 수 있는 충분한 구조를 제공하는 것이 절대적으로 중요하다. 치료자는 말 많은 내담자를 화나게 하고 싶지 않겠지만, 그러한 행동을 막지 못하면 나머지 가족은 회기를 진행하는 치료자의 능력을 불신하게 될 것이다.

목표를 정의할 때는 여러 가지 도전이 발생할 수 있다. 어떤 내담자는 우선순위를 두지 않고 여러 가지 문제를 늘어놓을 수 있다. 예를 들어, 서로에 대한 혹은 그들 관계에 대한 상세하고 긴 불평 목록을 갖고 있는 어떤 부부가 있다. 이때 치료자는 내담자가 여러 가지 문제들 중에서 상대적으로 더 중요하게 생각하는 것이 무엇인지 알 필요가 있다. 치료자는 "지금까지 말한 것 중에서 어떤 것이 가장 중요하고, 어떤 것이 가장 덜 중요한가요?"라고 질문할 수 있다.

어떤 경우에는 내담자가 무엇이 문제이고, 그들이 원하는 치료목표가 어떤 것인지 분명하게 알지 못할 수 있다. 이런 상황에서는 치료자가 문제영역과 목표를 탐색하고 정의하기 위한 별도의 회기를 계약할 수 있다. 또 다른 문제는 내담자가 비현실적으로 높은 기대나 목표를 갖는 경우이다. 예를 들어, 어떤 남편은 치료를 받고 나서 부부갈등으로부터 완전히 자유로워지는 것이 목표라고 했다. 이 사례에서 치료자는 어떤 것이 현실적으로 성취 가능한 목표가 될 수 있을지에 대해 내담자와 대화를 나누는 것이 필요할 것이다.

내담자가 말하지 않은 문제, 즉 그 또는 그녀가 드러내기 어려워하는 문제가 있으면 목표를 설정하는 것이 더욱 복잡할 수 있다. 어떤 부부는 결혼관계의 개선이라는 진술된 목표를 가지고 치료를 찾을 수 있다. 남편이 치료를 받으러 온 이유가 자신이 아내에게 이혼 의사를 밝힌 후에 치료자가 아내를 보살펴 주기를 원해서였다는 것을 치료자는 나중에야 알게 될 수 있다. 때로는 내담자조차 치료를 받으러 온 이유를 전혀 알지 못하는 경우가 있다. 어떤 여성은 자신이 남편과의 관계 회복을 위해 노력할 마음이 전혀 없다는 것을 결국 알게 될 수 있다. 그녀는 부부치료를 시도한 것이 결혼을 끝내는 데 대한 죄책감을 완화하려는 욕구 때문이었다는 것을 인정하였다.

반면, 부부나 가족 내 개인들이 처음에는 양립할 수 없는 목표를 정할 수 있다. 이러한 상황에서 치료자는 각자의 목표가 양립할 수 있거나 함께 연결되도록 재구조화해야만 한다. 예를 들어, 부모는 청소년 자녀가 좀 더 성숙하고 책임감 있게 행동하기를 바라지만, 자녀는 반대로 자유로워지기를 원할 수 있다. 이때 치료자는 청소년이 어떻게 해야 훌륭한 성인이 되는지에 대해 부모 및 자녀와 함께 이야기하고, 성인이 되는 것은 특권뿐만 아니라 책임도 수반한다는 사실을 강조하면서 이들의 목표를 연결시킬 수 있다. 그런 다음, 치료자는 청소년 자녀가 책임을 다하는 만큼 자유로움과 특권을 누리도록 하는 데 초점을 맞추어 작업할 수 있다.

일단, 내담자가 치료를 통해 무엇을 원하거나 기대하는지를 정확히 이해하고 나면, 치료자는 자신이 그 사례에 적합한지를 결정해야 한다. 첫째, 해당 사례가 당신의 역할 범위 내에 있는지 여부, 즉 내담자가 가족치료자가 치료하기에 적합하다고 여겨지는 문제에 대한 도움을 기대하는지 여부를 평가해야 한다. 예를 들어, 치료자는 법적·의학적 조언을 해 줄 수는 없지만 결혼관계에 대해 부부와 작업하는 것은 분명히 가능하다. 치료자의 역할 범위는 그가 있는 주(州) 내의 치료자를 허가하거나 인증하는 법률에 의해 정의된다. 해당 사례가 치료자의 역할 범위 밖에 있다면, 당신은 내담자를 적절한 전문가에게 의뢰해야만 한다.

둘째, 치료자는 어떤 사례가 자신이 다룰 수 있는 범위 안에 있는지를 평가해야 한다. 즉, 치료자는 그 문제를 효과적으로 다룰 수 있을 만큼 충분한 기술, 훈련 및 경험이 있는가? 만약 그렇지 않다면 적절한 기술이나 자격을 갖춘 다른 치료자에게 내담자를 의뢰해야 한다. 예를 들어, 내담자가 최면을 원했는데 치료자가 그에 대한 어떠한 훈련도 받지 않았고 경험도 없다면 의뢰하는 것이 불가피하다. 치료자는 치료하는 데 필요한 능력을 갖추기 위해 적절한 방법을 동원해야 한다. 예를 들어, 유분증(encopresis)을 다뤄 본 적이 없는 치료자는 이 사례를 다루기 위해 관련 문헌을 찾아보거나 슈퍼비전을 받을 수 있다.

셋째, 사설 치료기관에서 일한다면 기관의 업무 범위 내에서 서비스를 제공할 수 있는지에 대해 고민해 볼 필요가 있다. 어떤 기관에서는 특정한 사안이나 문제에 대해서만 전문적으로 다룰 수 있으며, 치료자가 다른 문제에 대해 도움받기를 원하는 내담자와 작업하는 것을 원치 않을 수 있다. 내담자는 다양한 문제를 가지고 오기 때문에, 기관의 업무 범위에 적절한 경우도 있지만 그렇지 않은 경우도 있다. 예를 들어, 올리버는 아동·청소년을 위한 기관에서 일하고 있다. 올리버는 부모의 갈등으로 심하게 불안감을 느끼고 있는 8세 아동 데스몬드를 치료하고 있다. 올리버는 부모의 갈등이 해소되면 데스몬드의 증상이 매우 좋아질 거라고 확고하게 믿고 있었다. 올리버의 슈퍼바이저는 그에게 데스몬드의 부모를 외부에서 부부치료를 받도록 의뢰하라고 권하고 있다. 이와 같이 문제가 해당 기관의 업무 범위에 적절한지 여부를 둘러싸고 모호한 점이 있는 경우에는 슈퍼바이저의 도움을 받을 필요가 있다.

마지막으로, 내담자가 처음에 제시한 목표를 다루기 전에 다른 목표를 위해 작업함으로써 내담자의 필요가 가장 잘 충족되는 경우가 있다. 배우자의 심각한 물질남용 문제를 가진 부부는 부부관계를 효과적으로 다루기 전에 금주 또는 자제 기간이 필요할 수 있다. 치료자는 내담자에게 특정 치료 순서가 왜 궁극적으로 그들에게 가장 이익이 되는지에 대한 논리적 근거를 제시해야 한다.

치료자의 목표와 내담자의 목표

내담자의 목표는 종종 어떤 문제 또는 이슈가 해결될 필요가 있는지에 의해 정해진다. 반면, 치료자의 목표는 대체로 내담자가 문제를 해결하려면 어떤 변화가 필요할지를 반영한다. 내담자의 목표는 치료자에게 그들이 어디로 가고 싶은지를 말해 주는 반면, 치료자의 목표는 내담자가 어떻게 거기에 도달할 수 있는지를 나타낸다. 내담자의 목표는 "덜 우울했으면 좋겠어요."와 같이 표현될 수 있지만, 치료자의 목표는 내담자가 인지행동기법을 이용해 왜곡된 사고에 도전하는 방법을 배우도록 돕는 것이 될 것이다. 이와 같이, 내담자의 목표는 효과적인 치료계획을 발전시키기 위해 치료자의 목표와 통합해야만 하며, 이는 5장에서 다시 논의할 것이다.

치료에 대한 추가적 기대

많은 내담자는 치료가 무엇을 성취할지에 대한 기대뿐만 아니라 치료가 어떻게 진행될지에 대한 기대를 갖는다. 그러므로 내담자의 치료에 대한 기대를 평가하는 것이 종종 도움이 된다. 치료경험이 있는 내담자는 당신이 비슷한 방식으로 치료할 것이라고 짐작할 수 있다. 이전 치료자가 과제를 내줬다면, 내담자는 현재의 치료자에게 같은 것을 기대할 것이다. 치료경험이 있는 내담자와 작업할 때는 치료에 관한 내담자의 기대가 (부정적으로든 긍정적으로든) 강하게 형성될 수 있으므로, 그 경험이 어떠했는지를 파악하는 것이 매우 유익하다. 내담자는 이전 치료경험에 대해 이야기하라고 하면 막연해하는 경향이 있다. 이때 치료경험에 대한 다음과 같은 질문이 도움이 될 수 있다. 가장 도움이 되었던 것은 무엇인가? 내담자에게 효과가 없었던 치료과정은 어땠었는가? 보다 구체적인 질문을 한다면 그때 어떤 일이 일어났으며 치료자는 그것을 지금의 치료 상황에 어떻게 적용할 것인가에 대한 더욱 선명한 그림을 그릴 수 있을 것이다. 어떤 경우, 내담자는 자신이 치료에 대해 무엇을 기대하는지를 모르거나 비현실적인 기대를 가질 수 있다. 이러한 상황에서 치료자는 내담자에게 치료과정에 대해 교육할 필요가 있다(DeFife & Hilsenroth, 2011).

내담자는 다양한 영역에서 치료에 대한 기대를 가질 수 있다. 예를 들어, 내담자는 치료가 얼마나 오래 걸릴지에 대한 기대를 가지고 올 수 있다. 어떤 내담자는 한두 회기면 된다고 생각하는 반면, 다른 내담자는 1년 또는 그 이상 지속되리라고 생각할 수 있다. 이러한 기대가 현실적인지에 대해 평가할 필요가 있다.

또한 내담자는 치료에 누가 올 것인지에 대한 기대를 가질 것이다. 예를 들어, 어떤 부모는 자신들이 관여하지 않아도 치료자가 자녀를 '고쳐 줄' 것이라는 믿음을 가지고 문제자녀를 데려올 수 있다. 이들은 자신이 가족치료에 왜 참여해야 하는지에 대해 질문할 것이다. 반대로 어떤 부모는 치료에 열심히 참여하면서, 치료자가 아동 또는 청소년 자녀를 개별적으로 만나려고 한다면 실망할 수도 있다.

치료자와 내담자가 치료 목적에 대해 비슷한 관점을 갖는 것 또한 중요하다. 어떤 내담자는 치료는 감정을 분출하는 곳이며 치료자는 단지 잘 들어주고 지지해 주는 사람이라는 기대를 가질 수 있다. 다른 이들은 치료가 변화를 목표로 하는 곳으로 알고 올 수 있다. 치료자와 내담자가 이와 관련하여 같은 입장이 아니라면 문제가 발생하기 쉽다. 예를 들어, 변화를 촉진하려는 치료자는 내담자가 과제를 해 오지 않으면 실망할 것이다. 그러나 내담자는 치료가 주로 삶의 문제에 대해 호소하고 감정을 분출할 수 있는 안전한 장소라고 여길 수 있다. 치료자와 내담자는 치료가 무엇인지에 대해 논의하고, 바라건대 상호 동의할 수 있는 이해 수준에 도달해야 할 필요가 있다.

또한 치료자는 내담자의 기대가 치료과정을 방해하는지 살펴봐야 한다. 예를 들어, 이전 치료에서 원가족 문제를 다루는 게 비생산적이라고 느꼈던 어떤 부부가 이번 치료에서는 원가족 문제를 다루고 싶지 않다고 했다. 그러나 대부분의 부부 문제는 그들 부모와의 갈등과 밀접하게 연결되어 있다. 이러한 경우, 부부가 얼마나 완강하게 원가족 탐색을 피하려고 하는지에 대해 살펴봐야 한다. 그들이 이러한 자세를 고수하려 한다면, 치료자는 그들이 바라는 것을 수용하기 위해 얼마나 기꺼이 유연해질 것인지를 결정해야 한다. 내담자의 기대가 지나치게 제한적이어서 치료자의 효과적인 개입을 심각하게 저해하는 경우, 치료자는 치료를 계속할 수 없다는 결정을 내릴 수 있다.

평가와 동기부여

내담자는 다양한 동기 수준을 가지고 치료에 올 수 있다. 대부분의 내담자는 충분히 동기화되어 있지만, 변화에 대한 동기가 거의 없는 내담자도 발견할 수 있다. 예를 들어, 억지로 치료를 받게 해야 하는 내담자에 대한 염려가 동기인 경우가 종종 있다. 어떤 내담자는 물질남용, 청소년 비행, 아동학대, 기타 문제로 인해 법원의 명령으로 치료에 오기도 한다. 그러나 다른 이들은 가족의 성화에 못 이겨 치료받으러 오기도 한다. 어떤 배우자는 치료에 참석하지 않으면 이혼하겠다는 위협을 받기도 하고, 청소년은 부모의 강요로 치료를 받으러 오기도 한다. 초기 면접은 치료의 동기를 평가하고 치료 동기를 부여하기 위한 절호의 기회이다.

치료 동기는 치료자가 목표설정을 할 때 확인할 수 있다. "무슨 일로 치료를 찾게 되셨나요?"라는 질문에 대한 대답은 동기화된 내담자와 동기화되지 않은 내담자를 구별하게 해 준다. 동기화된 내담자는 그들이 해결하기를 원하는 문제와 성장 영역에 대해 즉시 반응한다. 내담자가 누군가가 보내서 왔다고 대답한다면, 동기에 문제가 있다는 것을 예상할 수 있다. 그럼에도 불구하고 이들 중 일부는 치료의 유익을 경험함에 따라 치료에 매우 전념하게 될 수도 있다.

또한 먼저 치료를 제안했거나 전화를 걸어 예약을 한 사람이 누구인지에 대해 질문해야 한다. 일반적으로 이들은 치료에 대해 가장 동기화된 사람들이다. 내담자에게 할 수 있는 좋은 질문은 그들의 삶에서 지금 치료를 받으러 오게 한 것이 무엇인지를 묻는 것이다. 그에 대한 대답은 촉발 사건과 같은 중요한 평가 정보뿐만 아니라 내담자의 동기에 대한 단서를 제공한다.

내담자의 전반적인 동기 수준은 다양한 요인에 기초하는데, 그 요인에 대한 평가는 치료자가 동기를 강화하는 개입을 할 수 있도록 안내할 수 있다. 예를 들어, 내담자가 변화주기 단계(Stages of Change Cycle)(Prochaska, Norcross, & DiClemente, 1994) 중 어디에 있는가는 변화에 대한 그들의 동기를 결정할 것이다. 이 주기는 내담자가 행동을 취하고 변화하기로 결정하기 전에 변화에 대해서 생각하는 데 많은 시간(심사숙고 이전 단계와 심사숙고 단계)을 보낸다는 것을 인정한다. 또한 이 주기는 술을 다시 마시지 않는 등의 변화를 유지하기 어렵다는 것을 인정한다. 따라서 재발을 해결하는 것이 영구적 변화로 이끄는 과정의 한 부분이다. 치료자는 내담자가 변화의 단계 중 어디에 있는지 파악하여 개입해야만 한다.

동기부여 면접(motivational interviewing)(Miller & Rollnick, 2002)은 내담자가 변화에 대한 양가감정을 해결하도록 돕는 것이 치료자의 역할임을 제안한다. 공감적인 치료자는 직면을 사용하는 대신에 내담자의 관점과 결정할 수 있는 자유를 인정한다. 또한 치료자는 내담자 자신의 자기-동기적 진술(self-motivational statements)(예: "나는 이것이 내가 해결해야 하는 문제라는 것을 알아.")에 귀를 기울여야 한다.

충족되지 않은 필요들로 인한 고통은 종종 내담자를 변화시키는 원동력이 된다. 그러므로 내담자의 충족되지 않은 필요들이 무엇이고, 그것으로 인해 얼마나 큰 고통과 스트레스를 경험하고 있는지에 대해 분명하게 파악하는 것이 중요하다. 고통이 거의 없거나 자신에게 문제가 있다는 것을 느끼지 못하는 내담자는 변화에 대한 동기가 없다.

문제가 있다고 (혹은 문제가 심각하다고) 생각하지 않는데 치료를 받아야만 한다는 말을 들은 내담자와 작업하는 것은 치료자에게 큰 도전일 수 있다. 치료자는 내담자가 문제를 축소하려는 이유를 이해해야 하며, 그래야 그 상황에 어떻게 접근할 수 있는지 알 수 있다. 어떤 내담자는 상황의 심각성을 이해하지 못할 수도 있다. 이런 경우 다른 사람은 왜 문제가 있다고 생각하는지 그리고 문제를 해결하지 않을 때 발생할 수 있는 부정적인 결과는 무엇인지에 대해 내담자와 함께 탐색하는 것이 도움이 될 수 있다. 예를 들어, 내담자에게 배우자의 불평에 주의를 기울이지 않으면 파경을 맞이할 수 있다고 경고할 수 있다.

때로 내담자는 결과에 대한 두려움이나 자기상(self-image)의 훼손 때문에 문제를 부인하기도 한다. 아동 성추행범은 대개 법적 책임을 피하기 위해 추행 사실을 부인하거나 축소할 것이다. 따라서, 치료 동기를 부여하는 일은 내담자의 부인을 해결하는 것과 관련하여 이루어져야 한다.

치료 명령을 받은 내담자가 문제를 인정하기를 거부할 때, 치료자는 적어도 한 가지 문제가 있다는 사실(즉, 원치 않는데도 불구하고 치료를 받으라는 말을 듣고 있다는 사실)을 제시할 수 있다. 내담자가 동의한다면(대체로 동의함) 더 이상 치료에 오지 않기 위해 무슨 일이 일어나야 하는지를 탐색할 수 있다. 이러한 접근은 당신이 문제를 해결하는 중간 목표를 수립하는 동안 그와 동시에 내담자와 합류할 수 있게 해 준다.

어떤 내담자는 치료가 쓸모없다거나 상황이 절망적이라고 생각하며 치료에 대해 아무런 기대도 하지 않기 때문에 동기 수준이 낮을 수 있다. 이러한 내담자에게는 치료가 도움이 될 수 있다는 긍정적 기대를 불어넣는 것이 중요하다(DeFife & Hilsenroth, 2011). 치료 초기의 긍정적 경험은 희망에 불을 붙이고 동기를 강화할 것이다. 변화할 수 있다는 자신감이 부족한 내담자를 위해서는 그들의 장점을 강조하거나 부정적인 자기대화(self-talk)에 도전하도록 도울 필요가 있다. 문제에 대한 예외 상황에 주목하는 것은 자신감과 동기를 형성하도록 돕는다.

내담자의 치료 동기를 감소시키는 다른 요인들도 있는데 면밀한 평가를 통해 이것을 찾아내야 한다. 예를 들어, 절망감과 동기 부족은 주요우울장애의 증상일 수 있다. 약물이나 다른 개입을 사용하여 우울증을 걷어내기 시작하면 치료에 대한 희망과 에너지가 증가할 수 있다. 타인을 신뢰하는 데 어려움이 있는 내담자는 안전감이 충분히 확립되기까지 치료에 자신을 투입하기를 주저한다. 어떤 내담자는 이동 수단, 경제적 문제, 업무 일정 등 해결해야 할 실제적인 어려움을 가지고 있을 수 있다.

앞에서 논의한 전략의 사용은 내담자의 동기를 보장하지 못한다. 당신은 여전히 동기 수준이 낮은 내담자를 만날 수 있는데, 특히 치료에 참여함으로써 기소를 피할 수 있는 법원 의뢰 내담자가 그러하다. 이런 경우, 치료자는 법원이 제공한 변화의 지렛대를 편하게 사용할 필요가 있다. 예를 들어, 치료자는 내담자에게 만족할 만한 진전이 나타나지 않으면 치료는 중단될 것이고 법원에 치료의 종결을 보고할 것이라고 알려 준다.

초보 치료자가 직면할 수 있는 일반적인 문제는 그들이 내담자보다 더 동기화되어 있을 때이다. 내담자는 약속시간에 나타나지 않거나, 늦거나, 말을 거의 하지 않거나, 과제를 해 오지 않을 수 있다. 이런 경우 치료자는 내담자보다 결국 훨씬 더 열심히 일하게 될지 모른다. 이런 역동은 치료자가 한 발짝 뒤로 물러서서 내담자가 치료받으려는 이유를 생각해 보고, 그의 동기를 다시 한번 평가해 보는 것이 필요하다는 것을 암시한다.

내담자가 '그릇된 이유'로 동기화될 때가 있다. 예를 들어, 어떤 내담자는 생명을 위협할 만한 병에 걸렸을 때만 금연을 하겠다고 한다. 우울한 내담자는 죽고 싶지만 자살이 자녀에게 미칠 영향 때문에 참고 있다. 부부치료를 받는 부부는 '자녀를 위해' 결혼관계를 유지하겠다고 한다. 치료자가 내담자의 동기에 동의할 필요는 없다. 대체로 이유가 무엇이든 내담자가 변화의 힘든 과정에 직면하게 되리라는 것으로 충분하다.

신뢰감 형성

초보 치료자는 종종 내담자가 '치료를 시작하신 지 얼마나 되셨어요?'라고 질문할까 봐 두려워한다. 또한 미혼이거나 자녀가 없는 치료자는 결혼 여부나 자녀에 관련된 질문을 두려워하는데, 그런 질문은 초기 회기에서 자주 다루어야만 하는 주요 이슈, 즉 신뢰의 문제를 반영하기 때문이다.

내담자가 변화에 대한 희망과 기대를 갖기 위해서는 치료자와 치료를 신뢰해야만 한다. 그렇지 않으면 치료는 조기에 종결될 수 있다. 그러므로 치료자는 신뢰의 문제를 빨리 평가해야만 한다. 첫째, 내담자는 치료가 문제해결을 위한 효과적인 방법이라고 생각하는가? 아니면 치료란 미친 사람만을 위해서 필요하다고 생각하는가? 둘째, 내담자는 당신을 유능하고 신뢰할 만한 치료자라고 생각하는가? 내담자는 치료자가 너무 어려 보여서 자신을 도울 수 있을지 의심할 수 있다. 또한 부모는 자녀가 없는 내담자가 자신을 이해하고 도울 만한 능력이 있는지 궁금해하기도 한다.

치료자가 신뢰에 문제가 있다는 의심이 든다면 어디에서, 왜 신뢰를 잃게 되었는지 그 원인을 찾아야만 한다. 예를 들어, 초보 치료자가 한 여성 내담자에 대해 이야기했다. 그 내담자는 첫 회기에 들어오면서 자신은 게이나 레즈비언 치료자를 원한다고 말했다. 치료자는 자신은 레즈비언이 아니며 게이나 레즈비언 친구도 없지만, 이 문제에 대해 많은 것을 배울 의향이 있다고 말하였다. 치료자가 회기를 마치면서 내담자가 게이나 레즈비언 치료자를 원했던 것을 고려하여 그녀에게 자신과 치료를 계속하는 것을 어떻게 생각하는지 묻자, 그녀는 치료자와 치료하는 것이 아주 편했다고 말했다. 좀 더 이야기를 나누는 과정에서 치료자는 처음에는 치료자의 성적 지향에 대한 우려로 보였던 것이 실제로는 '보수적인' 사람이 자신을 부당하게 판단할지 모른다는 두려움이었다는 것을 알게 되었다. 치료자는 개방적이고 수용적인 자세를 보여 줌으로써 내담자의 신뢰를 얻을 수 있었다. 내담자가 치료나 치료자를 왜 신뢰하지 못하는지에 대해 정확하게 이해할수록, 이 문제를 해결하는 치료자의 개입이 '적중'할 가능성이 크다.

내담자가 일반적으로 치료에 저항하는 경우, 치료자는 신뢰를 형성하는 과정을 재구조화할 수 있다. 치료자는 미친 사람만 치료받는다고 생각하는 내담자를 위해서는 낙인을 희석시키기 위해 노력해야 한다. 치료는 올림픽 선수나 전문 체육인 같은 최고의 선수들이 코치를 두고 도움을 받는 코칭에 비유될 수 있다. 또한 치료는 특별 전문가를 고용하여 사업을 돕게 하는 것과 유사한 컨설팅 업무에 비유될 수 있다.

내담자가 특정 치료자의 신뢰성에 대해 의문을 제기할 때, 그들은 대개 치료자의 전문성이나 생활경험의 부족에 초점을 맞춘다. 치료자는 종종 도움이 되려면 어떤 유형의 경험이 필요한지를 내담자에게 재정의해 줄 수 있다. 예를 들어, 어떤 부모는 자녀가 없는 치료자의 능력을 의심할 수 있다. 이때 치료자는 아동과 함께했던 다른 유형의 경험(예: 친척의 자녀를 돌봤다거나 교사나 아동보호요원으로 일한 경험 등)을 이야기함으로써 신뢰를 얻을 수 있다. 또한 치료자는 많은 가족을 치료하면서, 경험을 통해 어떤 부모역할이 효과적인지 또는 효과적이지 못한지에 대해 알게 되었다고 말할 수도 있다. 그럼으로써 부모가 가지고 있는 자신의 자녀에 대한 친숙한 지식에 치료자가 일반적인 가족을 치료하며 경험한 것이 합쳐져서 치료가 성공할 가능성이 커질 것이다. 나이와 경험이 부족하기 때문에 걱정된다면, 전문가다운 복장을 하고 전문가다운 태도를 보이는 것 또한 도움이 될 수 있다.

어떤 경우에는 치료자가 내담자에게 특정 문제나 특정 대상을 다룬 경험의 부족을 어떻게 보완할 것인지에 대해 직접적으로 이야기할 필요가 있다. 예를 들어, 치료자는 내담자에게 경험이 많은 임상가로부터 어떻게 지도 감독을 받을 것인지에 대해 이야기할 수 있다. 치료자와 다른 문화적 배경을 가진 내담자와 작업할 때는 치료자가 그들의 문화에 대해 기꺼이 배우고자 한다는 것을 표현할 수 있다. 어떤 내담자는 이러한 접근법에 열려 있지만, 자신의 문화를 치료자에게 교육하는 것이 자기 책임은 아니라고 느끼는 사람도 있을 것이다. 특히 이러한 내담자를 위해서는 치료자가 주도적으로 서적을 읽으며 스스로 학습하는 것이 중요하다.

내담자가 여전히 의심을 품고 있을 때 자주 사용하는 효과적인 전략은 몇 회(아마도 3회기) 정도를 계약하는 것이다. 치료자는 이 기간 동안에 자신의 능력을 보여 줄 수 있어야 한다. 계약한 치료 회기 이후에도 여전히 치료자의 능력을 확신하지 못한다면, 치료자는 그들을 기꺼이 다른 곳에 의뢰해야만 한다. 회기의 수가 적당하다면, 거의 모든 내담자는 기꺼이 당신에게 기회를 줄 것이다. 이러한 상황에서 치료자는 내담자와 신뢰감을 형성하기 위해 빨리 해결될 수 있는 문제가 무엇인지를 파악해야 한다.

치료자의 신뢰성이 의심받고 있다면 방어적이 되지 않는 것이 중요하다. 치료자가 방어적이지 않으며 존중하는 태도로 내담자의 우려를 다룰 수 있다면 이것을 통해 신뢰감을 형성할 수 있다. 그렇게 하기 위해서는 임상경험이나 생활경험이 부족하다 할지라도, 치료자는 무엇을 제공해야만 하는지를 분명히 알고 있어야 한다.

첫째, 치료자는 내담자가 인생에서 힘든 시간을 보내고 있는 자신의 이야기를 연민과 존중을 가지고 경청해 줄 누군가를 원한다는 것을 알아야 한다. 내담자의 문제가 그렇게 고통스러운 이유 중 하나는 그들이 다른 사람들과의 관계에서 고립되고 외롭고 부적절하다고 느끼기 때문이다. 치료적 관계는 내담자에게 필요한 바로 그 연결감과 지지를 제공할 수 있다. 어떤 내담자에게는 치료자와의 관계가 그들이 처음으로 갖는 건강한 관계일 수 있으며, 이것 하나만으로도 매우 치료적일 수 있다. 단순히 다른 인간과 함께 있다는 것 안에, 당신이 내담자에게 제공할 중요한 것이 있다.

둘째, 당신은 내담자처럼 상황에 대해 감정적으로 연루되어 있지 않기 때문에, 내담자에게 중요한 통찰을 제공할 수 있다. 외부 관찰자로서 당신은 내담자가 보기 어려운 내담자 자신의 중요한 측면이나 타인과의 관계를 조명하는 데 도움을 줄 수 있다.

셋째, 경험이 풍부하지 않은 치료자라 할지라도 내담자가 모르거나 쉽게 접근할 수 없는 임상 지식에 접근할 수 있다. 교과 학습을 통해 치료자는 자신이 무슨 일을 하는 사람인지를 알릴 수 있는 중요한 개념과 이론을 배웠으며, 그 결과 실제 임상 경험의 기간은 짧지만 실제적인 지식과 지혜의 원천을 활용하게 되었다.

결론: 첫 회기와 그 후

초기 면접은 치료과정에서 결정적인 시간이다. 치료가 성공적으로 진행되기 위해서는 다음과 같은 몇 가지 과제가 성취되어야만 한다. 내담자와의 연결감을 발달시키고 신뢰감을 형성하는 것은 내담자가 두 번째 회기에 오도록 하는 데 필수적이다. 치료에 대한 목표와 기대를 정의하는 것, 동기를 부여하는 것 그리고 행정적 문제를 적절히 다루는 것 역시 매우 중요하다.

이 장에서 논의한 사안들은 초기 면접뿐만 아니라 치료 전 과정에서 확실히 중요하다. 치료자가 모든 단계에서 내담자를 효과적으로 직면하고 도전하기 위해서는 내담자와 연결되거나 합류된 상태를 유지해야 한다. 마찬가지로 치료에 대한 목표와 기대도 치료가 진행됨에 따라 재검토되고 재정의될 필요가 있다.

제4장

평가를 위한 지침

베스는 톰슨 부부와 첫 치료회기를 마친 후 노트를 훑어보고 있다. 그녀는 상당히 많은 정보를 수집했다. 그녀는 부부치료 수업에서 배운 것에 근거해서 톰슨 부부에게 이혼을 예측할 수 있는 요인이 많다는 것을 알았다. 동시에 정신병리학 수업에서 우울 증상에 대해 배운 것과 같이 톰슨 씨의 수면, 집중력, 에너지에 심각한 변화가 나타났다는 것을 파악했다. 그는 절망스럽고 슬픈 것 같았다.

톰슨 씨는 이직, 가족 갈등, 수면제 의존, 처가와의 문제, 재정적 어려움 등 지난 1년 동안 일어났던 일에 대해 긴 이야기를 하였다. 베스는 가장 중요한 정보가 무엇인지 가려내기를 원했으며, 다음 슈퍼비전 시간에 자신의 평가 질문과 관찰 사항에 대해 슈퍼바이저와 검토하기로 한다. 그녀는 자신이 가장 적절한 정보를 얻었고 진단적 고려 사항을 놓치지 않았는지 확인하고 싶어 한다. 감사하게도 톰슨 부부가 첫 회기에 매우 많은 정보를 제공해 주었으므로, 슈퍼바이저와 회기를 검토하면서 자신이 임상적 관찰 사항에 대해 제대로 우선순위를 매겼는지 확인할 수 있게 되었다. 그녀는 부부의 개별 증상, 부부 문제, 가족 스트레스 요인, 자원 등의 목록을 작성함으로써 슈퍼비전을 준비한다.

어떤 사례는 임상적 우선순위를 가려내기 위해 여러 회기를 필요로 한다. 게다가 내담자의 상황과 어려움은 계속해서 진화한다. 이번 장에서는 평가계획에 대해 다루고자 한다. 초보 치료자는 처음 2~3번의 면접에서 수집해야 하는 정보의 양 때문에 압도되기 쉽다. 많은 지역사회 정신건강 기관에서는 한 회기에 평가를 완료하도록 요구하기 때문에 압박이 가중된다.

우리는 정확한 이해를 돕기 위해 평가과정을 여러 부분으로 나누고 논리적인 순서로 제시하였다. 그러나 실제로는 다양한 영역들이 서로 겹치며, 평가가 그렇게 단순하게 진행되는 일은 거의 없다. 평가를 위한 자료를 수집할 때, 치료자는 내담자가 때때로 신뢰가 형성될 때까지 어떤 정보를 숨길 수 있다는 것을 알아야 한다. 이런 영역들은 시간이 지나야 좀 더 개방적으로 탐색되는 경우가 드물지 않다.

〈표 4-1〉은 포괄적인 평가를 위한 일반적인 지침을 나타낸 것이다. 전반적으로 평가는 생물심리사회적 체계론적 관점을 취해야 하며, 보다 구체적인 문제로부터 시작해서 더 광범위한 맥락 정보로 이동할 필요가 있다. 초기 평가는 일반적으로 내담자와 함께 그들의 문제나 걱정거리, 지금까지 시도해 왔던 해결방법 등을 탐색하는 것으로 시작한다. 또한 치료자는 초기 단계에서 내담자가 위기상황에 처해 있는지 혹은 어떤 위해의 문제와 관련이 있는지를 평가해야 한다. 예를 들어, 우울하거나 무기력한 내담자를 위해서는 자살 평가를 해야만 한다. 치료자는 타인에 대한 학대나 폭력의 징후가 있는지도 살펴봐야 한다. 알코올 남용과 물질남용은 대개 관계의 문제와 관련이 있으므로, 치료자가 이것을 놓치게 되면 효과적인 치료를 하기 어려울 수 있다. 그 외에도 제외되어야 할 생물학적 요소가 문제의 기저에 있을 수 있다. 이 장에서는 개인, 부부체계나 가족체계, 가족 외부의 사회체계 그리고 문화와 성별 사회화 같은 보다 광범위한 사회체계를 평가하는 것을 포함하여 일반적인 심리사회적 평가에서 중요하게 고려해야 할 다양한 영역에 대해 소개하고자 한다.

이 장은 이러한 영역들에 대한 종합적인 평가지침을 제공한다. 이렇듯 철저한 평가는 내담자에 대해 보다 정확한 그림을 얻을 수 있게 하므로 효과적인 치료계획을 발전시키는 데 도움이 된다.

〈표 4-1〉 일반적인 평가계획

1. 초기 평가 실시
   - 제시된 문제 탐색
   - 시도했던 해결책 평가
   - 위기와 스트레스 생활사건 평가

2. 잠재적 위해의 문제 제외
   - 자살 평가
   - 가정폭력과 학대 평가
   - 성 학대 평가
   - 경고 의무의 문제 평가

3. 물질남용 가능성 제외

4. 생물학적 문제의 가능성 제외

5. 일반적인 심리사회적 평가 실시
   - 정서, 행동, 인지 평가
   - 의미체계 평가
   - 영성 평가
   - 부부 및 가족체계 평가
   - 가족 외적 사회체계 평가
   - 보다 큰 사회적 맥락 내에서 가족 평가

초기 평가

제시된 문제의 탐색

우선 내담자가 치료에 가져온 문제, 즉 제시된 문제를 탐색해야 한다. 예를 들어, 치료자는 문제의 특성이나 개요(문제는 무엇이며, 얼마나 오래 되었는지)를 파악해야 한다. 또한 치료자는 문제 때문에 가장 영향을 받는 사람이 누구인지 질문해야 한다. 문제가 특정 시간 또는 특정 장소에서만 나타나는가? 또한 치료자는 가족이 문제를 가진 사람을 누구로 보는지에 대해 알 필요가 있다. 문제가 관계적인 것인가

("어떻게 대화를 해야 할지 모르겠어요."), 아니면 주로 한 개인의 문제로 보는가("우리 아이한테 문제가 있는 것 같아요.")? 가족이 한 사람만 문제가 있다고 지목하면 그 사람을 지목된 환자(Identified Patient: IP)라고 부른다.

IP가 한 명일 때 치료자는 다른 가족이 나타낼 수 있는 문제에 대해 탐색해야 한다. 여기에는 두 가지 목적이 있다. 첫째, 가족 역동에 관한 가설을 세우는 데 도움이 된다. 예를 들어, 어떤 가족이 처음에는 가정이나 학교에서 문제가 있는 자녀와 함께 나타날 수 있다. 그러나 좀 더 탐색해 보면 부부관계 갈등이 있음을 발견하게 되는데, 이것을 통해 자녀가 부부의 갈등으로 삼각관계를 이루면서 문제를 일으키게 된다는 가설을 세울 수 있다. 둘째, 치료자가 가족체계 내의 다른 문제를 성공적으로 밝혀낼 수 있다면, 가족이 IP와의 개인치료 대신 가족치료가 필요하다는 것을 이해하게 될 가능성이 커진다. 가족이 IP를 만드는 데 많이 기여할수록 치료자는 조심스럽게 치료를 진행해야 한다.

또한 치료자는 누가 그 문제를 알고 있거나 그 문제와 연루되어 있는지를 파악해야 한다. 이 정보는 치료자가 그로 인해 어떤 기능 영역이 영향을 받고 있는지를 평가하도록 돕는다. 예를 들어, 어떤 가족이 교사가 자녀의 문제에 대해 알고 있다고 했다면, 치료자는 자녀가 학교에서 문제를 가지고 있다는 것을 알 수 있다. 또한 치료자는 내담자가 법에 연루되어 있다는 것을 발견할 수 있다. 이 모든 경우에, 치료자는 문제에 대해 잘 알고 있는 다른 사람과 이야기할 수 있도록 내담자로부터 정보공개를 허락받는 것을 고려하는 것이 현명하다. 이것은 또한 내담자가 어떤 자원, 사회적 지지체계를 가지고 있는지 평가하도록 돕는다. 예를 들어, 어떤 부부가 종교 지도자나 부모에게 그들의 결혼문제에 대한 조언을 구했다는 이야기를 할 수 있다. 이런 경우, 치료자는 이들을 치료계획에 포함시킬 수 있다. 치료자는 자녀의 학교 문제를 다룰 때 교사에게 도움을 요청할 수 있으며, 중요한 원가족 문제를 다루기 위해 성인자녀의 부모를 초대할 수 있다.

마지막으로, 내담자에게 문제가 왜 일어났다고 생각하는지에 대해 질문하는 것은 종종 통찰을 가져온다. 그러한 내담자의 통찰은 치료자가 가설을 발전시키는 데 도움이 된다. 한쪽 배우자가 상대방이 어떤 문제에 대해 알아야 하는지에 대한 통찰력을 갖는 것은 드문 일이 아니며, 그 반대의 경우도 마찬가지다. 내담자가 자주 놓치는 것은 자기 자신의 문제나 부부 문제에 자신이 기여하고 있는 부분에 대한 통찰이다. 상대방이 내담자에게 왜 이 문제가 발생했다고 말하고 있는지에 대해 질문하는 것은 바람직하다. 이러한 정보 역시 치료자가 가설을 세우는 귀중한 출발점을 제공할 수 있다.

해결중심적 접근을 하는 치료자들은 해결책이나 문제에 예외 상황을 발견하는 데 있어서 문제를 면밀히 탐색하는 것이 반드시 필요한 것은 아니라고 본다. 이것이 여러 사례에서 사실로 드러난다 할지라도, 치료자는 내담자로 하여금 자신의 이야기(비록 문제로 가득한 것이라도)를 하도록 하는 것이 어떤 측면에서 가치가 있다는 사실을 알아야 한다. 예를 들어, 존중하며 들어주는 것은 내담자와 치료자의 연결을 발전시키도록 돕는다. 우리는 일부 초보 치료자가 치료를 시작하고자 하는 열의 때문에 너무 빨리 내담자의 말을 끊는 모습을 보아 왔다. 치료자는 해결책을 찾기 위해 성급하게 밀어붙이지 않도록 조심해야 한다. 그렇지 않으면 치료자가 자신의 이야기를 하고 싶어 하는 내담자의 필요를 무시하는 것으로 비춰질 우려가 있다.

시도했던 해결책의 평가

문제를 탐색하는 것 외에도 내담자가 시도했거나 고려했던 해결책이 무엇인지를 평가해야 한다. 그렇게 함으로써 내담자가 과거에 성공하지 못한 해결책을 다시 권하는 (그래서 치료자를 신뢰하는 데 문제가 될 수 있는) 실수를 피할 수 있다. 치료자는 내담자가 시도하지 않은 해결책은 무엇이며, 다른 사람이 제안한 해결책은 무엇인지 등을 탐색해야 한다. 이를 통해 치료자는 내담자가 왜 그 해결책을 시도하지 않았는지에 대해 알 수 있다. 이것은 치료자에게 내담자의 변화를 가로막는 잠재적 장벽이나 변화의 부정적인 결과에 대한 정보를 제공한다. 시도했던 해결책을 탐색하는 또 다른 이유는 그 해결책이 문제에 기여하거나 문제를 악화시키는 경우가 있기 때문이다(Fish, Weaklan, & Segal, 1985). 예를 들어, 남편은 갈등을 피하기 위해 철수함으로써 오히려 아내와의 갈등을 만들 수 있는데, 이는 아내가 남편의 철수를 관심 부족으로 해석하기 때문이다. 치료자는 내담자가 문제를 해결하기 위해 시도하는 패턴을 찾아내고, 그것과 완전히 다른 접근을 취할 것을 제안해야 한다.

시도했던 해결책을 평가할 때 그것이 이전의 치료에서 시도했던 것인지를 파악하는 것이 도움이 된다. 만약 시도해 보았다면 치료자는 그 경험에서 도움이 되었던 것과 도움이 되지 않았던 것을 탐색하여 과거의 성공은 발전시키고 비슷한 실수는 피할 수 있다. 예전에 내담자가 과제나 책을 통해 도움을 받았다면 치료자는 내담자에게 과제를 내주거나 책을 추천하는 것을 고려할 수 있다. 내담자가 이전 치료자를 만나고 싶어 하지 않는 이유를 탐색하는 것 또한 현명한 일이다. 내담자나 치료자에게 변화가 생겨서 이사를 한 것인가? 아니면 내담자가 치료자를 잠깐 만나고 그만둔 이력이 있는가? 이러한 정보는 치료가 긍정적인 결과를 가져올 가능성을 평가하도록 돕는다.

위기와 스트레스 생활사건의 평가

초기 평가를 할 동안에 치료자는 내담자가 어느 정도의 위험에 처해 있는지 평가해야만 한다. 내담자가 치료를 찾게 된 것은 특정 사건 때문인가? 아니면 스트레스를 유발하는 여러 가지 생활사건 때문인가? 생활사건은 개인적인 것(예: 이혼, 질병, 가족의 죽음)일 수 있고, 외부의 사회적 · 경제적 · 정치적인 사건(예: 경기침체로 인한 해고, 경제적 · 사회적 · 정치적 어려움으로 인한 이민)이 포함될 수 있으며, 두 가지 다일 수도 있다. 스트레스 요인은 갑자기 발생한 것인가? 아니면 만성적인 것인가? 생활 스트레스 요인은 어느 정도로 제시된 문제 기저에 있는 원인인가? 내담자의 대처자원은 무엇인가? 대처자원을 초과해서 내담자에게 부담을 주고 있는 스트레스는 무엇인가? 스트레스는 가족관계에 어떤 영향을 미치는가? 스트레스가 관계를 단절시키고 분열시키는 경우는 드문 일이 아니다. 가족이 힘을 합쳐 스트레스를 문제로 규정하고 서로를 지지하기 위해 노력하는 것이 가족에게 가장 도움이 될 수 있다. 치료자는 내담자가 위기에 처해 있는 모든 경우에 자살이나 다른 잠재적인 위해의 가능성을 평가해야 한다. 내담자의 위기를 어떻게 다룰 것인지에 대해서는 6장에서 다루고 있다.

잠재적 위해의 문제

평가의 중요한 규칙은 모든 가능한 위해 문제에 대해 계속해서 주의를 기울여야 한다는 것이다. 위해의 잠재적 문제는 자신에 대한 위해(자살)나 타인에 대한 위해(가정폭력이나 살인, 아동학대나 성 학대)를 포함한다. 이러한 사안들을 평가하는 방법과 기타 임상적으로 고려해야 할 것들에 대해 살펴보고자 한다.

자살

자살에 대한 연구에 따르면, 자살한 사람들 대다수가 자살하기 몇 달 전에 자신의 계획을 누군가에게 알린다. 누군가란 가족이나 친구, 의사, 심리치료자일 수 있다. 가족치료자는 우울한 내담자와 작업할 때마다 내담자가 자살을 하려는 징후를 보이는지에 대해 항상 주의를 기울여야 한다.

많은 초보 치료자는 자살에 대한 오해를 가지고 첫 임상경험에 임한다. 두 가지 일반적인 오해는 자살에 대해 논의하는 것 자체가 내담자의 자살 시도를 초래할 수 있다는 생각과 자살 위협의 심각성을 과소평가하는 경향이다(특히 다른 사람들이 내담자의 자살 위협을 주의를 끌기 위한 시도나 다른 목적이 있는 것으로 인식할 때). 또 다른 오해는 자살을 결정한 내담자에게 치료자는 효과적으로 개입할 수 없으며 자살하는 사람은 정말 죽기를 원한다는 생각이다.

자살 시도를 자주 하는 사람들은 죽음에 대해 양가적이다. 일반적으로 가혹한 상실과 실패가 연속된 후에 거의 또는 아무런 희망이 없을 때 내담자는 마침내 자살을 선택한다. 자살하는 사람들 대부분은 자살하기로 마음먹은 후에도 구조될 길을 열어 놓는다. 예를 들어, 여러 번의 자살 시도가 실패한 후 작가 실비아 플라스(Sylvia Plath)는 마지막 시도에서도 구조가 가능하다는 것을 의식하고 있었다. 그녀는 자살하기 위해 스토브의 가스를 열었지만 가정부가 곧 올 것을 알고 있었다. 하지만 불행하게도 그날 가정부는 제시간에 오지 않아서 그녀는 결국 죽었다.

자살 평가는 모든 초보 치료자가 배워야만 하는 치료기술이다. 연구는 내담자의 자살 시도 가능성에 대해 치료자에게 경고해 주는 특정 인구통계학적 요인과 예고 신호가 있다는 것을 제시하였다. 〈표 4-2〉는 자살의 인구통계학적 특성이며, 〈표 4-3〉은 자살 위험을 나타내는 예고 신호 목록이다. 특히 세 가지 위험요인(좌절된 소속감, 지각된 부담감, 자살 역량)의 조합은 가장 높은 '자살에 의한 죽음의 가능성'을 낳는다(Chu et al., 2015).

자살을 평가할 때 치료자는 일반적인 질문으로 시작해서 필요하다면 좀 더 특별한 질문으로 넘어가야 한다.

"인생이 살 만한 가치가 없다고 느낀 적이 있나요?"

[그렇다고 대답했다면] "그렇다면, 실제로 죽고 싶었던 적은 몇 번 있었나요?"

[그렇다고 대답했다면] "막연한 생각이었나요? 아니면 구체적으로 죽을 방법에 대해 생각했나요?"

[구체적인 방법을 생각했다고 대답했다면] "당신이 생각한 구체적인 방법은 무엇인가요?"

[방법에 대해 대답했다면] "그렇게 하기 위해 계획을 세우거나 행동한 것이 있나요?" [뛰어내릴 빌딩이나 다리에 감, 약을 모아둠, 밧줄을 삼, 자살 노트를 씀, 유언장을 씀 등]

내담자의 대답을 들으면서, 치료자는 1) 계획의 세부 사항과 특이성(방법, 시간, 날짜를 언급했는지 혹은 계획된 자살 노트가 있는지), 2) 치명적, 가역적(예: 총상 대 자상), 3) 의도성(구조 가능성을 제공하고 있는지) 그리고 4) 근접성(계획을 알고 있는 중요한 사람이 근처에 있어서 내담자에 대한 관심과 보호를 제공하고 있는지)을 평가해야 한다. 또한 치료자는 이전의 자살 시도에서와 동일한 요인을 평가해야만 한다. 또 다른 위험요인은 정신과 진단, 반사회적 인격장애, 경계선 인격장애, 물질사용, 위기의식, 충동 통제의 어려움, 빈약한 현실 검증력, 심각한 질병 및 생활 스트레스 등을 포함한다(Adler, Slootsky, Griffith, & Khin Khin, 2016). 위험에 대한 평가 질문을 빨리 떠올리려면 4P를 기억하라. 4P는 계획(plan), 과거의 시도(previous attempt), 시도할 가능성(probability that client will attempt), 그리고 자살 시도를 막을 수 있는 보호요인(protective factors)이다(Dube, Kurt, Bair, Theobald, & Williams, 2010).

자살을 막을 수 있는 요인이 무엇인지를 탐색하는 것은 치료자로 하여금 그에게 희망을 줄 수 있는 것이 무엇인지를 알게 하는 데 도움이 되기 때문에 매우 중요하다. 예를 들어, 이혼한 실직 여성이 자살을 하지 못하는 유일한 이유는 자녀들이 겪을 고통 때문이었다. 치료자는 내담자가 너무 고통스러운 나머지 자신을 돌보라고 아무리 이야기해도 결코 그녀의 마음을 바꿀 수 없다는 것을 알게 되었다. 그러나 자녀들에 대한 책임감과 사랑이 자살에 대한 종교적 신념과 더불어 삶의 상황이 나아질 때까지 그녀를 살아 있게 하는 강력한 억제요인으로 작용했다. 치료자는 내담자가 자살하지 못하는 이유를 경청하고 강화해야 한다.

〈표 4-2〉 자살의 인구통계학적 특성

특징	경향
연령	자살은 나이가 들면서 증가한다. 백인 남성은 선형으로 증가하며, 여성은 약 50세에 절정을 이룬다. 최근 청소년 자살이 증가하고 있다.
성별	남성이 더 자살하며, 여성이 더 시도한다. 최근 통계에 따르면, 젊은 백인 여성의 자살률이 증가하고 있다.
인종	백인들이 백인이 아닌 사람들보다 더 자살한다. 최근 통계에 따르면, 15~35세 젊은 흑인 남성에서 증가하고 있다.
아동기 상실	초기상실은 자살과 후기상실은 자살 시도와 관계가 있다. 또한 초기상실은 과학적이며 예술적인 독창성과 관계가 있다.
최근 상실	상실을 회복하지 못할수록 자살의 위험은 증가한다. 자살은 전 생애를 통한 상실의 누적과 관계가 있다.
알코올중독	알코올은 자살 위험과 높은 상관관계가 있다. 음주 및 자살 문제에 대한 치료는 일반적으로 다양한 특징을 갖는다.
정신질환	자살은 대개 우울증과 관계가 있다.
신체질환	자살은 건강 및 성적 능력과 관계가 있다.
경제적 문제	실직, 잦은 이직, 낮은 직업적 지위나 급여 수준은 전통적으로 남성의 위험요인과 관계가 있었으나, 더 이상 성별과 관련된 특성이 아니다.
중심도시 거주	범죄율, 알코올중독, 정신질환, 빈곤, 가족해체 비율이 높은 지역은 사회적 고립과 관계가 있다.
이혼, 배우자 상실, 연인과 헤어짐을 포함하는 결혼 해체	변화가 막바지에 이를수록 위험의 심각성은 증가한다. 남성은 결혼을 통해 보호된다. 여성은 남성의 아내상실보다 남편상실에 더 잘 생존한다.
과거의 자살 시도	자살 시도를 해 왔던 사람들은 고위험군에 속한다. 과거에 심각하게 자살 시도를 해 왔을수록 차후에 자살률이 증가한다.
친척이나 기타 중요한 사람들의 시도된 자살이나 완료된 자살 내력	가족의 자살은 더 높은 자살 위험과 관련이 있다. 자살이 집안 내력일 수 있기 때문이다.
'죽음 경향'	누적된 상실이나 죽음은 위험요인이며, 따라서 가족 안에서 심각한 죽음 불안을 감소시키는 주요 이유이다.

주: Hirschfeld & Russell (1997)에서 인용.

〈표 4-3〉 자살의 예고 신호

특징	발현
1. 조용하고 주춤거리며 친구가 거의 없음	눈에 잘 띄지 않고 뚜렷한 문제를 만들지 않기 때문에 자살 위험이 감지되지 않는다. 사회적 및 가족 내 고립과 관계가 있다.
2. 행동상의 변화	성격 변화. 예를 들어, 친절한 성격에서 은둔하는 성격으로 변화, 의사소통의 결여, 슬프고 표정이 없는 얼굴. 조용한 태도를 보이다가 문제를 일으킨다. 가장 중요한 것은 변화이다.
3. 실패나 역할 부담의 증가	종종 학교, 직장, 가정, 친구, 연인관계에서 두루 퍼져 있지만, 학교에서의 압력에 의해 가장 명확하게 나타난다.
4a. 최근의 가족 변화 4b. 최근의 가족원 상실	a. 부모나 다른 가족의 질병, 실직, 음주 증가. 종종 위기의 배경이 된다. b. 죽음, 이혼, 별거, 누군가가 집을 떠났다.
5. 절망감과 무기력감	태도나 행동을 바꾸는 것에서 말로 표현하는 것까지 여러 가지 방식으로 감정을 나타낸다. 우울보다는 희망 없음이 더욱 자살과 밀접한 관련이 있다.
6. 증상행동	불필요한 위험을 감수하고, 음주나 약물남용을 하고, 부적절한 공격이나 복종을 한다. 자신의 물건을 다른 사람에게 준다. 행동상의 변화와 관계가 있다.
7. 자살사고나 감정에 대한 의사소통	"인생은 살 가치가 없다." "나는 끝났다." "나는 죽는 게 더 낫다."와 같은 말을 한다. 생활변화나 가족변화의 맥락에서 가장 잘 이해할 수 있다.
8. 계획의 존재	약을 저장해 놓거나 총을 사둔다. 이러한 행동과 의사소통의 의미는 자살하려는 사람에 민감한 반응과 질문에 의해 가장 잘 이해할 수 있다.
9. 치료나 정신과 의사에 대해 부정적이거나 두려워하는 태도	"당신이 미쳤다는 걸 보여 주지요." "막다른 곳에 왔어요." "미쳐버린 집구석을 내가 끝장내 버릴 거예요" 등등. 도움을 거부한다. 가족 충성심에 대한 갈등과 관계가 있다.
10. 치료의 난국	치료 '거부', 극도의 저항, 우울과 자살사고의 증가. 이러한 '부정적인 치료반응'은 치료의 성공 및 현상에 대한 위협과 관계가 있다. 또한 긍정적일 수 있는 치료적 위기의 일부이다.

주: Hirschfeld & Russell (1997)에서 인용.

다른 가족 앞에서 개인의 자살 공상이나 자살 시도에 대해 다룰 때는 신중하게 고려해야 할 것이 있다. 치료자는 누가 자살 시도 가능성을 예방하거나 가중시키는지를 파악해야 한다. 예를 들어, 때로 가족원이 이혼과 같이 누군가로부터 거부되거나 버려질 것 같을 때 자살을 하겠다며 상대방을 위협할 수 있다. 심각한 가족 갈등은 청소년의 자살 시도를 촉진하기도 한다. 한편, 위험으로부터 어린 자녀를 보호하려는 욕구가 부모를 살리는 유일한 이유가 될 수 있다. 어떤 어머니가 16세 된 아들을 스키 사고로 잃고 깊은 우울에 빠져 있었다. 2년 뒤, 그녀는 자살로부터 자신을 지킬 수 있었던 유일한 이유가 12세 된 딸을 잃지 않기 위해서였다고 말했다.

자살 가능성은 종종 가족이 다양한 정도로 알고는 있는데도 불구하고 말하지 않는 가족 비밀이다. 연령, 성숙도, 가족관계 등을 고려한 자살에 대한 공개적인 논의는 가족의 짐을 덜어 줄 수 있다. 이미 언급했듯이 치료자는 자살 주제를 꺼내는 것이 자살을 더욱 부추긴다고 생각하지만, 사실상 공개적인 논의와 인정은 종종 보호 기능을 한다. 사회적 고립, 자살 시도의 가족력, 사망이나 별거를 통한 가족의 상실은 구체적인 가족관계가 포함된 자살의 예측요인이다. 가족 간의 관계는 모든 자살 논의에서 고려해야 하는 중요한 사항이다.

폭력과 학대 평가

가정폭력과 아동학대는 평가의 초기 단계에 고려해야만 하는 중요한 영역이다. 폭력은 여러 가지 형태를 띠며 다양한 관계에 고통을 안겨 준다. 치료자가 보게 되는 가장 일반적인 가정폭력은 배우자 학대와 자녀에 대한 신체적 학대이지만, 노인 학대가 점차 증가하는 추세이다. 가정폭력의 희생자는 광범위한 신체적 · 심리적 문제를 호소한다. 예를 들어, 구타는 여성 상해의 가장 일반적인 원인이다.

부부에게는 언제나 가정폭력에 대해 평가하기를 추천한다(Riggs, Caulfield, & Street, 2000). 가정폭력을 확인하는 한 가지 방법은 부부에게 어떤 식으로 논쟁하거나 싸웠는지에 대해 이야기하도록 요청하는 것이다. 부부 중 한 사람 혹은 두 사람 모두가 상대방을 때리고 상해하고 위협한 적이 있는지 직접 질문하는 것도 좋다. 어떤 내담자는 치료 회기가 끝난 후 집에서 폭력이 발생할지 모른다는 두려움 때문에 배우자 앞에서는 그동안의 가정폭력을 숨길 수 있다. 따라서 개인 회기가 아니면 어떠한 가정폭력도 시인하지 않을 수 있다. 어떤 사람이 상해를 입었음에도 불구하고 이를 적절하게 설명하지 못한다면 임상가는 가정폭력을 의심해 볼 수 있다.

갈등책략척도(Conflict Tactics Scale: CTS)(Straus, 1979) 등을 사용하면 파트너의 폭력 가능성에 대해 알 수 있다.

많은 경고신호가 폭력이 일어나고 있음을 암시하지만, 치료자는 내담자에 대한 자신의 내적 반응에도 주의를 기울여야 한다. 학생들은 종종 회기가 끝난 후에도 가족의 안전에 대한 걱정이 머릿속을 맴돈다고 보고한다. 또 다른 빈번한 내적 단서는 치료자가 느끼는 두려움, 위협, 안전에 대한 우려인데, 이는 특히 대부분의 초보 치료자가 어리고 여성이기 때문이다.

가정폭력의 유형이 다양하다는 증거가 증가하고 있다(Green & Bogo, 2002). 어떤 폭력 유형[('가장의 테러(patriarchal terrorism)']에서는 가해자가 배우자를 통제하기 위해 폭력을 행사한다. 이런 형태의 가정폭력에서는 남성이 가해자일 가능성이 크다. 두 번째 폭력 유형['일반적인 부부폭력(common couple violence)']에서는 부부간의 논쟁이 고조될 때 간헐적으로 신체적 폭력을 행사한다. 첫 번째 유형과 달리 이 유형은 만연한 통제 패턴으로 특징지어지지 않으며 두 사람 모두에 의해서 시작될 수 있다. 어떤 유형이든 치료자는 폭력을 심각하게 받아들이고 내담자와 폭력을 멈춘다는 계약을 맺는 것이 중요하다.

Greene과 Bogo(2002)는 임상가들이 가장의 테러와 일반적인 부부폭력을 구분하는 네 가지 요인을 제시하였다. 첫째, 일반적인 부부폭력과 달리 가장의 테러 가해자는 정서적 학대, 고립, 위협, 경제적 혹은 기타 자원에 대한 통제 등과 같은 폭력 이외의 다양한 통제 책략을 사용한다. 둘째, 폭력의 동기가 다르다. 가장의 테러는 일반적인 부부폭력과 달리 배우자를 통제하려는 것이 목적이다. 셋째, 가장의 테러는 보다 심각한 폭력 유형이기 때문에 그 영향이 심각하다. 가장의 테러로 인해 고통받고 있는 개인은 신체적·정서적 안녕, 직업적 기능 및 부부 이외의 사람들(예: 친구나 가족)과의 관계에 있어서 더 많은 영향을 받을 가능성이 있다. 마지막으로, 폭력에 대한 개인의 주관적 경험이 다를 수 있다. 일반적인 부부폭력에서는 배우자를 두려워하지 않지만, 가장의 테러인 경우에는 거의 항상 그러하다.

가정폭력의 두 가지 유형을 구분하는 것은 치료적 함의를 부여하기 때문에 중요하다. 예를 들어, 일반적인 부부폭력은 적절한 안전장치(예: 폭력 금지 계약)를 취했다면 합동 부부치료가 적절할 수 있다. 그러나 가장의 테러인 경우에는 합동 부부치료를 실시해서는 안 된다. 오히려 가해자를 치료하기 위해 남성의 권력과 통제를 다루는 데 초점을 맞추어야 한다. 여성이 구타를 당하거나 가장의 테러가 있는데도 그 관계에 머무는 이유는 정서적 의존성과 경제적 선택권의 결핍 때문이다. 이러한 상황 때문에 쉼터, 경제적 선택권 그리고 피해자를 위한 지지자 및 자원들과의 새로운 연결을 찾아주는 데 초점을 맞춘 치료 개념이 등장했다. 또한 여성도 가해자가 될 수 있다는 것을 기억해야 한다(Stith, McCollum, Amanor-Boadu, & Smith, 2012). 가정폭력은 심각한 위험이므로 치료경험이 충분하지 않은 치료자는 치료계획을 세울 때 반드시 슈퍼바이저와 의논해야 한다.

역사적으로 우리의 사회체계와 법률체계는 두 명의 성인 간 폭력에 대한 개입이 늦게 이루어졌지만, 아동학대 가능성이 있는 사례에는 더 많은 주의를 기울여 왔다. 아동학대에 대한 이러한 고조된 반응은 아동이 성인보다 약하고 스스로를 보호할 수 없다는 사실에 대한 반응일 가능성이 크다. 가정폭력과 아동학대는 가족 안에서 발생한다. 학대의 추가적 예측요인은 경제적인 어려움으로 고통받고 있거나 외부 지지체계로부터 고립된 가족이다.

어떤 아동은 신체적 학대를 곧바로 알리지만 (종종 은밀하게) 다른 아동들은 그렇지 않을 수 있다. 아동이 어떻게 다쳤는지(예: 타박상, 화상, 구타 흔적, 골절 등)를 정확하게 설명하지 못한다면 신체적 학대를 의심해 볼 수 있다. 부모에게 자녀를 어떻게 훈육하는지에 대해 질문했을 때 신체적 학대를 했던 사례를 드러낼 수도 있지만, 그것을 학대로 인정하지 않거나 정당화(예: 자녀가 그렇게 할 수밖에 없도록 만들었다는 식으로)할 수 있다.

치료자는 또 다른 형태의 아동학대인 방임에 대해서도 주의를 기울여야 한다. 방임되고 있는 아동은 지저분하고 몸에 안 맞으며 계절에 맞지 않은 옷을 입고 있을 수 있다. 또한 더럽거나 몸에서 심한 악취가 날 수 있다. 불결하고 심하게 어질러진 집은 방임의 증거가 될 수 있다. 또한 아동이 의료 및 치과 진료를 받지 못하거나 적절한 보호 없이 집에 혼자 남겨진다면 방임을 의심해 볼 수 있다. 부모가 매우 우울하거나 약물을 사용하고 있다면 이것이 그들의 자녀를 돌보는 능력에 영향을 미칠 수 있으므로, 치료자는 자녀의 방임 여부를 주의 깊게 평가해야만 한다.

폭력에서와 마찬가지로 성 학대는 실제로 보고된 것보다 더 빈번하게 발생한다. 성 학대의 정의는 주(州)마다 다르지만, 성인이나 상대 아동보다 나이가 많은 아동이 자신을 성적으로 자극하거나 만족시킬 목적으로 아동과 상호작용할 때 발생한다. 연구에 따라 다르지만, 전국 조사결과에 따르면 대개 여성 5명 중 1명, 남성 9명 중 1명이 어렸을 때 성 학대의 피해자였다(Finkelhor, Hotaling, Lewis, & Smith, 1990). 대다수의 성 학대 사례에서 남성은 가해자이고 여성은 피해자이다.

아동기 성 학대의 가해자와 피해자는 대개 스스로 보고하지 않는다. 치료자는 간접적인 행동을 단서로 성 학대 문제를 탐색해야 한다. 신체적 학대와 성 학대 모두 법적 문제가 걸려 있기 때문에 조심스럽게 다루어야만 한다. 법정 증언이 요구될 수 있기 때문이다. 아동의 정서적 복지를 위해 아동이 자신의 경험을 드러내는 횟수에 제한을 두는 것이 중요하다.

성 학대 평가는 생물심리사회적-체계론적 관점을 사용하여 아동의 신체적 조건, 행동 그리고 사회적 맥락에 관한 정보로 구성된다. 아동이 다음과 같은 증상을 나타내면 개별 면담을 할 필요가 있다. 1) 신체적으로는 수면장애, 분변 · 실금, 유뇨증, 복통을 일으키거나 체중 변화를 수반하는 식욕 장애가 나타난다. 2) 행동적으로는 갑작스럽고 설명할 수 없는 행동상의 변화(불안이나 우울), 퇴행 행동 또는 연령에 어울리지 않는 지나치게 성적인 행동이나 지식, 자살 사고의 경험, 가출 또는 물질남용이 나타난다. 3) 사회적으로는 가정 여건에 자녀의 부모역할, 부모의 부적절한 대처기술, 자녀로부터 신체적 애정을 추구하게 만드는 부 또는 모의 관계적 어려움, 사회적 맥락에서의 고립, 알코올과 약물 사용 및 부모의 성 학대 역사가 포함될 수 있다(Edwards, 1986).

아동의 성 학대는 외상후 스트레스장애, 우울, 자살, 난교를 포함하여 여러 가지 방식으로 개인에게 부정적인 영향을 미칠 수 있다(Paolucci, Genius, & Violato, 2001). 또한 아동 성 학대 생존자는 학대의 결과로 나중에 그들의 친밀한 관계에서 성 기능 문제를 포함한 성적 문제를 경험할 수 있다(Davis & Petretic-Jackson, 2000; Rumstein-McKean & Hunslevy, 2001). 학대의 지속 기간, 심각성과 같은 다양한 요인들이 희생자에게 영향을 미친다. 또한 성 학대 노출에 대한 가족의 반응도 학대의 영향을 매개한다. 성 학대에 대한 아동의 주장을 믿고 학대로부터 아동을 보호하기 위해 적절한 행동을 취하는 가족은 아동의 빠른 치유에 도움을 줄 수 있다. 반대로 아동을 믿지 않거나 비난하는 가족은 아동의 피해를 가중시킨다. 많은 경우 성 학대 희생자는 학대에 대해 자신을 탓하며 수치심을 키우게 된다. 성 학대가 드러나면 치료자는 학대가 개인에게 미친 영향과 그 영향을 매개한 요인을 세심하게 평가해야 한다.

또한 노인이나 의존적 성인(역자 주: 노인 외에 부양이 필요한 성인, 장애인 또는 환자)을 둔 가족과 작업할 때 치료자는 학대나 방임 가능성에 주의를 기울여야만 한다. 노인이나 의존적 성인은 신체적 학대, 성 학대, 방임, 경제적 학대와 같은 다양한 학대에 대해 치료자에게 이야기할 수 있다. 다른 형태의 가정폭력 또는 방임과 마찬가지로, 치료자는 특히 의심이 든다면 내담자에게 어떤 형태로든 폭력, 학대, 방임을 경험한 것은 아닌지 직접적으로 물어볼 필요가 있다. 예를 들어, 멍이나 상처 같은 설명되지 않은 상해에 대해서 반드시 물어봐야 한다. 보호자에게는 화가 났을 때 노인이나 의존자를 어떻게 다루는지에 대해 질문해야 한다. 치료자는 또한 단정하게 관리되어 있지 않았거나 의료적 · 신체적으로 적절한 돌봄을 받지 못하는 등의 방임 징후에 주의를 기울여야 한다.

폭력이나 학대가 의심되거나 알려지면 법적 문제가 주요 쟁점이 된다. 대부분의 주에서는 아동에 대한 신체적 학대, 방임, 성 학대를 신고하도록 법으로서 규정하고 있다. 또한 노인이나 의존자 학대에 대해서도 신고해야 한다. 치료자는 아동이 가정폭력에 의해 신체적 · 정서적 피해를 입었거나, 노인 또는 의존자 학대가 적용되거나 타라소프(Tarasoff) 또는 '경고 의무' 상황이 발생하지 않는 한 가정폭력을 신고할 법적 책임이 없을 수 있다(다음 절 참조). 이러한 측면에서 치료자는 자신이 사는 주의 법을 숙지해 두어야만 한다.

법적 차원을 넘어서 최선의 임상적 판단을 요구하는 상황들이 있다. 예를 들어, 대부분의 주에서는 학대가 의심되는 경우 보고 의무가 있는 자(대개 치료자가 포함됨)가 신고를 해야만 한다. 초보 치료자는 어떤 것이 신고하기에 충분한 증거가 되는지를 판단하는 능력을 키워야만 한다. 초보 치료자가 처음 학대를 의심하게 된 경우에는 즉시 슈퍼바이저를 포함시켜야만 한다.

정보수집 능력은 치료자가 오랜 시간 발전시켜야 하는 기술이다. 특히 학대가 의심될 때 치료자는 조심스럽게 정보를 얻어내고 문서화해야 한다. 슈퍼바이저나 경험이 풍부한 치료자와 함께 면담을 수행하여 녹음하는 것이 가장 이상적이다. 치료자는 유도 질문을 하거나 피해자가 하는 말에 영향을 줄 수 있는 반응을 하지 않으면서, 각 상황의 누가, 무엇을, 어떻게, 어디서, 왜를 알아야 한다. 치료자는 또한 긴박한 위험을 평가할 필요가 있다. 아동학대 희생자를 면담하기 위해서는 특별한 훈련과 기술을 개발해야 한다. 가족치료자가 적절한 훈련을 받았다면 아동학대가 의심될 때 면담을 계속할 수 있지만, 그렇지 않으면 아동을 (대개 지역사회 내 이용 가능한 아동보호 서비스 기관의) 전문가에게 의뢰해야 한다.

폭력이나 학대가 문제가 될 때 치료자는 더 이상 '평소와 다름없는 치료'를 진행할 수 없다. 폭력에 대한 통찰만으로 희생자를 보호할 수는 없다. 가정에서뿐만 아니라 치료 회기 동안 피해자의 안전은 매우 중요하다. 이는 치료자가 치료 시 매우 실제적으로 접근해야만 한다는 뜻이다. 피해자가 아동이나 노인이어서 자신을 보호할 수 없다면 치료자가 더욱 적극적으로 사회를 대표하여 폭력을 즉시 중단하라고 분명히 말하고 해당 행정기관에 알려서 폭력이 확실하게 중단되도록 해야 한다.

내담자를 옹호하는 입장으로부터 내담자의 행동을 멈추기 위해 자신의 권한을 사용하는 입장으로 전환하는 것은 초보 치료자에게 어려운 과정이 될 수 있다. 대부분의 치료자는 협력적인 방식으로 사람들을 돕고 싶어 하기 때문에 이 직업을 선택한다. 폭력과 학대는 치료자가 권위주의적인 입장을 취하고 행동을 중단하라고 주장해야 하는 드문 치료 상황이다. 슈퍼바이저의 지도는 새로운 치료자가 이러한 도전적인 상황에 어떻게 반응해야 하는지를 알 수 있도록 도울 것이다.

경고 의무의 문제

치료자가 직면하게 되는 또 다른 잠재적인 안전문제는 다른 사람을 죽이거나 해치겠다고 위협하는 내담자가 나타난 경우이다. 대학 치료기관에 근무하는 한 심리학자는 바로 그런 상황에 직면했다. 그의 내담자 프로센지트 포다르가 여자 친구를 죽이겠다고 위협했던 것이다. 치료자는 이 사실을 대학 경찰에 알렸고 내담자는 심문을 받은 뒤 풀려났다. 두 달 후 내담자는 여자 친구 타티아나 타라소프를 살해했다. 법원(Tarasoff v. Regents of the University of California)은 심리학자가 타티아나에게 이 사실을 미리 알려서 위험을 예방할 수 있는 행동을 하지 않았다고 판결했다. 이를 계기로 여러 주에서는 치료자가 잠재적인 희생자에게 심각한 위협을 받고 있다는 사실을 알려 주어야 한다는 '경고 의무'를 요구했다. 따라서 치료자는 자기가 사는 주 법에서 언제 '경고 의무' 상황이 존재하며, 어떤 행동을 해야 한다고 규정하고 있는지에 대해 알고 있어야 한다. 예를 들어, 캘리포니아주에서는 치료자가 신원을 확인할 수 있는 잠재적 희생자에게 경고하고 법 집행기관과 접촉하여 법적 면책특권을 얻도록 의무화하고 있다.

위험의 심각성을 파악할 때 몇 가지 요인을 고려해야 한다. Borum과 Reddy(2001)는 임상가가 활용할 수 있는 여섯 가지 요인을 ACTION으로 나타냈다. 첫 번째 요인은 '폭력을 지지하거나 수월하게 하는 태도(Attitude)'를 탐색하는 것이다. 이것은 내담자는 어떤 상황, 어떤 관점에서 폭력을 정당하다고 보는가?에 관한 것이며 C는 '역량(Capacity)'을 말한다. 예를 들어, 내담자가 누군가를 위협할 때 어떤 도구(예: 무기)를 가지고 접근하는가? 내담자가 해치겠다고 위협하는 사람이 한 명인가, 그 이상인가?이다. T는 '넘어야 할 문턱(Thresholds crossed)'으로, 치료자는 내담자가 어떤 계획을 갖고 있으며 그가 계획을 실행에 옮기는 정도를 파악해야 한다. 또한 치료자는 '의도(Intent)'를 측정해야만 한다. 즉, 내담자는 누군가를 해치겠다는 확고한 의도를 나타내고 있는가? 아니면 타인을 해칠 의도는 없고 단지 좌절감을 나타낼 뿐인가? O는 '타인(Others)의 태도와 반응'을 의미한다. 예를 들어, 그를 적대적으로 행동하게 만든 사람이 있는가? 마지막 요인은 '위험감소에 대한 불응(Noncompliance)'이다. 타인을 해치는 것의 대안을 고려하지 않는다면 위험 수준은 매우 높을 것이다. 이러한 요인들 외에도 내담자에게 과거 폭력경험이 있었는지, 폭력을 행사할 소지가 있는 정신장애가 있었는지 등을 평가해야만 한다.

물질남용의 평가

미국에서 물질남용은 중요한 정신건강 문제 중 하나이다. 대부분의 건강보험 대상자의 경우 물질남용을 독립된 예산 항목으로 두고 있다. 어떤 전문가는 물질남용이 유행하고 있다고 주장하지만, 물질 문제를 호소하지 않는 한 남용과 중독은 대개 치료에서 간과된다.

치료자는 여러 가지 이유로 물질남용 문제를 간과할 수 있다. 첫째, 내담자는 남용이 문제가 되지 않으며 다른 문제(실패, 고통스러운 아동기, 갈등이 많은 결혼)의 결과라고 생각할 수 있다. 또한 내담자는 문제가 있어서 치료를 찾지만 물질남용을 언급하는 데는 실패할 수 있다. 한편, 치료자는 물질남용에 대해 질문하는 데 실패함으로써 공모하게 될 수 있다. 또한 사회적 음주자가 언제 문제의 음주자가 되며, 문제의 음주자가 언제 알코올중독자가 되는지에 대한 정확한 정의가 없기 때문에 약물이나 알코올 남용이 간과될 수 있다. 다시 말해, 남용자는 자신의 물질 사용이 문제라고 생각하지 않을 수 있다.

이 책의 저자 중 한 사람은 아버지가 맥주만 마셨기 때문에 알코올중독자가 될 수 없다고 했던 내담자 가족의 주장을 기억하고 있다. 가족은 어떤 것이 물질남용의 문제가 되는지에 대해 서로 다르게 정의한다. 카페인 의존은 중독인가? 기분전환을 위해 마리화나를 피우는 것은 문제인가? 정기적인 물질 사용이 문제가 될 때는 언제인가? 가족도 그렇지만 전문가들도 이러한 문제에 대하여 의견의 일치를 보지 못했다. 가족이 내담자의 물질남용을 문제로 본다 할지라도 종종 그것을 치료자에게 숨기려고 한다.

예를 들어, 한 치료자가 내담자 부부를 만났는데 아내가 호소한 문제는 남편의 음주였고 남편이 호소한 문제는 아내의 잔소리였다(특히 남편의 음주에 대한). 치료자는 부부에게 다음 세 가지 가설을 제시하고, 어느 가설이 맞는지 결정하는 것을 치료의 목표로 제시하였다. 1) 남편의 알코올 남용이 문제였다. 2) 알코올로 인한 갈등이 관계에서 문제였다. 3) 알코올에 대한 아내의 왜곡이 문제였다. 치료자는 남편에게 '진실'을 확인하기 위해 2주 동안 단주하도록 요청했다. 단주를 할 수 없게 되자 그는 기꺼이 첫 번째 가설을 고려하게 되었다.

초보 치료자가 물질남용과 관련해서 범할 수 있는 가장 흔한 실수는 그 가능성을 간과한다는 것이다. 물질남용은 대개 다른 증상을 수반한다. 즉, 우울이나 불안과 같은 다른 장애와 함께 발생한다. 또한 물질 남용은 폭력, 학대, 자동차 사고, 살인, 자살과 관계가 있다. 물질남용 내담자가 여러 가지 방식으로 치료에 나타날 수 있다는 것을 아는 것이 필수적이다. 두 번째 조치는 내담자가 왔을 때 초기 면담에서 물질 사용에 대해 항상 물어보는 것이다.

알코올 남용을 평가하기 위해 일반적으로 사용하는 여러 가지 판별검사가 있다(Kitchens, 1994; Selzer, 1971). 이들 검사의 질문들은 알코올보다 약물문제에 대해 사용될 수 있다. 자주 사용되는 검사는 미시간 알코올중독 판별검사(Michigan Alcoholism Screening Test: MAST)와 알코올 사용 장애 판별 검사(Alcohol Use Disorders Identification Test: AUDIT)이다. 미국의 물질남용과 정신건강 관리국

(the Substance Abuse and Mental Health Services Administration: SAMHSA)은 MAST와 AUDIT를 포함한 물질남용 측정 도구를 출간했다. 검색창에 단지 'SAMHSA'와 'screening(선별)'만 입력해도 무료로 이용할 수 있는 다양한 평가도구를 발견할 수 있다. 한 예로, [그림 4-1]은 AUDIT이다.

점수	질문
2	1. 당신은 평범한 음주가라고 생각합니까?
2	2. 어젯밤 술을 마시고 아침에 잠에서 깨었을 때, 어제 일을 기억하지 못한 적이 있습니까?
1	3. 당신의 배우자나 부모님은 당신의 음주에 대해 걱정하거나 불평하나요?
2	4. 당신은 한두 잔 술을 마신 다음 어렵지 않게 그만 마실 수 있습니까?
1	5. 당신의 음주에 대해 나쁘다고 생각한 적이 있나요?
2	6. 친구나 친척들은 당신이 정상적인 음주가라고 생각하나요?
2	7. 당신은 원할 때면 언제든 술을 끊을 수 있습니까?
5	8. 당신은 알코올 단주모임(Alcoholics Anonymous)에 참석한 적이 있습니까?
1	9. 당신은 술 마실 때 싸운 적이 있습니까?
2	10. 음주가 당신 부부에게 문제를 일으킨 적이 있습니까?
2	11. 배우자나 다른 가족이 당신의 음주에 대해 도움을 받기 위해 누군가를 찾아간 적이 있습니까?
2	12. 당신은 음주 때문에 직장에서 문제가 된 적이 있습니까?
2	13. 당신은 음주 때문에 동성이나 이성친구를 잃은 적이 있습니까?
2	14. 당신은 음주 때문에 직장을 잃은 적이 있습니까?
2	15. 당신은 음주 때문에 이틀 이상 연속해서 의무나 가족, 일에 태만했던 적이 있습니까?
1	16. 당신은 낮 12시 이전에 술을 마십니까?
2	17. 당신은 간에 문제가 있다거나 간경변이라는 이야기를 들어본 적이 있습니까?
2	18. 폭음 후에 섬망이나 심한 떨림, 환청, 환영을 경험한 적이 있습니까?
5	19. 당신은 음주에 대해 도움받기 위해 누군가를 찾아간 적이 있습니까?
5	20. 당신은 음주 때문에 병원에 입원한 적이 있습니까?
2	21. 당신은 음주가 문제의 일부인 정신병원이나 일반병원 정신과에 입원한 적이 있습니까?
2	22. 당신은 음주가 일정 역할을 하는 정서적 문제에 대해 도움받기 위해 의사, 사회사업가, 종교 지도자, 정신의학과 혹은 정신건강 클리닉에 가 본 적이 있습니까?
2	23. 당신은 만취행동 때문에 단 몇 시간이라도 체포된 적이 있습니까?
2	24. 당신은 음주운전으로 체포된 적이 있습니까?

[그림 4-1] 알코올 사용 장애 판별 검사

CAGE[Cutting down, Annoying, Guilt, Eye-opener(줄이기, 괴롭힘, 죄책감, 해장 술)] (Ewing, 1984)는 4개의 질문으로 이루어져 있다. 즉, ① 당신은 술을 줄여야 한다고 생각해 본 적이 있습니까? ② 당신이 술 마시는 것을 비난하면서 괴롭힌 사람이 있습니까? ③ 당신은 술 마시는 것에 대해서 나쁘다거나 죄의식을 느껴 본 적이 있습니까? ④ 당신은 신경을 진정시키거나 숙취를 제거하기 위해 아침에 일어나 제일 먼저 술을 마셨습니까? 일반적인 접수 면접에서 이러한 간단한 질문을 활용할 수 있다. CAGE는 여러 장면에서 그 정확성이 검증되어 왔다. 일반적으로 2개 이상의 질문에 긍정적인 반응을 보이면 문제가 있는 음주자이다.

빈도는 물질 문제를 평가하는 또 다른 중요한 변수이다. 그러나 내담자는 자신이 사용하는 물질의 양을 축소하여 보고할 수 있다. 물질 문제를 가리킬 수 있는 다른 행동으로는 한 장면에서 사용하는 물질의 양, 내담자가 물질을 사용하는 이유, 내담자가 물질 사용을 그만두려고 할 때 나타나는 행동 등이 있다.

생물학적 · 신경학적 요인의 평가

조지 거슈윈은 두 개의 의학 학위를 가진 분석가에게 수년 동안 정신분석을 받아 왔다. 그러나 그가 사망한 후 부검을 통해 뇌종양을 발견하게 되었고, 이로써 그의 비정상적인 행동을 설명할 수 있었다. 거슈윈의 분석가와 같은 실수를 범하지 않기 위해, 가족치료자는 평가를 할 때 생물학적이거나 생체적인 요인을 고려해야만 한다. 그러나 불행하게도 가족치료자는 심리사회적 문제를 인식하고 다루도록 훈련받아 왔을 뿐 행동에 미치는 생물학적 영향에 대해서는 대개 제한된 지식을 갖고 있는 것이 현실이다. 따라서 우리는 생물학적 문제일 수 있는 중요한 단서를 우리가 다룰 수 있도록 훈련받은 대인관계의 문제로 잘못 판단할 위험이 있다. 그러나 그러한 위험성을 유념하는 것은 우리가 생물학적 · 생체적 요인의 가능성을 간과하지 않도록 도울 수 있다.

생물학적 문제를 파악해야 한다는 것은 치료자가 생리학 전문가가 되어야 한다는 것을 의미하지는 않는다. 그러나 치료자는 생물학적 문제의 가능성을 암시하는 징후를 파악할 수 있어야 하며, 심리학적 증상이 반드시 심리적인 원인에 의해서만 나타나는 것이 아니라는 사실을 알아야 한다(Taylor, 1990). 또한 치료자는 가족치료 회기에서 다루는 일반적인 내용을 벗어나는 정보에 민감해질 필요가 있다. 치료자는 자신의 모델에 맞지 않는다고 해서 이례적인 내용을 무시하는 것이 아니라 개방적이고 호기심 어린 태도를 가지고 일련의 질문이 의뢰를 포함하여 어느 곳으로 인도하든 그것을 따를 필요가 있다.

치료자는 생물학적 문제를 가리킬 수 있는 단서에 대해 알고 있어야 한다. 그 단서에는 다음과 같은 것들이 포함된다. ① 과거에 유사한 증상은 없었는지, ② 바로 확인할 수 있는 원인은 없는지, ③ 55세 이상인지, ④ 만성 신체질환, ⑤ 조산, ⑥ 약물 사용 등이다. 특히 어떤 단서는 생체적 뇌 질환 가능성을 의심하게 한다. 뇌 질환 증상은 뇌종양, 발작, 심장병 혹은 간의 이상에서 비롯될 수 있다. 다음의 인지 결함 중 한 개 이상 나타나는 경우 뇌증후군을 의심할 수 있다. 즉, 주의를 집중하지 못함, 지남력 상실, 최근 기억의 손상, 추론능력 감퇴, 감각 식별 이상 등이다. 뇌증후군을 의심해 볼 수 있는 단서로는 두부 손상, 두통 패턴의 변화, 시각장애, 발음의 결함, 비정상적인 신체 움직임, 의식의 변화 등이 있다. 단서가 많을수록 치료자가 의심해야 할 것도 많아진다. 치료자는 이러한 단서가 나타나면 증상에 대해 질문하기 시작한다. 다른 가족에게는 IP가 제공한 세부 사항을 확증해 주거나 그들 자신의 인상을 알려 주도록 요청할 수 있다. 이러한 증상이 발견되면 치료자는 즉시 의학적 평가를 의뢰해야 하며 내담자 보고서에 이 의뢰에 대해 기록하고 의뢰하게 된 사유를 기입해야 한다.

정신상태검사(Mental Status Exam: MSE)는 가족치료자가 익숙해져야 하는 중요한 진단도구이다. MSE는 지남력, 지적 기능(언어, 기억, 계산), 사고 내용, 판단, 기분, 행동상의 변화를 빠르게 파악하는 평가 도구로서 신체검사를 하는 동안 의사들이 자주 사용한다. MSE는 가족치료에는 잘 사용되지 않는데, 이는 아마도 가족치료를 받으러 오는 내담자들이 지적 기능이 의심되는 행동을 하지 않기 때문이다.

앞서 언급한 증상들이 나타나면 내담자를 의사에게 의뢰하는 것이 현명할 수 있지만, 치료자가 즉시 MSE를 실시하여 의뢰하는 데 도움이 될 정보를 얻을 수 있다. MSE를 실시할 때 치료자는 내담자의 모습, 즉 타인과의 상호작용, 지금 어디에 있고 무엇을 하는지에 대한 내담자의 인식, 행동의 적절성, 내담자의 기분, 언어 사용, 주의 집중, 단기기억, 장기기억, 간단한 계산을 하고 특정 질문에 대답하는 능력, 환각을 동반하거나(이상한 사고) 동반하지 않는 망상의 유무, 사회적 · 도덕적 판단, 충동성 등을 고려해야 한다(Dilsaver, 1990). 치료자는 컴퓨터의 검색창에 'mental ststus exam(정신상태검사)'을 입력해서 치료에 더욱 적합한 짧은 버전을 포함하여 다양한 정신상태 검사 도구를 쉽게 찾을 수 있다.

MSE의 요소를 기억하는 간단한 방법은 JOIMAT이다. 즉, 판단력(Judgement), 지남력(Orientation), 지능(Intellectual functioning), 기억력(Memory), 정서(Affect), 사고과정(Thought processing)이다. 가족치료자는 이 검사를 자주 사용하지 않기 때문에 세부 사항을 기억하는 것이 어렵다. 하지만 다음과 같은 방법을 이용해 '내담자에게 특이한 점은 무엇인가? 더 많은 정보를 얻기 위해 어떤 질문을 해야 하는가?'에 대해 자문해 봄으로써 있을 수 있는 생물학적 병인을 탐색할 수 있다. 예를 들어, 어떤 노인 부부가 차도를 보이고 있는 남편의 폐암 치료와 함께 지지적인 가족치료를 받고 있었다. 첫 회기 동안 남편은 혼란스러워하였고 집중하는 것이 불가능해 보였다. 치료자는 이러한 행동이 암 환자에게 일반적으로 나타나는 우울의 인지적 증상이 아닐까 잠시 생각했다. 그러나 치료자는 남편을 의사에게 보냈고 CT 검사를 실시한 결과 암이 뇌에 전이된 것을 발견하였다.

일반적으로 가족치료자는 다음과 같은 문제들이 나타날 때 신경심리학 평가를 고려해야 한다. 즉, 아동과 성인의 학습 문제, 기억 문제, 언어 문제, 일을 계획하고 수행하는 데 있어서의 문제 등이다. 직장이나 학교에서 내담자의 일상적 기능이 극적으로 혹은 빠르게 변한다면, 치료자는 신경심리학적 평가를 고려해 보아야 한다. 어린 내담자나 노인은 신경심리학 평가가 가장 흔하게 의뢰되는 환자이다. 학교에서 문제가 있는 어린 내담자는 학습장애가 있을 수 있다. 노인은 치매, 섬망, 우울이 있을 수 있다. 내담자를 의뢰하게 되는 또 다른 이유는 외상성 뇌손상이 의심되기 때문이다. 신경심리학 평가는 내담자의 문제를 이해하고 치료 방향을 제안하는 데 도움이 된다.

일반적으로 신경심리학 검사에서는 인지기능, 주의력, 의사결정, 기억, 시공간 능력, 언어, 운동능력, 정서기능을 평가한다. 박사학위가 있는 신경심리학자가 대부분의 평가를 실시한다. 그러나 학교 심리학자도 평가를 할 수 있으며 이 경우 비용이 저렴하다. 노인의 경우는 신경학자나 정신의학과 의사가 평가하게 된다. 가족치료자는 종종 아동의 '게으름' '태도 문제' 혹은 '반항' 때문에 힘들어하는 가족을 다루게 된다. 그런데 이 아동은 ADHD 문제를 가지고 있을 수 있다. 이때 가족치료자는 내담자 가족에게 아동의 뇌가 어떻게 작용하며, 아동에게 무엇을 성공시키고 배우게 할 것인지를 이해하도록 하는 기회를 제공할 수 있다. 신경심리학 검사는 아동의 어려움을 새롭게 이해하도록 돕는다. 가족치료자는 문제를 재구조화하고, 아동의 독특한 학습유형을 통찰하도록 한다. 같은 방법으로 가족치료자는 신경심리학 평가 결과를 이용해 가족들이 노인의 독특한 욕구를 이해하도록 도울 수 있다. 이러한 기술은 인구가 노령화되고 있기 때문에 특히 중요하다.

유전학과 신경학 연구는 문제가 어떻게 발달하는지에 대한 가족치료자들의 이해를 변화시키고 있다. 인식론, 신경가소성, 독성 스트레스와 같은 개념은 생물학과 환경 영향이 어떻게 상호작용하여 독특한 인간을 창조하는지에 대한 이해가 증가하고 있다는 것을 암시한다. 또한 이 연구는 자녀의 건강한 뇌 발달을 용이하게 하는 양육환경의 결정적 중요성을 강조한다. 현재 가족치료자가 생물학적 영향력을 평가하는 데 도움이 되는 지침은 거의 없다. 그러나 머지않아 후생 유전학(epigenetic) 연구의 새로운 정보가 가족치료자로 하여금 아동과 성인 그리고 가족에 미치는 심리사회적 · 생물학적 영향력을 평가하는 데 도움을 줄 것이다.

심리학적 평가

심리학의 기초와 정신병리: 정서 · 행동 · 인지 평가

대부분의 심리학 이론은 정서(Affect), 행동(Behavior), 인지(Cognition)에 초점을 두고 있다. 결과적으로 평가와 치료목표 모두는 이들 중 하나를 강조한다. 대부분의 훌륭한 임상가는 이론적 지향에 상관없이 일반적으로 정서 · 행동 · 인지에 주목한다. 세 영역을 모두 평가하는 이유는 『정신장애진단통계편람(Diagnostics and Statistical manual of Mental Disorders: DSM)』에 있는 정신장애 증상들이 이 세 가지 중 하나에 해당하기 때문이다.

망상장애는 내담자의 자기 자신이나 자신의 관계에 대한 신념에 초점을 맞추며, 기분장애는 주로 정서나 감정상의 변화를 포함하는 반면, 적대적 반항 장애나 품행장애와 같은 아동기 장애는 거의 전적으로 행동에 초점을 맞춘다. DSM에 포함된 증상들은 장애 유형에 따라 초점이 다르기는 하지만 이 세 가지 영역을 강조한다. 최근 DSM 편집자는 이론적인 용어(예: 방어기제와 같은 말들) 대신 측정 가능한 기준을 사용하였다. 이러한 변화 덕분에 환자의 증상을 수월하게 평가할 수 있게 되었다.

평가가 이루어지는 동안 내담자가 설명하는 문제와 치료자가 관찰한 것이 서로 다른 영역보다는 어떤 영역이 잘 들어맞는지 살펴보는 것이 필요하다. 가족체계이론이 개인의 증상이 아닌 상호작용을 설명한다 할지라도, 치료자는 증상들이 DSM 진단과 일치하도록 묶이는지 뿐만 아니라 기초적인 것들을 고려할 수 있다(Denton, Patterson, & Van Meir, 1997). 가족의 상호작용과 개인의 진단 중에서 배타적으로 하나만 선택하는 순수주의자가 될 필요는 없다. 두 개의 개념틀을 모두 사용하면 가장 완전한 평가가 만들어질 수 있다.

DSM은 정신건강 전문가가 사용하는 일반적인 언어로 나타낸 것이기 때문에, 치료자는 기본적인 DSM을 이해하는 것이 중요하다. 게다가 DSM 개인 진단 분류에 따라 다양한 치료 방법과 정신약리학 처치가 이루어진다. 치료자가 모든 진단기준을 기억할 수는 없지만, 우울, 불안, 약물남용, 신체화 증상, 기타 일반적인 장애에 대해서 알고 있어야 한다. 호기심 어린 태도를 유지하고, 자신을 인간의 상태에 대한 예리한 관찰자로 생각하는 것이 필요하다. 내담자가 묘사하는 가장 두드러진 증상을 목록화하고, 당신이 관찰한 것을 당신과 내담자 사이의 상호작용 특성과 함께 기록해야 한다. 그러고 나서 다음과 같이 질문한다. "이러한 증상들이 DSM 진단분류에 일치하도록 묶이는가?" 또한 내담자가 하나 이상의 장애를 나타낼 수 있음을 고려해야 한다. 그것은 동반질환이 나타날 수 있기 때문이다.

의미 평가

평가의 가장 중요한 측면 중 하나는 각 내담자가 치료에 가져온 문제에 어떤 의미를 부여하고 있는지를 이해하는 것이다. 의미란 내담자가 의식적·무의식적으로 자신의 매일의 경험을 이해하기 위해 사용하는 다양한 인지, 신념, 기억, 정서로부터 창출된다. 의미는 개인이 내적·외적 경험을 어떻게 바라보고 해석하며, 그가 그러한 경험에 대해 어떻게 반응하기로 선택할지를 알려 준다. 특히 이야기치료는 우리의 삶에 의미를 부여하기 위해 어떻게 이야기를 발전시키는지에 주목한다.

내담자가 어떻게 경험에 의미를 부여하는지를 이해하지 못하면 치료자는 변화를 이끌어 내기 어렵다. 만성질환이 있는 어떤 여성은 자신의 병에 대해 남편이 충고할 때마다 화가 났다. 그녀는 남편이 자신과 자신의 병에 대해 전혀 지지해 주지 않는다며 비난했고, 남편을 떠나겠다고 협박했다. 이번에는 남편이 상처를 받았고 아내의 비난에 당황스러워했다. 남편은 아내에게 뭔가를 제안할 때마다 관심을 표현하고 있다고 생각했기 때문이었다. 남편의 '충고하기'에 대해 아내가 부여하고 있는 의미를 탐색함으로써, 치료자는 그녀가 남편의 충고를 그녀의 만성질환이 치료될 거라고 믿는 증거로 해석하고 있음을 알게 되었다. 그녀는 남편이 자신의 병이 치료될 수 없다는 사실을 알게 되면 그녀를 짐으로 여기고 떠날까 봐 두려웠다. 이것이 질병, 돌봄, 신뢰에 관한 중요한 관계의 문제에 대해 의논하도록 문을 열어 주었다.

치료자는 내담자가 자신에게 일어나고 있는 일에 어떻게 의미를 부여하는지 이해하기 위해서 다양한 접근방법을 사용할 수 있다. 가장 좋은 접근방법은 내담자에게 그가 부여한 의미가 무엇인지를 직접 물어보는 것이다. 이것은 결코 틀린 방법이 아니다. 치료자가 내담자의 자기 보고를 신뢰하기 위해서는 그가 정직하며 협력적이고 자기인식 능력이 충분하다는 확신이 있어야 한다. 그러나 모든 내담자가 기꺼이 그렇게 할 마음이 있거나, 그렇게 할 수 있는 능력이 있는 것은 아니다. 예를 들어, 아동학대 가해자는 수치심과 법적 결과에 대한 두려움 때문에 아동을 학대했다는 사실을 시인하고 세부 사항을 드러내는 것을 꺼릴 수 있다. 어떤 경우 내담자는 자신이 하는 행동의 동기나 이유에 대한 심리학적 통찰이 거의 없을 수 있다. 우리 모두가 즉각적인 인식을 벗어나서 작동하는 심리적 과정을 가지고 있다는 점에서 내담자의 자기 보고는 어느 정도 한계가 있다.

의미는 자기 보고와 더불어 관찰 가능한 행동과 행동이 일어나는 맥락에 근거해서 추론될 수 있다. 남편이 아내로부터 비난을 받고 나서 조용히 철수할 때, 남편은 그 말에 상처를 받았다고 추론할 수 있다. 행동을 바탕으로 의미를 추론하는 것의 어려움은 몇 가지 다른 의미가 가능하여 잘못된 추론이 이루어질 가능성이 있다는 것이다. 그러한 위험성은 고통 중에 있는 부부와 작업할 때 명백하다. 내담자는 종종 배우자의 행동에 대해 실제로 의도한 것보다 더 부정적인 의도가 있다고 풀이한다.

치료자가 특정 내용 영역에 대해 가지고 있는 지식 또한 각 개인의 행동 배후의 의미를 추론하는 데 중요한 도움을 준다. 예를 들어, 인간발달 과정에 대한 기본 지식은 치료자가 청소년의 행동을 그의 독립 욕구의 맥락에서 이해하도록 도울 수 있다. 마찬가지로 개인의 어떤 행동이나 사건에 대한 해석이 지배적 문화권의 일반적인 해석과 다를 때, 내담자의 문화적 배경을 이해하는 것은 중요한 통찰을 제공할 수 있다.

사회적 평가

가족체계 평가

가족치료의 특징 중 하나는 개인을 적절한 맥락 안에 두기 위해 부부나 가족체계 평가를 중시한다는 점이다. 분명히, 치료자가 사용하는 이론적 관점은 부부 및 가족에 대한 치료자의 평가 접근법에 영향을 미칠 것이다. 동일한 가족에 대해 구조적 가족치료자는 밀착(enmeshmen) 또는 모호한 경계선(diffused boundary)을 보는 반면에, Bowen식 치료자는 융해(fusion)나 미분화된 자아덩어리(undifferentiated ego mass)를 볼 것이다. 그러나 그들은 각각 가깝거나 먼 거리를 기본적 개념으로 활용한다. 따라서 이 절에서는 당신이 선택한 이론적 지향이 어떤 것이든 상관없이 고려해야 할 중요한 평가 영역을 개략적으로 설명하고자 한다. 이러한 사안들을 탐색하는 구체적인 방식은 당신의 이론적 지향뿐만 아니라 개인의 스타일에 따라 달라질 수 있다.

가족구조

가족평가 과정의 첫 번째 단계는 가족구조를 파악하는 것이다. 치료자가 다세대 문제에 관심이 있다면, 가족구조 평가는 적어도 3세대(예: 자녀, 부모, 조부모)를 포함해야 이상적이다. 가계도(McGoldrick, Gerson, & Petri, 2008)는 가족구조를 시각적으로 나타내는 편리한 방법이다. 가족구조는 그들이 살아있든 그렇지 않든 내담자의 삶에서 중요한 사람들을 전부 반영해야 한다. 예를 들어, 내담자가 한쪽 부모와 전혀 접촉을 안 하거나 거의 안 한다 할지라도, 가족구조에는 반드시 그의 생물학적 부모를 포함해야만 한다. 부모의 부재가 종종 치료적인 문제가 될 수 있기 때문이다. 계부모나 입주 돌보미와 같은 사람도 내담자의 삶에 중요한 사람이 될 수 있다.

가족구조는 임상적 가설의 중요한 단서가 될 수 있다. 치료자는 재혼가족 안에 있을 수 있는 충성심 갈등을 탐색하거나, 적절한 사회적 지지를 받지 못하는 한부모가 어떻게 양육 책임에 압도당할 수 있는지에 대해 논의할 수 있다. 이와 마찬가지로 형제자매 구성에 기초한 가설(출생순위, 성별, 형제간 연령 차)도 세울 수 있다. 예를 들어, 맏이는 부모화될 가능성이 더 크다.

가족기능

또한 가족 상호 간의 헌신, 관계적 유대, 의사소통에 대해 평가해야만 한다. 헌신의 측면에서는 부나 모 또는 부모가 자녀에 대해 얼마나 헌신하느냐를 평가해야 한다. 부모가 모두 있는 가족에서 두 부모는 똑같이 자녀양육에 투자하고 있는가? 이혼이나 별거한 가족에서 두 부모는 여전히 자녀와 관계를 맺고 있는가? 그렇지 않다면 이유는 무엇인가? 자녀(들)는 이것을 어떻게 이해하고 있는가? 부모가 더 좋아하거나 다른 자녀보다 더 잘 반응해 주는 자녀가 있는가?

탐색해야 할 영역으로 가족 간의 관계적 유대의 특성이 있다. 특히 갈등이 있는 부모-자녀 쌍이 있는가? 부모는 숙제, 놀이, 그 밖의 활동에 참여하도록 도우며 자녀와 적절한 양의 시간을 보내고 있는가? 자녀는 부모로부터 언어적·신체적 애정뿐만 아니라 칭찬을 받고 있는가? 아니면 그 관계는 주로 부정적으로 특징지어지는가? 부모는 자신의 정서적 필요를 위해 자녀에게 너무 많이 의존하는가? 혹시 신체적 학대, 방임, 성적 학대의 증거가 있는가? (이 장의 '잠재적 위해의 문제' 절 참조)

가족 간의 관계적 유대를 탐색할 때, 부모와 자녀 관계 외에 가족 안의 다른 관계에 대해서도 고려하는 것이 중요하다. 형제자매 관계는 자녀들에게 중요한 지지원이 될 수 있다. 게다가 형제자매간 갈등은 자녀가 각기 다른 부모와 연계되어 서로 충돌하고 있음을 나타낼 수 있다. 그러므로 자녀들 간의 상호작용 유형을 살펴볼 필요가 있다. 그들이 많은 활동을 함께 하는가? 관계가 대체로 화목한가 아니면 긴장감이 도는가? 다세대 가족에서는 세대에 걸친 다양한 가족 관계를 평가해야만 한다. 예를 들어, 자녀가 함께 사는 할머니 할아버지와 친밀한 관계인가 혹은 소원한 관계인가?

치료자는 가족이 서로 어떻게 의사소통하는지 관찰해야 한다. 가족이 방해받지 않고 말할 수 있는가? 가족끼리 서로 대변해 주는가? 자녀는 부모에게 자신의 생각, 감정, 두려움에 대해 편안하게 이야기하는가? 가족이 말하기 어려운 어떤 주제나 사안이 있는가? 마찬가지로, 분노나 슬픔 등의 느끼고 표현하는 것이 허용되지 않는 정서들이 있는가? 가족은 서로 존중하면서 말하는가 아니면 언어적으로 학대하는가? 가족 중 한 명 이상이 서로 신체적인 공격을 할 정도로 갈등이 고조되기도 하는가('잠재적 위해의 문제' 절 참조)? 갈등이 반복적인 패턴을 따르는 것 같이 보이는가?

가족이 어떻게 도구적으로 기능하는지를 파악하기 위해서 한 부모나 부모 모두가 자녀양육에 부정적인 영향을 미치는 다른 몰입 대상이나 문제를 가지고 있는지에 대해 탐색하는 것이 중요하다. 예를 들어, 부모가 새로운 관계나 새로운 결혼에 에너지를 쏟고 있어서 자녀의 욕구는 무시되고 있는가? 한 부모나 부모 모두가 자녀를 희생시키면서 너무 많은 에너지를 일에 집중하고 있는가? 자녀를 관리하고 양육하기 위한 부모의 에너지를 감소시키는 정신질환이나 어떤 다른 스트레스 요인이 있는가?

또한 치료자는 가족 안의 통제와 책임에 관한 문제를 평가해야만 한다. 부모가 자녀의 활동이나 행동을 어떻게 감독하는지 고려해야 한다. 또한 훈육을 어떻게 하는지에 대해 평가도 필요하다. 부모는 규칙을 시행하는 데 있어서 일관성이 있는가? 부모는 규칙을 어겼을 때 그에 합당한 결과를 주는가? 그 결과는 차분하고 감정적이지 않은 방식으로 이루어지는가, 아니면 화를 내거나 심지어 신체적으로 학대하는가('잠재적 위해의 문제' 절 참조)? 치료자는 자녀가 발달적으로 적절한 수준의 책임감과 특권을 갖는지를 평가해야 한다. 각 자녀가 맡은 책임을 살펴보는 것도 좋다. 부모화된 자녀가 있는가? 예를 들어, 자녀가 다른 자녀들이나 부모의 욕구를 보살피기 위해 너무 많은 책임을 지고 있는가? 자녀가 성인에게나 적합한 문제에 대해 알거나 신경을 쓰는가? 자녀는 의사결정을 내리는 데 있어서 어느 정도로 적절한 조언을 받고 있는가?

가족생활주기의 문제

또한 치료자는 평가를 할 때 생활주기의 문제를 고려해야만 한다. 내담자들이 종종 인생의 전이기(a life transition) 중에 치료를 찾기 때문이다. 다음과 같은 것을 주의 깊게 살펴야 한다. 가족은 첫 자녀 출생이나 자녀를 떠나보내는 일 같은 새로운 삶으로의 전이를 다루고 있는가? 아니면 가족이 가족의 죽음과 같은 갑작스러운 위기를 다루고 있는가? 가족은 이러한 변화에 어려움을 느끼고 있는가? 변화의 발생이 규범적 범위 안에 있는가, 아니면 스트레스 요인이 가족이 살아온 일반적인 방식을 흔들어 놓고 있는가? 예를 들어, 부모와 청소년 자녀 간의 갈등은 자녀가 이러한 규범적 발달단계 동안에 더 많은 자율성을 추구하는 것과 관련이 있을 수 있다. 그러나 자녀의 분노 발작(temper tantrum)은 부모가 새로운 결혼생활에 초점을 맞추게 됨에 따라 나타난 관심을 받고 싶은 자녀의 욕구와 관계가 있을 수 있다.

생활주기 문제를 평가하는 것은 두 가지 차원에서 중요하다. 첫째, 치료자가 현재 시점만이 아니라 오랜 시간에 걸쳐 있는 체계 안의 역기능적 패턴을 탐색하고 이해하게 해 준다. 둘째, 체계의 자연스러운 성장과 발달에 있어서 예측 가능한 변화(예: 부모기로의 전이)와 예측 불가능한 변화(예: 죽음, 질병의 시작)를 파악하는 데 도움을 준다. 함께 작업하고 이러한 변화를 수용할 수 있는 능력은 가족으로서 기능하는 데 있어 핵심적인 것이다. Nichols와 Everett(1986)에 따르면, "어떤 가족은 [발달적] 어려움이 시작될 때 치료에 나타날 수 있지만, 다른 이들은 문제가 쌓이고… 심각한 증상이 초래될 때까지 문제가 있다는 것을 느끼지 못할 수 있다."(p. 186) 우리는 7장에서 가족발달에 있어 예측 가능한 스트레스 요인과 예측 불가능한 스트레스 요인에 대해 더 자세하게 다룰 것이다.

부부 체계 평가

결혼 및 부부치료를 할 때 부부관계를 평가하는 것은 확실히 중요하다. 그러나 제시된 문제가 자녀에 초점을 맞추고 있을 때조차 부부관계를 평가하는 것이 중요하다. 결혼 및 부부갈등은 자녀에게 상당한 영향을 미친다. 예를 들어, 부부관계가 만족스럽지 못하면 부모가 자신의 정서적 필요를 채우기 위해 자녀에게 부적절하게 의지하게 되거나, 자녀가 부모의 갈등으로 인한 삼각관계에 얽히기 때문에 행동화하는 문제를 보일 수 있다.

부부평가는 부부적응척도(Dyadic Adjustment Scale)(Spanier, 1976), 부부적응검사(Marital Adjustment Test)(Locke & Wallace, 1959), 결혼만족지수(Marital Satisfaction Index)(Snyder, 1979)와 같은 결혼 적응 및 결혼의 질을 측정하는 것으로 시작하는 것이 좋다. 이들 도구는 치료자가 부부관계에 대한 전반적인 고통 수준을 파악하게 한다. 또한 부부가 어떤 영역에서 갈등하는지(예: 성관계, 재정, 친인척관계), 반대로 어떤 영역에서 잘하고 있는지를 신속하게 평가하는 데 도움이 된다.

또한 치료자는 헌신의 문제도 평가해야 한다. 결혼하지 않은 커플이라면, 한 사람 또는 두 사람 모두가 관계를 지속할 것인지에 대해 양가적인가? 결혼한 부부라면 이혼을 심각하게 고려하고 있는 사람이 있는가? 결혼불안정지수(Marital Instability Index)(Edwards, Johnson, & Booth, 1987), 결혼상태척도(Marital Status Inventory)(Crane, Newfield, & Armstrong, 1984; Weiss & Cerrato, 1980)와 같은 간단한 지필 도구는 부부의 이혼 가능성을 평가하는 데 도움이 된다. 또한 치료자는 한 사람 혹은 두 사람 모두가 그들 관계에 영향을 미칠 만큼 몰입하고 있는 대상이나 활동이 있는지를 평가해야 한다. 한쪽 배우자가 외도를 하고 있는가? 한쪽 혹은 양쪽 배우자 모두 상대방과의 시간을 희생해서 친구나 부모와 많은 시간을 보내고 있는가? 마찬가지로 한쪽 혹은 양쪽 배우자가 그들의 관계에 부정적인 영향을 미칠 정도로 많은 시간을 일이나 취미생활에 보내고 있는가?를 파악하는 것이다.

관계에 있어서 통제와 책임의 문제가 어떻게 다루어지는지를 평가하는 것이 중요하다. 이것을 평가하는 좋은 방법은 부부의 의사결정 방법을 탐색하는 것이다. 그들이 함께 의사결정을 하는가 아니면 보통 한 사람이 의사결정을 하는가? 통제를 위해 신체적 폭력이나 폭력에 대한 위협을 사용하는가? 성역할 또한 부부가 통제와 책임을 공유하는 방법에 영향을 미친다. 부부는 전통적인 모델을 따르는가 아니면 평등주의적인 모델을 따르는가? 부부는 그들의 역할과 책임에 대해 합의했는가? 책임의 측면에서, 한쪽 배우자는 과대기능을 하고 다른 배우자는 과소기능을 하는 패턴이 있는가?를 이해해야 한다.

또한 부부의 상호작용 특성은 그들의 관계유대(relationship bond)에 관한 많은 정보를 제공한다. 부부가 함께 활동하고 있는가 아니면 따로 살고 있는가? 어떤 활동(예: 여가, 직업, 프로젝트, 교회 참석, 자원봉사)을 함께 하고 있는가? 부부가 어느 정도로 언어적 · 신체적으로 애정을 표현하는가? 부부는 만족스러운 성관계를 갖는가? 그렇지 못하다면 무엇이 문제인가? 부부가 어떻게 결혼하게 되었는지를 탐색하는 것은 관계유대를 평가하는 데 도움이 된다. 예를 들어, 처음으로 서로에게 매력을 느끼게 한 것은 무엇인가? 연애하는 동안 유대를 형성하기 위해 어떤 일을 했는가? 어떤 경우에는 연애 기간에 대한 탐색을 통해 부부 관계에 영향을 미칠 수 있는 문제가 드러나기도 한다(예: 예상하지 못한 임신을 정당화하기 위해서 결혼함).

또한 치료자는 부부의 의사소통 기술과 갈등해결 기술을 평가해야만 한다. 의사소통을 통해 부부는 서로의 말을 경청할 수 있는가? 부부는 자신의 생각과 감정을 상대방에게 표현할 수 있는가? 그들은 자신의 감정이나 행동에 책임을 질 수 있는가? 그들은 자주 비난을 하는가? 치료자가 부부에게 어떤 주제에 대해 이야기하도록 하여 상호작용을 관찰하는 것은 그들의 의사소통 기술을 평가하는 훌륭한 접근 방법이다. 또한 치료자는 부부가 갈등을 어떻게 다루는지를 평가하고자 할 것이다. 두 사람 모두 갈등을 피하는 갈등-회피 패턴을 만들었는가? 한 사람은 문제에 대해 이야기하려 하고 다른 사람은 피하려고 하는 요구-철회 패턴(demand-withdraw pattern)을 따르는가? 아니면 두 사람 모두 공격적이어서 갈등이 빠르게 고조되는가? 후자라면, 싸우는 동안 신체적 폭력이 발생한 적이 있는가('잠재적 위해의 문제' 절 참조)? 싸움이나 갈등은 대개 예측 가능한 연속적 패턴을 따른다. 이러한 주기(cycle)나 연속적으로 일어나는 순서(sequence)를 파악하여 중단시키는 것은 부부치료의 성공을 위해 결정적일 수 있다. 순환적 질문(제6장 참조)은 부부싸움의 패턴을 밝힐 수 있는 유용한 방법이 될 수 있다.

치료자는 자녀가 부부관계에 어떤 영향을 미치는지 파악하고자 할 것이다. 부부에게 자녀가 없다면, 자녀를 가질 계획이 있는가? 현재 자녀를 갖지 못하게 하는 요인(예: 불임, 한쪽 배우자가 자녀 갖기를 원치 않음)이 있는가? 자녀가 있다면, 그들은 부모로서의 역할에 대해 서로 지지할 수 있는가? 혹은 부모역할이 갈등의 원인이 되는가? 부부는 여전히 양육의 요구에도 불구하고 그들 관계에 더 많은 시간을 투자하는가? 부부가 결혼생활을 끝냈다고 할지라도, 자녀가 두 사람의 관계에 미치는 영향을 평가해야 한다. 예를 들어, 그동안 효과적인 공동 양육관계를 맺을 수 있었는가? 부모역할이나 양육권에 대한 지속적인 갈등이 있는가?를 파악한다.

영성 평가

치료자가 의미를 평가할 때 자주 간과하는 가장 결정적인 영역 중 하나는 내담자의 종교적 · 영적 삶이다(Bergin, 1991; Hodge, 2005; Walsh, 2010). 치료자들은 몇 가지 이유로 영적 문제를 검토하는 것을 꺼려 왔다. 그 이유 중 하나는 많은 치료자가 실증적이지 못한 것의 가치가 의문시되던 시기에 훈련을 받았다는 점이다. 이들은 훈련받는 과정에서 측정할 수 없는 것은 평가에서 제외되어야 한다고 배웠다. 게다가 평가를 한다는 것은 치료의 가능성을 암시한다. 많은 치료자는 영적 해결책이나 치료를 제공할 수 없다고 생각하며, 모든 영적 치료를 전도 활동의 한 형태로 여길 것이다.

그러나 영적 · 종교적 평가를 문화적으로 민감한 임상적 돌봄에 중심 차원으로서 포함시켜야 한다는 주장이 커져 왔다(Bergein, 1991; Hodgson, Lamson, & Kolobova, 2016). 이들과 그 밖의 저자들은 영적 관점이 인간의 본성, 도덕성, 종교적 의식과 관습에 대한 내담자의 (그리고 치료자의) 견해에 강하게 기여할 수 있다는 점을 강조하며, 심리치료자가 영적 문제를 심리치료의 일부로 고려하도록 장려한다. 게다가 그들은 치료자의 종교의식과 관습에 대한 인식 부족은 그들이 대하는 내담자의 신념과 크게 상충된다고 지적한다. 일반인은 심리치료자보다 더 종교적이며, 종교적 신념에 더 좌우되는 경향이 있다. 예를 들어, 갤럽은 조사대상 노인의 50%가 죽음에 직면했을 때 의사의 기도를 원한다고 말했으며, 75%는 의사(와 치료자)가 돌봄의 한 부분으로 영적 문제를 다뤄야 한다고 말했다는 것을 밝혔다(Connell, 1995; Tanyi, McKenzie & Chapek, 2009).

영적 문제를 평가할 때 치료자의 역할은 개방적인 질문을 하고, 내담자의 믿음에 대해 호기심을 가진 위치에 서며, 내담자의 이야기를 단지 이해하고자 하는 것으로 개념화할 수 있다(Griffith & Griffith, 1994). 예를 들어, 치료자는 "내담자의 삶은 영적 신념과 영적 체험의 결과로써 어떤 방식으로 그리고 얼마나 오랫동안 변해 왔는가?"를 자문해 볼 수 있다. 변화된 삶의 관점에서의 진정한 '개종(conversion)'이 일어나기 위해 영적 경험이 극적일 필요는 없다. 치료자는 영적 신념과 자원을 탐색하기 위해 영적 가계도 같은 가족치료자가 접근할 수 있는 여러 가지 도구를 사용할 수 있다(Hodge, 2005).

영적 평가를 위한 여러 가지 모델이 지난 25년 동안 개발되어 왔다(Fitchett, 1993; LaRocca-Pitts, 2012). La Rocca-Pitts(2012)는 여러 영적 선별 도구와 영적 평가 도구에 대해 논의한다. 이 도구들은 간결하며 기억하기 쉽다. 그중 하나는 HOPE인데, 웹에서 'spiritual screeners(영적 선별도구)'라는 단어를 입력하여 쉽게 찾을 수 있는 다른 도구들도 있다. Anandarajah와 Hight의 두문자(頭文字)어 HOPE는 인생의 희망, 의미, 능력의 근원(sources of Hope, meaning, and strength in life), 조직화된 종교(Organized religion), 종교적 정체성 밖에서의 개인적 관습(Personal practices outside of religious identity), 영적인 신념의 영향을 받은 임종기 결정과 의료 진료(End-of-life decisions and medical care as influenced by spiritual beliefs)를 평가한다. 이러한 모델들 중에는 신념이나 관습이 무엇인지 구체적으로 조사하기보다는 영적 신념이나 관습이 그 사람에게 어떻게 도움이 되는지를 이해하는 것에 초점을 맞추고 있는 것이 많다. 이러한 모델들은 영성을 "정신기능과 정신건강 치료에 대해 축적된 경험적 지식을 대체하지는 않으며"(Bergin, 1991, p. 399), 그것을 보완하는 다차원적인 과정으로 본다. 예를 들어, Hodgson, Lamson과 Kolobova(2016)는 다양한 유형의 부부치료를 위하여 생물심리사회학적-영적 평가를 통합하는 몇 가지 전략을 개발하고 있다.

가족 외적 사회체계 평가

가족치료자는 주로 부부 및 가족체계를 평가하는 데 관심이 있지만, 철저한 평가는 부부나 가족의 경계 외부로도 확장되어야 한다는 것을 알아야 한다. 가족은 직계가족 이외의 다양한 사회체계와 상호작용한다. 예를 들어, 확대가족은 직계가족의 삶에 중요한 역할을 한다. 학교, 직장 환경, 친구관계망, 이웃도 평가해야 할 중요한 사회체계이다. 어떤 경우에는 법원, 사회서비스 기관, 건강 및 의료 서비스 기관 또는 다른 심리치료자들이 한 명 혹은 그 이상의 가족과 관련이 있을 수 있다. 철저한 평가를 통해 이 체계들이 내담자에게 어떤 영향을 줄 가능성이 있는지를 검토할 수 있다.

우선, 가족 외부의 개인이나 체계가 지지나 자원을 제공할 수 있는지의 정도를 평가해야 한다. 우리는 사회적 지지를 늘리는 것이 가족체계 안의 기능을 개선하는 데 매우 중요하다는 것을 많은 경험을 통해 알고 있다. 확대가족은 중요한 정서적 · 도구적 지지를 제공할 수 있을 것이다. 친구는 또한 필요한 도움을 제공할 수 있을 것이다. 내담자가 가족 외부로부터 거의 지지를 받을 수 없다면, 치료자는 그들이 사회적 지지를 받을 수 있는 관계망을 발달시킬 수 있도록 개입할 것이다.

각 가족의 가족 외부에서의 기능 수준을 평가하는 것은 중요하다. 가족 문제가 직장에서의 업무 수행에 영향을 미치는가? 자녀의 비행은 주로 가정에서만 일어나는가, 아니면 학교에서도 마찬가지로 일어나는가? 이러한 질문을 하는 것은 문제의 심각성과 맥락을 평가하는 데 도움이 된다. 어떤 경우에는 다른 체계에서 더 높은 기능 수준을 보이는 가족을 발견할 수 있다. 예를 들어, 자녀가 집에서보다 학교에서 더 적은 문제를 보일 수 있다. 이러한 경우, 해결중심적 접근을 사용하여 한 환경에서 어떤 요인이 내담자의 기능 또는 안녕에 기여하는지 확인할 수 있다.

외부체계를 평가하는 것은 가족 내 개인 및 대인 역동에 대한 중요한 단서를 수집할 수 있는 방법이다. 대개의 경우, 개인은 가족과 관계하는 방식과 유사하게 가족 외부의 사람들과 관계한다. 한 내담자는 친구와 직장 동료들에 대한 불신을 공공연하게 이야기했는데, 이것이 이번에는 이혼한 아내와의 상호작용 패턴을 조명해 주었다. 가족이 가족 외부의 사람들과 어떻게 상호작용하는지를 주의 깊게 평가하는 것은 가족 내 역동을 드러내거나 확인해 줄 수 있다.

마지막으로, 치료자는 가족의 외부체계가 치료과정에 미칠 가능성이 있는 영향력에 대해 평가해야 한다. 예를 들어, 어떤 내담자가 법원에서 치료받으라는 명령을 받았다. 치료자는 법원에서 어떤 성과를 보기 원하며 불순응의 결과는 무엇인지 분명히 하고 싶을 것이다. 치료자가 가족 외부의 개인이나 체계와 작업해야만 할 때마다, 항상 치료과정을 방해할 수 있는 삼각관계나 동맹이 존재할 가능성이 있다. 예를 들어, 치료자는 자녀의 행동을 놓고 학교와 가족과 삼각관계를 만들지 않도록 조심해야 한다. 어떤 경우에는 다수의 치료자가 여러 명의 가족과 관련되어 있을 수 있다. 이상적인 것은 치료자들이 상반된 목적을 가지고 일하는 것을 피하기 위해 서로 긴밀하게 협력하는 것이다.

보다 큰 체계의 평가: 맥락, 성별, 문화

과거에는 가족치료가 개인과 가족에게 미치는 역사적 · 사회적 · 경제적 맥락의 영향을 무시한다는 비판을 받아 왔다(Goldner, 1985; James & McIntyre, 1983; Taggart, 1985). 예를 들어, 여성주의 가족치료자들은 성 사회화와 사회 안의 불평등이 남성과 여성이 가족을 경험하는 방식에 대해 어떤 중요한 의미를 갖는지를 논의해 왔다. 개인을 지향하는 치료자가 아동의 비행에 관한 가족맥락을 무시한다는 말을 들어왔던 것처럼, 가족치료자는 가족역동의 사회적 맥락을 무시한다는 비난을 받아 왔다.

성 사회화는 평가에 포함되어야만 하는 중요한 맥락체계이다. 친밀한 관계인 남녀 간 갈등에 성 사회화의 차이가 기여하고 있는 경우가 드물지 않다. 한 사례에서 남편은 아내가 자신을 항상 감시한다고 불평했다. 그는 이것 때문에 화가 났고 아내가 자신을 통제하는 것으로 생각했다. 아내는 남편이 하루를 어떻게 보냈는지 알고 싶었을 뿐이지 감시하려 한 것은 아니라고 주장했다. 그녀는 남편이 화가 나서 단절하는 바람에 고립감과 외로움으로 괴로웠다. 이번에는 그것이 남편과의 연결을 위한 그녀의 욕구를 증가시켰다. 이 부부에게 성별 사회화는 그들의 거리두기(distancing)와 다가가기(pursuing)의 주기에 기여하고 있었다. 대부분의 남성과 마찬가지로 남편은 독립에 가치를 두고 지위, 위계, 통제의 문제에 민감하도록 사회화되어 왔다. 결과적으로 그는 아내의 '출석 체크(checking in)' 신호를 '감시(checking up)'로 해석했던 것이다. 부부는 성 사회화가 어떻게 영향을 미쳤는지에 대해 이해하게 됨으로써 멀어지기-좇아가기 패턴을 중단할 수 있었다.

그러나 치료자는 일반적인 성 패턴과 관련해서 예외가 있음을 인식해야 한다. 어떤 여성은 전형적인 남성의 행동이나 신념을 가질 수 있는 반면, 어떤 남성은 전형적인 여성의 행동이나 신념을 가질 수 있다. 성별 패턴은 모든 남녀 역동에 엄격하게 적용되지 않으며, 더 많은 평가를 통해 채택하거나 기각할 가설로서 간주되어야 한다.

성 사회화가 문제의 역동에 기여하는 요인이 될 때, 치료자는 그것을 강화하는 다른 요인을 발견하게 될 것이다. 예를 들어, 밀착된(enmeshed) 원가족 역동은 그녀가 받아들인 '자신의 필요를 희생해서 다른 사람들의 필요를 돌봐야 한다.'는 사회적 메시지를 강화할 수 있다. 앞의 사례에서 남편의 통제당하는 데 대한 두려움은 통제하는 부모가 있었기 때문에 강화되었다. 그러므로 치료자는 성 사회화에 더해 어떤 요인이 문제의 역동을 강화했는지 살펴야 한다.

평가를 할 때 가족의 인종적 또는 민족적 배경을 고려하는 것 또한 매우 중요하다(특히 그것이 치료자와 다를 때). 문화에 대한 민감성은 초기 면접부터 시작해서 견고한 치료관계를 형성하고 내담자가 치료에 계속 참여하게 하는 데 매우 중요하다. 다행히 정중함과 문화적 민감성에 대한 인식은 치료 관계에 더 많은 자신감을 심어줄 수 있다. 예를 들어, 저자 중 한 사람은 약물을 사용하지 않는 115파운드의 중산층 백인인데, 첫 인턴십의 첫 내담자였던 250파운드이며 문신이 있고 헤로인에 중독되었으며 경제적으로 어려운 스페인계 남성을 기억한다. 아주 멋진 치료적 관계가 형성되었는데, 이는 기꺼이 치료자를 가르치려는 내담자의 마음과 내담자와의 공감적 연결을 찾는 치료자의 능력 덕분이었다 .

문화적으로 민감한 평가에는 세 가지 일반적인 지침이 적용된다. 첫째, 치료자는 평가를 통해 얻은 정보를 해석할 때 내담자의 문화적 배경을 고려해야 한다. 어떤 행동은 적절한 문화적 맥락 안에 두지 않으면 잘못 해석될 수 있다. 미국 문화권에서는 성인과 시선을 마주치지 않으려 하는 아동은 자존감이 낮은 것으로 인식될 수 있다. 그러나 다른 문화권에서 성인과 직접 시선을 마주치는 아동은 무례하다고 여겨질 수 있다. 마찬가지로, 치료자 자신의 문화적 필터를 인식해야만 한다. 왜냐하면 그것이 치료자가 다른 내담자와 그들의 행동을 어떻게 인식하는지에 영향을 미치기 때문이다. 예를 들어, 치료자와 내담자는 서로 다른 문화적 배경으로 인해 자녀를 양육하는 방식이나 적절한 가족 의사소통에 대해 서로 다른 기대를 할 수 있다.

둘째, 치료자는 특정한 문화집단의 집단 규범이 그 집단에 속한 개인에게 자동적으로 적용되리라고 추측해서는 안 된다. 그러므로 문화 규범에 기초한 개인 행동에 대한 추측은 더 많은 평가를 통해 확인될 때까지 잠정적인 것으로 간주되어야 한다. 예를 들어, 최근 이민 온 가족의 자녀들은 부모나 조부모보다 미국 문화에 더 잘 적응할 수 있다. 각 가족은 어느 정도는 '연구 사례'로 간주해야 한다. 왜냐하면 문화적 규정(cultural prescription)을 받아들이거나 나타내는 정도는 가족마다 독특하기 때문이다.

셋째, 치료자는 문화적 차이가 치료자-내담자 관계에 어떻게 영향을 미치는지 그리고 이것이 평가에 어떤 영향을 미치는지 알아야만 한다. 예를 들어, 소수집단의 구성원들은 다수집단의 편견을 두려워하기 때문에 민감한 정보 노출을 꺼릴 수 있다(Garbarino & Stott, 1989). 이것은 그 다음 치료자의 평가에 대한 접근방법에 영향을 미칠 수 있다. 또한 치료가 얼마나 도움이 될 것인지에 대한 기대를 탐색할 필요가 있다. 여러 문화권에서는 치료자가 권위 있는 역할을 취하기를 기대하지만, 다른 문화권에서는 보다 상호적인 관계를 기대하기도 한다.

평가에 대한 민감하고 비교문화적인 이상의 지침들은 인종이나 민족 이외의 다른 특징들로 정의된 문화를 탐색할 때도 적용될 수 있다. 예를 들어, 종교적 배경, 성적 지향, 사회계층 등이 다른 사람들 사이에서도 문화적 차이가 나타날 수 있다. 이들 각 사회집단은 개인의 정체성, 신념, 타인과 관계하는 방식에 영향을 미칠 수 있다. 그러므로 치료자는 이러한 문화들 중에서 어느 것이 각 가족에게 중요한지를 결정하고 그것이 가족에 미치는 영향을 평가해야 한다.

'문화'를 폭넓게 정의한다 할지라도 가족의 문화유산에 긍정적으로 접근할 때 임상가는 변화를 위한 하나의 자원을 추가로 확보한다는 것을 상기할 필요가 있다. Minuchin과 Fishman(1981)이 지적하였듯이, "모든 가족은 그들 자신의 문화 안에 어떤 요소들을 가지고 있는데 만약 이해되고 활용되기만 한다면 그 요소들은 가족의 행동 레퍼토리를 활성화하고 확장시키는 지렛대가 될 수 있다."(p. 262)

결론

여러 면에서, 철저한 평가를 하는 것은 치료자와 내담자가 함께 퍼즐을 맞춰 나가는 것과 비슷하다. 초기 평가는 사례에 대한 방향을 잡기 위해 먼저 가장자리와 모서리 조각을 함께 배치하는 것이다. 그런 다음 치료자는 임상적 그림이 나타날 때까지 나머지 퍼즐을 맞추기 시작한다. 임상적 퍼즐의 중요한 조각들은 잠재적 위해의 문제, 물질남용 문제, 있을 수 있는 생물학적 요인들을 포함한다. 치료자는 이러한 문제를 퍼즐의 다른 조각, 예를 들어 있을 수 있는 정신병리, 일어나고 있는 일에 대해 내담자가 부여하는 의미, 영성의 문제 등과 연결해야 한다. 그리고 이것을 가족관계 역동을 드러내는 부분의 퍼즐과 함께 모아야 한다. 그러나 가족 외부의 다른 체계를 고려하지 않는 한 퍼즐은 불완전할 수 있다. 퍼즐의 상호 연결된 조각들을 각각 해결한다면 내담자에 대한 완벽한 임상적 그림을 얻을 수 있을 것이다.

제5장

치료의 초점과 치료계획 발전시키기

29세 로잘린다가 치료실에 9세 된 아들 제이콥을 데리고 왔다. 학교에서는 제이콥에게 여러 가지 문제가 있다며 치료를 강력히 권했다. 그는 종종 지각을 하고 숙제를 내지 않았다. 교사는 그가 주로 혼자 시간을 보낸다고 하였다. 최근에 그가 학교 운동장에서 친구를 밀치는 사건이 여러 번 있었는데, 처벌하기에 충분하지는 않았지만 거의 그 수위에 가까웠다. 로잘린다는 어떻게 하면 좋을지 몰랐다. 그녀는 걱정이 많이 되었고 잠을 잘 잘 수가 없다고 말했다.

당신이 이 가족을 두 번째로 만나, 각자에게 질문하고, 제이콥과 보드게임을 하고, 여러 가지 평가 질문을 함으로써 그들과 합류하기 시작했다고 상상해 보자. 당신은 제이콥이 예정일보다 한 달 먼저 태어났으며, 그가 어머니와 아버지 간의 가정폭력을 목격했다는 것을 알게 되었다. 아버지는 그가 네 살 때 떠났고 그 이후로 그들과 아무런 접촉도 하지 않았다. 최근 로잘린다의 남자 친구는 다른 여자가 생겨서 그녀를 떠났는데, 그녀는 제이콥이 그 남자 친구의 말만 들었다고 말했다. 그녀에게는 제이콥보다 어린 두 명의 자녀가 있었는데(그들의 아버지는 남자 친구임), 그녀는 겨우 청구서를 지불할 정도의 돈을 벌고 있었다. 제이콥은 이전에도 학교에서 문제가 있었고 성질이 급했지만, 어린 동생들을 살뜰히 보살피고 도와주었다. 로잘린다의 어머니는 딸이 일하는 동안에 아이들을 돌봐 주고 있지만 로잘린다의 자녀양육 능력에 대해 비판적이다. 당신은 제이콥이 치료실에서 장난감을 매우 거칠게 갖고 놀다가 어머니가 남자친구의 이름을 언급할 때만 어머니를 쳐다본다는 것을 알게 되었다. 또한 로잘린다가 나쁜 일이 일어났을 때만 주의를 기울인다는 것과, 아들에 대한 걱정을 이야기할 때마다 십자가 목걸이를 만진다는 것을 알게 되었다. 당신은 그들이 어떻게 상호작용하는지 더 잘 이해하기 위해 치료 회기에 제이콥의 할머니나 동생들을 데려올 필요가 있는지에 대해 궁금해한다.

대부분의 초보 임상가는 이와 같은 치료과정의 흐름에 압도당한다. 내담자와 함께 중요한 정보를 검토하고 신뢰할 만한 관계를 형성했다 할지라도, 치료자는 어디에서 시작하고 무엇을 다루고 무엇을 무시하고 문제의 우선순위를 어떻게 정할 것인지에 대해 고민하게 된다. 개념지도나 임상적 추론을 이용해 치료의 초점을 발달시키는 것은 치료자가 평가 정보를 구조화하고 치료계획을 세우는 데 도움이 된다. 치료계획은 치료에서 다루어야 할 문제를 정의하고 그러한 문제를 해결하기 위해 어떤 개입을 할 것인가를 파악하게 한다. 초기 치료계획을 작성하면 내담자와 치료 계약을 공식화하기 시작한다. 모든 가족치료자는 그들이 하는 일을 개념화하고 명확하게 표현하는 방법을 알아야 한다. 이는 그들의 전문 영역에서의 유능함을 보여주는 한편, 치료비를 제공하는 사람들을 만족시키기 위함이다. 치료 초점을 규정하려는 치료자의 노력을 방해하는 몇 가지 장애요인이 있다.

치료의 초점을 방해하는 네 가지 요인

장애요인 1: 처음 두세 번의 회기에서 너무 적은 구조

Napier와 Whitaker(1978)는 그들의 획기적인 고전, 『가족 도가니(The Family Crucible)』에서 치료자는 '구조를 위한 전쟁(battle for structure)'에서 이기는 것이 중요하다고 기술하였다. 즉, 처음 접촉할 때부터 내담자가 아니라 치료자가 치료의 과정과 내용에 대한 (언어적, 비언어적으로) 기본 규칙을 정하고 의사소통해야 한다. 예를 들어, 첫 회기에 누가 참석할 것인가? Napier와 Whitaker는 치료의 시작부터 반드시 '모든' 가족이 참석해야 한다고 믿었으며 모든 사람이 참석할 때까지 치료를 시작하지 않았다. 그러한 기대는 가족에게 체계론적 사고를 하도록 하게 한다(Weber & Levine, 1995). 그러나 이렇게 엄격한 입장을 취하는 가족치료자는 거의 없으며(Berg & Rosenblum, 1977), 대개는 사례별 기준에 따라 누가 참석할 것인지를 결정한다(Nichols & Everett, 1986).

'전쟁'이라는 비유가 편하지는 않지만, 우리는 평가와 치료과정을 통해 치료자가 내담자를 안내하고 이끄는 지도자 역할을 해야 한다는 견해를 굳게 믿는다. 내담자가 자신의 문제에 대해 안전하게 말할 수 있는 시간과 장소, 환경을 포함하는 구조를 제공하는 것은 치료자의 몫이다. 치료자의 기본 책임은 치료회기 시간을 정확히 준수하고, 관계에 있어서 전문가의 자세를 유지하며(복장과 행동 포함), 치료에서 약속한 정보(심리교육 자료나 추천서 등)를 제공하고, 잊지 않고 과제에 대해 질문하며, 함께 치료 시간을 구조화할 책임(정시에 끝내기, 필요에 따라 치료목표를 검토하기, 싸움이 고조될 때 중지하기)을 지는 것을 포함하는데, 이 모든 것이 작업 관계를 강화한다.

또한 치료자는 각 사람이 말하고 듣는 순서와 같은 의사소통 과정의 규칙을 포함하여 치료의 형식에 대해서도 책임을 진다. 치료자는 매우 혼란스럽고 불안정한 사례의 경우 가족이 보다 효과적인 의사소통 기술을 발달시키도록 지지하기 위해 그들의 의사소통을 세밀하게 모니터링할 필요가 있다. 치료자는 회기에서 얻은 자료가 치료 밖에서 어떻게 사용될 것인지에 대한 논의를 주도할 수 있다. 치료환경은 안전 우산(umbrella of safety)을 포함해야 한다. 즉, 내담자에게 어떤 주제에 대해서는 적어도 가족이 보다 효과적인 의사소통 기술을 발달시킬 때까지 치료에서만 논의하는 것이 최선이라고 말해 주는 것이 도움이 될 수 있다.

장애요인 2: 모든 회기가 첫 번째 회기 같을 때

각 회기마다 다루어야 할 주제가 있지만, 내담자는 종종 각 회기마다 자신이 위기에 처해 있기 때문에 그것을 다룰 수가 없다고 말할 것이다. 내담자가 자기 자신이나 다른 사람을 해칠 위험이 있다면, 치료자는 그것을 우선적으로 다루고 그러한 우려를 강조해야 한다. 그러나 대부분의 경우, 치료자가 철저하게 평가하고 치료계획을 수립하기 위해, 당면한 문제와 걱정거리에 대해서는 시간을 제한할 수 있다.

치료계획은 각 문제를 순서대로 다루기보다는 매일 혹은 매주 나타나는 문제(예: 부모와 청소년 자녀 간의 특정한 논쟁)를 핵심 주제(예: 의사소통 패턴)와 연결시킬 필요가 있다.

내담자가 약속을 어길 때 각 회기가 첫 회기처럼 느껴질 수 있다. 약속은 이동 수단의 문제, 치료비를 지불할 능력의 부족, 상충되는 책임감, 동기 부족 등 다양한 이유로 지켜지지 못한다. 치료 초기에는 회기들 사이의 간격이 길면 추진력을 얻기 힘들고 치료 초점을 발전시키기도 어렵다. 치료에 참석하는 것을 어렵게 하는 요인이 무엇인지, 더욱 지속적으로 참석할 수 있도록 하기 위해 무엇을 할 수 있는지, 지속적인 참석이 어렵다면 치료의 진행에 있어서 어떤 한계가 있을 수 있는지에 대해 내담자와 논의할 것을 추천한다. 대부분의 치료기관에서는 약속된 치료에 오지 않거나 늦게 취소하는 것과 관련된 규칙이 있다(예: 3회 오지 않으면 치료 종결). 만일 소속된 치료 기관에서 치료자의 출석과 관련한 명확한 규칙이 없다면, 스스로 규칙을 정해서 치료 초기에 말해 주는 것이 도움이 된다.

장애요인 3: 모든 문제를 해결해야 한다고 생각하기

가족치료자가 가족을 만나 그들의 문제에 대해 듣고 철저히 평가하고 나면, 종종 해결해야 할 문제의 긴 목록이 만들어지게 된다. 잠시 숨을 돌리고 나서 당신이 발견한 문제들을 내담자에게 들려주는 것이 도움이 된다. 이 시점에서 중요한 것은 문제의 우선순위를 정하는 것이다. 안전과 위기에 관한 문제는 제일 먼저 해결해야 한다. 그러나 이러한 문제를 다루고 난 후 치료자와 가족은 몇 가지 선택을 할 수 있다. 때때로 그 목록(아마도 4~8개의 문제 포함)을 구두로 검토하고 가족과 함께 문제의 우선순위를 정해 보는 것이 도움이 될 것이다. 일반적으로 두세 가지 문제에 초점을 맞춘 치료계획을 수립하는 것이 좋다. 치료자가 문제 영역에 어떻게 개입할지를 알기 위해 개념지도를 이용하기 시작하다 보면 문제가 상호 연결되어 있음을 알아차리게 될 것이다.

장애요인 4: 치료자의 이론적 지향성 결여

모든 치료자의 주요 과업은 치료 초반부에 엄청난 양의 자료를 조직화하는 것이다. 여러 명의 가족과 작업하는 것은 정보의 양과 복잡성을 증가시킨다. 치료자가 치료 초점을 발전시키기 위해 정보를 거르고 내담자에 대한 자신의 생각들을 조직화하려면 이론적 지향성이 요구된다. 이론적 지향의 부재는 종종 치료자로 하여금 정보에 압도당하게 하며, 자신의 개인적 렌즈를 통해 정보를 거르게 된다. 모든 치료자가 문제를 이해하고 치료에 관한 의사결정을 하는 데 있어서 개인적 경험을 활용하기는 하지만 치료 초점을 발전시키는 데 있어서 그것이 유일하거나 주된 렌즈가 되어서는 안 된다. 이론적 지향을 분명히 하는 것은 치료적 의사결정에 대한 전문가적 근거를 제공하도록 돕는다. 실제적으로 일관성 있는 지향은 문제의 제시, 평가 그리고 변화를 만들기 위해 우리가 내담자와 무엇을 할 것인가를 연결하는 데 도움을 준다.

이론과 연구를 활용하여 개념지도 만들기

우리는 슈퍼비전을 통해 개념화와 치료를 위해 이용 가능한 다양한 이론이 초보 가족치료자를 혼란스럽게 한다는 것을 알게 되었다. 역사적으로 가족치료자는 종종 특정 가족치료학파와 동일시되어 왔다. 1970년대와 1980년대의 가족치료자들은 “나는 구조적 가족치료자이다.”라거나 “나는 해결중심치료자이다.”라면서 자신을 특정 이론적 학파와 동일시하는 것이 일반적이었다. 이 시기의 훈련 프로그램은 종종 구조적 가족치료와 전략적 가족치료 같은 한두 가지 이론만 가르쳤다. 이 시기에 훈련받은 가족치료자들은 보통 자신이 선호하는 이론적 지향에 기초하여 모든 내담자를 치료하곤 하였다. 이론적 순수성은 여전히 존재하며, 어떤 내담자에게 그리고 어떤 특수한 상황에서 매우 효과적일 수 있다. 그러나 다양한 내담자와 지역사회 정신건강의 선두에서 작업하는 치료자에는 이론적 유연성과 통합이 요구된다. ‘통합’이라는 말은 단순히 서로 다른 이론 모델로부터 기법을 차용한다는 것을 의미하지 않는다. 우리는 치료 결정을 도와줄 이론적 개념(예: 가족구조, 인지, 정서,

보다 큰 사회체계)의 통합을 지지한다(Mikesell, Lusterman, & McDaniel, 1995; Nichols & Everett, 1986; Pinsoff, 1995).

생물심리사회(BPS) 모델과 일반체계이론은 우리가 강조하는 통합의 기초를 형성한다(Bertalanffy, 1968; Engel, 1977). 체계이론은 가족치료의 초석이며, "전체는 부분의 합 이상이다."라는 전체성(wholeness)의 개념을 강조한다. 가족치료자는 전체를 부분으로 나누는 환원적인 방식보다는 문제의 묘사 가운데서 패턴과 과정을 찾고, 체계의 한 부분(개인)에 영향을 미치는 것은 체계의 다른 부분(가족)에 영향을 미친다는 개념을 인정한다. 전통적 가족체계 관점에 따르면, 치료에 누가 참여하건 간에 이해하고 돌봐야 하는 단위(unit)는 가족이다. 개인과 작업할 때조차 가족치료자는 내담자의 관계적 · 문화적 맥락을 이해하고, 모든 문제에 대해 다양한 관점이 있다는 것을 인식한다. 체계이론은 치료에 어떻게 도움을 주는가? 가족치료자는 내담자가 제시한 문제를 해결하기 위해 다른 가족원에게 문을 열고 관계를 호전시키는 등 평가와 치료에 있어서 관계를 우선시한다.

1977년 로체스터 대학교의 George Engel이 소개한 BPS 모델은 시간이 흐르면서 지속적으로 상호작용하는 체계의 광범위하게 계층화된 위계(expansive layered hierarchy)를 설명하고 있다. 이 모델은 의사들을 훈련하기 위해 개발되었지만, 체계 간의 연결성을 강조함으로써 체계기반 가족치료와 양립할 수 있게 되었다. 관련된 맥락에 대한 이해 없이는 체계(혹은 체계의 일부)를 충분히 이해할 수 없다. Engel은 의사들이 의학적 문제의 심리사회적 측면을 이해하도록 돕고자 했던 반면, 가족치료 분야 BPS 모델 제안자들은 가족치료자들이 (특히 심각한 정신적 · 신체적 질병에 대처하고 있는 상황에 있는) 내담자의 심리사회적 문제의 개인적 측면을 이해하도록 도움을 주는 것이 목적이었다(Shields, Wynne, McDanial, & Gawinski, 1994). 통합된 세계관은 평가자료를 조직화하고 궁극적으로 다양한 치료모델을 통합하여 치료 결정을 내리도록 도울 것이다.

특정한 이론모델의 역할

일단 생물심리사회적-체계적 개념틀에 의해 철저한 평가를 수행하고 나면, 치료자는 사례를 개념화하기 시작하고 문제의 우선순위를 결정하고 개념화와 일치하는 개입을 선택할 수 있다. 개념화는 문제 제시에 대한 치료자의 생각이나 가설을 간략하게 요약한 것이다(체계의 어떤 부분이 문제를 일으키는지, 또는 어떤 부분에 문제가 존재하는지, 어떤 특정한 문제가 있다는 것을 무엇이 설명해 주는지 그리고 그 문제들 사이의 관계는 무엇인지?). 심리치료 및 가족치료 이론은 인지 또는 감정을 강조하면서 내담자의 특정 부분에 역점을 두거나 현재의 기능 또는 과거의 역사 같은 특정 기간에 초점을 맞추는 경향이 있다. 예를 들면, 정서중심치료는 지금-여기에서의 상호작용을 목표로 삼는 반면에, Bowen 이론은 원가족과 시간의 흐름에 따르는 문제의 발달을 강조한다. 우리는 하나의 이론적 접근에 제한되기보다는 정서와 인지 사이의 시너지 및 현재의 상호작용과 과거의 관점을 인정함으로써 다양한 이론적 관점을 통합하기를 선호한다(Hardy, 2011; Lebow, 2004; Seaburn, Landau-Stanton, & Horwitz, 1995). 통합적 관점의 영향은 다음 사례를 통해 살펴볼 수 있다.

- 부부를 치료하는 치료자는 요구-철회 패턴을 파악하고 그런 다음 그 패턴을 저지하는 작업을 하고 정서중심치료를 통해 보다 안전한 애착을 형성하게 하려 할 것이다. 치료자는 또한 이 패턴에 영향을 미치는 이전의 관계경험과 원가족에 대해 알고자 할 것이다.
- 청소년 자녀와 그의 한 부모와 작업하는 치료자는 수평적 위계 구조를 파악하고 구조적 가족치료를 통해 한 부모의 권위를 강화하는 방향으로 작업할 것이다. 또한 한 부모 자신은 청소년일 때 어떤 양육을 받았는지와 그녀의 부모와의 현재의 관계에 대해 알고자 할 것이다.
- 성인 남성을 치료하는 치료자는 우울과 자살사고, 최근의 실직, 그의 6세 아들의 어머니와의 관계 갈등, 법적 문제로 인한 운전면허의 정지 그리고 현재는 마리화나 남용을 포함하여 다양한 체계 안의 문제들을 확인할 것이다. 현재의 문제(예: 우선 우울과 자살사고)를 우선순위에 두고 해결하는 것 외에도, 치료자는 내담자의 어머니가 2년 전에 암으로 사망했음을 알게 되어 내담자의 아버지, 할머니와 협력해서 해결되지 않은 복잡한 슬픔을 다루기 시작할 것이다.

통합을 통해 치료자는 자신의 모델을 적용하고 내담자의 고유한 상황에 접근할 수 있다. 그러나 여전히 이론적 순수성을 위한 자리가 있다. 어떤 내담자에게는 그리고 어떤 특별한 상황에서는, 특정한 모델의 시행이 올바른 결정일 수 있다. 예를 들면, 연구 문헌은 특정 문제를 치료하기 위해 특정 모델을 사용하라는 설득력 있는 증거를 제공할 수 있다. 이제 현대의 정신건강 실제에서는 치료자들이 근거-기반 개입을 할 것으로 기대하고 있다.

근거-기반 실천의 역할

근거-기반 실천(Evidence-Based Practice: EBP)이란 임상적 전문지식과 환자 중심의 가치(patient value)를 최고의 연구결과와 통합하는 것이다(William, Patterson, & Edwards, 2014). EBP는 연구를 '활용'하는 것이지, 임상가가 스스로 자료를 수집하는 것이 아니다. 연구와 부부, 커플, 가족치료의 실천과 연결하려는 노력은 논란과 격렬한 논쟁을 불러일으킬 수 있다. 가족치료자는 정신건강 장애를 치료하는 개인치료에 초점을 맞춘 연구의 유용성에 대해 의문을 품을 수 있다. 왜냐하면 그러한 연구는 상호작용하는 관계체계(예: 커플/부부관계, 부모-자녀 관계, 세대 간 관계, 보다 큰 체계와의 관계)의 복잡성과 복합적인 문제에 대처하고 있는 가족을 간과하기 때문이다. 연구에서 자주 조사되는 모집단은 가족치료자가 만나는 복합적 문제가정의 복잡성을 정확하게 반영하지 못하고 가족치료 훈련을 특징짓는 체계-기반 임상 훈련과 상반된다. 그 결과, 가족치료자들은 "연구가 나의 체계-기반 임상 작업과 무슨 관계가 있지?"라고 질문해 왔다. 연구 문헌과 체계-기반 치료 사이에 완벽한 일치가 없을 수 있지만, 우리는 치료에 도움이 되는 다음의 자료들을 고려하도록 추천한다.

미국심리학회(American Psychological Association: APA) 12분과는 많은 성인 심리장애의 치료를 위한 다양한 증거-기반 치료법들이 제시된 웹사이트(www.div12.org/PsychologicalTreatments)를 제공하고 있다. 여기에는 각각의 심리장애에 대해 간략한 설명과 아울러 평가되어 온 다양한 심리치료법이 제시되어 있다. 각 치료법에 대해 연구가 지지하는 수준(예: 강력지지, 보통지지)이 나와 있다. 그리고 치료법에 대한 간단한 설명도 이용할 수 있다. 이 사이트에서 설명된 대부분의 치료법은 개인 지향적 치료법으로 개인 정신병리학에 초점을 맞추고 있다. APA의 53분과 웹사이트(www.effectivechildtherapy.com)는 아동 · 청소년 장애에 특별히 초점을 맞춘다. 여기에는 다른 사이트와 마찬가지로 각 장애에 대한 적절한 증거-기반 치료법이 그에 대한 지지 수준과 함께 나열되어 있다. 치료법들은 실증적 연구의 지지 수준에 따라 '잘 확립되어 있음' '효과적' '아마도 효과적' '실험적'으로 분류된다. 또한 이 사이트는 개인-기반, 집단-기반 및 가족-기반 치료를 포함하여 많은 치료법에 대한 간략한 설명을 제공한다.

또한 미국정신의학회(American Psychiatric Association: APA)는 성인의 다양한 정신질환을 치료하기 위한 실제적인 지침을 웹사이트(www.psych.org/practice/clinical-practice-guidlines)에 제공하고 있다. 아동 · 청소년 장애의 치료를 위해서는 미국아동 · 청소년 정신의학회(The American Academy of Child and Adolescent Psychiatry) 사이트(www.aacap.org/AACAP/Resources_for_Primary_Care/Practice_Parameters_and_Resource_Centers/Practice_Parameters.aspx)를 찾아볼 수 있다. 그들의 실무지침서는 또한 아동 · 청소년 장애를 선별하거나 평가하기 위한 추천사항을 포함하고 있다. 이 두 사이트의 실무지침서는 정신장애를 치료하는 데 있어서 약물의 사용을 크게 강조한다.

1995년 이후, 『결혼 및 가족치료 학술지(The Journal of Marital and Family Therapy)』에서는 청소년의 품행장애와 비행, 약물남용, 아동 · 청소년 장애, 알코올 중독, 부부 문제, 친밀한 파트너 폭력, 정서장애, 신체적 건강 문제를 포함하여 특정 가족문제에 대한 가족-기반 개입에 대한 연구를 검토한 결과 세 가지 주제를 발표했다. 실증 연구의 지지를 가장 많이 받은 부부치료모델은 정서중심 부부치료, 행동적 부부치료 그리고 통합모델이다. 기능적 가족치료, 단기 전략적 가족치료, 다체계치료(multisystemic therapy), 다차원 가족치료(multidimensional family therapy) 등의 통합모델 역시 아동에 초점을 맞춘 문제에 효과적임을 알 수 있다. 이 모델들은 공통점이 많다. 첫째, 그들은 이론을 다양한 체계(개인, 부부관계, 가족, 지역사회)에 세심하게 통합한다. 그들은 구조적 가족치료, 전략적 가족치료, 인지행동 치료를 포함하여 다양한 체계론적 · 비체계론적 부부 및 가족치료모델로부터 개입법을 가져다 쓴다. 둘째, 그들은 합류 기술, 치료적 동맹 및 치료자의 적극적 참여를 강조한다. 즉, 치료자들은 수동적 접근법을 선호하지 않는다. 그들은 가족이 바람직한 변화를 향해 움직이도록 하기 위해 리더십 및 지지를 동시에 제공한다. 셋째, 그들은 회기 중에 그리고 회기 밖에서, 가족 내에서와 가족 외부에서 모두, 구조적 변화와 역기능적 패턴의 파괴에 초점을 맞춘다. 마지막으로, 그들은 또래를 살펴보고 친사회적 친구집단을 발달시키는 것의 중요성을 강조한다. 이 문제에 대해서는 6장에서 다시 언급하고자 한다.

철저한 평가, 이론에 근거한 개념화, 다양한 모델에 대한 지식, 증거-기반 문헌을 검색하는 능력은 치료자가 포괄적인 치료계획을 세우는 데 도움을 준다. 대부분의 지역사회 기관은 치료자에게 처음 세 번의 회기 후에 치료계획을 완료하기를 요구하는 편이다. 이는 부분적으로는 좋은 전문적 관행이고, 부분적으로는 정신건강 서비스의 지불인과 의사소통을 위한 것이다. 치료계획의 작성이 요구되든 그렇지 않든, 문서화된 치료계획은 치료자의 사고과정과 비전을 열어 주는 창문이다. 그것은 치료자와 내담자를 위한 구조를 제공하고, 치료가 공유되거나 나중에 공유될 수 있는 경우 다른 전문가와 의사소통하는 데 도움을 준다.

치료계획의 요소

지역사회 기관과 개인 치료자들은 다양한 구조를 사용하지만, 대부분의 치료계획은 〈표 5-1〉의 요소들을 포함한다.

다음은 이 장의 초반부에서 살펴본 가족을 위한 치료계획이다.

기본정보

- **내담자 이름**: 제이콥, 9세
- **생년월일**: 2008년 10월 12일
- **추천기관**: 록빌 초등학교
- **동거 가족**: 로잘린다(모, 29세), 애나(여동생, 3세), 엘레나(여동생, 1세), 존(2013년부터 2016년 12월까지 함께 살았던 로잘린다의 남자 친구)
- **내담자를 보호하는 기관 및 사람**: 로스 씨(4학년 담임교사), 이사벨라(외할머니, 로잘린다가 출근할 때 제이콥과 동생들을 돌봐 줌), 프란시스코(제이콥의 아버지, 로잘린다와 몇 년 전 이혼 후, 이사 후 접촉 없음)

가계도

[그림 5-1] 참조

〈표 5-1〉 치료계획의 요소

기본정보
- 내담자 이름
- 출생년도
- 의뢰한 기관
- 동거 가족
- 내담자를 보호하는 기관 및 사람

가계도
- 글을 쓰거나 가계도 상징을 이용해 구성된 내담자 가족에 대한 기술

제시된 문제
- 내담자/가족은 제시된 문제를 어떻게 설명하고 있는가? (내담자의 말을 사용하고, 내담자가 치료에 가져온 사실적인 설명을 기록한다. 부부 또는 가족의 경우 여러 관점을 포착한다.)
- 그들이 시도한 해결책은 무엇인가?
- 내담자/가족이 변하기를 원하는 것은 무엇인가?

제시된 문제의 역사
- 그 문제가 얼마나 오랫동안 나타났는가?
- 그것은 시간이 지나면서 어떻게 변화되었는가?
- 가족 내에서 발생한 다른 변화는 무엇인가? (생활주기의 변화, 다른 이행)

생물심리사회체계 평가
- 개인평가(인지, 정서, 적합한 DSM 진단, 건강과 관련된 문제, 약물 복용)
- 부부/가족평가(구조, 시간이 흐름에 따라 만들어진 패턴, 확대가족의 역할)
- 상위체계 평가(집, 이웃, 학교)
- 맥락 평가(인종, 문화, 민족성, 영성/종교, 성별, 성적 지향, 성 정체성, 사회경제적 지위)

임상적 가설
- 제시된 문제에 관하여 치료자의 평가와 이론에 기초해서 세운 가설은 무엇인가?

문제/목표/개입
- 치료자, 내담자, 심각성 수준 사이에서 협상된 목표에 기초하여 문제의 우선순위 정하기

- 문제/증상 1
  · 목표
  · 개입/행동(개념화와 연구에서 얻은 정보와 일치)
- 문제/증상 2
  · 목표
  · 개입/행동(개념화와 연구에서 얻은 정보와 일치)

의뢰/협력

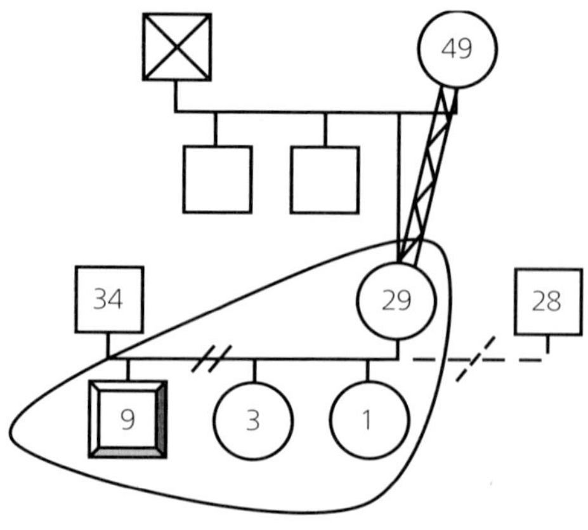

[그림 5-1] 제이콥의 가계도

제시된 문제

어머니와 제이콥은 제이콥이 정학당하지 않게 하기 위해 치료를 받으러 왔다고 했다. 교장은 학교에서 한 번 더 사고를 치면 제이콥을 정학시키겠다고 경고했다. 어머니는 제이콥이 집에서 말을 잘 안 듣고 때로는 말대답을 하는데 자기는 그것이 싫다고 말한다. 어머니는 제이콥이 학교에서 항상 문제를 일으킨다고 말한다. 제이콥은 학교가 싫기는 하지만 별문제 없다고 말한다. 제이콥은 4학년이 되면서 학교가 힘들어졌고 숙제도 많아졌다고 한다. 어머니는 남자 친구 존이 3개월 전에 떠난 후로 모두가 힘들어하고 있다고 말한다. 그녀는 '항상' 불안하고 잠을 잘 못 잔다고 한다. 로잘린다의 어머니는 도움을 주고 있기는 하지만 그녀와 함께 있을 때는 사사건건 비판만 한다. 어머니는 문제를 해결하고자 제이콥의 TV와 컴퓨터 사용을 제한하는 규칙을 정하려고 했으나 소용이 없었다고 말한다. 그녀는 제이콥이 말을 듣지 않을 때마다 그에게 소리를 지른다고 후회하듯이 말한다. 할머니는 제이콥이 '우리 가족의 남자'가 되어 달라고 간청하고 있다. 어머니와 제이콥 두 사람 다 학교 상황이 좀 나아지며 집에서는 화를 덜 내고 스트레스를 덜 받기를 원한다.

제시된 문제의 역사

간헐적인 분노 폭발과 학교에서의 문제는 지속적으로 있어 왔다. 학교 사건 등은 최근에 시작되었다. 가족은 어머니의 남자 친구가 떠나고, 어머니가 일하는 시간이 늘어나고, 할머니가 등장하고, 학교의 기대가 증가한 것을 포함하여 많은 변화를 경험하고 있다.

생물심리사회체계 평가

개인평가: 어머니는 불안하다. 내담자(제이콥)는 분노 폭발과 함께 우울한 듯하다. 둘 다 무기력감을 보고하였다. 어머니와 할머니는 제2유형 당뇨병으로 메트포르민을 복용하고 있었다. 가족 안에 다른 약이나 물질의 사용은 없다. 내담자의 친아버지는 아마 알코올중독이었던 것 같다. 내담자(제이콥)의 부모는 둘 다 학교생활을 힘들어했고, 특히 읽기에 문제가 있었다.

제이콥의 DSM 진단: 정서장애와 행동장애의 혼합을 수반하는 적응장애, 특정 학습장애(specific learning disorder) 제외(중등도의 읽기 장애)

로잘린다의 DSM 진단: 범불안분노장애

부부/가족평가: **가족구조**는 매우 닫힌 체계(경직된 외부 경계선과 모호한 내부 경계선)로서 이 가정은 확대가족(할머니)의 도움에만 의지한다. **가족기능**은 도구적으로 압박을 받고 있다. 경제적 자원이 매우 제한적이고, 분노와 비판적 반응을 제외하고는 정서적 교류가 거의 없다. **가족생활주기**는 경제적 자원과 정서적 보호를 제공하던 어머니의 남자 친구의 상실로 인해 붕괴되었다. 또한 가족은 친아버지의 상실과 관련된 슬픔을 다룬 적이 없다.

더 큰 체계 평가: 주거, 이웃, 학교는 안전하며 적절하다.

맥락평가: 생물학적 가족은 라틴계이다. 남자 친구는 코카시안이다. 가족에게 강한 민족적 동일시는 없다. 그들의 민족성에 대해 강한 정체성을 갖고 있지 않다. 가톨릭 믿음은 로잘린다와 외할머니에게는 매우 중요하다. 또한 제이콥은 외할머니로부터 강한 성 역할 메시지("가족의 남자가 되어라.")를 받아 왔다. 사회경제적 지위는 낮다.

임상적 가설

평가는 로잘린다의 남자 친구가 가족을 떠난 후 이 가족이 중대한 실질적, 정서적 상실과 씨름하고 있다는 것에 초점을 맞췄다. 연구결과에 따르면, 상실에 직면했을 때, 남자아이들은 행동화(행동문제)하기 쉬운 반면, 여자아이들은 내적인 문제(불안)가 나타나기 쉽다. 여기에는 **정상화**(normalize)할 여지가 많다. 이 가족은 닫힌 외부 경계선으로 인해 더욱 고립되어 있으므로 사회적 지지(심리치료, 지역사회 신앙 관련)를 늘리는 것이 이 가족에게 유용할 수 있다. 또한 학습장애(진단 미확정)가 현재 학교에서 경험하고 있는 어려움을 증폭시키고 있을 수 있다.

문제/목표/개입

- **문제/증상 1**: 학교와 집에서 분노 폭발
  - 목표 1: 슬픔과 같은 다른 정서의 표현을 증가시킴으로써 분노를 감소시킨다.
    - 개입/실행 1A: 내담자의 친아버지와 어머니의 남자 친구가 가족을 떠났을 때의 정서반응을 탐색하기 위해 가족과 가계도를 검토한다.
    - 개입/실행 1B: 정서에 대한 인식을 확장하기 위하여 가족 각자에게 그리고 가족이 함께 있는 자리에서 게임과 그림 그리기를 활용한다. 특히 슬픔과 두려움으로 이름 짓게 한다.
  - 목표 2: 가족원들 간의 긍정적인 의사소통을 증가시킨다.
    - 개입/실행 2A: 가족이 언제 긍정적 지지를 경험하는지 확인할 수 있도록 해결중심적 질문 사용. 이러한 회기에 할머니를 몇 번 참여시킨다.

- 목표 3: 가족위계에서 어머니의 역량을 강화한다.
  - 개입/실행 3A: 제이콥의 분노 폭발에 대처하기 위한 추가적인 자녀 양육 전략을 파악하고 이행한다.
  - 개입/실행 3B: 어머니가 부모로서 비난받을 때 친정어머니와 적절한 경계를 설정하도록 돕는다.

• **문제/증상** 2: 어머니의 불안

- 목표1: 불안 증상을 감소시킨다. 이는 자기비난이 줄고 수면 시간이 증가하는 것으로 확인할 수 있다.
  - 개입/실행 1A: 현재 경험하고 있는 어려움을 개인적인 실패보다는 있을 수 있는 스트레스 요인으로 정상화한다.
  - 개입/실행 1B: 로잘린다가 의학적 평가를 받도록 의뢰한다.
- 목표 2: 학교, 지역사회, 신앙 관련 자원으로부터의 사회적 지지를 증가시킨다.
  - 개입/실행 2A: 지지를 제공할 수 있는 다른 가족, 친구 그리고 청소년 스포츠나 방과 후 프로그램 또는 교회 연결망(카톨릭 사제) 등의 지역사회 자원을 파악하기 위해 가족과 함께 소시오그램(역자 주: 그룹 내의 인간관계 또는 집단 구조를 도표화한 것)을 만든다.
  - 개입/실행 2B: 가족이 이러한 자원들과 연결할 수 있는 방법을 탐색한다.

약물치료를 위한 협의

가족치료자들은 치료계획의 일부로서 향정신성의약품의 사용을 주저해 왔다(Patterson & Magulac, 1994). 가족치료 초창기에는 약물을 사용하는 것은 실패를 시인하는 것으로 받아들여졌다. 최근에는 약물 사용에 대한 태도가 바뀌었다. 의학 학위가 없으며, 따라서 약물을 처방할 수 없는 치료자는 의사(대개 정신의학과 의사, 내과의사, 가정의 혹은 소아과 의사)에 함께하는 공동치료모델(joint treatment model)에 참여하여 협동치료를 하고 있다(Patterson, Albala, McCahill, & Edwards, 2006). 정신의학과 의사들은 향정신성의약품 처방을 하고 관리하며 치료자는 '말로 하는 치료(talk therapy)'를 한다.

가족치료자는 약물치료에 의뢰할 때 조심해야 한다. 약물치료는 부작용이 흔하다. 내담자는 치료자가 자신을 약물치료에 의뢰하는 것을 "당신은 정말 미쳤기 때문에 가족치료로는 안 되겠어요."라고 말하는 것으로 해석하거나, 치료자가 자신을 포기하고 다른 사람에게 보내 버리는 것으로 해석할 수 있다. 그러나 약물치료가 하나의 방안이 될 수 있다는 것을 간과하면 안 된다. 가족치료자는 향정신성의약품 처방에 대한 훈련이나 지식이 없으며, 생물학적 지식이 제한적이기 때문에 가능한 한 개입으로써 약물치료를 고려하지 않는 경우가 많다. 때로 치료자는 내담자의 치료를 통제할 수 없게 될 것을 두려워하거나 다른 전문가에게 의뢰하는 것을 자신의 실패나 부적절함을 나타내는 것으로 간주할 수 있다. 이러한 이유 때문에 가족치료자는 약물치료에 의뢰를 주저할 수도 있다.

많은 가족치료자는 평가와 치료에서 BPS(생물심리사회적)-체계 모델을 지지하면서도 생물학적 부분은 거의 강조하지 않으며, 심지어 고려조차 하지 않는다. 그러나 진정한 BPS 모델은 유전적인 내력과 같은 생물학적 영향에 대한 평가와 약물치료나 수술을 포함하는 생물학적 치료, 이 두 가지를 모두 고려해야만 한다. 치료자가 생물학적 평가의 전문가가 아니라면 생물의학 전문가를 포함해야 한다는 것이 이러한 통합적 접근법의 주장이다.

BPS 모델 외에도 치료자가 어쩔 수 없이 약물치료를 고려해 보게 만드는 요인들이 있다. 하나는 내담자가 약물치료에 대해 물어보는 경우이다. 지난 20년간 연구를 통해 거의 부작용이 없는 강력한 새로운 향정신성의약품들이 생산되어 왔다. 이러한 새로운 약물의 성공에 관한 인기 있는 기사는 모든 신문가판대에서 찾아볼 수 있다. 치료자가 약물치료를 고려하게 되는 또 다른 이유는 치료자가 생의학 모델이 중요시되는 의사들이 담당하는 환경에서 일하는 경우이다. 건강유지기구(health maintenance organization)와 우선적 의료급여조직(preferred provider organization)은 약물치료가 상대적으로 저렴하고 효과적인 치료이기 때문에 종종 약물치료를 권장한다.

치료의 속도는 치료자가 약물치료를 고려하게 되는 또 다른 이유이다. 시의성과 비용은 많은 치료 상황에서 중요한 기준이 된다. 일부는 이것을 엉성한 치료라고 생각할 수 있지만, 다수의 치료자는 가능한 한 모든 치료가 환자에게 제공되는 무계획적 접근방식(shotgun approach, 역자 주: 하나의 원인을 예상하고 접근하는 것이 아니라 여러 원인을 가정하고 아닌 것을 제외시키는 방법)을 사용하라는 압력을 받는다. 약물치료는 신속한 증상 개선을 가져올 수 있으므로, 치료 시작부터의 약물치료가 점점 더 강조되고 있다(McNeil, 2001).

또한 가족치료 분야 내에서의 변화도 약물치료의 인식을 증가시키고 있다. 가족치료 초창기는 주류가 되는 전통적 정신건강 치료에 경계를 표시하고 분리하는 시기로 특징지어진다. 가족치료가 확고한 전문 분야가 됨에 따라 이러한 구분을 하는 것이 덜 중요해졌다. 오늘날 대부분의 가족치료자는 전체 가족만을 환자로 보는 대신 한 명의 가족을 생물학에 기초한 치료를 받게 하고 나머지 사람들은 가족 상호작용에 초점을 맞출 필요도 있다는 것을 인식할 것이다. 가족치료자가 약물치료를 처방하고 감독할 수는 없지만 향정신성 약물치료가 도움이 되는 다양한 문제와 병리를 평가하거나 평가는 못하더라도 알고는 있어야 한다. 정신의학과 의뢰에 대한 협의를 언제 그리고 어떻게 하는지를 아는 것은 다음 사례에서처럼 임상현장에 중요한 부분이다.

39세의 남성 빌은 끊임없는 말다툼, 재정적 문제, 상호 관심의 부족을 포함하는 결혼문제를 제기했다. 아내 메리는 보험설계사로 전일제 근무를 막 시작한 37세 여성이다. 그녀는 "남편이 원하는 것은 오로지 혼자 있는 거예요."라고 하면서, 그가 우울하며 가족과 함께하는 일이 부족하다고 불평했다. 빌은 지난 10년 동안 증권중개인으로 일해 왔으나, 사업이 부진해서 평소보다 시간을 더 많이 필요로 했다. 이 부부는 4회기 부부치료를 받고 있다. 남편은 신속하게 자신이 문제라고 파악했고, 그는 자신의 감정과 부정적인 태도를 통제하는 것에 어려움을 느낀다고 말했다. 또한 그는 특히 아내가 전일제 근무를 시작한 이후로, 아내의 지지 부족에 대해 화가 난다고 말했다. 아내는 수년 동안 남편을 지지해 왔으며, 자신을 위해 뭔가를 해야 할 필요가 있다고 말했다. 두 사람 모두 그들 관계에서 외로움을 느꼈으며, 상황이 어떻게 이렇게 불만족스럽도록 악화되었는지 이해하기 어렵다고 했다. 그들의 개인적 문제를 좀 더 탐색해 가는 과정에서 남편은 식욕부진, 수면패턴의 이상, 의욕저하, 짜증을 포함해서 여러 가지 우울증상이 있음을 알게 되었다. 그는 지난 몇 년 동안 '가라앉는' 느낌을 받아 왔으며, 그것이 언제부터 나타났는지 정말 기억이 나지 않는다고 말했다. 가족역사는 그가 14세 때 일어난 동생의 사고사에 대해 일부 책임이 있으며 정신적 충격을 받았다는 것을 알려 주었다.

빌의 우울증상 지속기간과 정도는 항우울 약물을 위한 평가가 필요하다는 것을 암시했다. 결혼이 주요 문제로 제시되었으므로, 빌과 아내 둘 다 약물치료에 대해 고려해 보는 것을 꺼렸을 것으로 예측했다. 그들은 부부치료자와 더불어 의사까지 만날 것을 기대하고 부부치료에 온 것은 아니었다. 그들은 정신약의학 약물 사용에 대한 선입견이 있었다. 그들의 약물치료 경험에 대한 약간의 논의와 향정신성의약품에 대한 교육이 필요했다. 또한 치료자 입장에서 부부의 최상의 이익을 위해 빌이 약물복용에 대한 평가를 받을 필요가 있다는 것을 제시하는 것이 중요했다. 의뢰는 내담자에게 도움이 되는 것으로 제시될 때 가장 효과적이다. 이 사례에서 빌은 의학적 평가를 위해 정신의학과 의사를 만나러 가는 것을 받아들였다. 아내의 주요 걱정은 약물치료가 '의존적이고 중독되는' 것이었다. 아내가 질문과 우려에 대한 대답을 얻을 수 있도록 남편과 함께 정신의학과 의사를 만나러 갈 것을 제안했다. 두 사람 모두 첫 번째 약속에 같이 가기로 동의했다.

마침내 가족치료자는 과거에는 역기능적 가족패턴에서 발생했다고 생각되었던 조현병, 양극성 장애, 기타 질병 등과 같은 몇몇 정신질환에 있어서 생물학적 역할을 지지하는 연구가 급격히 증가하고 있는 현실을 무시할 수 없게 되었다. 생물학적 원인론에 대한 인식은 당연히 생물학적 치료, 주로 약물치료로 인도한다.

약물치료에 대한 대중의 인식이 증가하는 상황에서 가족치료자는 향정신성의약품에 대해 더 많이 알 필요가 있다. 그것을 배우는 최선의 방법 중 하나는 현장훈련을 통해서이다. 현장경험은 어떤 문제에 대한 약물의 효과성을 입증하는 데 강력한 영향을 미친다. 기꺼이 공동치료모델을 사용하는 정신의학과 의사나 일차 진료 의사와 전문적 관계를 형성하는 것은 약물에 대해 배울 수 있는 이상적인 방법이다. 가능하다면 의학적 평가를 위해 내담자를 의뢰할 의사를 개인적으로 알아두도록 노력해야 한다. 이는 그들의 유능성과 대인기술 모두를 확실히 하기 위해서이다. 다른 방법은 평생교육 과정(continuing education)에 참여하거나 의사가 아닌 사람을 위한 향정신성의약품에 관한 책을 읽는 것이다. 〈표 5-2〉는 일반적으로 사용하는 약물에 대한 간단한 '안내서'이다.

〈표 5-2〉 향정신성의약품 안내서

우울을 위한 약물[1]	
SSRIs, SNRIs	선택적 세로토닌 재흡수 억제제(SSRIs)는 일반적으로 주요 우울의 제1치료제로 추천된다. 어떤 SRRI가 다른 것보다 더 효과적이라는 증거는 없다. 플루오세틴은 FDA가 아동의 주요우울장애를 치료하기 위해 승인한 유일한 SRRI이다. 플루옥세틴과 에스시탈로프람은 성인의 주요우울장애를 치료하기 위해 사용된다. 세로토닌과 노르에피네프린 재흡수 억제제(SNRIs)는 주요 우울을 치료하기 위해 일차적으로 선택된다. 그것이 효능 면에서 SRRIs보다 어떤 이점을 제공하고, 더 많은 역효과를 일으키는지는 명확하지 않다.
부프로피온	부프로피온은 심각한 불안 혹은 주요 불안장애를 가진 우울증 환자를 위한 SRRI에 대한 대안으로 사용될 수 있다. 부프로피온은 성욕저하장애와 항우울-유발성 성기능 장애를 증가시킬 수 있다. 또한 진정되지 않으며, 체중 증가, 성기능, 출혈의 위험성과 관련이 없다.
미르타자핀	미르타자핀은 불면증이 현저할 때 유용하며, 식욕을 자극하고 체중을 증기시키는 속성은 거식증이 심한 우울증 환자에게 도움을 준다.
기타 약물	트라조돈은 진정효과가 있으며, 단일치료법으로는 거의 사용되지 않지만, 일반적으로 불면증 환자에게 SRRI의 부속물로 저용량으로 사용된다. 네파조돈은 트라조돈과 구조적으로 유사한데, 심한 간독성 때문에 어떤 나라에서는 판매금지되고 있다. 빌라조돈은 SRRI이며, 부분 세로토닌 1a 수용체 작용제이다. 효과적인 항우울제이지만 SRRIs보다 빠르게 작용한다는 어떤 증거도 없다. 보르티오세틴은 세로토닌의 재흡수를 방해하고 다양한 세로토닌 수용체의 작용제이거나 길항제로 작용하며, 미국식품의약국(FDA)이 승인한 주요우울장애 치료제이다. 삼환계 항우울제(TCAs)와 모노아민 산화효소 억제제(MAOIs)는 환자의 심각한 치료저항성 우울을 완화하는 귀중한 대체제이다. MAOIs는 세로토닌성 약물이나 모노아민을 증가시키는 다른 약물과 함께 복용하는 것은 금기시되고 있으며, 생명을 위협하는 약물 상호작용을 피하기 위해 낮은 티라민 식단을 엄격하게 지키는 것이 필요하다.

2차 치료	환자가 SRRI(4~8주)의 시험에 거의 반응하지 않음을 보일 때, 많은 임상 전문가는 다른 SRRI로 바꾸거나 다른 종류의 항우울제를 사용하게 한다. 부프로피온과 SRRI와 같이 다른 종류의 항우울제를 섞어서 복용하는 것은 또 다른 방법일 수 있다. 2세대 항정신병 약물의 증강 효과는 효과적이지만, 체중 증가나 대사부작용 등을 초래할 수 있다. 쿠에티아핀, 아리피프라졸, 브렉스피프라졸의 복용을 확대하는 것은 주요우울장애의 치료를 위해 FDA가 승인한 보조치료방법이다. 올란자핀과 플루옥세틴의 정량 조합은 FDA가 승인한 치료내성이 있는 우울에 효과적이다. 리오티로닌의 증강은 효과적이라고 보고되고 있지만, 갑상선 기능은 보다 세밀하게 모니터링해 봐야 한다. 낮은 수준의 리듐 복용 증강은 TCAs와 새로운 항우울제보다 더 효과적이라고 보고되어 왔다.
비약물치료	정신치료, 특히 인지행동치료(CBT)와 대인관계 치료는 대개 중간 정도의 비정신질환적 우울에 효과적인 치료방법이다. 전기공학 치료(ECT)는 심각한 우울, 정신질환을 수반한 우울, 양극성 우울, 약물 불응성 우울에 매우 효과적이다. 경두개 자기자극술(TMS)과 미주신경자극(VNS)은 치료저항 우울을 위해 FDA에서 승인한 치료내성 우울을 위한 방법이다. TMS는 ECT와 달리 마취가 필요하지 않으며 인지적 부작용을 보이지 않는다. TMS 연구들은 항우울증 환자들과 유사한 반응을 나타낸다. 환자가 견디기 어렵거나 항우울제에 반응하지 않을 때 합리적인 치료방법이다. 깊은 뇌 자극은 치료-저항 우울증 환자에 효과적이라고 알려져 왔으나, 임상시험을 통해 수치심 치료에 비해 더 낫지는 않은 것으로 나타났다.
불안을 위한 약물[2]	
벤조디아제핀	디아제팜(바륨), 알프라졸람(사낙스), 로라제팜(아티반), 옥사제팜(세락스), 클로나제팜(클로노핀)이 포함된다. 벤조디아제핀은 약물의존성의 위험이 높으며, 단기 혹은 중간 사용으로 제한해야 한다. "알프라졸람은 복용하는 사이에 불안재발을 일으킬 수 있으며, 발작을 포함하는 금단증후군과 상관이 있다."
부스피론	비벤조디아제핀 항불안제인 부스파는 진정이나 기능손상을 일으키지 않으며, 잠재적으로 남용 가능성이 높다. 결과를 보려면 1~2주 동안 복용해야 한다.
프로프라놀롤	인데랄과 기타 베타-블로커는 불안의 말초자율신경증후군을 억압함으로써 수행에 대한 불안이나 '무대공포'를 예방한다.
항우울제	어떤 항우울제는 불안장애의 증상 완화를 위해 사용된다. 클로미프라민(아나프라닐), 플루복사민(루복스), 플루옥세틴(프로작), 세르트랄린(졸로프트), 파로세틴(팍실)은 강박-충동장애를 위해 사용하는 약물이다. 강박-충동장애가 있는 불안수준이 높은 환자를 위해 벤조디아제핀이나 향정신성약물이 도움이 될 수 있다. 파록세틴(팍실), 세르트랄린(졸로프트), 벤라팍신(에펙소)을 포함하는 SSRI나 MAOI는 사회불안장애를 치료하는 데 가장 효과적이다. 외상 후 스트레스 장애는 SSRI로 가장 잘 치료되지만, MAOI와 트리시클릭스 역시 도움이 될 수 있다.

양극성 장애를 위한 약물[3]	
조증 치료	2세대 항정신병, 리듐, 발프로에이트는 급성 조증삽화에 효과적이다. 리듐과 발프로에이트는 충분한 치료효과를 나타내는 데 며칠에서 몇 주가 걸릴 수 있다. 이러한 약물에 의한 급성 조증삽화 치료는 일반적으로 항정신성 약물이 추가적으로 필요하다.
우울치료	2세대 항정신성 케티아핀과 루라시돈, 올란자핀과 플루옥세틴의 복합처방은 양극성 우울 치료에 효과성을 보여 왔다. SRRIs나 부프로피온과 같은 항우울제는 양극성 우울 치료에 효과적이지만, 조증을 촉진할 수 있으며 리듐과 같은 정서-안정 약물의 보조제로만 사용되어 왔다. 리듐은 양극성 우울을 치료할 때 자살과 자해에 대한 보호효과를 나타내 왔다. 라모트리진은 그것을 확인해 주는 데 효과적이지만, 급성 삽화를 치료하는 데 있어서 정량을 복용하는 시간에 따라 그 효과성이 제한된다.
유지	리듐은 양극성 장애를 치료하기 위해, 특히 조증삽화의 예방을 위해 선택하는 약물이다. 항경련제 라보트리진은 재발성 우울증 삽화를 예방하는 데 효과적이다. 또한 발프로에이트와 카바마제핀과 같은 항간질약물은 유지 관리를 위해 많이 사용되지만, 일반적으로 리듐보다는 덜 효과적이다. 리듐으로만 혹은 발프로에이트, 카바마제핀, 라모트리진을 복합처방으로 치료하는 것은 재발성 조증 및 우울삽화의 위험을 증가시킨다. 2세대 항정신성 또한 재발성 조증 및 우울삽화를 예방하는 데(특히 리듐을 복합처방했을 때) 효과가 있다.

강박-충동장애를 위한 약물
'불안을 위한 약물'에 포함

정신병적 장애를 위한 약물	
비전형적인 (2세대)	비전형적인(2세대) 항정신성약물은 현재 1세대 약물(재래식 정신병 치료제)보다 폭넓게 사용되고 있다. 효능성이 일관되게 보고되고 있지는 않지만(클로자핀), 이 약물들은 더 잘 견딜 수 있고 심각한 부작용을 덜 나타낸다. 클로자핀(클로자릴)은 다른 치료에 저항하는 조현병 환자에게 효과적이며, 1세대 항정신성약물보다 자살위험을 감소시킨다. 기타 항정신성약물에는 아리피프라졸(아빌리피), 올란자핀(지프렉사), 쿠에티아핀(세로쿠엘), 리스페리돈(리스페르달), 지프라시돈(지오돈)이 있다. 최근에 FDA에서 승인받은 항정신성약물인 아세나핀, 일로페리돈, 루라시돈은 어떤 환자에게는 효과적일 수 있으나, 그 안전성과 효능성은 아직 입증되지 않았다.
1세대	1세대 항정신성의약품은 일반적으로 '부정적인 증상(사회적 위축, apathy)'보다 '긍정적인 증상(환각, delusion)'을 다루는 데 더 효과적이다. 일반적인 항정신병약에는 클로르프로마진(토라진), 플로페나진(프로릭신), 페르페나진(트리라폰), 할로페리돌(할돌), 티오리다진(멜라릴), 티오틱센(나반), 트리플루오페라진(스테라진) 등이 있다. 1세대 항정신성 록사핀(록시탄)은 양극성 장애나 조현병과 관련된 초조(agitation)의 급성 치료를 위해 구강 흡입을 할 수 있도록 FDA가 승인해 왔다.

역효과	• 1세대: 모든 1세대 항정신성약물은 성기능 장애, 고 프로락틴 혈증, 신경이완성 악성 증후군 및 지연성 운동 이상증(입술, 혀, 손가락, 발가락, 몸통이 불수의적으로 움직임)과 관련이 있다. 복용량을 줄여서 처방하면 이러한 위험을 감소시킬 수 있다. 다른 부작용으로는 입이 마르고, 변비, 졸음, 기립성 저혈압(postural hypotension), 추체외로 증상(강직, 무동증, 떨림) 등이 있다. • 2세대: 고혈당, 당뇨, 체중 증가의 위험이 있다. 다른 부작용 가능성으로는 고지혈증, 기립성 저혈압, 불면증, 변비, 졸음, 좌불안석, 불안, 두통 등이 있다. 1세대 항정신성약물보다 산발성 운동장애, 신경이완성 악성증후군 등이 덜할 수 있다. 치매노인 환자의 사망 위험이 증가(유사효과가 1세대 항정신성약물에서도 나타남)하고 있다.

1) *The Medical Letter in Drugs and Therapeutics* (2016. 7. 4.), Vol. 58, 85-90. 허가하에 수정 게재함. www.medicalletter.org.

2) *Drugs for Psychiatric Disorders* (2013). 허가하에 수정 게재함. Copyright 2013 by *The Medical Letter*.

3) *The Medical Letter in Drugs and Therapeutics* (2016. 8. 15.), Vol.58, 103-107. 허가하에 수정 게재함. www.medicalletter.org.

심리검사를 위한 협의

또 다른 협의의 가능성은 치료자가 기존의 보다 표준화된 관찰보고 혹은 내담자의 어떤 측면에 대한 보다 깊이 있는 기술(description)을 얻기 위해 내담자를 심리검사에 의뢰하는 경우이다. 검사를 의뢰할 때 치료자는 무엇에 대해 알고자 하는지에 대해 가능한 한 구체적이어야 한다. 치료자는 다양한 검사도구에 친숙해야 하며 어떤 검사를 신청할지 알고 있어야 한다. 약물치료를 위해서는 의사를 찾겠지만, 심리학자는 검사와 측정에 대한 특별한 훈련을 받은 정신건강 전문가이다. 대개 보고서는 심리학자가 실시한 검사에 기초한다. 주요 검사로는 지능검사, 투사검사, 내담자의 정서생활의 측면들과 행동 체크리스트 등을 기술하는 자기보고식 도구가 있다.

검사는 정신과 병원, 학교, 법의학 작업 그리고 치료자의 임상적 관찰 외의 표준화된 정보를 추구하는 기타 기관들에서 가장 많이 사용한다. 예를 들면, 부모와 교사는 아동의 행동이나 능력에 대한 우려가 있을 때 검사를 요청할 수 있다. 법률전문가는 내담자의 정신적 안정성이나 인지능력에 우려가 있을 때 검사를 요청할 수 있다. 전형적인 심리보고서에는 검사 이유, 의뢰자, 내담자에 대한 간단한 역사와 묘사, 실시한 검사, 검사결과, 소견 등의 정보가 포함된다.

가족치료자는 언제 심리검사를 요청하는가? 법률적 · 학술적 이유 외에도 치료자는 다음 상황에 따라 검사를 고려할 수 있다.

1. 내담자가 대화를 따라가거나 정보를 처리하지 않는다(예: 인지적 결함의 가능성에 대한 징후).
2. 내담자가 이상하고 부적절한 행동을 보인다.
3. 정신상태 검사 결과에 문제가 있다.
4. 내담자가 주요 정신장애의 징후를 보인다.
5. 법률적 목적을 위해 확증적인 정보가 필요하다.
6. 학생이 학습, 정서, 행동문제로 치료에 의뢰되었다.

한편, 검사를 하지 않는 이유도 있다. 내담자는 심리검사가 자신을 침범한다고 느끼거나 지루하게 여길 수 있으며, 검사를 받아야 할 이유가 별로 없다고 생각할 수 있다. 검사 의뢰는 전문적이고 또 다른 치료적 관계를 불러온다. 치료자 또는 내담자는 프라이버시와 비밀보장에 대해 우려할 수 있으며, 가능한 한 형식적인 문서를 원하지 않을 수 있다. 심리검사는 비용이 많이 들 수 있으며, 내담자나 제3의 지불인은 부가적인 비용을 지불하고 싶어 하지 않을 수 있다.

검사가 완료되면 가족치료자, 내담자, 추천 기관은 도움이 되는 결과를 찾고 싶어 하지만 항상 그럴 수 있는 것은 아니다. 가족치료자는 보고서의 질을 평가하기 위한 기본적인 도구를 필요로 한다. 치료결과에 대한 가장 일반적인 비판은 그것이 너무 모호하거나 추상적이라는 것이다. 결과를 읽은 후, 치료자는 "그래서 뭐?"라고 반응할 것이다. 검사결과는 치료 방향과 관련 있는 정보를 제공할 때만 가치가 있다.

적절한 보고서를 받을 수 있는 기회를 높이기 위해서는 가족치료자는 어떤 검사가 사용 가능한지와 훌륭한 보고서의 특질에 대해 익숙해질 필요가 있다. 도움이 되는 검사를 파악하는 한 가지 방법은 몇 가지 검사[예: 미네소타 다면적 인성검사(MMPI)나 부부적응척도(DAS) 같은 가족치료도구]를 받아 보고 그 정보가 유용한지에 대해 고려해 보는 것이다. 또 다른 방법은 검사보고서를 많이 읽어 보는 것이다. 훌륭한 보고서는 눈에 띌 것이다. 가족치료자는 대개 아동과 성인, 기억과 같은 특정 영역에 대해 뛰어난 평가를 하는 같은 지역의 두세 명의 심리학자에 대해 알고 있을 것이다. 이들에게 자신의 내담자를 검사해 달라고 부탁하면 협력적인 관계를 시작할 수 있다.

치료효과 평가

일단 치료계획을 실행하면, 그 효과성을 주기적으로 평가하는 것이 중요하다. 내담자가 얼마나 호전되었는가? 호전되는 데(혹은 호전되지 않는 데)에 무엇이 기여했는가? 그들은 나아지고 있는가? 나빠지고 있는가? 아니면 거의 그대로인가? 다음 장에서 살펴보겠지만, 연구는 일관되고 명확하다. 즉, 성공적인 가족치료의 요소는 내담자의 동기, 희망을 키우는 치료자의 능력, 치료자-내담자 간 강력한 동맹, 치료가 도움이 될 수 있는 내담자의 기대 그리고 가족과의 동맹(예: 가족 간의 유대에 대한 존중, 보살핌, 공통의 이해)이다(Chenail et al., 2012).

치료자의 임상적 작업에 대한 평가는 실천-기반 증거(practice-based evidence)라고 불려 왔다(Dattilio, Piercy, & Davis, 2014; Swisher, 2010; Swicher, 2010). 특정한 임상적 개입의 효과성에 관심이 있는 치료중심적인 연구와 대조적으로, 실천-기반 증거는 치료과정에서 내담자의 발전을 탐색하고 치료에 대한 내담자의 피드백을 치료에 반영하는 데 관심이 있다. 내담자 중심의 피드백은 치료자의 작업의 진전을 빠르게, 즉각적으로 평가하도록 하며, 내담자의 변화과정을 이해하도록 돕고, 성공적인 결과의 가능성을 증가시키기 위해 치료 접근법을 변경할 수 있게 해 줄 것이다.

Miler, Duncan, Sorrellr과 Brown(2005)의 『변화 결과 관리 시스템 파트너[1] Partners for Change Outcome Management System(PCOMS)』는 내담자가 치료과정과 진전을 평가하기 위해 회기동안 치료자와 함께 완성하고 검토하는 두 개의 간단한 척도를 포함한다. 회기평가척도(Session Rating Scale: SRS)는 효과적인 치료적 관계 혹은 치료적 동맹의 핵심 차원을 평가하도록 고안된 4문항 지필척도이다

1) 역자 주: 치료과정에서 내담자의 피드백을 사용하여 치료결과를 측정하는 도구

(Duncan & Miller, 2008). 은유적으로 표현하자면, 회기의 온도를 측정한다. 회기의 마지막에 내담자에게 회기(특히 효과성에 대해)의 평가를 위해 SRS를 완성하도록 한다. 즉, 내담자는 치료자가 이야기를 들어주고 이해하며 자신을 존중해 준다고 느꼈는가? 치료자는 내담자가 작업하고 말하기를 원하는 것에 초점을 맞추었는가? 치료자의 접근이 내담자에게 적절했는가? 최종적으로, 전반적인 회기에 대해 좋게 느끼는가? 아니면 뭔가 빠졌다고 느끼는가? 치료자는 회기 마지막에 내담자와 함께 결과를 검토하거나, 회기들 사이에 검토하고 다음 회기에 그 자료에 대해 내담자와 논의할 수 있다.

결과평가척도(Outcome Rating Scale: ORS)(Miller, Duncan, Brown, Sparks, & Claud, 2003)는 치료적 개입의 결과로서 변화하는 것으로 알려진 삶의 기능영역에 접근하기 위해 고안된 4문항 척도이다. 회기가 시작될 때, 내담자에게 조용히 ORS를 완성하도록 요청한다. ORS는 1에서 10까지의 척도질문을 통해 내담자가 지난주 삶의 세 가지 영역에서 어떻게 해 왔는지에 대해 그 순간 스냅 사진처럼 보여 준다. 삶의 세 가지 영역이란 개인적, 대인적(가족), 사회적(직장, 학교, 친구) 영역이다. 또한 내담자는 자신들이 전반적으로 어떻게 하고 있는지(일반적 안녕감)를 평가하도록 요청받는다. 척도 점수는 즉시 채점한다. 일단 점수가 결정되면 회기마다 진전 정도를 그래프로 쉽게 나타낼 수 있다. 치료자와 내담자가 세 가지 영역 중에서 어떤 영역이 낮은 점수를 받았는지 볼 수 있으면 즉시 주의를 기울여야 하는 영역을 결정하는 데 도움을 줄 수 있다.

결론

치료의 초점을 발전시키는 것은 초보 치료자를 좋은 경청자에서 훌륭한 전문가가 되게 한다. 초기의 치료계획을 이용해 치료자에게 가져온 고통스러운 문제를 어떻게 검토할 것인지를 개념화하고 설명할 수 있을 것이다. 치료에 누가 참가해야 하며, 얼마나 오랫동안 치료가 지속되고, 어떤 방법을 사용해야 하는지를 심사숙고한 뒤 가족에게 제공할 수 있다.

가족치료자는 상담 시 관계적 · 치료적 · 윤리적 사항 사이의 균형을 맞춰야만 한다. 이것은 힘든 역할이지만 보상은 매우 크다. 창의성과 전문 지식이 연합하여 치료과정에 있는 개인을 돕는다. 이 장에서 논의한 기본 치료 기술은 특정 문제를 가진 내담자에게 이러한 기술(skill)을 짝짓는 예술(art)과 조화롭게 결합되어야 한다. 또한 당신이 어떤 치료자인지 명심하고 지속적으로 당신의 작업의 효과성을 평가해야 한다.

제6장

기본적인 치료기술과 개입

카렌과 릭은 화가 나서 서로를 쳐다본다. 카렌이 이야기를 시작한다. "당신은 애들을 돌보지 않아요. 난 심지어……." 릭이 말을 끊는다. "당신은 너무 예민해요. 내가 오후 내내 애들을 보는 때도 있잖아요?" 카렌은 눈을 부릅뜬다. 9세 된 새미가 끼어든다. "소리 지르지 마세요. 엄마, 아빠가 소리 지르면 난 못 참겠어요." 치료실에 어색한 침묵이 흐른다.

이 가족에게 효과적인 치료자가 되려면 어떤 기술들이 필요할까? 이 장에서는 먼저 내담자와 관계를 맺는 데 있어서 결정적인 요인들을 살펴보고자 한다. 효과적인 치료자는 그들이 어떤 이론이나 개입방법을 사용하느냐에 상관없이 공통된 특질들을 드러낸다. 그런 다음, 견고한 치료 작업의 기초가 되는 기본적인 치료 기술에 대해 다루고자 한다. 마지막으로, 결혼 및 가족치료자들은 그들의 체계론적 관점과 관련된 다양한 기술이 있음을 강조할 것이다. 이러한 기술들은 의도적으로 선택되어야 하는데, 이러한 선택에 있어서 치료자의 역할과 책임을 강조하며 몇 가지 지침을 제공하고자 한다.

서둘러 개입하기 vs. 관계를 발전시키기

치료의 효과성에 관한 연구는 긍정적인 결과를 예측하는 데 있어서 결정적인 한 가지 변인을 발견하였다. 치료자들은 유력한 이론모델들이나 강력한 치료기법들에 초점을 맞추는 반면, 연구에서는 치료자와 내담자의 관계가, 보다 구체적으로 말하자면, 내담자가 치료자와의 관계에 대해 어떻게 지각하느냐가 가장 중요한 변인이라는 것을 제시한다(Baldwin, Wampold, & Imel, 2007; Grunebaum, 1988; Miller, Duncan, & Hubble, 1997). 치료적 관계의 강력한 영향력을 알게 되는 것은 정신이 번쩍 드는 동시에 겸손해지는 경험이다.

내담자의 문제와 자신이 부족하다는 느낌에 압도당한 초보 가족치료자들은 종종 치료 회기 안에서 성급하게 '무언가를 하려고' 한다. 가족치료 전공 학생들은 훈련과정에서 대개 비디오를 통해 여러 숙련된 치료자가 뛰어난 치료기술을 사용하는 것을 지켜보는 것이 포함되기 때문에 특히 '무엇을 해야 한다는 증후군(do-something syndrome)'에 취약하다. 이러한 비디오를 여러 편을 보고 동료들의 성공에 대해서 들은 후, 학생들은 왜 자신의 회기에는 극적인 일이 일어나지 않는지 의아해하게 되고 뭔가가 일어나야 한다는 압박감이 강해진다.

이러한 '무엇을 해야 한다는 증후군'은 안타까운 일이다. 학생들이 자신의 가장 강력한 치료 도구, 즉 그들 자신을 인정하는 데 실패하기 때문이다. 우리는 슈퍼비전을 제공할 때 종종 학생들로 하여금 의자에 기대앉아 긴장을 풀고 그냥 내담자와 그들의 스토리를 이해하려 해 보라고 권한다. 요점은 기법과 이론이 효과적이기 전에 먼저 관계가 형성되어야만 한다는 것이다. 심지어 치료적 관계에 초점을 두지 않는 모델을 사용하는 치료자에게도 관계 형성은 치료의 첫 번째이자 아마도 가장 중요한 과제일 것이다.

내담자에게 관심을 보이고 진정한 공감을 전달하는 것은 초보 치료자가 치료과정에서 어떻게 자기 자신을 효과적으로 사용하고 관계 형성을 시작할 수 있는가의 모본이다(example). 공감—내담자의 주관적인 세계로 들어가서 그의 고통을 이해하기 위해 자기 자신의 삶의 경험, 생각, 감정을 사용하는 능력—은 치료자와 내담자 사이에 강력한 유대를 만들며 종종 친밀한 관계를 형성한다. 치료자가 내담자에게 적절하게 처신할 책임을 가져야만 하는 것은 이러한 깊은 연결감 때문이다. 치료자가 공감을 위해 내담자의 경험을 이해할 필요는 없다. 고통은 치료자가 아니라 내담자에게 속한 것이다. 치료자는 내담자의 어려움을 짊어지고 가는 것이 아니라 어려움을 완화하는 측면에서 짐을 나누어 진다.

또한 우리의 경험에 따르면, 내담자와 치료자 간 '적합성(fit)' 개념은 어느 정도 사실이다. 어떤 치료자는 특정 내담자와 잘 맞지만, 다른 치료자는 그렇지 않을 수 있다. 적합성의 결여는 치료자에게 내담자를 다른 치료자에게 의뢰하라는 신호를 보낼 수도 있고 내담자에게 또 다른 치료자를 찾아보라는 암시를 줄 수도 있다. 두 경우 모두에서, 내담자에 대한 치료자의 공감능력이 치료적 동맹을 형성하는 데 기초가 되는 관계적 자질이다.

치료자가 부부나 가족과 함께 작업할 때 공감은 좀 더 복잡해진다. 치료자는 한 사람과는 강력한 관계를 맺을 수 있지만 다른 사람과는 그렇지 않을 수 있다. 이러한 정서적 역동은 임상 회기 중 유대감에 영향을 미치며 치료에 긍정적 · 부정적으로 기여할 수 있다. 임상적 관계 안에서 다중적으로 공감적 애착을 형성하는 일은 치료자에게 막중한 정서적 부담을 준다.

어떤 초보 가족치료자는 가족들을 분리시켜서 개별적으로 만나는 것이 가족에게 도움이 될 것으로 생각하지만, 이 전략은 종종 자신의 정서적 에너지를 보호하고 불안감을 낮추기 위한 방법일 뿐이다. 견고한 작업을 위해서는 내담자와 적절한 정서적 경계선을 세우는 법을 배우는 것이 필수적이다. 가족들과 얼마간의 정서적 애착을 유지하는 동시에 가족체계 밖에 머무는 능력은 치료자가 발휘해야 하는 섬세한 균형감이다. 슈퍼비전은 균형감의 결핍을 나타내는 여러 가지 징후들을 포함하여 균형감에 대한 피드백을 제공해 줄 수 있다. 균형감의 결핍을 나타내는 징후들 가운데는 정해진 회기 시간을 초과하거나, '위기 시 통화'에 대한 보다 분명하고 엄격한 지침을 만들지 않고 수시로 내담자의 전화를 받아 준다거나, 생활의 다른 영역들을 방해할 정도로 지나치게 내담자에게 몰입하게 된다거나(잠을 이루지 못하거나 온종일 내담자를 생각함), 자신이 내담자를 도울 수 있는 유일한 사람이라고 느끼는 것(구세주 콤플렉스) 등이 있다.

훌륭한 치료자는 위협적이지 않고 신뢰할 만한 분위기를 제공한다. 그러한 분위기 속에서 내담자는 솔직하고 변화하도록 초청받는다. 치료자는 내담자에게 충격을 준 어려운 문제들을 직접적으로 다루는 가운데에서조차 따뜻하고 수용적인 자세로 의사소통을 할 필요가 있다. 예를 들어, 내담자는 어린 시절에 아버지가 자신을 성추행했을지도 모른다는 것을 털어놓으면서 조심스럽게 치료자의 반응을 살필 수 있다. 내담자는 비난하거나 수치감을 주는 반응을 각오하며 치료자가 얼마나 신뢰할 만하며 안전한가를 면밀히 관찰한다.

신뢰가 우선이다(Rogers, 1972). 내담자는 종종 자신이 어떤 방식으로 느끼거나 생각하거나 행동하는 것에 대해서 '나쁘다'거나 '틀렸다'는 비난을 받아 왔다. 치료적 동맹을 발달시키기 위해서는 각 개인에 대한 기본적이고 개방적인 수용이 비난을 대신해야만 한다. 내담자는 치료자가 자신에게서 뒷걸음질치는 것이 아니라 자신 옆에 있어 주고 자신을 지지해 주는 것을 경험할 필요가 있다.

또한 내담자는 치료자가 정직하며 필요할 때 적절하게 자기-노출을 할 것이라는 것을 알 필요가 있다. 예를 들어, 치료자가 어떤 사안을 다루면서 자신의 능력 밖의 일이라는 느낌이 든다면 때로 내담자에게 그것을 알릴 필요가 있다. 초보 결혼 및 가족치료자는 치료를 제공하기 시작할 때 종종 이런 식의 느낌을 갖는다. 그렇다면 '아는 체'하기보다는 실습 중인 자신의 위치에 대해서, 자신이 지도를 받고 있다는 것에 대해서 그리고 내담자와 한 팀으로 작업하고 있다는 것에 대해서 분명히 하는 것이 더욱 신뢰를 만들어 낼 수 있다. 물론 실습생은 자신이 교육을 통한 전문 지식 그리고 이전의 임상실습 경험 및 그들 자신의 삶의 경험을 가지고 있으며 그것들을 치료적 관계에 가져다 쓸 수 있다는 것 또한 기억할 필요가 있다.

심리평가를 할 때처럼, 호기심은 내담자와 긍정적 관계를 발전시키는 데 기여한다. 특히 나이나 문화의 차이와 같이, 다른 삶의 경험을 가지고 있는 사람들과 함께 작업할 때, 치료자는 배우려는 자세를 취하는 것이 종종 유익하다. 다음의 사례에서 볼 수 있듯이, 이러한 자세를 취하면서 정형화(streotype, 역자 주: 일정한 형식이나 틀로 고정함)하는 일은 드물다. 한 라오스인 가족이 12세 된 딸이 도망갔다며 치료를 받으러 왔다. '도망'이란 딸이 말도 없이 부모가 모르는 친구 집에서 하룻밤을 보내고 왔다는 것을 뜻했다. 저자들 중 한 사람인 치료자는 라오스의 문화를 잘 몰랐기 때문에 부모에게 라오스에서는 12세 아동은 친구들과 어떻게 시간을 보내는지 물어보았다. 그들은 12세 아동은 학교에서만 친구들과 시간을 보내며 학교 밖에서는 오로지 가족과 함께 있어야 한다고 말했다. 가족이 다른 가족과 함께 모일 때는 다른 아동들과 같이 놀 수 있었다. 치료자는 이들 부모에게 딸이 학교 말고 다른 곳에서나 그들의 집에서 친구들과 시간을 보낼 수 있는 어떤 합법적인 방법이 있는지에 대해 의논해 본 적이 있는지 물어보았다. 그들은 서로 쳐다본 후, 그런 적이 없다고 대답했다. 그러자 딸이 몰래 빠져나가는 것만이 그녀가 자기 친구들과 함께 있을 수 있는 방법이라고 수줍게 말했다. 치료자와 가족은 부모와 청소년이 수용할 수 있는 선에서 12세 자녀가 (학교와 가족 모임 외에) 친구들과 시간을 보낼 수 있는 몇 가지 새로운 방법들을 생각해 냈다. 내담자의 이야기를 경청하고 알고 싶어 하는 것은 첫 회기만으로 끝나는 일이 아니다. 그들과 그들의 관점에 대한 정보를 이끌어 내기 위한 조사는 이해와 변화를 위한 안전하고 치유적인 맥락을 촉진할 것이다.

기본적인 치료기술

다음은 비록 우리 분야에서만 사용하는 것은 아니지만 가족치료자에게 유용한 여러 가지 핵심기술에 초점을 맞추고자 한다. 여기에는 다양한 유형의 심리치료자들이 사용하는 기술들이 포함된다.

자기-노출 사용하기와 사용하지 않기

구조화의 한 측면은 내담자와의 관계가 확실하게 일방적이도록 하는 것이다. 즉, 치료의 내용은 내담자에 관한 것이며, 치료의 목표도 내담자에 관한 것이고, 자기-노출은 내담자가 하는 것이다. 치료자는 관계의 상호성을 추구하는 대신 내담자를 돌보고 그들의 문제에 초점을 맞춘다. 그러나 치료자도 치료적 맥락에서 얼마간 자기-노출을 선택할 수 있다.

치료자의 개인정보 노출은 각 개인의 성향에 따라 달라진다. 개인적인 자기-노출 성향은 치료자가 자기 사무실을 얼마나 친근하게 장식(예: 배우자나 자녀의 사진을 둠)하는지와 자신의 가족생활에 대한 내담자의 질문에 얼마나 직접적으로 대답하는지를 보면 알 수 있다.

치료자는 자기-노출 수준을 결정하는 데 있어서 다음과 같은 지침들을 일부 고려해야만 한다.

① 모든 관계가 그렇듯이, 치료적 관계를 발전시키는 데는 얼마간의 시간이 필요하다. 당신 자신에 대한 보다 개인적인 이야기는 누군가를 좀 더 오랜 시간 알아 온 후에 하는 것이 더 적절하다.
② 대부분의 치료자는 아동 · 청소년에게 좀 더 자유롭게 자기-노출을 할 수 있다. 이러한 내담자들은 자기-노출을 신뢰의 척도로 여기는 경향이 있다. 그들은 성인보다 더욱 사적인 질문을 할 것이며, 치료자에 대한 호기심을 나타낼 것이다.
③ 치료자에 대한 신뢰는 교육 배경이나 전문가 자격증에 대한 정보를 자기-노출함으로써 증진될 수 있다.
④ 치료자는 자기-노출이 각 내담자에게 다르게 영향을 미칠 수 있음을 명심해야 한다. 어떤 내담자는 자기-노출이 최소한으로 유지되는 전문적 거리감을 좀 더 편안해 하지만, 다른 내담자는 자신에 대해 개방하는 것을 편안하게 느끼게 되기 전에 치료자에 대해 무언가를 알게 되는 것을 선호한다.
⑤ 치료자는 그동안 다뤄 왔으며 정리가 된 개인정보에 대해서만 노출해야 하며, 현재 혼란을 느끼고 있는 사안에 대한 노출은 피해야 한다.

치료자는 자기-노출이 내담자에게 미치는 영향을 고려해야만 한다. 자기 자신에 대하여 교육 배경이나 전문적 훈련과 같은 정보를 제공하는 것은 치료과정에서 내담자와 관계를 맺고 신뢰를 증진시키는 데 매우 도움이 될 수 있다. 때로는 내담자가 결혼 여부나 자녀가 있는지에 대해서 개인적인 질문을 할 수 있는데, 이것 또한 관계를 맺고 라포를 형성하는 데 도움이 된다. 치료자는 내담자의 안녕이 염려된다고 말하는 등, 내담자의 어떤 상황에 대한 자신의 개인적인 반응이나 감정을 제공할 수 있다. 이는 선제적 진술(leading statement)로서 내담자로부터 반응이 생성되도록 돕기 위한 것이다. 치료자는 내담자의 사고를 자극하거나 문제에 대한 대안적 관점을 제공하기 위해 자기 자신이 살아온 이야기나 다른 사람에게 일어났던 어떤 일을 전해 줄 수 있다. 그러나 치료자는 내담자를 향한 자기 자신의 반응에 사로잡

혀서 감정을 부적절하게 나눌 수도 있으며, 이는 치료자가 치료과정에서 길을 잃어버렸다는 것을 나타낸다.

치료자가 개인적인 정보를 자기-노출하는 자신의 의도를 이해하고, 내담자에게 미치는 영향을 미리 예측해 보는 것은 유익하다. 이혼 직전의 부부는 그들의 치료자가 현재 이혼과정을 밟고 있다는 것을 알 필요가 없다. 다른 사례에서는 치료자가 자신의 개인적 경험을 이야기함으로써 내담자 부부가 처음으로 부모가 되어 겪는 어려움을 정상화(normalizing)할 수 있다. 어느 정도까지 공유할 것인가에 대한 치료자의 역할은 확실히 개인적 선호, 이론적 지향 그리고 내담자에 대한 고려의 조합에 달려 있다.

이런 논의는 치료자의 책임에 중점을 두고 있지만, 내담자 역시 자신의 행동과 의사결정에 있어 그에 대해 책임을 진다는 것을 기억해야 한다. 치료자의 역할은 내담자를 안내하는 것이지, 그들을 대신하여 의사결정을 내리는 것이 아니다. 내담자가 자신에게 파괴적일 수 있는 관계에 뛰어들기로 결정한다 할지라도 치료자는 그 결정을 존중해 줄 필요가 있다. 치료자는 대안을 제시하거나 그러한 결정을 한 내담자의 동기를 살펴봐 줄 수는 있지만, 결국 선택은 내담자의 몫이다. 내담자는 그 선택과 함께 살아가야만 한다. 끝으로, 내담자는 치료에 자신의 문제를 가져오고 치료과정에 대한 얼마간의 존중을 유지할 책임이 있다. 내담자가 당면한 문제에 대해 말할 준비를 하고 온다면 치료는 더욱 생산적이 될 수 있을 것이다.

질문 사용하기

첫 번째 전화가 걸려 왔을 때부터 치료자는 필요한 임상적 정보를 발견하기 위해 좋은 질문을 사용해야만 한다. 특히 치료적 관계의 초기나 중기 단계에서 질문들은 치료가 내담자의 지각이나 욕구에 집중되도록 만든다. 질문들은 또한 내담자가 문제에 대하여 다르게 생각하도록 도움으로써 변화를 만들어 낼 수 있다.

사용하는 질문의 종류와 특정 질문 유형의 효과를 밝히려는 노력을 통해 Tomm (1988)은 치료의 가능성을 드러내고 이해하는 데 사용되는 질문을 네 가지 범주로 설명하였다. 그는 그 범주들을 선형적(lineal), 순환적(circular), 전략적(strategic) 그리고 반영적(reflexive) 질문이라고 명명하였다.

선형적 질문이란 조사하고 추리하며 내용으로 채워진 것으로서 "부인, 사실만을 말씀하시죠."("Just the facts, Ma'am.", 역자 주: 1950년대 미국의 경찰 드라마 〈드라그넷(Dragnet)〉에서 탐정 조 프라이데이가 증인들에게 했던 말)의 관점과 관련이 있다. 이러한 질문을 통해 수집된 정보는 문제를 설명하는 것으로 여겨진다. 예를 들어, 아동이 왜 학교에 무단결석을 하고 집에 늦게 들어오는지에 대한 질문에 아마도 다음과 같은 대답이 주어질 것이다. "그 아이는 그걸 안 좋아해요. 그는 선생님을 정말 싫어해요. 그는 또래 아이들을 싫어해요. 그는 작년에도 학교를 좋아하지 않았어요. 아이는 태도 조절이 필요해요." 선형적 질문은 종종 문제가 있고 해결이 필요한 어떤 것 또는 어떤 사람을 가리킨다.

순환적 질문은 탐색적이며 치료자의 호기심에서 비롯된다. 이러한 질문을 통해 얻은 정보는 누가 또는 무엇이 변해야 하는지를 가려내는 대신에 가족 안에서의 상호 연결과 좀 더 큰 체계와의 연결을 부각시킨다. 질문의 기저에는 모든 것이 다른 것과 연결이 되어있다는 가정이 깔려 있다. 치료자는 이렇게 질문할 수 있다. "아들이 무단결석하지 않고 학교에 간 날이 있다면 그 날은 무엇이 달랐나요?" 또는 "가족 중에 누가 처음으로 아들이 학교를 무단결석했다는 것을 발견했나요? 그래서 어떻게 되었나요?" 순환적 질문은 관계의 패턴들을 드러내는 데 유익하다.

O'Brian과 Bruggen(1985)은 순환적 질문을 네 가지 유형으로 분류했다. 첫 번째 유형은 한 가족이 다른 가족 두 사람 사이의 관계나 상호작용에 대해 이야기하게 하는 것이다. 예를 들어, 치료자는 어머니에게 "아들과 남편은 사이좋게 지내나요?" 하고 질문할 수 있다. 아니면 치료자가 자녀에게 "아버지가 집에 들어와서 술을 마시고 있으면 어머니가 어떻게 하시니?" 하고 물어볼 수 있다. 두 번째 유형은 각 개인에게 실제 또는 가설적 상황에서의 가족들의 반응에 대해 순위를 매기게 하는 것이다. 치료자는 "그 이혼에 대해 누가 가장 화가 날까요? 그다음은 누굴까요?" 하고 질문할 수 있다. 또는 치료자가 보다 일반적인 질문을 할 수 있다. "이 문제가 해결되면 누가 가장 안심할까요? 그다음으로 안심할 사람은 누굴까요?" 세 번째 유형은 시간이 흐름에 따라 나타나는 차이들을 조사하는 것이다. 이 질문은 과거에 일어났거나 미래에 일어나리라 예상되는 특정 사건과 관련되어 있을 수 있다. 예를 들어, 어떤 어머니는 이혼 후에 자녀의 행동이 어떻게 달라졌는지에 대해 질문을 받을 수 있으며, 어떤 아버지는 자녀가 집을 떠나게 된 후에 그의 결혼생활이 어

떻게 달라질 것 같은지에 대해 질문을 받을 수 있다. 네 번째 유형의 순환적 질문은 질문에 대답하고 싶어 하지 않거나 그 자리에 없는 개인에 대하여 간접적으로 정보를 얻는 것이다. 아내는 치료자로부터 다음과 같은 질문을 받을 수 있다. "남편이 오늘 여기 있다면 두 분의 결혼생활에서 무엇이 가장 큰 문제라고 말씀하실까요?"

전략적 질문 또는 영향을 미치는 질문(influencing questions)은 사실상 도전적이다. 이 질문은 종종 특정 방향에 있는 새로운 가능성을 제기한다. 예를 들어, 치료자는 다음과 같이 질문할 수 있다. "당신과 전 부인이 이 문제에 관해서 아들에게 부모로서 일치된 입장을 취하려면 무엇이 필요할까요?" 또는 다음과 같이 질문할 수 있을 것이다. "당신과 아이의 아버지가 당분간 아이의 조퇴 행동을 모른 척한다면 어떤 일이 일어날 것 같은가요?" 두 질문 모두에서 치료자는 부모로 하여금 자녀에 대한 그들의 반응 행동을 재배열하게 함으로써 현재의 연속적인 상호작용을 차단하려고 시도한다. 질문은 의도가 있고 종종 교정적이다. 전략적 질문을 할 때 가장 중요한 것은 현재 가족이 문제에 대응하는 방식을 바꾸는 것이다.

반영적 질문은 가족을 어떤 특정한 방향으로 움직이게 하지 않으면서 가족 안에서 변화를 가능하게 한다. 치료자는 질문을 통해 가족으로부터 새로운 반응을 동원하려 시도한다. 치료자는 내담자가 변화를 위한 내적 자원들에 도달할 수 있다고 가정한다. 반영적 질문의 예는 다음과 같다. "아들이 당신에게 이야기할 수 없는 어떤 격한 감정을 가지고 있다면, 당신이 그 이야기를 듣고 싶어 한다는 것을 어떻게 아들에게 알릴 수 있을까요?" 또는 "아들이 다시 학교에 정기적으로 다니기 시작한다면, 당신의 생활이 어떻게 달라질까요?" 두 가지 예에서 보듯이, 치료자는 내담자가 이전의 반응과 다르고 그보다 나은 새로운 반응을 발견할 수 있으리라는 희망과 함께 매우 중립적인 입장을 취한다. 어떤 분명한 행동 변화에 집중하는 대신, 대안을 향해 문을 열어 두는 것이다. 성찰적 질문은 지시하지 않으면서 변화를 돕는다.

이 모든 유형의 질문에 있어서, 언어적 기술뿐만 아니라 비언어적 기술도 치료자의 자세와 관점을 전달한다. 예를 들어, "당신의 반응은 뭘까요?"와 같은 질문은 요구하는(demanding) 방식으로도, 요청하는(requesting) 방식으로도 주어질 수 있다. 비언어적 의사소통과 언어적 질문이 일치한다면 보다 효과적인 의사소통이 가능해진다. 어쨌든 질문 기술은 우리가 만나는 가족의 삶에 변화를 일으키고자 일하는 우리의 능력에 보탬이 된다.

정상화하기

정상화하기는 많은 가족이 공통적으로 경험하는 것에 대한 지식을 필요로 한다. 이는 치료자가 내담자가 호소하는 증상이 개인의 또는 가족의 삶의 특정한 발달단계와 관련이 있는 정상적인 행동의 일부라는 것을 이해한다는 뜻이다. 14세 된 자녀의 감정 기복을 "청소년기의 정상적인 한 부분"으로 재정의하면(framing) 가족의 걱정을 덜어 주는 데 종종 도움이 된다. 초등학생인 두 자녀를 둔 부부의 낭만적 관심이 줄어드는 것에 대한 고민을 정상화해 준다면 그들이 자신의 관계 변화에 대해 두려워하기보다는 수용하고 이해하도록 도울 수 있다. 치료자는 문제가 정상화되었을 때 종종 내담자 체계 안에서 즉각적인 평온을 감지한다. 때로는 그 증상들이 정상이라는 것을 나타내는 이야기들을 가족이 가져오기도 한다(예: "존 삼촌도 같은 문제가 있었을 때…….").

발달과정에 민감한 책들, 자조집단들, 그리고 다른 읽을거리 같은 심리교육 자원을 제공하는 것은 문제를 정상화하는 데 유익할 수 있다. 우리는 이 책에 생애주기와 기타 발달적 주제에 대한 규범적 반응에 대한 논의를 포함시켰다. 자조집단 역시 내담자들, 특히 좀 더 사회적으로 고립된 사람들을 위해 강력한 정상화 경험을 제공한다. 어떤 이들을 위해서는 매우 짧은 단기치료 계약(3~5회기)을 맺는 것이 가족에게 그들의 걱정거리가 정상적인 것으로 해석된다는 확신을 주는 데 도움이 되고 가족을 위해 적절한 임상적 분위기를 조성한다. 단기치료가 끝났을 때, 증상을 정상으로 명명한 후 문제가 적절하게 다루어졌는지 재평가할 수 있다. 임상가는 정상화에 도움이 되는 많은 훌륭한 발달 관련 서적을 이용할 수 있다.

재구조화하기

학부모 회의에서 미카의 4학년 담임교사는 미카의 어머니에게 그가 학급에서 좀 시끄러운 것 같고, 때때로 손을 들지 않고 말을 하며, 다 아는 척 행동하는 것 같다고 말했다. 교사는 또한 미카가 운동장에서는 리더이고 운동을 잘하며 긍정적 역할 모델이라고 이야기했다. 학급에서의 미카의 문제행동은 운동장에서는 매우 적절하고 긍정적인 것이 될 수 있다. 행동의 맥락이 바뀌면 인식의 틀이 바뀌어 같은 행동이 다르게 받아들여진다. 재구조화는 의미를 바꾸기 위해 개인이 사건을 지각하는 틀을 바꾸는 것이다.

재구조화에서는 행동은 그대로이지만 행동의 틀 또는 행동에 대한 지각이 변한다. 개인적인 기념물로 채워진 집은 만족스러운 인생을 나타낸다고 지각될 수도 있지만 어수선하게 보일 수도 있다. 치료에서 부정적 행동 위에 다른, 종종 긍정적인, 해석 또는 틀을 씌우기 위한 기술로 재구조화를 사용한다. 아동의 고집스럽고 제멋대로하는 행동은 자기주장 능력 또는 자신을 옹호하는 능력으로 보일 수 있다. 재구조화는 치료 중인 증상을 재해석하는 치료자의 창조적인 능력에 달려 있다.

지지 제공하기

우리 사회가 점점 더 일시적(transient)이 되어 가고 있기 때문에, 내담자의 삶에 안정되고, 변함이 없으며, 양육적인 관계를 제공하는 것은 종종 물에 빠진 사람에게 구명조끼를 던져 주는 것과 같다. 치료자가 이러한 양육을 제공하는 비결은 내담자의 이야기를 주의 깊게, 적극적으로 경청하는 것이다. 치료자가 반영해 주고, 이해해 주며, 모든 감정 또는 생각을 탐색하도록 허락해 주기 시작함에 따라, 내담자는 새로운 가능성을 구축할 수 있는 견고한 기반인 안도감을 경험한다. '그저 거기 있어 주는 것'이 큰 차이를 만든다.

그러나 지지는 아무리 값어치가 있다고 해도 변화를 보장하지 않는다. 지지는 변화를 유도하기보다 안정화시키는 기능을 한다. 안심하고 머물 수 있는 장소를 제공하는 것은 내담자가 호소하는 문제를 해결하지 못할 수 있다. 치료를 받으러 오는 내담자는 종종 엄청난 고통을 경험하고 있다. 고통은 매우 중요한 무언가를 알려 주는 신호이며 존중받아야만 한다. 지지는 고통을 어느 정도 덜어 주는 데 도움이 되지만 그것을 고쳐 주지는 않는다. 지지적 입장으로부터 초래되는 변화는 극적일 때가 있지만 종종 그러한 결과들이 나타나기까지는 오랜 관계가 필요하다.

직면하기

임상가는 변화를 만들어 내기 위해 치료 중 어떤 지점에서 내담자에게 정말로 변하기를 원하는지를 질문할 필요가 있다. 이는 직접적일 수도 있고 그렇지 않을 수도 있다. 전략모델에 기초한 치료들은 언어적 지지를 제공하는 데 시간을 거의 쓰지 않으며(비록 그들도 비언어적인 지지를 제공하기는 하지만) 전략적 또는 성찰적 질문들을 사용함으로써 곧바로 직면의 영역으로 뛰어든다. 예를 들어, 치료자의 첫 번째 질문이 "전화로 말씀하신 문제를 돕기 위해서는 오늘 첫 번째 회기 동안 어떤 일이 일어나야 할까요?"가 될 수 있다. 변화의 자세가 요구되며, 만일 변화가 일어나지 않는다면 치료는 종결될 수 있다. 직면은 비록 배려하는 말들로 주어지더라도 즉시 시작할 수 있다.

많은 치료자와 일부 내담자들에게는 좀 더 직면하는 자세로 치료를 시작하는 것이 잘 맞지 않는다. 이러한 치료자와 내담자는 변화에 초점을 맞춘 활동으로 움직이기에 적당한 때를 발견해야만 한다. 물론 이것은 생각보다 빨리 이루어질 수 있다. 예를 들어, 치료자가 적절한 치료계획을 세우자마자 그들은 부득이하게 직면 영역으로 이동하게 되는데, 이는 그 치료계획이 변화해야 할 특정 영역을 찾아냈기 때문이다. 이와 마찬가지로 치료자가 다른 가족을 포함시키면 상황을 도울 수 있지 않을까 생각하자마자, 그들은 이미 현 상황에 직면하는 것이다. 치료자가 치료가 도움을 주고 있는지를 평가하려 할 때, 그들은 무언가 다른 일로 이동하는 것이다. 직면은 다양한 형태로 오는데, 이는 변화를 위해 필수적이다.

가족체계적 입장의 치료자는 변화를 촉진함에 있어서 우리에게 어떤 어려움이 있는지 알고 있다. 우리는 내담자가 항상성(homeostasis)—문제를 다루는 데 익숙한 방법—을 유지하려는 경향이 있다는 것을 안다. 변화는 에너지를 필요로 하며 종종 달성되기 어렵다. 직접적이든 간접적이든, 치료자는 예전 방식의 행동에 직면하고 변화가 일어나도록 새로운 가능성을 모색해야만 한다.

속도 조절하기

치료 회기가 이동하는 속도는 내담자가 얼마나 천천히 혹은 빨리 정보를 드러내는지와 관련이 있다. 치료자의 개입은 어떤 특정한 문제를 좀 더 탐색하기 위한 기회를 만들거나, 초점을 다른 주제로 바꾸거나, 논의의 깊이와 폭을 더하거나, 문제와 관련된 정서를 탐색함으로써 속도를 조절할 수 있다. 이 모든 개입은 내담자가 무엇을 드러낼지에 영향을 주게 되고, 그들을 특정 방향으로 이끌 것이다. 대부분의 개입은 내담자 또는 가족에게 보조를 맞추거나 그들을 이끄는 것에 초점이 맞춰질 것이다. 가장 단순한 형태의 보조 맞추기는 내담자를 따라가는 것을 수반한다. 내담자의 행동 따라하기(mirroring)는 치료자로 하여금 내담자의 속도에 따라 움직이도록 해준다. 반영하기(reflecting), 적극적 경청하기(active listening), 추적하기(tracking) 역시 보조를 맞추는 데 유용한 수단을 제공한다. 내담자와 보조를 맞추는 것은 합류과정(joining process)의 핵심적인 측면이며, 라포를 발달시키고 신뢰감 있는 협력 관계를 형성하는 데 결정적이다.

이끌기(leading)는 탐색의 방향을 선택하고 내담자를 그리로 이끌려는 치료자의 시도이다. 내담자와 합류하는 것이 이끄는 입장으로 옮겨 가는 것에 선행되어야 한다. 한 청년이 대학에 가는 것에 대한 염려에 대해 이야기하고 있다면, 치료자는 먼저 그의 이야기를 들어줌으로써 그와 합류할 수 있다. 그런 다음에 치료자는 대학에 대한 그의 감정과 성공할 수 있는 자신의 능력에 대한 생각에 대해 질문함으로써 그를 이끌 수 있다. 새로운 초점의 도입은 논의의 폭과 깊이를 확장시키고 내담자를 특정한 방향으로 이끌어 간다.

치료자는 회기의 진행 속도를 모니터링해야 한다. 너무 많은 자료가 빨리 드러나게 되면, 결정적인 사건 또는 사안들에 대해 추적 조사할 시간이 충분하지 않거나 특정 관심사에 대한 가족의 정서 반응이 감춰질 수 있다. 회기의 진행 속도를 줄이는 것이 내담자로 하여금 사안에 대한 신념과 감정을 따라갈 수 있게 하는 데 유익할 수 있다. 진행 속도가 너무 느리면 내담자 또는 치료자는 느슨해지고 회기에 대해 지루해할 수 있다. 치료자는 생각을 자극하는 질문을 하거나 현재, 지금-여기에서의 행동에 초점을 맞춤으로써 회기를 진전시키기 위한 개입을 할 필요가 있다. 대부분의 회기에서 얼마간은 내담자의 관심에 보조를 맞추는 것, 또 얼마간은 탐색해야 할 대안적 방향의 모색을 돕기 위해 이끄는 것, 이 두 가지가 교대로 일어날 것이다.

치료의 속도를 결정하는 데 있어서 몇 가지 요소를 고려해야만 한다. 가족이 변화하려는 동기가 강하다면 치료의 속도는 좀 더 빠를 수 있다. 높은 수준의 저항은 속도를 늦춰야 한다는 것을 의미할 가능성이 크다. 치료 기간 또한 하나의 요인이 된다. 단기치료는 탐색의 깊이를 제한할 것이다. 내담자의 불안 수준 역시 속도를 높이는 데 고려해야 할 요인이다. 불안이 높다면 치료자는 내담자의 두려움을 감소시키는 데 도움이 되도록 속도를 낮출 필요가 있다. 내담자의 불안이 극도로 낮을 경우에는 변화하려는 동기가 결여되었을 수 있어서 속도를 높일 필요가 있다.

치료의 속도를 앞당기는 특정 기법에는 개방적 질문하기, 특정한 방향으로 이끌기, 과정을 밝히기 그리고 지금-여기에 초점을 맞추기가 있다. 속도를 낮추는 기법에는 추적하기와 충분한 설명 얻기, 행동 따라하기, 적극적 경청하기, 반영하기 등이 있다.

위기 다루기

때때로 치료는 위기, 즉 단기적이고 압도적이며 당연히 스트레스를 받을 만한 독특한 사정이 있는 상황과 함께 시작된다. 가족의 죽음, 자동차 사고 또는 자연재해와 같이 갑작스럽고 예상치 못했던 외부의 사건들은 내담자에게 극심한 스트레스나 위기를 초래할 수 있다. 위기는 자녀의 출생, 청소년기에 접어든 자녀, 또는 집을 떠나는 막내와 같이 발달적 또는 성숙의 문제들을 둘러싸고 일어날 수도 있다. 각 개인이나 가족은 그 상황에 서로 다르게 반응할 것이며, 그들만의 독특한 방법으로 대응할 것이다. 위기 상태는 내담자나 가족의 정상적인 기능 수준의 심각한 붕괴로 특징지어진다. 공통된 증상들 중에는 신체적 · 심리적 동요, 식욕부진, 불면, 정서적 고통, 불안 그리고 문제해결 능력의 상실이 있다. 자연재해와 같은 위기의 객관적 현실은 대부분의 사람에게 동일할 수 있을지라도, 그 사건에 대한 반응은 매우 주관적이다. 내담자의 취약성 수준은 그들의 사건에 대한 주관적인 해석, 활용 가능한 자원들 그리고 스트레스에 대처했던 이전의 역사에 좌우될 것이다. 위기가 자살 사고 또는 살인하려는 생각, 아동학대 또는 노인이나 의존적 성인의 학대를 수반할 때, 우리는 내담자의 요구에 응할 뿐 아니라 윤리적 · 법적 책임을 수행하기 위하여 신속한 행동을 취해야만 한다.

가족 안에서조차 각 개인은 위기에 서로 다르게 반응할 것이며, 이 점이 가족의 어려움을 가중시킬 수 있다. 예를 들어, 가족은 17세 된 아들의 과실로 일어난 자동차 사고에 관련된 문제를 해결하기 위해 법원에 가는 중이다. 그 사건 때문에 부모는 엄청난 스트레스를 받고 있었고 법원에 들어서기 전, 둘 다 서로에게 심한 독설과 폭언을 퍼부으며 소모적인 언쟁을 했다. 이미 불안정한 그들의 재정 상태에 앞으로 닥칠 수 있는 위협은 상당한 두려움과 불안을 초래하였다. 다가오는 법원 심리에 대한 부모의 반응은 불안해지고 서로 싸우게 되는 것이었던 반면, 그 청소년의 반응은 뒤로 빠져서 문제의 중요성을 부인하는 것이었다. 그들의 엇갈린 반응은 가족 간에 더 많은 어려움을 초래하였고, 이렇게 해서 상황적 위기가 잇따라 일어났다.

가족은 잠재적 위기에 대해 그들만의 독특한 방식으로 반응한다. 문제에 더하여 최악의 시나리오를 예상하는 가족 안에서는 위기가 매우 빠르게 확대될 수 있다. 또 다른 가족은 효과적인 문제해결 기술의 사용을 통해서 위기를 피할 수 있다. 위기에 반응하는 가족의 능력은 스트레스와 갈등을 다루는 그들의 능력에 달려 있다.

위기 개입은 단기적이며 현재에 초점을 맞추는 경향이 있다. 치료자는 극심한 스트레스를 받고 있는 내담자를 도울 때 일반적으로 적극적이고 지시적인 역할을 가정할 필요가 있다. Rappaport(1970)는 위기 개입을 위한 네 가지 목표를 밝혔다.

1. 내담자의 즉각적인 증상 완화하기
2. 내담자의 이전 기능 수준 회복하기
3. 위기 상태로 이끄는 요인 파악하기
4. 해결 방안을 파악하고 적용하기

위기 개입 기술은 내담자의 상태와 위기의 성격에 따라 달라질 수 있다. 정서적 개입은 상황에 대한 감정을 표현하도록 돕는 데 초점을 맞출 수 있다. 실제 사건 도중에는 그럴 기회가 거의 없기 때문이다. 디브리핑(debriefing, 역자 주: 혼돈스러운 경험을 정리하고 의미를 찾기 위한 심리적 경험의 보고) 기간은 내담자가 감정을 표현하도록 허용해 주고, 치료자는 가족이 겪어온 것들에 대해 지지를 제공하게 하는 시간이다. 상황에 대한 그들의 반응을 정상화하는 것 역시 도움이 될 것이다. 인지적 개입은 부정적 신념, 죄책감 또는 자기 비난적 사고를 바꾸는 데 초점을 맞출 수 있다. 예를 들어, 가족이 어떤 사고를 당하여 한 명은 사망하고 다른 한 명은 살았다면, 살아남은 가족의 죄책감을 덜어 주는 것이 중요한 첫 번째 개입이 될 것이다. 행동 과제는 행동을 취할 기회를 제공함으로써 내담자가 자신의 삶에 대한 통제권을 회복하기 시작하도록 도울 수 있다. 가족이 기관, 교회, 회당 또는 사회 프로그램 등 지역사회 자원을 활용하도록 돕는 것 또한 중요할 것이다.

심리교육적 정보 제공하기

치료자가 제공할 수 있는 또 다른 기본 자원은 공통적으로 제기되는 문제에 대한 언어적 또는 문서로 된 정보이다. 효과적인 의사소통 기술 또는 애도의 단계들과 같은 공통 주제에 대한 자료, 권위 있는 자조 서적의 목록, 유용한 주제에 대한 평판 좋은 웹사이트를 소개하는 것은 내담자에게 큰 도움을 줄 수 있다. 최근 몇 년간 학술적 정보와 자조적 참고서적들 사이의 경계가 모호해졌으며, 특정한 삶의 문제를 가지고 있는 가족이 많은 훌륭한 서적과 논문을 접할 수 있게 되었다.

체계론적/관계적 치료자의 독특한 기술들

지금까지 대부분의 심리치료자가 치료실에서 사용하는 기술에 대해 설명하였다. 체계론적 또는 관계적 관점을 가진 치료자들은 개입하고 변화를 만들어 내는 고유의 방법을 가지고 있다. 여기에서 이러한 기술과 개입을 완벽하게 살펴볼 수는 없지만, 이미 설명한 기본적인 치료기술들과 더불어 체계론을 지향하는 치료의 주요 특징을 강조하지 않을 수 없다.

부부 치료와 가족 치료의 공통 요인

부부와 가족의 치료과정은 분명하게 드러나지 않을 수 있다. 그러나 내담자들의 변화를 만들고 스트레스를 줄이는 데 도움이 되는 것으로 알려진 흐름과 요소들이 분명히 있다. 각기 다른 이론은 내담자 또는 가족기능의 각기 다른 측면에 초점을 맞춰야 한다고 제안한다. 예를 들어, 이야기 치료자들은 내담자의 이야기를 이끌어 내고 발전시켜서 대안적 이야기를 풍성하게 만들고 문제투성이의 이야기를 약화시킨다. 구조적 가족치료자들은 개인의 증상을 확장시켜서 체계를 포함하게 하며 변화를 만들기 위해 가족체계를 재구조화한다. 치료자는 각각 다른 변수들을 겨냥하여 그것들을 중심으로 변화의 개념을 구축한다. 그런데 서로 다른 이론들이 공통으로 갖고 있는 것은 무엇일까? 서로 다른 이론들을 초월하는 요소들로 밝혀진 것들이 있는 것일까?

Lambert(1992)는 변화과정에 영향을 주는 주요 요인을 밝혔는데, 변화과정의 40%가 내담자 요인과 관계가 있다는 것을 발견했다. 이 요인은 환경, 내담자의 사회경제적 수준, 그들의 동기, 신념체계였다. 내담자와 치료자의 동맹은 변화과정에 영향을 주는 요인의 30%를 설명하였다. 나머지 요인들은 희망과 기대(15%) 그리고 치료자의 치료모델에 대한 신실성(15%)이었다. 임상 실습에서 어떤 치료모델을 선택하는가는 매우 중요하지만, 이 장의 앞부분에서 언급했듯이 변화를 만들어 내는 데 있어서 가장 중요한 영향을 미치는 것은 관계적 요인과 내담자 요인이다.

Sprenkle, Davis와 Lebow(2009)는 부부[1]와 가족치료에만 있는 네 가지 공통 요인을 밝혔다. 즉, ① 어려움을 관계적 언어로 개념화함, ② 관계패턴을 중단시킴, ③ 직접적인 치료 체계를 확장함, ④ 치료동맹을 확장함 등이다. 그들 역시 개인치료와 관계치료가 "치료자와 내담자 사이의 관계의 질에 크게 의존한다."(p. 34)고 지적하였으며, 이것은 이 장을 통해 전하고자 하는 우리의 메시지와 일치한다. 다음에서는 체계적 가족치료자 고유의 다른 기술들과 더불어 몇 가지 공통 요인들에 대해 검토하고자 한다.

부정적인 상호작용 패턴을 확인하고 중단시키기

가족치료자는 상호작용의 주제에 대해 조심스럽게 귀를 기울이고 회기 중에 일어나는 가족 상호작용을 관찰함으로써 관계패턴을 파악한다. 치료자는 부정적 상호작용 패턴을 중단시키기 위해 가족관계의 행동적 · 인지적 · 정서적 영역을 다룬다. 예를 들어, 정서중심 치료자는 가족들 사이의 상호작용을 완화하고 부정적인 패턴을 중단시키기 위해 이차적인 반사적 정서(예: 분노) 기저에 있는 일차적 정서(예: 상처)를 확인하고 명명한다. 구조적 관점을 가진 치료자는 굳어지고 잘못된 의

1) 역자 주: 미국 사회에서는 동거 커플이 많아 원서에서는 법적 부부와 동거 부부를 아우르는 couple을 쓰고 있으나, 이 책에서는 부부로 번역함(단, 제8장의 동성커플치료는 제외함).

사소통 패턴을 확인할 것이다. 예를 들어, 15세 된 여자아이가 집에서 아버지와 새어머니에게 불만을 느낄 때 친권이 없는 어머니에게 전화를 건다. 치료자는 딸이 아버지와 좀 더 직접 의사소통하게 함으로써 부정적인 패턴을 중단시키기 위해 가족과 작업하였다. 잘못된 관계패턴을 확인하고 중단시키는 것은 치료가 내용으로부터 과정으로 이동하는 데 도움을 주며 회기와 회기를 연결하는 끈을 제공한다. 이러한 기술에 대해 이 장의 뒷부분에서 좀 더 설명할 것이다.

불참한 가족을 회기에 초대하기

약속된 첫 회기에 온 가족이 도착하는 일은 거의 없다. 처음에는 치료자가 개인이나 부부, 또는 부모 중 한 사람과 자녀 등 체계의 일부와 접촉하는 것이 더 일반적이다. 대부분의 체계적 가족치료자는 첫 회기 또는 두 번째 회기에 불참한 가족을 치료에 참여시키려 하게되는데, 내담자에게 다른 가족을 초대하라고 요청하기도 하고 치료자가 그들을 참여시키기 위해 직접 가족과 접촉하기도 한다. 예를 들어, 자녀가 학교에 가기 싫어하는 문제로 어머니와 자녀가 치료를 받기 위해 왔다면 다음 회기부터 아버지도 참석하라고 요청할 수 있다.

내담자가 결혼했거나 누군가와 커플로 살고 있는데 치료자가 한 사람만 만나고 있다면, 추가 회기에는 그들의 배우자를 초대하는 것이 좋을 수 있다. 이는 배우자의 관점이 치료과정에 도움이 될 수 있고 관계문제에 대해 좀 더 분명한 그림을 얻는 데 도움이 될 수 있다는 가정에 근거한 것이다. 배우자를 초대할 때, 이 초대를 부부치료라는 틀에 넣지 않는 것이 중요하다. 그 이유가 몇 가지 있다. 배우자는 그 초대를 부부 문제에 대해 자신이 비난받고 있다는 암시로 해석할 수 있으며, 그렇게 되면 초대를 거절할 가능성이 커지기 때문이다. 게다가 치료자는 자신의 개인치료자를 잃게 될 것에 대해 염려할 수 있는 내담자와의 치료적 관계를 보호해야 한다. 부부치료를 제안할 수도 있다. 만일 그렇게 한다면, 누가 부부치료를 맡을 것인지에 대해 결정을 내릴 필요가 있다.

가계도 그리기

제4장에서 우리는 가족사정을 위한 가계도의 활용을 논하였다. 가족치료자는 치료 시 가계도를 다양한 목적으로 사용한다. 어떤 사례에서는 내담자의 원가족에 대한 개인적 기록을 정리하는 데 도움을 주는 등 매우 사소한 역할을 한다. 예를 들어, 첫 회기 동안에 치료자는 가족 중에 누가 누구인지를 추적하기 위해 가계도를 그릴 수 있다. 어떤 경우에는 가계도가 주역을 맡고 치료의 초점이 되는데, 이는 가족치료의 다세대적 접근이 일반적으로 사용하는 방법이다(Kerr & Brown, 1988). 우리는 가계도가 기록의 도구 그 이상이라고 보지만, 그렇다고 치료기법으로만 보는 것은 아니다. 가계도를 구성하는 것은 내담자와의 작업에서 필수적인 부분이며 가족의 현재 문제와 강점을 더욱 잘 이해하도록 돕는다. 우리는 학생들이 가계도를 건너뛰었다가 나중에 치료가 막힐 때, 또는 치료 말미에 중요한 원가족 정보가 드러나고 그것을 알지 못했던 자신을 바보처럼 느끼게 될 때, 후회하는 것을 많이 보았다.

가계도의 가장 단순한 형식은 성별, 세대, 나이와 함께 가족의 구성원을 식별하는 시각적 지도이다. [그림 6-1]에 가족의 시각적 묘사를 위해 가장 일반적으로 사용되는 상징을 제시하였다(McGoldrick et al., 2008; Pendagast & Sherman, 1977; Williams, Edwards, Patterson, & Chamow, 2011). 각 상징을 설명하지는 않겠지만, 가장 의의 있는 상징을 몇 개 살펴보겠다. 각 가족구성원은 사각형(남자) 또는 원(여자)으로 표시한다. 각 상징 안에 나이를 적는다. 내담자 혹은 환자로 지목된 사람 IP는 두 줄로 그린다. 형제 및 자매는 출생 순서에 따라 맏이에서 막내까지 왼쪽으로부터 오른쪽으로 기입한다. 가장 어린 세대는 아래쪽에 그리고, 가장 나이 많은 세대는 그보다 젊은 세대의 위쪽에 그린다. 결혼은 실선으로 나타낸다. 남편은 왼쪽에 그린다. 동거는 점선으로 표시한다. 결혼 및 동거 관계를 표시할 때, 이전 관계는 왼쪽에, 뒤이은 관계는 오른쪽에 그린다. 때로 상징으로 나타낼 수 없는 정보이거나 상징이 기억나지 않는데 그 정보를 기록하고 싶어질 수 있다. 이와 같은 상황에서는 급한 대로 가계도에 글을 적어 넣거나 자신만의 상징을 만들어서 사용하면 된다. 가계도를 완벽하게 보이도록 그릴 필요는 없다. 중요한 정보를 전달하는 것이 필요할 뿐이다.

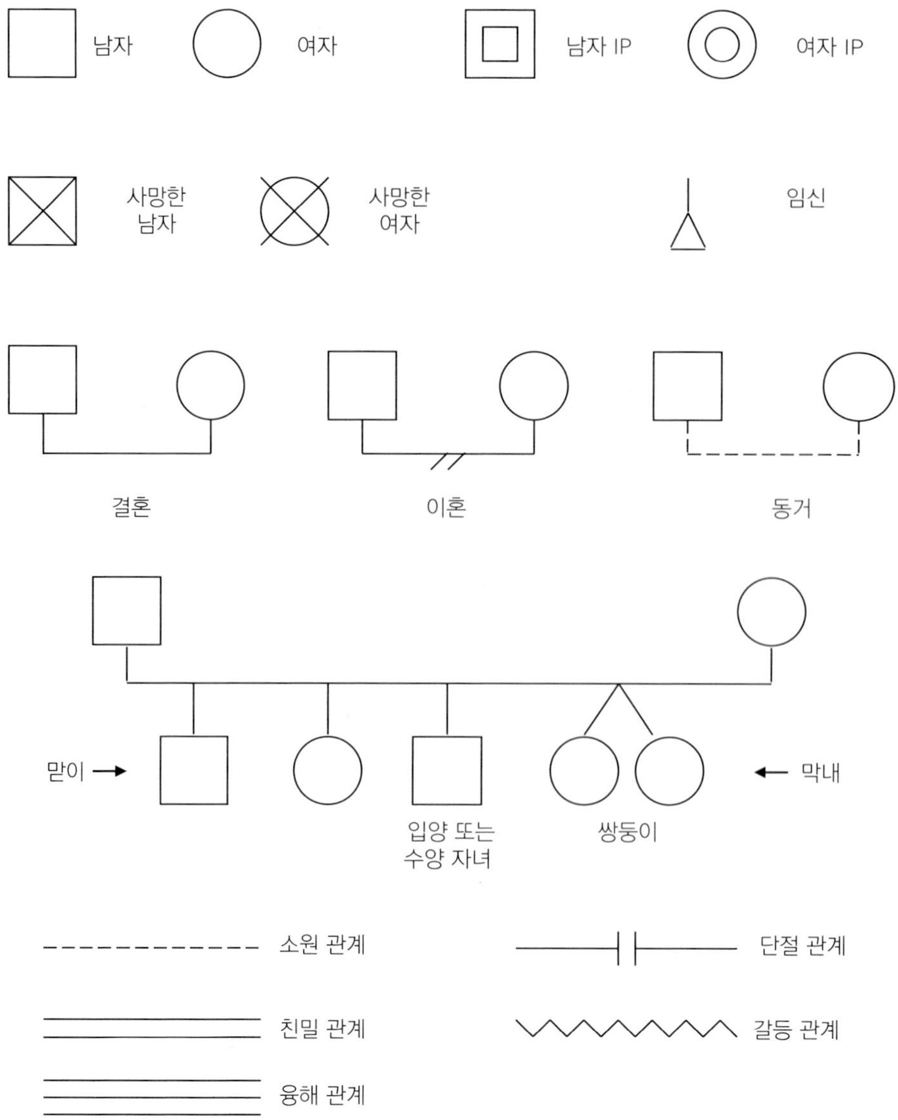

[그림 6-1] 일반적인 가계도의 상징

주: Williams, Edwards, Patterson, & Chamow (2011). Gilford Press의 허가하에 게재함.

내담자와의 작업 초기에, 되도록 2회기에 따로 시간을 내어 3세대 또는 4세대 가계도를 위한 정보를 수집하게 될 것이다. 이때쯤이면 이미 대부분의 치료자는 자신이 받은 모든 정보를 정리하기 위해 개인적 기록 안에 가계도를 구성해 놓는다. 확대가족에 대한 논의에 가족을 참여시키게 되면 가계도는 기록의 도구에서 개입의 도구로 바뀐다. 내담자는 당면한 문제에 집중하고 있기 때문에, 왜 소중한 시간이 '과거에 속한' 정보를 수집하는 데 사용되고 있는지에 대해 의문을 제기할 수 있다. 당신은 왜 그런 정보가 중요한지에 대해 논리적 근거를 제시할 준비가 되어 있어야 한다(예: "성장과정에서 가족으로부터 배운 것은 종종 현재 관계에서의 우리의 태도와 행동에 영향을 주지요." "저는 당신 가족 안에 있는 강점과 자원에 대해 알고 싶어요. 그것들이 이 문제를 극복하는 데 도움이 될 거예요."). 당신이 그 정보가 중요하다고 보지 않는다면 내담자에게 그것이 중요하다는 것을 설득시키기가 매우 어려울 것이다. 대부분의 내담자는 '좋은 역사' 작업이 중요하다는 것을 이해할 것이다. 그것이 다른 정신건강관리 전문가들을 만났던 그들의 경험과 일치하기 때문이다.

일단 치료자와 내담자가 가계도 작업을 하기로 동의하면, 다음 도전은 어떻게 하면 그 과제에 머무를 것인가이다. 어떤 치료자는 가계도 면접을 준비했다가도 내담자가 이전 회기 이후의 새로운 문제들을 마구 쏟아내면 옆길로 빗나간다. 내담자가 집중을 유지하도록 돕기 위해 모든 사람이 볼 수 있는 큰 종이에 가계도를 그리는 방법을 추천한다. 그 가계도를 당신의 파일 안에 간직했다가 매 회기에 벽에 붙여 놓을 수도 있을 것이다. 가계도를 크게 그려 붙여 놓는 것의 또 다른 이점은 상징과 선 그리기에 아동을 포함시킬 수 있다는 것이다. 그렇게 하면 아동을 치료에 참여시킬 수 있고 그들이 관계를 어떻게 작성하는지를 통해 진단적 정보를 제공받을 수 있다.

가계도를 구성하는 첫 단계는 폭(breadth)이다.

- 각 가족의 성별, 나이, 이름을 수집하되 가장 어린 가족부터 시작해서 위로 올라간다.[2)]
- 사망한 가족은 상실을 나타내기 위한 × 표시와 함께 사망 당시 나이를 적고 어떻게 해서 사망했는지도 표시한다.[3)]
- 가족들을 생물학적 또는 법적 관계를 나타내는 선으로 연결한다.

---

2) 공통적으로 먼 친척까지 모두 포함시킬 필요가 있는지 여부를 질문한다. 비록 어떤 경우에는 그 정도로 정확하게 할 필요가 있지만, 우리는 가장 가까운 가족구성원에 집중하기를 권한다.

3) 호소 문제와 특별히 관련이 있지 않은 한, 이 단계에서 상실의 중대성을 인식하고 가족에게 그 경험에 대해 나중에 다시 다뤄도 될지 물어볼 수 있다. 사망의 경위 파악을 위해 너무 많은 시간을 보내는 것을 피하라.

- 관계를 표시하는 선 위에 관계가 시작된 날짜와 필요하다면 종결된 날짜를 적는다.

가계도 구성의 두 번째 단계는 깊이(depth)이다. 우리가 수집해야 할 정보의 목록은 다음과 같다.

- 각 가족에 대한 묘사. "당신의 아버지부터 시작해 봅시다. 그분에 대해 조금 이야기해 주세요." 좀 더 구조(structure)가 필요한 내담자에게는 "당신의 아버지를 묘사하는 다섯 단어는 뭘까요?" 하고 질문할 수 있다. 어떤 식으로 정보를 모으든, 긍정적인 묘사가 부정적인 묘사와 함께 포함되어 있는지 확인해야 한다.
- 내담자(들)를 다른 가족들이 어떻게 묘사할지에 대한 묘사. "당신의 부모님과 형제들이 여기에 있다면, 그들이 당신에 대해 어떻게 묘사할 것 같은가요?" 이러한 묘사는 가족 안에서의 역할을 드러낸다(예: 희생양, 스타, 검은 양, 코미디언).
- 2자 관계의 묘사. "당신과 아버지의 관계에 대해 이야기해 주세요. 당신과 자매 사이의 관계는 어떤가요? 부모님은 사이가 어떤가요? 이러한 관계들은 시간이 흐르면서 어떻게 변했나요?"
- 가족이 함께 있는 시간에 대한 묘사. "가족 생활 중에서 평범한 날은 어땠나요? 당신의 가족은 어떤 오락을 함께 즐겼나요?"
- 가족의 정서적 분위기에 대한 묘사. "당신의 가족 안에서는 분노, 슬픔, 즐거움이 어떻게 표현되었나요? 당신에게 문제가 생기면 누구한테 가서 이야기했나요? 부모님은 당신의 행동이 못마땅할 때 어떻게 혼냈나요?" 이러한 묘사들은 가족의 규칙을 드러낸다. 규칙에는 명시적 규칙(예: 16세가 될 때까지는 데이트 못함)과 암묵적 규칙(예: 죽은 가족에 대해 이야기하면 안 됨)이 있다.
- 가족의 신념체계들과 모토들(mantra). "당신 가족의 핵심 신념에는 어떤 것이 있나요?" 예를 들면, 가족은 성별에 관련된(예: 남자는 약하거나 분노 외의 감정을 보이면 안 됨) 그리고 정상과 비정상에 관련된(예: '우리는 굉장히 사이가 좋아.' '절대 싸우지 않지.') 신념을 가지고 있을 수 있다(Rolland, 1994).

여기까지 오게 되면 치료자는 가족과 관계들에 대해 많은 이야기를 들었을 것이며, 내담자의 호소문제와 관련이 있을 수도 없을 수도 있겠지만 일반적인 주제들이 나타나기 시작할 것이다. 이러한 주제들은 종종 여러 세대에 걸쳐 일어나는 가족기능의 패턴으로 밝혀진다.

가계도가 비록 가족생활의 수직적인 스트레스 요인들(예: 관계 패턴, 중독, 폭력)을 밝히는 귀중한 도구이기는 하지만(McGoldrick & Shibusawa, 2012), 가족 역사의 시간적 차원을 명확하게 알려 주지는 않는다(Friedman, Rohrbaugh, & Krakauer, 1988). 다시 말하면, 가계도가 날짜와 사건들을 기록하기는 하지만 이해를 위해 적절한 순서로 배열해 주지는 않는다. 예를 들어, 이혼, 이사, 부모의 질병 진단은 근접한 시간 내에 일어났을 수 있는데, 그것이 또한 내담자의 호소문제가 시작된 시간이었을 수도 있는 것이다. 다음에서는 체계적 가족치료자에게 고유한 또 다른 기술로 주의를 돌려 본다.

연대표 만들기

가계도와 마찬가지로 연대표(timeline)는 내담자들이 자신들의 문제를 맥락 안에 넣도록 돕는다. 연대표는 가족의 삶에 있어서 중요한 규범적 사건들(예: 청소년기에 접어듦)과 비규범적 사건들(예: 예상치 못했던 실직)을 기록한다. 예를 들어, 가족은 자녀의 문제행동이 아기가 새로 태어나고 새로운 집과 학교로 옮겨간 것을 포함한 가족의 동시다발적 변화로 인해 가족의 스트레스가 증가되었던 시기에 시작되었다는 것을 배울 수 있다.

가계도를 구성할 때처럼 벽에 종이를 한 장 붙여 놓고 가족으로 하여금 그들이 살아오는 동안 가장 중요했던 사건들을 찾아보게 한다. Stanton(1992)은 이 과정을 간결하고 분명하게 설명하였다.

> 이것(연대표)은 긴 가로줄을 그리고 나서 그것을 치료자가 선호하는 방식에 따라 년, 달, 주, 심지어 날을 나타내는 일정한 조각으로 나누는 것으로 구성된다. 그 선 위에 접합 사건들(nodal events, 역자 주: 인생이 변화하는 지점이 되는 사건들)이나 생애주기 사건들을 짧은 수직으로 표시하고 밑으로 연장하여 그에 해당하는 글귀를

> 써넣는다(예: '루이스가 실직함' '버트와 마리가 결혼함' '윌리엄이 사망함'). 주목해야 할 접합 사건들의 종류는 무한하다. 이는 대체로 출산, 죽음, 약혼, 결혼, 별거, 이혼, 학교 변화, 새로운 일의 시작, 휴직, 승진, 재정 악화, 이주, 이민 그리고 질병, 입원, 수술 등의 심각한 의료 사건의 발생을 포함한다. 모든 종류의 상실, 획득 또는 변화가 여기에 표시할 자료가 된다(p. 332).

일단 연대표에 사건을 기입하고 나면, 특정 변화의 의미에 대한 가설을 세우기 시작할 수 있다.

희망, 주체감, 교감 고취하기

내담자들이 처음 치료자를 만날 때, 사기 저하가 그들이 호소하는 일반적인 주제일 수 있다. 그들은 과거에 대한 후회, 수치감 그리고 미래에 대한 절망감을 표현할 수 있다. 때때로 이것은 우울증을 나타내기도 하지만, 그들이 매일의 삶에서 느끼는 부담감과 실망감, 소외감의 표현일 경우가 더 많다. 처음 한두 회기의 주요 목표는 내담자가 좀 더 희망적이 되고 힘을 부여받으며 사회적으로 연결되도록 돕는 것이다.

Michael White의 이야기 치료에 근거하여, Griffith(2013)는 다음과 같은 질문들이 희망을 고취시킬 수 있다고 제안한다.

- 마지막으로 희망을 느꼈던 것은 언제였나요? 그때 어떠했나요?
- 인생에서 누가 당신이 희망을 품을 수 있도록 도와주었나요?
- 힘겨운 시간에 무엇이 희망을 살려 주나요?
- 당신이 지금까지 살아오면서 역경 중에도 희망적인 상태에 머물러 있는 것을 보고 놀라지 않을 사람이 있나요? 그 사람이 당신에 대해서 다른 사람들은 알지 못하는 무엇을 알고 있나요?

주체의식(agency)을 고취하기 위한 질문은 다음과 같다.

- 문제가 있음에도 불구하고 삶을 잘 꾸려 가고 있다고 생각했던 때는 언제였나요?
- 나에게 이야기했던 문제의 일부분이 아닌 한 인간으로서의 당신에 대해 내가 알아야 하는 것은 무엇인가요?
- 현재 직면하고 있는 도전에도 불구하고 당신이 견딜 수 있도록 돕는 사람은 누구인가요?
- 이 문제가 당신의 인생을 완전히 통제하지 못하도록 하기 위해 어떻게 해 왔나요?

교감(commuion)을 고취하기 위한 질문은 다음과 같다.

- 당신을 돌봐 주는 누군가가 가까이 있다고 마지막으로 느낀 것은 언제였나요?
- 당신이 어떤 일을 겪고 있는지 누가 알고 있나요? 당신은 도움이 필요할 때 누구에게 가나요?
- 당신이 상처받을 때 누구로부터 가장 위로를 얻나요?
- 당신은 누구와 함께 있을 때 신체적으로 가장 평온함을 느끼나요?
- 당신은 이 문제에 대처하면서 인생의 중요한 사람들과 어떻게 연결을 유지하나요?

이러한 질문은 견디기 어렵고 해결가능성이 없다고 느끼는 상황에서 내담자와 함께 그들이 미처 알아차리지 못했던 힘과 자원을 활성화시키고 선택지들을 열어주는 대화를 할 수 있도록 돕는다.

보다 정교하게 개입방법 활용하기

기본적인 치료기술을 사용하고 체계론적으로 개입하는 것 외에, 가족치료자들은 특정한 개입방법을 선택할 때 과정과 내용, 타이밍 그리고 내담자들의 불안 수준을 고려해야만 한다. O'Hanlon(1982)은 개인적 · 대인관계적 행동, 지각 및 경험의 패턴들에 개입하기 위한 여러 다른 선택지를 보여 주는 13가지 등급의 개입방법을 밝혔다. 이러한 개입방법은 행동패턴을 바꾸는 데 초점을 맞추는데, 왜냐하면 패턴이 증상에 영향을 주기 때문이다. 예를 들어, 가족이 끊임없이 다투는 것이 문제라고 호소한다면, 다툼이 얼마나 자주 일어나는지를 바꿈으로써 패턴을 중단시키기 위해 개입할 것이다.

개입은 대화 또는 상호작용의 과정 또는 내용에 초점을 맞출 수 있다. 상호작용의 내용은 실제로 어떤 말을 했는가이고, 과정은 어떤 방식으로 말을 했는가이다(Satir, 1967). 예를 들어, 아버지와 15세 아들이 운전면허를 따고 싶다는 아들의 소망에 대하여 논의할 수 있을 것이다. 이 사안 또는 '무엇'이 의논되고 있는가가 내용이다. 과정 또는 그것이 '어떤' 방식으로 논의되고 있는가는 관심사 기저의 감정, 논의하는 말투 그리고 의사소통 패턴을 포함한다. 내용에 초점을 맞춘 개입은 사안을 명료화하고, 더 많은 정보를 제공하고, 문제를 정의하는 데 도움을 준다. 과정에 초점을 맞춘 개입은 감정을 탐색하거나 노출시키고, 상호작용의 주제와 패턴을 드러내는 데 도움을 준다. 예를 들어, 가족들이 매우 감정이 실린 사안을 아무런 감정 표현 없이 논의하고 있다는 것을 치료자가 알아차린다면, 치료자는 과정을 밝히기 위해 개입할 것이다. 훌륭한 개입은 내용과 과정 모두를 포함한다.

치료자는 개입방법을 선택할 때 여러 가지 중요한 요인을 고려한다. 개입의 타이밍이 그 효과성을 평가할 때 고려되어야만 한다. 타이밍은 가족이 특정한 전략, 과제나 지시를 어떻게 받아들일 것인가에 영향을 준다. 치료과정 중 어떤 개입방법을 너무 이르게, 즉 치료자와 과정에 대한 신뢰가 아직 충분하지 않을 때 사용하면 실패를 초래할 수 있다.

신뢰 외에도 적절한 타이밍을 결정함에 있어서 변화의 동기를 고려하는 것이 유익하다. 내담자의 동기가 높다면 변화를 강조하는 개입에 좀 더 수용적일 것이다. 만약 내담자가 변화에 저항적이라면, 추적과 적극적 경청 등 내담자와 보조를 맞추는 것이 적합할 수 있다. 주요 목표가 평가인 첫 번째 회기에는 '변하지 마시오(no change)' 입장이 유익할 수 있다. '변하지 마시오' 입장은 치료자가 적절한 평가를 끝내기 전까지는 변화의 도입이 시기상조임을 가정한다. 문제를 충분히 이해하기 전에 변화를 제안하는 것은 결코 치료적으로 타당하다고 볼 수 없다.

회기 중에 불안을 평가하고 다루는 것은 어떤 개입을 선택할지를 평가하는 데 있어서 도움이 될 수 있다. 개방적 질문과 같은 어떤 개입방법은 내담자가 어떻게 대답할지를 즉시 알 수 없다는 단순한 이유 때문에 내담자의 불안을 가중시킬 수 있다. 가족 또는 직장 내력 관련 기본정보와 같이 사실상 좀 더 익숙한 질문들은 불안을 낮춰 주는 경향이 있다. 치료에 있어서 적당한 수준의 불안은 필요하며 변화를 향해 나아가는 데 도움이 될 것이다. 치료자가 회기 중에 불안 수준에 주목하고 어떤 개입방법이 불안을 증폭시키거나 또는 감소시키는 경향이 있는지를 예측해 보는 것이 도움이 된다.

결론

이 장에서 논의된 기본적인 치료기술은 자신이 어떤 유형의 치료자인지를 명심하는 한편, 이러한 기술들을 특정한 문제를 가지고 있는 특정한 내담자에게 적합하도록 일치시키는 기술과 조화를 이루어야만 한다. 이것은 가족치료자로서 평생에 걸쳐 도전해야 하는 부분이다. 훌륭한 치료는 훌륭한 예술이다. 먼저 기본에 충실해야 한다. 당신 자신과 내담자 그리고 당신의 맥락을 다중적 차원에서 이해하는 것은 걸작품이 만들어지는 배경이 된다. 우리는 〈표 6-1〉에 자기-평가 질문 목록을 소개함으로써 치료기술에 관한 이번 장을 마치려 한다. 초보 치료자는 이 질문이 자신의 초기 작업을 평가하고 방향을 잡는 데 도움이 된다는 것을 발견할 수 있을 것이다.

〈표 6-1〉 치료기술들에 관한 자기-평가 질문들

- 치료적 관계 형성하기
  1. 나는 내담자에게 관심 있는 모습을 보여 주는가?
  2. 나는 치료실에서 안전한 치료환경을 조성했으며, 회기 밖의 작업에 관한 지침을 정했는가?
  3. 나는 내담자의 경험을 정서적 수준과 인지적 수준 모두에서 어느 정도 이해할 수 있는가?
  4. 나는 계속해서 이 사례에 대해 호기심을 가지고 있는가?
  5. 나는 훈련생 또는 인턴으로서의 나의 위치, 또는 특정 영역에 대한 전문성의 결여에 대해 분명히 해야 할 필요가 있는가?

■ 평가하기와 개입하기

1. 나는 평가(예: 선형적 질문과 순환적 질문)와 개입(예: 전략적 질문과 성찰적 질문)을 위해 적절한 질문을 하고 있는가?
2. 나는 내담자의 염려를 어떻게든 정상화할 수 있는가?
3. 호소문제를 재구조화하는 것은 그것을 이해하는 방식이 변화되도록 도울 것인가?
4. 내담자는 내가 그들의 사회적 지지체계를 확장시킨다고 생각하는가?
5. 나는 필요할 때 가족을 직면시킬 수 있는가?
6. 나는 속도 조절에 있어서 내담자가 필요로 하는 것을 인식하고 있는가?
7. 나는 도움을 줄 수 있는 의뢰에 대해 고려해 본 적이 있는가?
8. 심리 교육 자료(예: 참고자료, 유인물, 인터넷 웹사이트)는 내담자에게 유익한 것인가?
9. 나는 적절한 치료계획을 가지고 있는가?

■ 가족치료 기술을 발전시키기

1. 나는 체계론적인 방식으로 사고하고 행동하는가?
2. 나의 개입은 문제와 가족에 대한 체계론적 이해와 일치하는가?
3. 이 치료적 접근이나 문제와 관련된 논문이나 책을 읽는 것이 도움이 될 것인가? 나는 나의 이해를 심화시키기 위해 워크숍에 참석할 필요가 있는가?
4. 나는 혼란스러울 때 동료나 슈퍼바이저와 상의하는가?
5. 나는 이 사례에 대한 법적 · 윤리적 문제들을 잘 다룰 수 있는가?

제7장

아동을 포함한 가족치료

리사는 눈을 크게 뜨고 의자 가장자리에 떨면서 앉아 있었고, 가끔 한 손으로는 왼쪽 눈의 만성 틱을 가리곤 했다. 이번은 9세 리사의 첫 번째 상담실 방문으로, 그녀는 선천적으로 수줍고 예민한 아이였기 때문에 어머니와 아버지가 자기 대신 말하도록 했다. S씨 부부는 치료자에게 몸을 기울이고, 리사가 매일 일으키는 공황발작과 딸의 '문제'를 해결하려고 노력하면서 겪는 좌절감을 고통스럽게 드러냈다. 면접이 끝날 무렵 치료자는 리사의 장애에 대한 풍부한 역사와 여러 가지 가설을 수집할 수 있었다. 리사가 분명 IP이긴 했지만, 가족 작업이 치료의 일부라는 것에는 의문의 여지가 없었다. 치료자는 내담자들의 이야기를 주의 깊게 듣고 공감한 후, 공동 작업(team work)에 대해 이야기하기 시작했다.

아동기 자녀들과 작업하는 데에 있어서 우리의 가장 깊은 신념은 거의 예외 없이 주 양육자가 아동기 문제의 평가와 효과적인 치료에 절대적으로 중요한 존재라는 것이다. 이러한 '우산' 가정('umbrella' assumption)은 가족치료자들이 공통적으로 중시하는 것이기는 하지만, 여러 명의 가족을 치료에 포함시키기를 어려워하는 초보 치료자는 간혹 이를 실천에 옮기려 하지 않는다. 가족의 참여 없이, 아동과 함께 하는 50분의 개입 효과는 회기들 사이에 놓인 1만 분 안에 빠르게 사라진다. 아동기의 문제를 얼마간 가족 내 기능 문제로 보든, 아니면 아동기 장애를 좀 더 개인적인 관점에서 보든 간에, 아동과 함께하는 작업은 대부분 내담자인 아동이 함께 사는 성인의 희망, 공존, 태도와 능력을 다루는 것과 관련된다. 부모 또는 주 양육자가 자신의 평가를 공유하고 치료를 통해 얻은 통찰, 정보, 행동을 가정으로 옮겨 가는 방식의 협력적인 한 세트가 기본이다.

아동 · 청소년 장애 평가

미술사가들은 유럽의 화가들이 아동을 성인의 축소판으로 그렸던 시대에 익숙할 것이다. 이와 유사하게 사회학자와 인류학자들은 아동이 소형의 몸으로 성인처럼 생각하고 느끼고 행동한다고 생각했던 시대가 있었음을 보고하고 있다. 오늘날에는 '아동'과 '성인' 사이의 구별이 잘 문서화되어 있는 만큼 복잡하다. 그러나 정신병리학에서는 이미 성인에 대해서는 잘 설명되고 치료되고 있지만, 아동에 대해서는 매우 다르게 작용하는 심리적 장애를 정의하고 파악하고 치료하기 위해 여전히 고전 중이다.

우리는 아동과 작업하면서 아동기 자체가 감별 진단을 얼마나 복잡하게 만드는지 매일 떠올린다(Costello, Mustillo, Erkanli, Keeler, & Angold, 2003; Hofstra, Van der Ende, & Verhulst, 2000). 어려움을 겪는 아동에게서 보이는 일반적 행동 증상들은 진단기준에 깔끔하게 맞아떨어지지 않으며, 따라서 우리는 온갖 평가기술과 적합한 치료계획을 동원해야만 한다. "이 아동의 감정 변화가 ADHD의 징후인가? 양극성 장애인가? DSM 진단까지 내려야 하는가? 아니면 이 증상이 부부 갈등과 '부실한 양육'의 파생물인가?" 어쨌든 진단은 조심스럽게 내려지며, 생물학적 평가(예: 두뇌 이상을 탐지하기 위한 EEG와 MRI)뿐 아니라 사회적 평가(예: 가족, 학교, 또래관계에 대한 자세한 정보 수집)와 심리적 평가(예: 지필 검사 도구와 투사적 검사 사용)를 포함해서 지속적이고 포괄적으로 평가를 실시해야 한다.

생물심리사회적-체계론적 접근이 아동과 성인의 장애 평가의 질을 높이기는 했지만, 특히 IP가 아동일 경우 가족 문제 평가의 중요성은 아무리 강조해도 지나치지 않을 것이다. 아동을 평가함에 있어서 가족체계적 관점은 몇몇 일반적인 전제들을 가지고 있다. ① 아동과 가족의 장애를 상호 연관된 체계와 하위체계의 집합체로 보는 관점, ② 어느 한 변인의 영향을 평가할 때 전 가족의 상황을 고려해야 할 필요, ③ 비슷한 행동이라도 일련의 다른 유발 요인들의 결과일 수 있다는 생각, ④ 개입이 가족체계 내의 관계의 재적응을 포함하여 다양한 결과로 이끌 가능성이 있다는 인식, ⑤ 가족체계들과 하위체계들은 역동적인 특성들을 가지고 있으며 시간이 흐름에 따라 끊임없이 변한다는 생각 등이다(Estrada & Pinsof, 1995).

또한 방대한 문헌은 아동 · 청소년 문제의 발달이 진공상태에서 일어나지 않으며, 결혼과 가족의 어떤 특성들에 의해 강력한 영향을 받는다는 것을 제시한다(Achenbach, 2008; Essex et al., 2006; Shapiro & Gottman, 2005). 예를 들어, 부부간의 불화, 부모의 정신병리, 가족들의 사회인지적 결함, 사회경제적 불이익, 분열된 부모-자녀 관계, 사회적 지지의 결핍, 사회적 고립과 같은 요인들이 모두 아동 개인의 장애 발달과정에 강력한 영향을 주는 변인들이다. 이러한 문헌들은 가족체계적 평가를 위해 강력한 주장을 펼친다.

리사와 그녀의 부모와 함께 작업하는 치료자는 이와 같은 중요한 가족 변인들을 고려한 후, 깨달음을 주는 사실을 발견하고 이후의 치료를 위한 가설을 확장시킬 수 있었다. 예를 들어, 리사의 아버지는 공황장애와 광장공포증 병력을 가지고 있다는 것, 부모 모두 발작을 유발하는 '죽음(death)'과 '죽어감(dying)'이라는 단어의 사용을 회피함으로써 의도치 않게 리사의 증상을 유지시키고 있다는 것, S씨는 자신의 가족 내의 죽음에 기인한 미해결된 애도의 문제를 가지고 있다는 것 그리고 S씨 부부는 딸의 양육에 관하여 강하게 대립하고 있으면서 이러한 의견 차이에 대한 의논 또는 논쟁을 회피하고 있다는 것 등을 알게 되었다. 또한 리사의 발작이 시작될 즈음에 아버지가 광장공포증으로 직장을 잃었고, 역할이 바뀌어 아버지는 집에서 리사를 돌보고 어머니가 나가서 일을 하게 되었다는 것을 알게 되었다.

물론 아동 개인에 대한 평가와 진단은 중요하다. 리사의 사례에서 DSM을 사용하여 내담자인 리사가 공황장애의 분류 기준에 부합한다는 것을 알 수 있었다. 그러므로 우리는 순전히 리사와 부모가 보고한 개인적 증상을 바탕으로 불안장애에 효과적인 개입으로 알려진 치료 프로그램을 설계할 수 있다. 그러나 평가에 있어서 개인적 접근뿐 아니라 체계적 접근도 취함으로써 증상에 틀림없이 영향을 미치는 가족 문제를 다룸으로써 리사의 치료를 보완할 수 있다. 그리하여 평가는 확장되었고 치료의 질은 향상되었다.

가족치료자는 주로 체계론적 접근과 개입에 관심이 있지만, 임상가들에게 아동 · 청소년의 개별 진단에 대한 최신의 실용적 지식을 갖는 것이 점점 더 중요해질 것이다. 일반적인 아동기 장애에는 우울장애(기분부전장애, 주요우울장애), 신경발달장애(외상후 스트레스장애, 자폐스펙트럼장애, 학습장애), 불안장애(분리불안장애, 범불안장애) 및 파괴적 행동장애(적대적 반항 장애, 간헐적 폭발성 장애)가 포함된다. 아동 · 청소년에게 자주 진단되는 문제들에는 외상후 스트레스장애(PTSD), 적응장애, 섭식장애, 물질남용이 있다. 많은 아동은 동반 질환을 갖게 된다. 예를 들어, 어렸을 때 ADHD로 진단받았는데 나중에는 품행장애와 물질남용 문제를 진단받을 수 있다. 진단기준을 파악하기 위해 최신판 DSM을 살펴보기를 추천한다.

가족치료자는 아동행동체크리스트(Child Behavior Checklist)(Conners, 1997 참조) 처럼 다양한 출처로부터 아동의 행동에 대한 정보를 제공받을 수 있는 도구나 과잉행동 아동을 평가하기 위한 신경심리평가 도구인 코너평정척도(Conners' Rating Sclae) 등의 도구와 친숙해지는 것이 좋다. 그 외에도 아동 · 청소년 평가는 발달에 초점을 맞추기 때문에 웩슬러 아동용 지능검사 3판(WISC-III)(Wechsler, 1991), 인물화 검사, 집-나무-사람 검사(Buck & Jolles, 1966)와 같은 다수의 지필 검사 도구와 투사검사들이 지능 평가와 발달 평가에 사용된다. 이 도구들 중 다수가 교육영역의 교육용 종합검사(educational batteries)에 사용되고 있다. 대부분의 가족치료자는 치료 중에 이러한 검사를 실시하지는 않지만 어떤 심리평가 도구들이 있는지 알고 있어야 하며, 특히 아동이 발달장애 또는 다른 학습 관련 문제를 가지고 있는 것이 의심될 때 추가 평가를 위해 심리검사를 의뢰할 수 있어야 한다.

진단을 위한 증거-기반 문헌을 요약하는 대신 『결혼 및 가족치료 학술지』에 실린 3편의 논문을 읽어 볼 것을 추천한다. 「아동과 청소년을 위한 가족-기반 개입(Family-Based Interventions for Child and Adolescent Disorders)」(Kaslow, Broth, Smith, & Collins, 2012), 「청소년의 품행장애와 비행을 위한 경험적으로 입증된 가족-기반 치료(Empirically Supported Family-Based Treatments for Conduct Disorder and Delinquency in Adolescents)」(Hengeller & Sheidow, 2012) 및 「약물남용을 위한 가족치료: 리뷰와 업데이트 2003-2010(Family Therapy for Drug Abuse: Review and Updates 2003-2010)」(Rowe, 2012) 등이다. 이 논문들은 치료에 있어서 가족과 가족치료의 중요한 역할에 대해 강조하고 있다.

아동 · 청소년을 치료하기 위한 새로운 자원

부모의 지원과 가족-기반 치료는 아동 · 청소년을 위한 개입의 토대 역할을 하지만, 희망을 주는 다른 새로운 자원도 있다. 신경과학의 새로운 지식은 뇌 발달을 위한 애착의 결정적 중요성을 지적한다(Jensen & Nutt, 2015; Siegel, 1999). 또한 뇌에 관한 연구는 많은 장애에 대하여 새로운 이해를 이끌어 냈다. 예를 들어, 어떤 연구는 적어도 몇몇 유형의 ADHD가 단순히 뇌 발달이 지연된 경우일 수 있음을 제안한다(Duncan et al., 2007; Shaw et al., 2007). 또 다른 연구는 ADHD가 자주 여러 가족에게서 발생하기 때문에 가족-기반 개입을 검토했다. 예를 들어, 연구자들은 가족갈등과 적대감이 ADHD 증상을 악화시킨다는 것에 주목했다. ADHD가 있는 가족 내의 스트레스와 갈등을 완화하기 위해, 어떤 가족은 명상과 마음챙김 기술을 배우고 있다(Baruchin, 2008).

신경과학 연구가 계속되고 있으므로, 가족치료자는 내담자를 위한 이 분야의 자원을 인식하고 다른 전문가에게 의뢰할 수 있다. 예를 들어서, 학습에 어려움이 있는 아동과 10대는 신경과학의 평가로부터 도움을 받을 수 있다. 이러한 평가는 보통 지능과 학교 성적, 시각-운동 기술, 정서적 건강을 측정한다. 주의 집중 능력, 정보 기억 능력, 계획의 결정 및 실행 능력은 모두 신경과학 평가의 중요한 영역이다. 만약 부모나 학교가 이러한 영역에 속한 아동의 기능에 관심이 있다면, 신경과학 평가가 치료에 도움이 되는 결정적인 정보를 제공해 줄 수 있다.

향정신성 약물이 아동 · 청소년을 위한 치료방법으로 점점 더 인기를 얻고 있다. 다른 방법을 시도해 보았던 가족에게 약물치료는 때때로 안도감을 주기도 하지만, 아동 · 청소년 문제를 다루기 위해 약물을 사용하는 것에 대해서는 여전히 우려가 따른다. 아동의 발달, 특히 뇌 발달에 약물이 어떤 영향을 주는지에 대한 의문이 아직 남아 있다. 사실, 정신건강 관련 기관들은 비약물치료를 먼저 고려해야 한다는 취지의 논문을 출간하였다. 이러한 치료는 부모와 교사를 포함하여 아동의 삶 속에 있는 성인에게 초점을 두는 기술을 포함해야만 한다(Carey, 2006).

유전학(genetics)과 유전력(heritability)은 아동과 10대의 문제에 대한 이해에 영향을 미치는 또 다른 분야의 학문이다. 예를 들어, 정신건강 전문가는 자폐증과

ADHD 같은 장애가 높은 유전력(ADHD 76%, 자폐 90%)을 가지고 있다는 것을 알고 있다. 또한 유전학 연구자는 유전-환경 상호작용에 관심을 갖는다. 어떤 유형의 환경이 유전자가 발현되도록 영향을 미치는가? 간단히 말해, 어떤 환경이 유전자를 '작동'시키며, 언제 환경적 영향이 시작되는가?를 파악하려고 했다.

최근 몇 년간, 유전학자들은 정신질환의 측면에서는 유전자 돌연변이가 거의 없다는 것을 입증하였다(Mukherjee, 2016). 우리의 몸이 항상 새로운 돌연변이를 창조하는 반면, '후보유전자'가 정신질환의 원인으로 드러나는 일은 거의 없다. 따라서 치료자는 조현병, 양극성 장애와 같은 정신질환의 환경적 위험요인에 초점을 맞출 수 있다. 위험요인에 초점을 둔다는 것에는 예방 가능성이 내포되어 있다. 젊은 성인에게 있어서 임신 기간은 안전한 애착을 제공하고 아이들이 직면하는 스트레스의 양을 조절함으로써 산모 우울증과 같은 위험요인으로부터 아이들을 보호하는 중요한 시기이다. 예를 들어, 산모의 흡연이 좀 더 심각한 정신건강 증상과 관련이 있다는 것을 제시한 연구가 있다. 그러므로 환경의 영향은 자궁 안에서 시작된다.

가족치료자는 이러한 흥미진진한 연구로부터 무엇을 취할 것인가? 아동의 유전적 특징은 변하지 않지만, 치료자는 아동의 환경에 영향을 미칠 수 있다. 가족치료자는 건강한 가족환경의 중요성에 대한 새로운 지식으로 무장하고, 가족을 도와 스트레스를 줄이며, 갈등을 완화하고, 긴밀한 유대감을 증진시킬 때 자신감을 얻는다.

가족생활주기 재고

아동 · 청소년의 문제를 평가하고 치료할 때 이해하고 있어야 할 중요한 맥락은 가족의 발달단계와 그것이 가족 내에 존재하는 문제들과 어떻게 상호작용하는가이다. Cater와 McGoldrick(1989)은 가족에 대한 초기 연구(Duvall, 1955)를 발전시키고 이 정보를 가족치료자의 필요에 맞추어 가족생활주기를 6단계로 범주화하고 각 단계에 따른 주요 정서과정과 발달과제를 제시하였다(〈표 7-1〉 참조).

가족생활주기 개념은 그것의 배타성으로 인해 비판을 받아 왔다. 즉, 오늘날의 세계에서는 소수의 가족만이 규정된 순서대로 단계를 통해 이행한다. 예를 들어, 요즘은 많은 20대 자녀가 여러 가지 이유로 부모 집에 머문다. 우리는 단계가 진행되는 순서보다는 한 단계에서 다른 단계로 전이할 때 가족이 어떻게 변화에 대처하는지, 특히 이차적 변화를 성취하기 위한 그들의 노력에 관심이 있다. 이차적 변화는 행동적 · 인지적 · 정서적 · 관계적 영역에 있어서 가족체계를 재정의하는 것을 필요로 한다. Carter와 McGoldrick(1989)의 가족생활주기는 단계들 사이에 있는 전이 시점에 특히 주의를 기울인다.

또 다른 발달단계 모델인 Combrinck-Grahams(1985)의 모델은 시간이 흐름에 따른 가족의 이동과정을 묘사한다. 이 모델에 의하면 가족은 원래 아기가 새로 태어날 때처럼 훨씬 가까워지는 시기(구심성 기간)와 자녀가 청소년기로 접어들 때처럼 훨씬 멀어지는 시기(원심성 기간) 사이를 진자운동한다. 구심성 기간은 가족 결속력이 크고 가족생활 내부에 집중되는 특징이 있다. 원심성 기간은 가족 개개인이 목표를 추구하며 가족 외 환경과 상호작용하도록 허용하는 가족 외부 경계선의 개방을 보인다.

이러한 모델들은 가족이 종종 발달적 전이기에 치료를 받으러 온다는 사실을 상기시킨다. 치료자는 내담자가 호소하는 문제가 특정 발달단계의 달성을 향한 진행과정에 고착된 가족, 또는 특정 방향(구심성 또는 원심성)으로의 전이를 다루고 있는 가족과 관계가 많을 수 있다고 가정한다. 예를 들어, 매우 통제적인 부모의 14세 딸이 통금시간을 어기고 학교에서 부모가 용납할 수 없는 또래와 어울리며 문제행동을 할 수 있다. 이러한 문제행동은 가족체계가 '청소년기 자녀를 둔 가족' 단계(원심성 운동)로 전이하는 데 어려움이 있다는 표시이다. '청소년기 자녀를 둔 가족' 단계에서는 점차 성장하는 10대의 독립성을 포함하도록 가족경계선의 투과성을 높일 필요가 있다.

각 전이단계에서의 첫 번째 과제는 치료자가 가족 안에서 벌어지고 있는 일을 정상화하여 많은 호소문제를 일반적이고 이해할 만한 것으로 틀을 짜는 것이다. 치료자는 가족과 좀 더 충분히 연결하기 위해서 생활주기 정보를 사용할 수 있다. 이러한 정보는 내담자가 자신의 어려움을 좀 더 완전하게 이해할 수 있도록 돕는다. 정상화함에 있어서, 치료자는 발달적 변화로 인한 고통, 두려움 그리고 강렬한 감정을 하찮은 것으로 만들지 않도록 조심해야 한다. 잘 이루어진 경우, 정상화는 치료자가 가족에게 제공하는 첫 번째 '선물'이 될 수 있으며 가족 안의 정서적 동요를 누그러뜨릴 것이다. '가족은 무엇인가'를 이해하는 치료자의 전문지식은 견고한 치료적 동맹을 확립하도록 돕는다. 그러므로 생활주기 정보는 치료자의 권위를 높여 주며, 이는 치료자가 치료실 안에 있는 다른 성인들보다 훨씬 젊은 경우에 특히 유익하다.

〈표 7-1〉 가족생활주기의 단계

가족생활주기 단계	이행의 정서적 과정: 주요 원리들	발달적 진행을 위해 요구되는 가족 지위의 이차적 변화
1. 집을 떠남: 미혼, 젊은 성인	자신에 대한 정서적·재정적 책임 수용하기	a. 원가족과의 관계에서 자기-분화 b. 친밀한 동료관계의 발달 c. 자기 확립: 일과 재정적 독립
2. 결혼을 통한 가족의 결합: 새로운 부부	새로운 체계에 헌신하기	a. 부부체계의 형성 b. 배우자가 포함되도록 확대가족 및 친구와의 관계 재편성
3. 어린 자녀를 둔 가족	가족체계 안으로 새로운 구성원 받아들이기	a. 자녀(들)를 위한 공간을 만들도록 부부체계 조정 b. 육아, 재정, 가사에 협력 c. 부모와 조부모의 역할이 포함되도록 확대가족과의 관계 재편성
4. 청소년기 자녀를 둔 가족	자녀의 자립과 조부모의 노쇠를 포함하도록 가족경계의 유연성 증가시키기	a. 청소년 자녀가 가족체계의 안과 밖을 드나드는 것을 허용하도록 부모-자녀 관계 전환 b. 중년의 부부문제와 직업 문제에 다시 집중 c. 노인세대를 함께 보살피는 방향으로 전환 시작
5. 자녀를 떠나보내고 앞으로 나아가기	가족체계에 다수의 출구와 입구 허용하기	a. 부부체계를 2인관계로 재협상 b. 성장한 자녀와 부모와의 관계가 성인 대 성인의 관계로 전이 c. 자녀의 배우자와 손자녀를 포함하도록 관계 재편성 d. 부모(조부모)의 신체적 노화와 죽음에 대처
6. 노년기의 가족	세대 간의 역할변화 수용하기	a. 심리적 쇠퇴에 직면하여 자신과/또는 부부의 기능과 흥미 유지, 새로운 가족관계와 사회적 역할 탐색 b. 중간세대가 좀 더 중심적인 역할을 하도록 지원 c. 가족체계 안에 연장자의 지혜와 경험을 위한 자리를 만들고 윗세대를 지원하되 그들을 위해 과잉 기능하지 않기 d. 배우자·형제·친구의 상실에 대처하고 자신의 죽음에 대비, 생의 회고와 통합

주: Carter & McGoldrick (1989). Copyright 1989. Pearson Education, Inc, New York의 허가하에 게재함.

각 발달단계의 주요 정서적 문제에 대한 지식은 치료자에게 길을 안내한다. 가족들은 각 단계에서 효과적으로 대처하기 위해 무엇을 해야만 하는가? 치료자는 가족생활주기에 관한 정보를 활용함으로써 가족구성원의 좀 더 깊은 정서적 문제와 연결될 수 있다. 예를 들어, 동거관계나 결혼관계를 형성하려는 두 사람을 위한 주요 정서적 전이 과제는 '새로운 체계에 헌신하는 것'이다. 각 파트너가 포함되고 존중받을 수 있는 장소를 마련하는 새로운 체계가 없다면, 집 청소, 재정 문제, 친구관계 등에서 삶의 특정 영역에 대한 주도권 전쟁에서 이기고자 하는 일종의 경쟁이 발생할 것이다. 이 단계에 필요한 정서적 전이를 알고 있는 치료자는 두 사람 모두에게 편안한 결정을 할 수 있는 방법을 찾도록 지도할 수 있다. 치료자는 부부가 '나'로부터 '우리'로 변화하도록 돕는다. 물론, 한 단계로부터 다음 단계로 가는 옳은 길이 하나만 있는 것은 아니다. 가족은 각각 그 자신의 가족 역사와 그 집단의 신념체계, 문화 및 민족성에 의해 인도될 것이다.

다음으로, 가족발달 4단계의 몇몇 주요 주제에 대해 살펴본다. 가족발달 4단계는 ① 어린 자녀를 둔 가족, ② 학령기 자녀를 둔 가족, ③ 청소년기 자녀를 둔 가족, ④ 자립 단계의 자녀를 둔 가족이다. 이 자료를 치료 회기에 적용한다는 것은 치료자가 새로운 가족을 사정할 때마다 스스로 몇 가지 중요한 질문을 한다는 것을 의미한다. 그 질문은 다음과 같다.

- 가족생활주기 단계로 보아 이 가족을 위한 일반적이고 기대되는 발달과제는 무엇인가?
- 가족의 호소문제는 발달과제를 성공적으로 달성할 수 있는 그들의 능력에 어떤 영향을 미칠 수 있는가?
- 발달과제는 가족의 호소문제에 어떤 영향을 미칠 수 있는가?

또한 개인의 발달, 가족의 발달 그리고 호소문제 사이에 겹치는 부분을 고려하기를 원할 수 있다. 그렇다면, 다음과 같은 질문을 해 볼 수 있을 것이다.

- 이 가족 안의 '개인들'을 위한 일반적이고 기대되는 발달과제는 무엇인가?
- 개인적 필요와 가족의 발달적 필요는 가족의 호소문제에 어떤 영향을 미치는가?

예를 들어, 치료자는 19세 여성과 그녀의 부모로 구성된 가족을 만났다. 19세 여성은 고등학교 재학 중에 악성 암을 진단받았다. 그녀는 고통스럽고 힘든 치료를 견뎌 왔는데, 가족은 때때로 그녀가 살아남을 수 있을지 의심했다. 그녀는 학교와 농구팀을 그만두어야만 했다. 어머니가 주로 그녀를 돌보는 조력자가 되었고, 치료를 위해 두 사람은 함께 몇 시간씩 걸리는 시내로 다녔다. 아버지는 치솟는 병원비를 감당하기 위해 더욱 열심히 일했다.

어머니와 딸이 치료를 받으러 온 이유는 딸이 2시간 떨어진 곳에 있는 대학에 진학하려 하는 문제로 갈등이 생겼기 때문이었다. 딸은 1년 전에 완치 판정을 받았다. 치료가 성공적이기는 했지만 암은 집안에 대혼란을 불러왔다. 부부는 딸을 돕는 일에 집중하느라 수년간 그들의 결혼관계를 돌보지 못했다. 3년이 지난 지금, 그들은 공유하고 있는 것이 거의 없다는 것을 발견했다. 이와 반대로, 어머니의 삶은 딸의 건강에 필요한 것 중심으로 진화했고, 어머니는 점차 개인 생활과 남편과의 관계를 포기하게 되었다. 딸은 건강이 좋아짐에 따라 점점 더 자율성을 추구하기 시작하게 된 반면, 어머니는 딸을 놓아주는 것에 대해 저항했다. 그 이유는 자기가 조심스럽게 지켜보지 않으면 딸의 암이 재발할 수 있다는 것이 두렵기 때문이기도 했지만, 딸이 더 이상 지속적으로 자신을 필요로 하지 않으면 혼자 무엇을 해야 할지 알 수 없었기 때문이기도 했다.

이 가족은 가족생활주기의 '자녀를 떠나보내는' 단계에서 암과 고통스러운 치료의 절박한 필요 때문에 규범적인 전이로부터 빗나갔다. 그러므로 치료자는 가족생활주기 및 개인발달 과제와 가족발달 과제 모두를 고려함으로써 가족이 궤도로 돌아오도록 도울 수 있는 비병리화된(nonpathologizing) 계획을 수립할 수 있었다.

어린 자녀를 둔 가족

프랭크와 로라는 이혼하기 직전, 마지막 수단으로 치료를 시도해 보기로 합의했다. 그들이 19개월 된 딸을 데리고 나타났을 때, 치료자는 부부의 순탄한 항해의 날들이 '새로 부모가 됨'이라는 암초에 부딪혔을 때 끝났다는 것을 알게 되었다. 아기의 출생과 로라의 6주의 출산휴가 후, 부부는 출산 이전의 직장 일로 돌아갔다. 아기는 양질의 가정돌봄에 맡겨졌지만, 부부는 이에 죄책감을 느꼈고 그들의 저녁시간과 주말시간 전부를 어린 딸을 헌신적으로 돌보는 일에 사용했다. 오래지 않아 만성적인 짜증이 심해지면서 전면전으로 번졌다. 프랭크와 로라는 애초에 왜 결혼을 했는지 기억하기조차 힘들었다. 그들의 결혼관계를 보호할 방법을 발견하지 못한다면 당장이라도 이혼하게 될 것이 분명했다.

이 부부의 이야기는 가족생활주기의 이 단계에서 부부문제가 최고조에 달한다는 것을 상기시킨다. 새롭게 부모가 되면 아기의 신체적 필요를 채워 줘야 할 뿐 아니라 아기와 정서적 애착을 발달시키기 위해 시간과 에너지를 쓰게 된다. 새로 태어난 아기에 대한 가족의 반응 범위는 '거의 알아채지 못함'에서부터 '모든 것을 포기함'까지에 이른다. 아기는 엄청난 가족자원을 필요로 하기 때문에 전자 또는 닫힌 경계선 입장에서는 의존적인 아기의 필요를 채워 줄 수가 없다. 어떤 형태로든 방임이 초래될 수 있다. 반대쪽 극단의 '모든 것을 포기함' 입장에서는, 가족이 부부관계를 포함하여 다른 모든 관계를 희생하고 아기에게만 두 팔을 활짝 벌린다. 비록 이 단계의 초기에는 이것이 매우 적절할 수 있으나, 자녀 중심 가족은 이후의 가족생활주기 단계에서 구성원의 증가하는 자립의 필요성 때문에 종종 어려움을 겪는다. 부부의 스트레스나 개인적 기능의 문제(우울증)가 초래될 수 있는 것이다.

이 단계에서는 자녀양육, 집안일, 재정적 의무 등을 놓고 싸우는 일이 흔하다. 특히 부부가 가족생활주기의 이전 단계(결혼을 통한 가족의 결합)에서 새로운 체계를 형성하지 않았다면, 이 단계에서 긴급한 현실 문제 및 수많은 스트레스 요인과 결정들로 인해 압도당할 수 있다. 많은 연구가 아기의 출생 후 부부 갈등이 증가하고 부부관계의 질이 감소한다는 것을 보여 주었다(Belsky & Kelly, 1994; Shapiro, Gottman, & Carrere, 2000).

이 단계에서는 종종 성별 문제가 전면에 떠오른다. 수와 조는 5년간 함께 살았는데, 치료를 받으러 왔을 때는 2주간 별거 중이었다. 그들의 4세 아들과 2세 딸이 내원의 동기였지만, 막상 어떻게 오게 되었는지를 탐색하다 보니, 자녀들은 부모의 싸움에 판을 깔아 주고 있는 것 같았다. 수와 조는 둘 다 집세를 벌기 위해 일을 해야만 했는데, 수는 조가 판매 업무에서 할 수 있는 만큼 많은 돈을 벌어오지 않는다고 말하며 분개했다. 수의 어머니는 그녀가 6학년이 될 때까지 집에 있었는데 수는 자기도 그럴 수 있기를 원했다. 조는 한부모 가정에서 어머니의 양육을 받았다. 그는 자기가 결코 가지지 못했던 집과 정원을 자녀들이 누리도록 하려면 수도 일을 해야 한다고 믿었다. 역할에 대한 기대, 특히 성 역할에 대한 기대에 대한 충돌이 이 단계에서 최고조에 이르게 된다. 어린 자녀를 둔 가족 안에서 발생하는 이러한 실제적 · 정서적 · 관계적인 문제에 대한 이해는 치료적 개입을 안내하고 새로 부모가 된 사람들이 한 생활주기단계에서 다음 단계로 성공적으로 이행하도록 도울 수 있다.

가족생활의 초기 단계에서는 아동보다는 부모가 더 많이 치료를 받으러 오지만, 치료자는 때때로 IP가 영 · 유아인 가족을 만날 것이다. 세 살이 된 제이슨은 한 살 된 동생에게 반복해서 공격적인 행동을 하고, 장난감과 집안의 물건들을 부수고, 움직이는 차에서 기어오르려 하는 문제의 치료를 위해 왔다. 한부모인 어머니는 제이슨을 데리고 와서 짤막한 호소를 했다. "얘가 왜 그러는지 모르겠어요! 선생님이 그런 행동을 멈추게 해 주세요!" 치료자가 제이슨의 문제를 탐색하고 궁극적으로 해결하는 것은 제이슨의 나이 때문에 한계가 있는 것이 분명하다.

나이가 아주 어린 아동과 작업하는 가족치료자는 아동의 발달단계에 근거하여 초기 사정과 치료를 할 수 있다. 영아부터 성인에 이르기까지 아동의 정서적 · 인지적 · 사회적 발달에 관한 서적이 방대하므로, 여기에서 발달이론을 요약한다면 저자들에게 누가 될 것이다. 우리는 초보 치료자에게 아동 · 청소년의 각 발달단계의 필요와 기대에 대하여 충분한 지식을 가지고 있기를 권한다. 그러나 우리는 어린아이가 당신의 사무실로 아장아장 걸어들어올 때, 발달적 문제와 취해야 하는 실제적 조치들에 대해 간략하게 소개하는 데 초점을 두고자 한다.

영유아가 인생에 대한 신뢰감을 형성하기 위해서는 안정애착이 필요하다는 지식으로 무장한 우리는 아주 어린 아동을 평가할 때 다른 변인들 중에서도 그들의 초기 애착과 그들이 보이는 자율성 측면에서 할 수 있다. 인지발달에 관한 지식 또한 우리의 기대를 형성한다. 예를 들어, 우리는 3세의 유아가 '타임아웃'은 이해할 수 있지만, '진실을 말해 주기'는 명확히 이해하지 못한다는 것을 안다. 제이슨의 사례를 예로 들면, 우리는 어머니로부터의 잦은 분리와 간헐적으로 돌봐 주던 사람들의 학대가 그의 인생 초기 몇 년에 상처를 냈다는 것을 알게 되었다. 게다가 어머니의 유아기 인지기능에 대한 정보의 결여는 집에서의 상황을 더욱 어렵게 만들었을 수 있다. 왜 동생을 때리거나 밀치면 안 되는지에 대한 긴 설명은 제이슨의 공격적 행동에 거의 영향을 주지 못했다. 우리는 즉시 가족치료가 취할 수 있는 노선에 대한 단서를 얻었다. 그것은 제이슨과 어머니 사이에 안정애착을 재확립하고 한부모인 어머니가 자녀의 행동을 다루는 적절한 방법을 배우도록 돕는 것이었다.

초보 치료자는 또한 매우 어린 아동과의 작업을 위해 다수의 실제적인 지침으로부터 도움을 받을 수 있는데, 그 중에서 공간, 안전성, 책임의 공유, 구조적 기대 등을 살펴본다.

공간

대부분의 치료실은 성인과 아동 모두에게 적합하지 않다. 전통적인 놀이치료실은 너무 비좁거나, 물감, 점토 등 조심해야 할 물건들이 많아 성인이 편안함을 느끼기 어렵다. 반대로, 고정된 가구들이 있는 성인 치료실은 지루하거나 아동의 불안을 증폭시킬 수 있다. 이상적인 치료실은 전체 가족 상호작용을 수용할 수 있어야 하며, 필요하다면 놀이를 위한 그리고 가족 하위체계들을 따로 떼어 놓기 위한 분리된 공간을 제공해야 한다. 좀 더 널찍하고 이동 가능한 의자와 쿠션이 군데군데 있는 방이라면 모든 것을 수용할 수 있다. 아동과 성인 사이의 상호작용을 촉진할 수 있도록 장난감(손 인형, 크레파스와 종이, 간단한 게임)을 갖춘 놀이공간을 만드는 것도 유익할 것이다. 이 모든 것이 치료를 돕는다.

안전성

치료회기 동안 안전성이 확보되어야 할 필요가 있으며, 모든 사람이 이를 도울 수 있다. 치료자는 회기를 시작하기 전에 치료실을 점검하고 위험한 물건을 치워야 한다. 부모는 종종 회기 동안 한계를 정하고 훈육하는 것이 치료자의 책임이라고 믿는다. 그러나 그보다는 치료자가 부모에게 주된 책임을 부여하고 집에서 가지고 있는 규칙을 사용하도록 하는 것이 유익하다. 그렇게 하는 것이 가족의 위계질서 안에서 부모의 지위를 강화하고 치료자에게 가족이 어떻게 기능하는지 볼 수 있는 기회를 제공한다.

책임의 공유

비록 대부분의 가족과 협력적 분위기를 조성하는 것이 유익하기는 하지만, 어린 아동과 하는 작업은 유연하게 다른 이들과 일을 분담하는 것이 필수적이다. 치료자는 도움이 된다면, 바닥에 앉아서 아이와 놀 수 있어야 한다. 부모는 필요할 때 아동을 데리고 산책하며 휴식시간을 가질 수 있다. 종종 공동치료팀은 특정 가족의 하위체계를 관리하는 데 큰 도움을 줄 수 있다. 한 치료자는 아동을 데리고 다른 방으로 가고, 그동안 다른 치료자가 부모와 작업할 수 있다. 또한 낮잠이나 식사에 지장을 주지 않도록 회기 시간을 선택하는 것이 좋다. 부모에게 아동이 좋아하는 장난감을 가지고 오라고 하는 것도 유용하다. 마지막으로, 가족체계를 창의적으로 분리하여 다른 시간에 따로 회기를 갖는 것(한 번은 부모와 자녀가 함께 참석, 한 번은 부모만 참석)이 치료목표를 달성하는 데 좀 더 도움이 될 수 있다.

구조적 기대

특히 어린 아동에게는 매주 50분의 치료 회기를 고집할 필요는 없다. 좀 더 짧거나 긴 회기들, 또는 좀 더 작게 분할된 면담이 치료자가 가족과 작업하도록 도울 수 있다. 특히 유아는 수 분 이상 대화하며 앉아 있을 수 없으므로 게임, 미술 작업 또는 스토리텔링과 같은 놀이치료가 필수적이다. 좀 더 큰 아동과 성인에게는 치료 회기 시 몸짓 연기나 가족 간의 연기 참여 또한 도움이 된다. 아울러 가족치료는 종종 '단기 치료'가 적합하다. 예를 들어, 치료자는 접수/평가 회기를 좀 더 길게 가진 후 여러 번 개입을 제공하고, 그것을 몇 주간 테스트해 보게 하고 이후의 회기에서 결과를 보고하도록 가족에게 요청할 수 있다. 가정 방문 역시 종종 어린 아동의 문제 완화를 위해 환경을 변화시키는 방법에 대한 매우 유익한 정보를 가져다준다. 요약하면, 매우 어린 아동이 있는 가족과의 작업에는 유연성과 팀 작업이 결정적으로 중요하다.

학령기 자녀를 둔 가족

가족생활주기 중 이 단계의 문제는 변화에 적응할 필요가 있음을 나타낸다. 이러한 점에서 이 단계의 문제는 이전 단계의 문제와 유사하다. 다만, 이 단계의 다른 점은 가족의 접촉이 좀 더 큰 사회체계로 확장된다는 것이다. 아동이 반나절 유치원에 다니고 있었다면 이제는 종일제 학교로 전환된다. 아동이 종일제 보육을 받았다면 이제는 종일제 학교에 다니고 방과 후와 주말 스포츠 활동에 참여하게 된다.

게다가 아동에 대한 평가는 또래와의 비교를 수반하고, 아동이 적응할 수 있는 능력이 있는지 없는지가 더욱 두드러진다. 학교체계는 가족의 삶과 직결된다. 학교에서의 문제와 성공은 가족체계에 영향을 미친다.

이 단계와 이전 단계 동안, 확대가족과의 관계 문제 또한 재협상된다. 조부모, 고모/이모, 삼촌 그리고 사촌의 역할은 무엇인까? 이전 단계에서 해결되지 못한 가족문제가 이 기간 동안 되살아날 수 있다. 예를 들어, 가족 내에서 성추행이나 기타 다른 유형의 학대가 일어났었다면, 두려움과 경계선에 대한 우려가 표면화될 것이다. 부모가 치료를 찾게 된 문제가 자녀가 친척과 갖게 될 접촉과 관계될 수 있다. 글렌다는 어머니가 8세 된 딸을 주말에 와서 자고 가라고 했을 때 어떻게 해야 할지 모르겠다고 치료자에게 호소했다. 글렌다는 계부로부터 성추행을 당했었는데, 어머니는 아직 그와 결혼생활을 유지하고 있다. 그녀는 가족과 계속 왕래하고 있었지만, 계부가 주위에 있을 때는 항상 자신의 딸을 주시했다. 글렌다는 집단치료를 통해 자신의 과거문제를 다뤄왔음에도 불구하고 자신의 가족에 대한 우려를 솔직하게 이야기하지는 않았다. 가족치료자는 이 단계에 있는 내담자들이 세대 간 어려움을 헤쳐나가도록 돕는 일에 자주 직면하게 된다.

학교 체계와의 연결

이 단계의 아동에게 있어서 초점은 학교생활을 시작하고, 세상으로 나가며, 자신의 환경을 더 의도적으로 관리함으로써 자기-존중감을 형성하는 것이다. 실패나 성공에 대한 감정은 신발 끈을 묶고 읽기를 배우는 것과 같은 활동에 스며든다. 주도권 대 죄책감 그리고 근면성 대 열등감의 발달은 아동에게 있어서 많은 일상적 관심의 기초를 제공한다. 또래관계는 점점 더 중요해지고 다른 사람들과의 비교[예: "토미는 학교에서 최고의 킥볼(역자 주: 야구 비슷한 어린이 공놀이) 선수야." "준은 하루에 책을 두 권씩 읽을 수 있대."]가 많은 사회적 상호작용에 퍼져 있는 것처럼 보인다. 부모, 교사 그리고 치료자의 과제는 아동이 능력과 일정 수준의 능숙함을 어디에서 경험할 수 있는지를 발견하는 것이다. 학교에서 그럴 수 없다면, 부모는 자녀가 건강한 자기-개념을 발달시키는 데 도움이 되는 경험을 하도록 스포츠, 미술, 음악 그리고 학교 밖의 관계들로 시선을 돌릴 수 있다.

치료 센터가 학교에 들어가서 처음 몇 달 동안 좌절 또는 실패를 경험한 6~8세 아동들로 넘쳐나는 것을 보게 되는 것은 놀라운 일이 아니다. 이 시기는 가족 외부에서 주의력 관련 문제, 과잉행동, 불안, 적대적 행동 및 학습문제가 명백해지는 때이다. 이들은 빈번하게 교사, 학교 행정가 및 치료자의 권고로 치료를 받으러 온다. 학교에서 단순히 제안했을 뿐인데도 몹시 당황한 부모가 결국 도움을 요청하는 경우도 있다.

초보 치료자가 기억해야 할 요점은 다음과 같다. 자녀를 데리고 치료를 받으러 올 즈음에 부모는 자녀의 행동문제들을 잘 알고 있으며 그 문제를 해결하기 위해서 책에 나온 온갖 방법을 시도해 보았을 가능성이 크다. 부모가 사무실에 도착해서 "진저리가 나요. 지쳤어요. 화가 나요. 어쩔 줄 모르겠어요. 죄책감이 들어요."를 비롯한 수많은 어려움을 보고하는 것을 보게 되는 것은 드문 일이 아니다. 진퇴양난에 빠진 이러한 부모가 당신, 즉 치료자에게 빈번히 원하는 것은 문제의 해결이다. 그러나 우리의 안내지침으로 되돌아와 보면, 부모의 적극적인 참여가 없이는 성공할 확률이 아주 낮다는 것을 상기하게 된다. 그렇다면 우리의 첫 번째 과제는 부모를 지지하고 그들에게 합류하여 그들의 악전고투에 공감해 주고 팀 접근의 진정한 필요성을 제시하면서 그들의 전문지식을 요청하는 일이 될 것이다. 치료계획이 부모관리훈련(Parent-Management Training: PMT)(매우 어린 아동을 포함하는 문제가 있는 경우에 전형적 방법)에 초점을 맞추든, 아니면 부모-자녀의 결속을 재창조하고 스트레스 상황에서 종종 놓칠 수 있는 따뜻한 관계를 형성하는 일을 병행하든 간에, 부모를 끌어들이고 함께 작업하는 능력이 이 아동들을 위한 치료의 핵심이다.

종종 부모는 자녀의 문제나 자녀를 어떻게 도울 수 있을지를 알지 못한다. 그러므로 심리교육이 당신의 작업 중 중요한 부분이 될 수 있다. 인터넷과 자기-계발의 시대이니만큼 부모는 치료에 오기 전에 이미 자기-교육 과정을 시작한 경우가 종종 있다. 만약 아니라면, 당신이 교육자료를 제공할 수 있다. 부모는 때로 어떻게 자녀를 지원해야 하는지 또는 자녀가 필요로 하는 자원을 어떻게 얻을 수 있는지를 모른다. 즉, 당신의 역할은 부모를 통해 자녀를 돕도록 하는 것이다. 예를 들어, 부모가 자녀의 학교와 더욱 효과적으로 작업하게 함으로써 아동을 도울 수 있다. 마지막으로, 부모가 정서적 · 재정적 · 구조적으로 힘든 상황이기 때문에, 아동이나 10대 자녀를 치료에 전적으로 맡기는 경우가 있다. 그렇더라도 부모에 대해 비판적인 감정을 가지고 마음으로 아동과 연합함으로써 당신이 아동의 비밀 보호자라고 믿는 함정에 빠지지 않도록 유의해야 한다. 오히려 부모의 삶에 대해 공감적 이해를 할 필요가 있다. 어머니가 왜 여기에 오게 되었는가? 아버지가 아동이 학교에서 겪는 어려움에 관여하기를 원치 않는 이유는 무엇인가? 부모의 몸부림에 대해 진정한 공감과 이해를 발달시킬 수 있다면, 그들을 도와 자신의 자녀를 돕게 하는 일을 시작할 수 있을 것이다.

한편, 이 연령대의 아동을 창의적으로 끌어들일 수 있다면, 치료에 좀 더 진전이 있을 것이며 부모가 과정에 더욱 헌신할 수 있을 것이다. 아동은 가족을 위한 치료적 동지이고, 정보의 자원이며, 감정의 수로이다. 이 연령대의 아동을 참여시키는 가장 쉬운 방법은 그림 그리기와 역할 연기를 하는 것이다. 아동 중심의 치료실을 만들 수 없는 치료자는 소파 밑에 그림 그리기 용의 큰 스케치북과 마커를 숨겨 놓을 수 있다. 손가락 인형, 인형, 변장용 옷(예: 영화나 만화의 캐릭터 복장)으로 가득 찬 바구니도 가족 내에서 다양한 수준의 상호작용을 가능하게 할 수 있다.

회기 내의 치료적 만남(therapeutic encounter) 중에는 나이가 어린 아동과 함께할 때처럼 말을 대신해서 몸짓 연기가 필요할 수 있다. 회기를 분할하여 치료자가 부모와 직접 이야기하는 동안 아동은 (여전히 그 방에 남아 있기는 하지만) 치료에서 빠지는 구간을 둘 수도 있다. 그럴 때, 치료자는 아동이 엿들으면 부적절할 수 있는 정보는 그 어떤 것이라도 반드시 편집해야 한다. 회기가 끝나갈 무렵, 가족이 계속 발전하기 위해 다음 한 주 동안 무엇을 할지에 대해 요약하는 시간에, 아동은 다시 합류할 수 있다. 회기를 마친 후 참석에 대한 보상으로 아동에게 스티커나 작은 선물을 준다면 다음에도 참석하도록 아동을 격려할 수 있다.

가족 자체와 작업하는 일 외에도, 치료자는 치료의 효과적인 진행을 위해서 참여가 필요한 다른 전문가들에게 주의를 기울여야 한다. 예를 들어, 이 단계의 치료는 종종 학교 문제로 시작되므로, 교사나 그 밖의 학교 관계자들과 접촉하는 것이 가족치료 회기의 작업을 크게 진전시킬 수 있다. Minuchin, Montalvo, Guerney, Rosman과 Schumer(1967)는 아동 자체가 문제이기보다는 여러 체계(가족, 아동, 학교)의 요구가 종종 갈등을 일으킨다는 것을 발견했다.

학교, 보육시설, 또는 가족이 참여하고 있는 스포츠 단체나 종교기관으로부터 적극적으로 정보를 모으는 것이 적절한 개입을 위해 유용하다. 호소문제가 하나의 장면에서만 발생하는지, 아니면 여러 장면에서 발생하는지의 여부는 치료자가 가족과의 접근방식을 조정하는 데 도움이 된다. 다음의 사례는 외부의 장면을 포함하는 개입이 얼마나 중요하고 또 유익한지를 보여 준다.

12세 여자아이인 브리타니는 7학년이다. 브리타니는 학교에서 문제가 생겼기 때문에 부모에게 이끌려 치료를 받으러 왔다. 그녀는 초등학생 때에는 공부를 잘했고 대부분 A와 B를 받았다. 중학교에 입학한 이후로 공부를 잘하지 못해서 첫 학기 마지막에 C와 D를 받았다. 그녀는 학교 선생님들이 다 싫다며 불평했다. 그녀는 숙제를 했음에도 학교에 제출하는 것을 종종 잊었다. 부모는 브리타니가 집에서는 아무 문제가 없다고 보고하였다. 그녀는 시키는 일들을 대부분 잘했고 소프트볼과 피아노 연주를 즐겼다.

브리타니는 말투가 부드럽고, 영리하고, 명확하게 표현할 줄 아는 아이였는데 학업성적에 대해 기분 나빠하고 있었다. 그녀는 문제들 대부분에 대해 두세 명의 선생님 탓을 했는데, "그 선생님들은 나를 좋아하지 않고 재미가 없어요."라고 말했다. 그녀는 종종 교사들이나 학교환경에 의해 위협받는 느낌이었다. 그녀는 여러 다른 수업에 들어가고 많은 교사를 만나는 것이 방해가 되고 혼란스럽다고 생각했다. 그녀는 또한 새로운 친구를 사귀는 데 어려움을 겪고 있었으며, 자신이 그들과 어울리지 않는다고 느꼈다. 새로운 학교환경에 압도당하게 된 그녀의 반응은 철수였다. 그녀는 실패를 두려워하게 되어 숙제를 제출하지 않기로 결정했다. 학급에서 뒤처질수록 그녀의 실패감과 무력감은 더욱 커졌다.

그녀의 부모는 브리타니의 학교 문제에 대해서 "걱정되고, 좌절감을 느끼며, 어찌할 바를 모르겠어요."라는 반응을 보였다. 아버지는 업무 때문에 종종 도시를 떠나 '문제를 이해'할 수 있을 만큼 브리타니와 충분히 접촉하지 못했다. 어머니는 브리타니를 도우려 시도하다가 좌절했다. 그녀는 딸의 숙제를 도와주려 했지만 결국은 말다툼으로 끝나곤 했다. 그녀는 브리타니가 학교에 대해 이야기하는 것에 관심이 없으며 물러나거나 방어적이 되곤 한다고 느꼈다. 브리타니의 어머니는 학교 치료자를 만난 적이 있는데 치료자가 거의 도움이 되지 않는다고 생각했다. 치료자는 브리타니에게 가정교사가 필요할 수 있으며 성적을 보면 그녀가 "잠재력이 풍부하고 공부를 쉽게 할 수 있다."는 것을 알 수 있다고 했다.

아버지는 직장 업무 때문에 드문드문 참석했지만, 치료자는 가족과 작업을 시작했다. 브리타니와 어머니는 매우 가까운 사이였다. 그들은 상당히 많은 시간을 함께 보냈으며 서로의 동행을 정말로 즐겼다. 그들은 음악과 스포츠에 대한 관심을 공유했고,

같이 테니스를 쳤다. 그들의 어려움은 주로 브리타니의 학교 문제와 더불어 다투지 않고는 그 문제에 관해 대화할 수 없다는 것과 관련이 있었다.

브리타니는 초등학교의 안정된 환경으로부터 중학교의 변동이 심한 일정에 적응하는 데 상당한 어려움을 겪고 있었다. 그녀는 안전하지 못한 느낌이었고, 계속되는 수업의 변동, 개인적 관심의 결여 그리고 엄청난 숫자의 학생들에 의해 압도당했다. 치료자는 브리타니에 대한 학교 측의 관심을 증가시키고 그녀를 위해 좀 더 많은 구조와 안정감을 획득하기 위한 노력의 일환으로 학교 치료자와 접촉했다. 치료자는 브리타니의 학업에 대해 매주 진행 보고서를 제공하는 데 협조하겠다고 말했다. 또한 브리타니를 위해 학생 멘토를 제공하는 데 동의했다. 멘토는 브리타니의 개인 학습을 보조하고, 학교에 익숙해지도록 도울 수 있는 8학년 학생이 될 예정이었다. 어머니에게는 교사들을 만나서 브리타니가 숙제를 제출했는지 여부를 확인하는 일을 부탁하라고 권했다.

브리타니는 그녀에게 주어진 구조와 관심에 대해 매우 긍정적으로 반응했다. 그녀는 대부분의 학생보다 적응이 느렸고 약간의 특별한 주목이 필요했다. 치료자는 학교와 가족을 이어 주고 브리타니의 적응 문제에 대한 적극적 해결책을 지원하는 개입을 할 수 있었다.

청소년기 자녀를 둔 가족

이 단계의 가족을 위한 주요 정서적 과제는 가족 경계선의 투과성을 높이는 것 또는 원심성 운동으로 변화하는 것이며, 이는 곧 자녀의 점점 증가하는 자립성을 허용해 주는 것이다. 가족의 이러한 전이를 성공적으로 성취하게 하는 능력은 시간이 흐름에 따른 그들의 유연성 수준, 즉 그들이 어떻게 변화해 왔으며 전이를 위하여 준비해 왔는가에 부분적으로 영향을 받는다. 비록 일반적으로 청소년 자녀의 자립에 초점이 있기는 하지만, 자녀가 새로운 관계, 책임 및 선택을 탐색할 때, 부모와 자녀가 긴밀한 연결을 유지하는 능력도 똑같이 중요하다.

어린 자녀를 둔 생활주기 기간을 제외하면 이 단계에서 이혼율이 가장 높다. 한 가지 이유는 가족들의 강력하고, 때로는 상충되는 수많은 요구가 집중되어 있다는 것이다. 맨 먼저, 청소년 자녀는 가족체계의 안팎으로 좀 더 유연하게 드나드는 것이 허용되어야 한다. 젊은이의 삶에 있어서는 가족 외부의 교우관계나 그 밖의 관계들이 점점 더 중요해지고 가족은 때로 두 번째가 된다. 가족의 가치가 자녀의 행동과 충돌할 때, 가족은 과잉반응하거나 과소반응할 수 있다. 둘 중 어느 경우든, 가족치료는 이 단계에 대한 긍정적인 적응을 증진시킬 수 있다.

이 단계에서 청소년 문제 외에 나타나는 문제가 있다. 부모의 중년기 관심사가 종종 표면화된다. 후회, 놓쳐 버린 기회, 새로운 꿈을 시작할 기회, 부부관계의 질에 대한 재평가, 이 모든 것과 그 이상의 것들이 혼합된 문제들에 더해진다. 게다가 연로한 부모를 돌보는 것에서 오는 스트레스도 나타난다. 그러한 돌봄에는 시간과 재정 자원이 소모된다. 이러한 가족 안의 성인들은 종종 자신들을 윗세대와 젊은 세대의 재정적 · 정서적 필요들 사이 "중간에 끼어 있다."고 말한다. 다음 사례는 청소년기와 중년기 문제를 둘러싼 어려움들 간의 상호작용을 보여 준다.

C씨 가족은 그들의 막내인 15세 데릭과 관련해서 어려움을 겪고 있었다. 데릭은 밤에 집에 들어오지 않았으며, 학교 성적이 형편없었고, 마리화나 문제로 여러 번 체포되었다. 데릭은 고등학교 축구팀의 스타 선수였다. 그는 밝고, 호감이 가고, 외향적인 청소년으로 자신감이 있어 보였다. 그는 4남매 중 막내였고 나머지 세 명은 집을 떠나 있었는데, 둘은 대학에, 하나는 해군에 있었다. 이 가족은 중류층의 아프리카계 미국 가정으로, 발달단계 중에서 모두가 각자의 방향으로 가고 있는 것 같은 지점에 도달해 있었다.

데릭의 어머니는 4명의 자녀를 키우면서 인생의 대부분을 공무원으로 열심히 일해 온 54세의 여성이다. 그녀는 교회 일에 매우 열심이었는데, 부모님이 돌아가신 후 그녀는 그 집의 가장이 되었다. 그녀에게는 혼자서 세 명의 자녀들을 키우는 여동생이 하나 있었다. C부인은 그 여동생을 돕느라 많은 시간을 보냈다. 또한 그녀는 남편의 인쇄업을 도왔다. C씨는 12년 전에 해군을 제대한 57세 남성이다. 그는 사업을 발전시키려고 열심히 일해 왔는데 그 사업은 재정적으로 어려움이 있었다. C씨는 집에 있는 적이 거의 없었고 일을 하거나 친구들과 만나는 데 시간을 보냈다.

C씨 부부는 데릭의 행동에 대해 걱정했지만, 두 사람 모두 자녀들을 키우느라 지쳤다는 것을 시인했다. 그들은 열심히 일했고 책임을 완수했다. 그들은 모든 자녀를 재정적으로 뒷받침하느라 힘들었다. 그들은 이제 좀 쉬면서 둘이 함께 얼마간 시간을 보내고 싶다는 소망을 표현했다. 그들은 덜 바쁘게 살고 싶다고 말해 왔다. C씨는 자기 사업체를 정리하고 애리조나주로 이사하기를 원했다. 데릭은 그 그림 안에서 자신에게 맞는 자리가 어디인지 확신하지 못했다. 그는 자기가 말썽을 피우지 않는 한, 부

모님은 그가 무엇을 하는지 정말로 신경 쓰지 않는다고 느꼈다. 그는 부모로부터 관심을 거의 받지 못했다고 하며, "괜찮아요. 부모님은 내가 뭘 하는지 하나도 몰라요." 하고 말했다. C부인은 이 상황에 대해서 상당한 염려와 좌절을 표현했지만 어떻게 해야 좋을지 몰랐다. 그녀는 데릭의 일에 대처할 힘이 정말 없다고 말했다.

데릭의 어려움은 최근의 변화에 대한 혼란과 가족 내 안정감의 결여로 인한 증상으로 보였다. 데릭과 부모 사이에는 필요와 우선순위에 있어서 상당한 차이가 있었다. C씨 부부는 선뜻 자신들이 데릭을 이해하지 못한다는 것을 시인했다. 데릭의 학교생활의 어려움, 마리화나 흡연 그리고 밤에 집에 들어오지 않는 것은 부모의 관심을 원하는 외침이요 도움의 요청으로 볼 수 있었다. 치료는 각 가족의 입장을 인정해 주고 서로에 대한 염려를 변화를 가져오는 효과적인 동기로 사용하는 것으로부터 시작할 필요가 있었다. 그들의 서로 다른 필요와 발달단계를 감안하여 그들의 상황을 정상화하는 것도 중요했다.

변형

청소년기가 정확히 언제 시작해서 언제 끝나는지에 대해서는 논쟁의 여지가 있다. 그러나 그 시작의 가장 현저한 징후는 생식할 수 있는 신체능력의 발달이다. 이차 성징은 이러한 전이의 시작을 알려 주며, 청소년기의 사회적 정의는 더욱 성 지향적이 되었다. 청소년은 자신의 구체적인 경험을 뛰어넘어 사상과 개념을 이해할 수 있는데, 이는 그들이 더욱 추상적인 사고를 할 수 있게 되었다는 말이다. 이러한 능력은 문화에 따라 다른 방법으로 측정된다. 사회정서적 측면에서, 10대는 자기-정의(self-definition) 문제로 투쟁한다. 그들은 백화점에서 청바지를 입어 보는 것처럼 자신에게 무엇이 맞는지를 발견하기 위해 다양한 역할을 경험해 본다. 이러한 과정이 없다면, 사람은 인생에서 자기가 누구인지에 대해 혼란스러워하게 될 것이다. 이러한 자연스러운 발달단계에 대하여 부모가 과잉반응을 한다면 자녀를 '문제아'로 낙인 찍을 수 있으며, 청소년 자녀로 하여금 가족과의 연결로부터 철수하게 만든다. 과소반응하는 것도 이 단계를 방해할 수 있으며, 부모가 과소반응한다면 학교나 경찰과 같은 가족 외부의 기관이 청소년 자녀를 위해 한계 설정을 제공하게 된다.

치료자는 구조를 유지하고자 하는 가족의 욕구와 청소년 자녀를 세상으로 떠나보내야 하는 변형적 욕구 사이에서 균형을 맞추기 위한 시도를 한다. 균형을 잡는 데에는 치료자가 IP의 꼬리표를 적절하게 다루고, 가족의 진화를 담는 은유 또는 의식(ritual)을 만들며, 가족의 특성에 유연하게 반응하는 것이 도움이 된다.

예를 들어, 17세의 청소년과 가족이 치료를 받으러 와서 자녀의 약물 사용 문제를 호소했다. 소년은 다양한 약물을 시도해 보고 있었으며, 학교 성적은 곤두박질쳤다. 가족은 아들의 문제에 너무나 골똘히 집중하고 있었으므로 집안일 관련 문제, 형제자매 간의 다툼, 부모 간의 갈등 등 모든 것이 아들을 중심으로 돌아가고 있는 것 같았다. 치료자는 가족에게 가족발달적인 딜레마를 보여 주기 위해서 '가족조각' 작업을 시도했다. 그녀는 먼저 내담자로 하여금 치료실 중앙에 있는 의자에 앉으라고 요청한 후, 각 가족에게 내담자에게 느끼는 정서적 거리 만큼 서 보라고 했다. 그러자 그를 중심으로 가깝게 연결된 '덩어리'가 만들어졌다. 그런 다음 치료자는 중앙에 앉아 있던 아들을 데려가며 그와 그의 문제에 대해 작업할 것이라고 말하고, 나머지 가족들은 가족 내에서 각자 원하는 자리에 서 보라고 하였다. 그러자 혼란이 초래되었다. IP의 존재가 사라지니까 가족들은 삶의 시야가 가려져 길을 잃은 것 같았다. 회기 후의 디브리핑(debriefing) 시간에 가족은 내담자가 가족을 위해 제공했던 '긍정적인' 기능에 대하여 그동안 알지 못했던 중요한 감정을 느꼈다. 가족은 발달적으로 고착되어 있었고 분리와 개별화에 대한 두려움 때문에 앞으로 나아갈 수가 없었다.

10대는 치료자에 의해 '고침' 받도록 보내지는 일이 가장 흔하다. 나머지 가족들은 자신이 청소년에게 영향을 준다는 것을 어느 정도는 인정하지만, 종종 초점은 '10대 대 가족체계'이다. 가족치료자는 이러한 발달과정의 복잡성을 가족에게 제시하는 것이 필요하다. 심리교육은 가족이 시각의 기준을 넓히도록 돕고 모든 사람을 위해서 불안을 정상화한다. 예를 들어, 10대의 뇌 발달에 대한 정보는 교육상 유익하다. 청소년의 정보서적인 『10대의 뇌: 청소년과 젊은 성인의 양육을 위한 신경과학자의 생존 지침서(The teenage Brain: A Neuroscientist's Survival Guide to Raising Adolescents and Young Adults)』(Jensen & Mutt, 2015)는 독자가 청소년의 뇌 발달과 그것이 학습과 기억, 스트레스, 중독 및 그 밖의 다른 영역에 미치는 영향에 대해서 이해하도록 돕는다. 뇌 발달에 대한 정보는 가족 내에서 비난을 줄이고 공감을 증가시킬 수 있으며, 10대를 도울 방법에 대해 생산적인 논의를 하도록 이끈다.

"이 아이가 성인이 되도록 어떻게 도와야 할까?"는 온 가족에게 제시해야 할 유용한 질문이다. 부모가 이 단계를 어떻게 거쳐 왔는지 탐색하는 것은 가족이 이전에는 논의해 보지 못했던 정보의 정상화를 유도할 수 있다. 부모로 하여금 그들 자신의 부모가 이 단계 동안에 잘했는지 잘못했는지를 묘사하게 하는 것은 가족체계적인 성찰을 불러일으킨다.

그러나 치료자는 이 단계에서 가족이 유일한 주요 문제는 아니라는 것을 명심해야 한다. 청소년이 중독적인 양상을 보인다면, 가족 외부의 관계들이 10대 청소년에게 영향을 미치고 있을 수 있고, 약물 사용이나 안전하지 않은 성적 활동을 수반할 수 있다. 치료자가 가족체계뿐만 아니라 다중체계들에 대해 생각한다면 치료작업에 중요한 다른 요소들도 보게 될 것이다. 이러한 요소들을 다루기 위해 약물의존 프로그램에 의뢰하거나 친구들을 치료에 초대하는 것이 유익할 수 있다. 호소문제를 이해하기 위해 가족 안팎의 사람들을 창의적으로 참여시키는 것은 임상치료가 견고해지도록 돕는다.

과학 기술

지난 10년 동안, 과학 기술이 가족, 특히 청소년 자녀를 둔 가족의 삶에 있어 중심 무대에 오르게 되었다. 현대의 10대에게 중요한 것은 휴대폰으로, 이는 무한한 친구들과의 접촉, 정보에 대한 즉각적인 접근 그리고 무궁무진한 오락용 게임을 제공한다. 청소년의 부모에게 휴대폰은 유용한 연결의 원천이기도 하고 걱정스러운 방해의 원천이기도 하다. 우리는 청소년 자녀가 휴대폰에 집중하고 있어서 자녀와 의미 있는 대화를 나눌 수 없다는 부모들의 불평을 흔히 듣는다. 또한 부모는 자녀의 휴대폰 사용을 감독하기 위해 최선의 노력을 기울이고 있음에도 불구하고, 자녀에게 무제한으로 접근할 수 있는 다른 사람들의 능력으로 인해 걱정한다.

비디오 게임 역시 10대 청소년, 특히 남자아이의 삶에 중심적인 역할을 할 수 있다. 13세인 나단은 매일 여러 시간 동안 비디오 게임을 한다. 부모가 다른 사회활동을 권하면, 그는 온라인으로 친구와 같이 놀고 있다고 말한다. 나단과 부모는 그가 장시간 게임을 하는 것과 그것이 학교 공부와 수면에 어떤 영향을 주는지를 놓고 상당한 갈등을 겪고 있다. 많은 가족이 이 문제에 동감하며, 어떻게 그리고 언제 제한할 것인가에 관해 고민하고, 과학 기술이 가족에게 어떤 영향을 주는지에 대해 걱정한다. 우리는 치료자에게 과학 기술이 청소년의 삶에서 어떤 역할을 하는지에 대해 청소년인 내담자 및 그의 가족과 함께 토론하는 장을 열고 부모의 안전에 대한 필요와 10대의 사회적 연결 및 오락의 필요를 존중할 수 있는 합리적인 목표를 도출하기를 권한다.

청소년의 치료

대부분의 문화권에서는 아동기에서 성인기로 가는 길을 안내해 왔다. 그러나 서구문화에서는 대체로 이러한 이행을 기념할 의미 있는 방법을 잃어버렸다. 미국의 10대를 위한 가장 중요한 의식은 운전면허를 취득하는 것이다. 치료자들은 의식을 치료과정에 도입하는 것이 이차적 변화를 만들도록 도울 수 있다는 것을 발견했다(Imber-Black, 1988). 의식은 가족을 일깨워 새로운 방식으로 반응하게 할 수 있다. 어떤 치료자는 가족에게 15세에 시작하여 18세가 되기까지, 1/4분기 생일, 1/2분기 생일, 일 년에 한 번 생일에 '생일기념 예식'을 만들라는 과제를 주었다. 이 '생일들'을 변화의 시점으로 사용하여 가족은 딸에게 줄 하나의 새로운 특권과 하나의 새로운 책임을 협상했다. 부모는 딸에게 좀 더 성인의 지위를 제공하기 위해 필요한 방법을 이야기하고, 딸은 좀 더 성인의 행동을 보이기 위해 필요한 방법을 이야기했다. 통금시간, 운전, 집안일, 전자 기기의 사용, 용돈 등의 사안이 상호 합의에 이를 때까지, 이런 날에 '의식적으로' 논의되었다. 성년축하 예식은 그녀의 18세 생일에 치르기로 예정되었다.

종종 그렇듯이, 치료자와 내담자는 치료 중에 같은 것에 의해 도전받는다. 청소년이 있는 가족은 유연해질 필요가 있는데 이것은 치료자도 마찬가지이다. 치료자는 회기 내내 화가 나서 부루퉁해 있다가 갑자기 모든 사람에게 노발대발하는 10대를 맞닥뜨리게 된다. 10대를 둔 어떤 부모는 겉으로는 유연해 보여도, 치료 중에 만들어진 새로운 제안을 모두 무시해 버린다.

치료자는 가족에게 긍정적인 영향을 줄 수 있는 '절호의 찬스'를 명심할 필요가 있다. 장기치료 자세로 정착하는 것은 아마도 가족의 필요에 맞지 않을 것이다. 심지어 일주일에 한 번 만나는 치료 일정도 재평가해 볼 필요가 있다. 아주 어린 아동의 치료에서와 마찬가지로 다양한 하위체계들과 작업하는 것이 매우 유익할 수 있다. 청소년으로 하여금 상대방 역할을 연기하게 하거나(10대가 부모역할하기), 가족에게 그들의 감정을 표현하는 시나 편지를 쓰게 하는 것도 치료를 강화할 수 있다.

구조적 기대(신체적 안전이나 함께 있는 시간과 관련)와 호소문제를 둘러싼 유연성 사이에서 균형을 유지하는 것은 강력한 치료동맹의 발전을 돕고 가족에게 그들이 집에서 적용해야 하는 본을 보일 수도 있다.

자녀 떠나보내기와 전이기의 부모

가족은 가족체계 구성원이 수차례 드나드는 것을 받아들여야 한다. 자녀의 혼인으로 맺어진 관계(사위, 며느리 등), 손주, 이혼 후 되돌아오는 자녀, 노년기의 부모 그리고 죽음을 이 생활단계 동안에 수용해야만 한다. 부부는 종종 생애 처음으로 2자 관계로 변환되어 비자녀-지향적 관계를 형성하는 일에 도전해야 한다. 청소년은 자라서 성인이 되고 자녀를 갖게 되며, 그들과의 관계는 부모 대 자녀관계에서 성인 대 성인의 관계로 바뀐다. 질병, 은퇴 또는 신체장애로 인해 여러 차례에 걸쳐 가족의 자원들이 소모된다. 정서의 지도는 추가와 상실로 채워진다. 제8장에서는 노년기 내담자의 치료에 적합한 문제들을 좀 더 구체적으로 논의할 것이다.

이 전이기 동안에, 가족치료자는 컨설턴트 역할을 할 수 있다. 내담자는 '다음에는 무엇을 해야 할지 가려내기' 위해서 종종 2~3회기의 단기치료를 요청한다. 예를 들면 다음과 같다. "코카인에 중독된 27세 아들을 쫓아낼까요?" "할머니가 쓰러지셨는데 우리 집으로 모셔와야 할까요?" "남편과 여행하는 시간을 가지려고 했어요. 그런데 지금 딸이 일하는 동안 손주들을 돌보고 있어요. 나는 이렇게 살고 싶지 않은데, 그런 말을 하려니 죄책감이 들어요."

우리는 이 복잡하고 감정이 가득 실린 문제들을 어떻게 다뤄야 하는지에 대한 뚜렷한 지침이 거의 없는 사회적 변화의 시대에 살고 있다. 각 가족은 스스로 자신들의 고유한 신념, 구조적 틀 그리고 정서적 역량에 맞추어 다시 정의해야 할 필요가 있다.

가족으로부터 떨어져 나와 항해를 시작한 이들의 사회정서적 필요에는 친밀한 관계의 발달과 세상에서의 일종의 생산성(generativity)이 포함된다. 그들은 친구와 애인을 찾아내어 관계를 확립해야만 한다. 종종 이 중요한 발달영역에서 제한을 받을 때 개인은 치료를 찾는다. 자신의 재능, 능력, 관심을 자기 자신과 다른 사람들을 위해서 사용할 수 있는가가 뚜렷하게 주목을 받는다. 자신의 가족으로부터 적어도 어느 정도는 재정적으로 독립하는 것이 이 과정의 한 부분인 것으로 보인다. 이 필요들이 채워지지 않는다면, 사람들은 고립과 침체를 경험한다. 종종 이러한 관심사들은 중년에 다시 되풀이되고 평가되는데, 직장을 잃거나 사업의 실패로 인해 고통을 받게 될 때도 재평가를 이끌어 낸다.

노년기의 사회정서적 필요는 삶의 선택을 재검토하는 것과 삶에서 성취한 것들에 대해서 통합감을 느끼는지 여부를 평가하는 것을 포함한다. 응급 시에는 가족과의 접촉이 중요하다 하더라도, 동료와의 관계는 여전히 좋은 건강과 매우 밀접하게 연결되어 있다. 노년기에 있어서 견고한 우정은 여러 차원에서 안녕감을 증진시킨다. 개인적 · 직업적 관계들을 검토할 때, 성별 문제가 다시 등장한다. 우리 문화의 어떤 남자들은 가족으로부터 너무 분리되었다고 느끼지만, 여자들은 성취와 관련하여 그들이 지금보다 더 잘되었어야 하는 건 아닌지 곰곰이 생각한다. 어느 경우든, 가족 및 친구와의 지속적인 유대 관계와 관련하여 삶을 검토해 보는 것은 이들 모두와의 관계를 강화한다.

내담자가 자원에 접근하도록 돕는 것은 치료자가 자녀를 떠나보내는 단계에 있는 가족과 함께 작업할 때 적용할 수 있는 중요한 기술이다. 지역사회 정보와 확대가족 자원은 생애 전반에 걸쳐서 유용하지만, 이 시기 동안에 특히 중요할 수 있다. 모든 가족이 긍정적으로 적응하도록 하기 위해 치료자는 내담자로 하여금 자신의 자원뿐 아니라 지역사회의 자원을 사용하도록 격려할 수 있다. 이 단계의 긴장을 줄이는 데 도움이 되는 재정적 · 정서적 · 실용적 정보들이 제공될 수 있다. 다음 사례는 이러한 점을 보여 준다.

20세인 존은 집을 떠나 대학에 들어가면서 어려움을 겪기 시작했다. 역사를 전공했던 그는 대학을 마친 후에 변호사가 되는 것이 꿈이었다. 대학 3년 동안 그는 술을 아주 많이 마셨는데, 친구들은 존의 가족에게 그가 가끔 이상한 행동을 한다고 보고하였다. 한 번은 그가 "원숭이들이 나를 물려고 해." 하고 비명을 지르며 긴 계단을 뛰어내렸다. 그는 골절된 발목과 첫 번째 나타난 조현병 삽화로 입원했다. 존은 휴학했고 다시는 대학으로 돌아가지 않았다. 하지만 그가 집에 돌아가자 가족은 그를 감당하기가 어렵다는 것을 알았다.

이런 경우, 가족치료자가 의사결정 과정에 포함될 수 있다. 치료자는 가족의 자원과 아픈 친척들을 돌보는 것에 관해 그들이 가지고 있는 가치를 평가해야 하며, 그들에게 아들을 위한 지원에 확대가족과 친구들을 포함하도록 격려할 수 있을 것이다. 또한 치료자는 가족을 위해서 중요한 지역사회 자원에 접근하여 그들이 연결망에 대해 배우도록 도울 수 있다. 의료 전문가, 재정적 지원 자원, 자조집단과 지지집단, 보호시설, 임시 주거시설, 임시 간호, 실제 간호는 가족에게 매우 귀중한 자원이 될 수 있다.

다양한 형태의 가족발달

지금까지 살펴본 가족생활주기의 단계들은 시간의 흐름에 따른 가족발달의 일부분에 불과하다. 가족들이 체계에 합류하거나 체계를 떠나는 것에 관련된 전이 외에도, 가족은 시간이 흐르면서 실직, 지리적 이동과 이민, 심각한 질병, 이혼 및 가족의 삶에 중요한 영향을 미치는 다른 많은 도전들과 같이 예상치 못했던 변화에 맞닥뜨리게 된다. 여기에서는 이혼에 대한 가족의 적응을 설명하고, 가족구조의 두 가지 변형, 즉 한부모가족과 재혼가족에 대해 탐색하고자 한다.

이혼

이혼에 대한 가족의 적응은 가족생활주기 단계의 추가적 단계를 포함한다. 이 단계는 이혼이 이렇듯 흔한 사회에서 거의 규범적인 단계이다. 이혼가족에게는 예측 가능한 시간에 스트레스가 발생하며, 스트레스에 대한 반응은 가족들이 다른 가족의 변화에 어떻게 적응하느냐에 영향을 미친다. 가족치료자는 정서적 단절이 종종 적응을 방해한다는 것과 예외가 있기는 하지만, 부모와 자녀 사이의 지속적인 관계가 대체로 진전을 위한 가장 좋은 방법이라는 것을 명심해야 한다.

가족치료 문헌은 이혼하는 가족이 어떻게 예측 가능한 단계를 거쳐 가는지에 대한 많은 예를 제공한다(Ahrons & Rodgers, 1987; Everett & Volgy, 1991; Kaslow, 2000). 대부분의 단계 모델은 일반적인 구조를 공유하는데, 여기에는 1) 양가감정 같은 이혼 전 문제들, 2) 이혼의 결정 그리고 3) 이혼 후의 적응, 구조의 재편성, 많은 경우 재혼이 포함된다(Livingston & Bowen, 2006). 예를 들어, Ahron과 Rogers(1987)는 이혼하는 가족이 비록 반드시 순차적이지는 않지만 다음과 같은 단계를 거친다는 것을 발견했다.

- 대개 두 사람 중 한 사람이 먼저 이혼을 결정함
- 가족체계는 임박한 이혼에 대해 통보를 받음
- 실제로 물리적으로 분리됨
- 체계가 재조직됨
- 체계가 새로운 형태로 안정화됨

대부분의 연구자는 이러한 단계를 거치는 데 2~3년 걸린다고 이야기한다. 성공적인 이혼 후 가정은 다음과 같은 모습을 나타낸다.

- **양육권자**
  - 전 배우자와 부모로서 접촉을 유지함
  - 자녀가 전 배우자 및 그의 가족과 접촉하도록 지원함
  - 자기 자신의 관계망을 재구축함

- **비양육권자**
  - 부모로서 자녀와 접촉을 유지하고 양육권자와 자녀의 관계를 지원함
  - 자녀와 효과적인 부모-자녀 관계를 확립함
  - 자기 자신의 관계망을 재구축함

그러나 이혼하는 가족의 절반 정도만이 협력적인 공동양육을 위해 합의할 수 있다는 연구결과가 있다. 나머지 절반은 자녀문제로 전 배우자와 계속해서 싸우거나 그들의 지속적인 갈등관계 양상을 방치한다. 가족치료자는 종종 이러한 부정적인 경험이 자녀에게 미치는 부정적인 결과를 보게 된다.

이혼은 거의 항상 어떤 수준의 갈등을 수반한다. 연구는 지속적인 부부갈등에 노

출된 자녀가 부정적인 영향을 받는다는 것을 반복해서 확인해 준다. 갈등을 건설적으로 해결할 수 없다면, 개인과 가족은 그들의 현안을 뛰어넘을 수 없을 것이다. 치료자는 가족 내에 허용되는 갈등의 양에 대해 충고하고 한계를 설정해야만 한다 (Margulies, 2007).

또한 치료자는 가족이 공동양육 관계를 어떻게 운영할 수 있을지를 결정해야 한다. 부모가 자녀를 위해 협력할 수 없을 때, 치료자는 부모와 자녀 사이의 관계를 어떻게 달리 정의해야 할지를 고려해야만 한다. 부 또는 모와의 완전한 단절이 생길 수도 있지만, 이것이 가족에게 허용되는 방안이어서는 안 된다. 보통은 아버지인 비양육권자와 협력하고 꾸준히 접촉하는 공동양육 부모에 의한 효과적인 공동양육은 자녀가 부모의 이혼에 적응하는 것을 돕는 데 중요한 역할을 할 것이다 (Ahrons, 2007).

치료자는 특정 가족과 결탁하지 않도록 조심해야만 한다. 그렇게 한다면 치료적일 수 있는 관계를 방해할 수 있기 때문이다. 예를 들어, 어머니가 자신의 전 남편이 다루기 힘든 10대 딸에게 "아무런 관심이 없다."고 이야기할 수 있을 것이다. 그러나 치료자가 그 아버지와 접촉해 보면, 실제로는 그가 관심이 있으며 가족을 돕고자 하고 전 아내가 10대 딸을 양육하는 데 필요한 것을 지원할 수 있다는 것을 알게 될 수 있다. 둘 중 어떤 경우든 비양육권자와의 연결에 대해서 조심스럽게 고려할 필요가 있다.

종종 확대가족(고모/이모, 삼촌, 조부모, 사촌)은 의미 있는 관계를 가지고 있었으나 이혼으로 인해 단절되었다. 친척은 종종 힘겨운 전이 단계에 가족자원으로 기능할 수 있다. 치료자는 이러한 사람들에 관해 질문하고, 적절하다면 그들과 접촉하도록 격려해야 한다.

이혼을 경험하고 있는 가족과 작업할 때, 가족에게 이 단계를 잘 넘기기 위해서는 시간과 인내가 필요하다는 것을 상기시키는 것이 중요하다. 어떤 경우는 가족들 간에 계속되는 전쟁 때문에 잘 헤쳐 나가지 못한다. 발달을 향한 성공적 걸음을 알아차리고 응원하며 그들의 힘든 투쟁을 정상화하는 것은 가족이 자신들의 자원을 최대한 사용할 수 있도록 도울 것이다.

조정과 자녀양육권 평가

가족의 분리와 이혼 후의 생활을 결정하는 데 있어서 가족치료자는 법적 체계의 중요한 자원이 되었다. 가족이 이혼과 자녀양육 문제를 협상하도록 돕기 위해 여러 주에서 가족에게 가정법원 조정위원과 작업하도록 요청한다. 조정위원들 중에는 가족치료 훈련을 받은 사람들이 많다. 전문화된 훈련은 중재자인 조정위원들이 법 체계와 가족체계 사이의 중요한 연결고리가 되게 해 준다.

대부분의 주에서는 일반적으로 법적 체계가 여성에게 양육권을 주는 '상처받기 쉬운 연령원칙(tender years doctrine)'으로부터 '아동의 최대 이익(best interests of the child)'이라는 기준으로 옮겨 갔다. 「결혼과 이혼법(National Conference of Commissioners on Uniform State Laws)」 제402조에서 다음과 같은 지침을 제공한다.

법원은 아동의 최대 이익에 부합하도록 양육권을 지정한다. 법원은 다음과 같은 모든 관련 요인을 평가할 것이다.

1. 아동의 양육에 대해 아동의 부, 모, 또는 부모가 바라는 것
2. 아동이 자신의 양육권자에 대해 바라는 것
3. 아동의 그의 부, 모, 또는 부모, 그의 형제자매 그리고 아동의 최대 이익에 중대하게 영향을 미치는 다른 사람과의 상호작용과 상호관계
4. 가정, 학교 및 지역사회에 대한 아동의 적응
5. 연루된 모든 개인의 정신적 · 신체적 건강

법원은 양육권 신청자의 그와 아동과의 관계에 영향을 미치지 않는 품행은 평가하지 않는다.

판사들은 종종 '최대 이익' 기준을 결정하기 위해 전문가들의 조언에 의지한다. '최대 이익' 기준이라는 관계적 정보는 가족치료자의 관찰과 의견으로부터 얻을 수 있다. 부모뿐만 아니라 법원도 이런 목적으로 가족치료자의 서비스를 요청할 수 있다. 때때로 인턴과 치료자들은 치료가 한동안 진행된 후에 내담자가 치료자에게 이혼 법정이나 양육권 절차에 사용될 서한이나 보고서를 요청할 때, 그제서야 그들이

치료를 찾은 '진짜' 동기를 발견하고 놀라기도 한다.

치료자는 이 분야에서 능숙하게 일하기 위해 주(州)의 이혼과 양육권에 관한 법률에 대해서 알아야 한다. 양육권자에 대한 평가를 어떻게 하는지 배우고 싶다면 여러 해 동안 그 일을 해 왔고 법원의 인정을 받은 누군가의 멘토링을 받는 것이 가장 좋다. 치료자는 갈등 수준이 높은 이혼에 관한 연구결과를 알고 있어야 한다. 마지막으로, 치료자는 모든 이혼이나 양육권 사례에서 그들의 역할에 대한 명확한 계약이 필요하다. 부모 중 한 사람 편에서 다른 한 사람을 상대하는 전문가로 일하며 삼분된 구도에 들어가는 것보다는 법원을 위한 전문가로 고용되는 것이 가장 좋다. 가족치료자는 법과 가족의 접점에 기여하는 점이 크다(Gould & Martindale, 2007).

한부모가족

이혼이나 사망, 또는 혼자 양육하려는 선택 중 어느 것의 결과이든 간에 대개 어머니가 이끄는 한부모가족은 치료실에서는 인식되지 않을 가능성이 있는 많은 공통된 문제를 가지고 있다. 한부모가족의 아동이 치료를 받기 위해 당신에게 왔을 때, 당신이 이러한 문제를 확인하고 다루는 것은 유익하다. 가장 두드러지는 문제는 재정적 스트레스를 겪고 있을 가능성과 많은 한부모가족이 파트너 혹은 배우자의 상실이든 아니면 가족의 미래에 대한 꿈의 상실이든, 상실에 대처하고 있다는 사실이다(Anderson, 2003).

일과 가족의 요구로 인해 한부모는 자주 자신의 다양한 역할과 책임에 의해 압도당하고 고갈된 느낌을 갖는다. 또한 한부모의 자녀는 자신의 유일한 양육자가 밖에 나가서 일을 하기 때문에 집안일에 대한 책임을 더 많이 질 수 있다. 미국 문화의 여러 지류는 한부모가족에 대해 비판적이었기 때문에 한부모는 '충분히 좋지 못하다(not being good enough)'는 죄책감을 가지고 사는 것이 일반적이다.

Minuchin과 Colapinto, Minuchin(2006)은 저소득층 한부모가족과 작업하는 것에 대한 임상적 접근을 제공한다. 그 접근은 부모, 동거인 그리고 조부모가 아동의 양육에 참여하고 영향을 줄 때 부모의 역할에 대해 구조적으로 정의하는 것, 생물학적 어머니의 개인적 자원들을 발전시키도록 격려하는 것, 사회적·경제적 자원들에 대한 접근성을 높이는 것을 포함한다. 다음 사례를 통해 가난한 한부모 어머니인 내담자의 삶이 어떠한지와 더불어 어떤 개입이 가능한지 엿볼 수 있다.

G부인은 13세 길버트, 10세 알렉스 그리고 7세 엘리스까지 세 자녀를 양육하는 한부모가정의 어머니이다. G부인의 남편은 엘리스가 두 살 때 가족을 떠났는데, 아무런 지원, 아이들과의 아무런 접촉도 없다. 이 가족은 2개의 작은 침실이 있는 아파트에서 산다. 어머니는 사무실 빌딩에서 장시간 청소 일을 하는데, 수입이 얼마 되지 않아 꼭 필요한 것 외에는 돈을 쓸 수가 없다. 그녀는 오랜 시간 일하기 때문에 자녀들을 관리하는 것이 어려워서 종종 길버트에게 관리 책임을 맡겼다. 그런데 길버트는 그 책임에 반발해서 동생들을 긴 시간 동안 방치했기 때문에 상황은 점점 더 힘들어졌다.

G부인은 학교 치료자의 권유로 치료실을 찾았다. 길버트는 학교에서 '행동장애아'가 되어 있었다. 중학교에 진급한 후 1년 반 동안 그는 수업을 빼먹기 시작했고 공부에 흥미를 거의 보이지 않았다. 어머니는 길버트가 '갱들'과 어울려 다닌다고 말은 했지만 그가 갱 조직에 들어갔다고는 생각하지 않았다. 어머니는 길버트의 삼촌에게 길버트와 함께 시간을 보내 달라고 부탁했으나 삼촌은 업무 때문에 그렇게 하기가 어려웠다. 길버트는 모든 권위의 인물들에게 분노하고 실망했다. 그의 성적은 계속해서 떨어졌고, 교사들은 토요학교를 그의 주간 학습 일정에 추가했다.

G부인은 길버트를 다뤄 보려 시도하다가 좌절감과 무력감을 느꼈다. 그녀는 거의 포기했으며, 그의 동생들에게나 신경을 쓰겠다고 말했다. 그녀는 알렉스와 엘리스를 방과 후 돌봄에 보낼 돈이 없어서 그 지역의 소년소녀클럽(Boys and Girls Club)에 보내기 시작했는데, 이웃의 나이 많은 아동들이 이들에게 나쁜 영향을 줄까 봐 두려워했다.

G부인은 2년 전 문제가 생기기까지는 친정어머니로부터 약간의 도움을 받고 있었는데 친정어머니가 싫어하는 남자와 데이트를 시작하자 두 사람 사이에 심각한 갈등이 생겼다. 할머니는 손자녀와의 접촉을 원했지만, 분개한 G부인은 자녀들이 외할머니에게 가는 것을 엄하게 금했다.

G부인의 경제적 자원과 정서적 지지의 결핍은 매우 명백했다. 치료자가 할 일은 그녀를 도와 지역사회 자원을 효과적으로 사용하게 하고, 자녀들, G부인 그리고 친정어머니를 포함할 수 있는 가족치료를 고려하는 것이었다. G부인과 같은 한부모는 종종 지역사회 자원을 활용할 시간과 에너지가 부족하며 혼자 모든 책임을 완수하려다가 압도당한다. 이런 유형의 사례를 위해서는 지지를 제공하고 외부의 자원을 파악하는 것이 필수적인 요소이다.

한부모가족은 종종 벅찬 문제에 직면하지만, 대부분은 유능하고 성공적이다. Lindblad-Goldberg(1989)는 성공적인 한부모가족에게 다음과 같은 특징이 있다고 밝혔다. 대부분이 어머니인 성공적인 한부모들은 보다 적은 우울을 보였고, 자신의 삶에 대해 보다 큰 통제감을 경험했으며, 자녀에게 보다 효과적인 집행권을 행사했고, 나이 든 자녀들을 집에서 떠나보냈고, 보다 효과적으로 의사소통했으며, 친밀한 가족유대를 발전시켰고, 인지적으로는 부정적인 인생경험보다는 긍정적인 인생경험에 집중하고, 창의적으로 사회적 관계망을 사용한다. 한부모나 한부모가족의 아동들과 작업할 때는 반드시 그들의 어려움을 다루고 강점과 회복 탄력성을 부각시켜야 한다.

한부모가족과 작업할 때는 Becker와 Liddle(2001)이 '부모의 자기(self of the parent)'라고 불렀던 것을 평가해야 한다. '부모의 자기'를 평가한다는 것은 자기 자신의 필요를 돌보려는 노력에 대해서뿐 아니라 소진과 업무 스트레스와 같은 어려움에 대해서 질문하는 것을 의미한다. 초보 치료자는 종종 평가작업하기를 주저하는데 이는 자신이 호소문제에 집중하기를 원하며 한부모가 자기 노출을 주저하는 모습 때문에 막힌 느낌을 갖게 되기 때문이다. 한부모와 자녀 사이의 상호작용을 이해하고 치료적 동맹을 형성하기 원한다면 부모로서의 역할 외부에 있는 개인적인 문제들에 대해 더 많이 배워야 할 필요가 있다(Becker & Liddle, 2001).

재혼가족

A씨 부부는 두 아들을 양육하는 문제 때문에 생기는 다툼과 불화를 호소했다. 그들은 최근에 결혼한 부부인데 각자 11세 된 아들을 두고 있었다. 이들의 부부 문제는 대부분 해결 가능해 보였지만 아들들에 관련된 논쟁은 급속히 고조되곤 했으며, 그럴 때마다 A씨는 몹시 화를 냈고 A부인은 울며 공격당한 기분과 절망감을 느꼈다. 두 사람은 서로 상대방이 자기 자녀를 지나치게 감싼다며 비난했다. 갈등에 대한 남편의 반응은 대놓고 화를 내며, 목소리를 높이고, 완고해지고 약간 독선적이 되는 것이었다. 아내는 울거나 관계를 단절하거나, 때로는 이런 말은 결코 들어본 적이 없다고 대들기도 했다. 두 사람은 이 문제가 해결이 안 된다면 결혼을 유지할 수 없다는 데 동의했다.

자녀가 없는 초혼과는 달리 재혼가족은 서로 다른 신념, 전통, 습관을 가진 두 가족의 합병이라는 만만찮은 과제에 직면한다. 또한 그들은 많은 역할과 책임을 해결해야만 한다(Bray & Kelly, 1998). 충성심 문제가 무엇보다 중요하다. 내담자가 그들의 문제를 '재혼가족 문제'라고 명명하는 일은 거의 없지만, 많은 경우 겉으로는 나타나지 않지만 호소문제 기저의 중요하고 일반적인 문제는 재혼가족의 역동이다.

치료자는 가족을 쉽게 정의할 수 있다고 생각할 수 있다. 그러나 재혼가족의 가족들은 누가 가족 안에 있고 누가 가족 밖에 있는지에 대해 서로 다른 정의를 내리는 경우가 종종 있다. 다시 말해, 경계선이 모호하다. 서로 다른 정의는 새로운 가족과 그의 역할을 수용하는지 여부에 기인한다. 예를 들어, 세 아들(13세 테런스, 10세 빈센트, 5세 제이콥)의 한부모 어머니인 스테파니는 세 아이의 아버지였던 남편이 사망한 지 3년 만에 재혼했다. 테런스는 자신의 가정에 새 사람, 특히 남자를 초대한 어머니에게 화가 났고, 비록 새 남편이 의도했던 것은 아니지만, 자기 아버지를 대신하려던 이 남자에 대해서 분노했다. 이 사례에서, 테런스는 그의 새아버지를 초대받지 못한 외부인으로 취급했던 반면, 제이콥은 그를 새로운 가족으로 따뜻하게 환영했다. 테런스의 분노와 적개심은 어머니가 한부모였을 동안에 그가 가지고 있었던 강력한 지위와 더불어 사망한 아버지에 대한 지속적인 충성심에 기인했을 터였다. 재혼가족 안에서 권력 주제와 충성 갈등은 일반적이며, 이는 가족 정체성을 형성하려는 재혼가족의 노력을 가로막는 장애물이 될 수 있다.

새로 결혼한 모든 부부는 발달 중인 부부 관계를 보호하기 위한 방법을 발견할 필요가 있다. 이는 재혼가족의 새로운 부부에게 특히 중요하다(Visher & Visher, 1988). 재혼가족의 새로 결혼한 부부는 문제해결 기술을 발전시키는 것과 같은 초혼에 관련된 적응뿐 아니라 앞에서 설명했던 것처럼 계부모-계자녀 관계의 스트레스에 대처해야 한다. 자녀가 없는 부부는 자녀를 위해 그들의 관계를 준비할 수 있는 호사스러운 시간을 가질 수 있다. 재혼가족은 이러한 부모-자녀 역할에 곧장 떠밀려 들어가며 새로운 부부 관계를 키워 갈 시간이 거의 없다. Hetherington Stanley-Hagan(2002)에 따르면, 재혼가족의 결혼도 자녀도 부부가 지지적이고 긍정적인 관계를 확립하는 데 주력할 때 더 잘된다. 계부모와 계자녀 사이에 갈등이 일어나고 생물학적 부모가 이 갈등에 끼어들 때 충성심이 시험을 받을 수 있다.

가족 충성심과 역할의 모호함은 양육 책임에 대한 결정을 복잡하게 만드는 요인이 된다. 이혼한 경우에는 생물학적 부모가 다른 가정에서 살면서 아동의 부모 역할을 감당해야만 하며, 계부모는 계자녀와의 관계를 발달시키고 자신의 부모역할을 결정하는 일을 감당해야만 한다. 연구는 아동들이 초반부터 자신을 훈육하고 통제하려는 계부모를 거절하는 경향이 있다고 제안한다(Ganong, Coleman, Fine, & Martin, 1999). 새로 부모가 된 부부들이 그렇듯이, 재혼가족의 부부는 부모 역할과 방법에 대해서 거의 논의하지 않으며 자녀에게 미칠 영향을 고려하지 않은 채, 추측된 또는 정형화된 역할에 의지한다. 예를 들어, 친어머니는 자녀가 반발할 수 있음에도 불구하고 '훈육은 남자가 하는 일'이라는 이유로 친아들의 훈육 책임을 계부에게 떠넘길 수 있다. 자녀양육 방식에 대한 부부의 불일치 역시 새로운 재혼가족의 첫 위기가 될 수 있다. 이러한 일반적인 주제들을 이해하고, 이해한 것을 효과적으로 의사소통하는 것이 새혼가족을 성공적으로 치료할 수 있는 핵심요소이다(Pasley, Phoden, Visher, & Visher, 1996).

결론

이 장에서 자녀가 있는 가족 안에서 일어나는 예측 가능한 변화와 예측 불가능한 변화에 대한 정보를 검토하였다. 가족발달에 대한 지식 및 각 발달단계나 전이와 관련된 호소문제에 대한 지식은 견고한 임상 작업을 제공하도록 돕는다. 가족치료자는 성장통을 겪고 있는 가족을 도울 때 그들의 강점과 한계를 인식할 필요가 있다. 사회적 변화가 복잡하고 많은 시기에 모든 가족에게 맞는 하나의 가족 모델을 제공하는 것은 불가능하다. 오히려 가족 곁에서 함께 걸으며 가족이 자신에게 맞는 새로운 형태의 가족 모델을 고안하도록 도와야 한다.

제8장

노인과 돌봄제공자인 가족의 치료

68세의 라틴계인 마리아가 여동생인 애나와 함께 치료실에 도착한다. 마리아의 주치의는 우울과 불안을 이유로 그녀를 치료에 의뢰했다. 마리아는 동생과 치료자와 함께 자리에 앉자, 자신이 무엇 때문에 여기에 왔는지 모르겠다고 말한다. 애나는 마리아에게 R 박사님이 그녀의 슬프고 걱정되는 마음을 치료자에게 얘기해볼 것을 권했다는 것을 상기시킨다. 마리아는 그 대화를 어슴푸레 떠올리면서 제대로 알려주지 않아 몰랐다며 화를 낸다. 면담이 진행되고 마리아가 좀 편해지자, 치료자는 3년 전에 마리아가 뇌졸중을 겪었으며 그로 인해서 애나가 전적으로 마리아를 돌볼 책임을 맡게 되었다는 것을 알게 된다. 그들의 관계는 견고한 것이 분명했지만 치료자는 스트레스 또한 상당하다는 것을 알아차린다. 마리아는 딸이 자신을 방문하지 않는 것에 대한 불만과 애나가 자신이 좀 더 스스로 알아서 할 수 있도록 허용해주면 좋겠다는 바람을 이야기한다. 애나는 주의 깊게 듣고 마리아의 힘든 부분에 대해 공감을 하면서도 마리아에게 뇌졸중으로 인한 제약이 있다는 것에 대해서는 확고하다. 그들은 원룸 아파트에서 살고 있으며 서로 떨어져 있는 시간이 거의 없다. 마리아는 아무것도 바뀌지 않을 것이라고 믿지만, 치료자가 마음에 들어서 기꺼이 다음 회기를 예약하겠다고 말한다.

우리가 비공식적인 자리에서 학생들에게 마리아와 애나 같은 노인을 치료하려고 가족치료 공부를 시작했냐고 물으면 그렇다고 대답하는 학생은 거의 없다. 그러나 임상을 통해서 노인치료를 경험해 본 학생들은 노인치료에 대해 처음에 가졌던 태도가 바뀌며, 몇몇 학생들은 노인치료를 전문영역으로 선택하기도 한다. 학생들은 처음에는 자신의 할아버지와 할머니만큼이나 나이가 많은 내담자 앞에서 자신이 애송이같이 느껴져 겁을 먹다가도 금세 노인 내담자들과 합류하게 되고 그들로부터 치료가 도움이 되었다며 감사하다는 말을 듣게 된다.

2010년과 2020년 사이에 65세 이상이 차지하는 세계 인구의 비율은 13%에서 16%로 증가할 것으로 예상된다(Karel, Gatz, & Smyer, 2012; Vincent & Velkoff, 2010). 이러한 증가는 상담 사례의 인구통계에도 틀림없이 영향을 미칠 것이다. 현재까지 노년기 정신건강 문제는 정신건강 전문가나 가족 그리고 내담자 자신을 통해 파악이 되지 않았다. 정신질환을 둘러싼 낙인 때문에 노인들은 도움을 청하기를 주저한다. 그러나 노인이 치료기관을 찾고 진단이 내려져서 여러 형태의 치료적 개입이 제공된다면 이는 내담자는 물론 가족의 고충을 해소하는 데 많은 도움이 될 수 있다(Forsman, Nordmyr, & Wahlbeck, 2011).

이 장에서 노인 환자와 그 가족에 대하여 중요한 부분을 모두 심도 있게 다루는 것은 한계가 있다. 또한 다른 장에서 다룬 내용이 노인에게 적용되는 부분도 많을 수 있다. 다만 이 장에서는 치료자가 만나게 되는 다양한 노인들을 다루는 데 필요한 기술들을 추가로 제시할 것이다. 먼저 개인이 경험하는 노년기 우울증과 불안증에 대한 연구 자료를 개인치료적인 관점에서 살펴보고, 질병, 장애, 간병과 상실에 대해 가족치료적 관점에서 살펴보겠다. 두 관점이 따로 서술되어 있기는 하지만 우리는 두 가지 관점을 전체의 부분으로 보며 이는 우리가 추구하는 생물심리사회적-체계적 관점과 일치한다.

노인의 진단과 치료

"나이 드신 할아버지/할머니가 정말 변할 수 있을까요?"라는 물음은 학생들에게서 흔히 듣는 질문이다. 이 질문은 비관적 · 비판적이라기보다는 노년기의 내담자와 어떻게 치료를 진행해야 할지 힘들어하는 학생들의 고민을 드러내는 것이라고 볼 수 있다. 치료자나 치료기관 그리고 내담자의 나이에 대한 편견은 치료가 성공적으로 진행되는 것에 있어서 큰 걸림돌이 된다. 나이에 대한 편견은 "변하기에는 너무 나이가 들었다." 또는 "노년기에 겪는 우울은 어쩔 수 없는 것이다."라는 등의 편견으로 표현될 수 있다. 이러한 편견은 노인이 치료기관을 찾거나 치료에 대한 기대를 품는 것에 있어서 걸림돌이 된다. 뿐만 아니라 이러한 편견을 통해서 노인은 마치 치료를 받을 가치도 없다고 생각할 수도 있으며, 치료는 보다 젊은 세대에게 적합한 것이라는 생각을 갖게 될 수도 있다. 그럼에도 불구하고 치료에 관심을 보이는 노인이 많은 것 또한 사실이다.

치료에 대한 부정적 시선과 함께 정신건강 서비스에 대한 정보나 접근의 부재 또한 치료를 받는 것에 있어서 걸림돌이 된다. 실제로 청장년층에 비해 정신질환으로 고통받고 있는 노년층이 전문가로부터 치료 서비스를 받을 가능성은 매우 낮다(Karel et al., 2012). 저자는 의료기관에 속해 있어서 담당 주치의의 추천으로 정신건강 서비스를 받으러 오는 노인들을 접하게 되는데, 이들 역시 지역사회에 있는 치료나 치료 서비스는 사용하지 않겠다고 말하곤 한다.

정신건강 서비스의 접근성을 높이기 위해 의료기관과 협력하려는 노력을 '협력적 관리(Collaborative care)'라고 한다. 전통적인 의뢰체계를 통하거나 다른 건강관리 전문가가 자신의 환자를 보는 도중에 그와 협력하여 즉시 돌봄을 제공함으로써 의사와 심리건강 전문가를 연결하는 협력적 관리가 세계적으로 성장세를 보이고 있다. 예를 들어, 의사가 정서적 스트레스를 감지하거나 건강 행동의 변화가 필요하다고 판단할 때 '따뜻한 핸드오프(warm handoff, 역자 주: 의사가 진료소 안에 있는 정신건강 전문가에게 직접 의뢰하는 것)'를 수행할 수 있으며 이는 일반적인 의뢰와 비교할 때, 멀리 갈 필요 없이 현장에서 적시에 정신건강 서비스를 받을 수 있게 해 준다. 물론 이러한 협력적 관리에 대한 이해를 높이기 위해 보다 더 많은 연구가 진행되어야 겠지만 현재 미국과 영국에서 실행된 연구결과에 따르면, 이 접근법이 노인의 우울증을 치료하는 데 매우 긍정적인 결과를 보이고 있다(Gilbody, Bower, Fletcher, Richard, & Sutton, 2006).

주치의는 다음과 같은 다양한 이유로 노인을 치료에 의뢰한다.

- 우울과 불안에 대한 향정신성 약물과 병행하는 치료 목적

- 약물을 처방대로 복용할 수 있도록 돕는 목적
- 간병하는 가족의 스트레스를 완화하려는 목적(예: 치매와 같이 만성질환에 대해 간병을 하는 가족의 우울과 불안 증상을 완화)
- 노화에 따른 사회심리적 문제를 완화하려는 목적(예: 나이가 들어간다는 것을 받아들이고 삶의 만족을 찾도록 돕는 치료, 질환으로 인해 불거진 가족 간의 갈등 해소를 위한 목적)
- 협력적 관리의 일환으로 우울과 불안 혹은 신체질환과 동반된 질환(예: 신경인지장애)의 치료를 위한 목적

담당의사의 의뢰로 치료자가 내담자를 만나고 치료 동맹을 맺어 나가면서 치료자는 계속적으로 담당의사와 대화를 통해 내담자와 그 가족에게 맞는 치료계획를 세워 나가야 한다. 일단 의뢰가 이루어지면 치료자는 환자와 관계를 확립하고 환자와 가족을 돕기 위한 공동 치료 계획을 수립하기 위해 의뢰한 의사와 지속적으로 대화해야 한다. 물론, 노인과 가족은 우울, 불안, 질병 외에도 은퇴나 다른 만년의 변화에 대처하는 것과 같은 문제를 다루기 위해 전통적인 경로를 통해 치료를 찾는다.

노인 내담자의 불안과 우울

노년기로 접어든 부모세대가 장성한 자식세대에게 의존하게 되면서 생기는 가족 간 역할 변동과 간병에서 오는 여러 어려움 등의 이유로 노인뿐만 아니라 가족까지도 우울이나 불안에 취약해질 수 있다. 세계적으로 전 생애를 통해 불안과 우울증상은 흔하게 나타나는데, 노년기 인구 중 13.5%가 우울을 그리고 1~15% 정도의 노년인구가 불안장애로 진단된 것으로 보고되고 있다(Beekman, Copeland, & Prince, 1999; Bryant, Jackson, & Ames, 2008; Ferri, Guerra, Brayne, & Prince, 2011).

앞에서 언급했듯이, 노년기에 나타나는 우울은 흔히 진단받지 못하거나 치료받지 못하고 지나가는 경우가 많다. 그 이유로는 1) 정서적 스트레스는 드러내지 않고 신체적 건강과 관련한 문제에만 초점을 두게 하는 신체화 증상의 호소, 2) 우울감이나 절망을 나이가 들어가며 경험하게 되는 당연한 부분이라 치부하는 태도 그

리고 3) 노인들의 정신질환에 대한 부정적인 시각(예: 낙인) 등을 들 수 있다. 그러나 우울의 초기 진단을 놓치는 것은 매우 치명적일 수 있다. 청년층에 비해서 노년층이 자살을 시도할 가능성이 적지만, 노년기의 백인 남성은 자살로 이어질 가능성이 더 높다(Center for Disease Coutrol and Prevention, 2006).

종종 일차 진료에 통합된 치료가 노인에게 효과적이라는 것을 보여 주는 강력한 문헌이 등장하고 있다. 청장년층을 대상으로 한 근거-기반 치료 문헌과 유사하게 인지행동치료(CBT), 문제해결치료, 대인관계치료 그리고 지지적 심리치료가 우울 증상을 낮추는 데에 효과를 보인다. 또한 인지행동치료, 심리교육 그리고 긴장완화 훈련 등이 불안 증상을 완화하는 데 효과적이다(Ayers, Sorrell, Throp, & Wetherell, 2007). 중등도 이상의 우울이나 불안일 경우 부작용을 견딜 수 있다면 약물치료도 도움이 될 수 있다(Givens et al., 2006).

가족치료가 이 치료 문헌에 등장하지는 않지만 가족, 돌봄제공자 그리고 다른 치료자들을 제외하고 노인만 따로 치료하는 일은 결코 없다. 노인 내담자와 그들의 가족과의 관계 그리고 주치의와의 관계를 이해하는 데 있어서 우리의 체계론적 관점은 매우 중요하다. 노인을 가족주치의나 정신과 의사에게 의뢰할 기회가 생긴다면 노인에 대해 잘 알고 있으며 친절하고 신뢰할 만한 관계를 형성할 수 있는 사람을 선택하는 것을 추천한다.

앞에서 언급한 생물심리학적-체계적 모델(BPS-System model)의 안내에 따라 노인치료에 있어서 불안과 우울에 효과적인 개입법에 대해서 서술하려 한다. 물론 여기에서 추천하는 개입법(예: 운동요법)이 가족치료처럼 보이지 않을 수 있다. 그러나 통찰력을 증가시키기 위한 치료적 대화나 부정적인 상호 행동의 패턴에 대한 인식을 높이는 치료 개입법만을 사용할 때보다 구체적이고 실제적으로 실천할 수 있는 개입법이 함께 제공되었을 때 노인 내담자와 가족이 긍정적으로 반응하는 경향을 보인다. 앞 장들에서도 강조하였듯이, 치료자가 노인 내담자와 그 가족 그리고 담당 의사와 좋은 치료적 동맹을 맺는다면 이 또한 치료 효과를 높일 수 있다.

사회적 관계 강화

사회적 지지는 우울의 출현, 과정 및 결과에 지대한 영향을 미친다. 정서적 · 사회적 지지가 고통 중에 있는 사람들에게 주는 혜택이 많기 때문이다(Cohen, 2004). 또한 여러 연구 자료는 장기화된 고독과 외로움이 개인의 신체적 건강과 삶의 질에 주는 부정적 영향에 대해서 시사하고 있다(Cacioppo & Patrick, 2008). 일례로, Cacioppo와 Patrick(2008)의 연구를 보면, 사람이 외로움을 느낄 때 스트레스 호르몬의 수치가 올라가고 혈압 상승을 보이며 몸의 면역체계도 약해진다. 또한 외로움과 질병의 긍정적 상관관계 그리고 인지능력과의 부정적 상관관계를 나타내는 연구들이 보고되고 있다. 이렇게 외로움이 갖는 부정적인 영향력에 대한 연구가 증가하고 있음에도 불구하고 미국의 많은 노인이 혼자 산다.

어떠한 형태이든 사회적 관계망이나 지지가 외로움을 감소시키고 건강에 긍정적인 영향을 줄 수 있지만, 건강한 부부관계와 가족 간의 유대는 그 어떤 사회적 지지보다 건강에 더 큰 도움을 준다(Cohen, 2004; Iveniuk & Suhumm, 2016). 실제로 가족이 많고 그들과 친밀한 관계를 유지하는 노인이 친한 친구를 많이 둔 노인보다 더 장수한다는 연구가 있다. 결혼, 가족 및 친구와 더 큰 관계망을 가지고 있는 것, 사회활동에 참여하는 것, 친구 및 가족과 친밀감을 느끼는 것, 이 모두는 장수와 상관관계가 있다(Iveniuk & Schumm, 2016).

그러므로 노인치료에서 관심을 가져야 할 부분 중의 하나는 내담자의 사회적 관계망과 그 관계의 질을 향상하는 것이다. 치료자는 내담자의 삶에서 잠재적 관계망(예: 골동품 자동차 클럽, 뜨개질 클럽, 종교적 모임 등)을 발견하도록 도울 수 있다. 또한 치료자는 내담자의 부부관계와 가족 간의 관계를 강화시킬 수 있는 직접적인 방법을 모색한다. 해당 문제에 대해 해결법을 찾고(예: 운전이 어려운 내담자가 어떻게 모임에 참여할 수 있을지?) 개인의 우선순위를 정하는 것을 돕고, 인식하고 있지 못한 내담자의 자원이나 장점 등을 찾아내는 것 또한 치료의 중요한 부분이 된다. 자료에 따르면, 사회지지 관계망을 구축하는 것이 단기적 · 장기적으로 우울 증상을 완화하는 데 있어서 다른 조건(치료를 받지 않는 경우와 일반적 관리를 받는 경우)보다 월등한 효과를 나타낸다(Mead, Lester, Chew-Graham, Gask, & Bower, 2010).

인지행동치료

인지행동치료(CBT)와 그와 관련된 해결중심치료(PST)는 노년기에 나타나는 우울감 그리고 낮은 자존감을 야기할 수 있는 부정적인 사고에 그 치료의 초점을 두고 이러한 사고를 전환할 수 있는 행동의 변화와 반복, 구체적 문제해결 그리고 내담자가 집에서도 실행할 수 있는 과제를 주는 치료법이다. 예를 들어, 해결중심적 치료를 통해 내담자는 처음에는 너무 큰 문제처럼 느껴지는 일상의 과제를 선택하고 해결하도록 훈련한다. 이것의 목표는 내담자의 자기효능감을 증가시키고 우울증의 핵심이라 할 수 있는 무기력감을 이겨 나가게 하는 것이다. 치료자와 내담자가 함께 문제를 선별하고 이를 해결하기 위한 구체적인 행동방안을 여러 차례 강구하고 실행하는 과정을 통해 내담자의 자존감과 자신감을 증가시킬 수 있으며, 이는 전반적인 우울장애를 극복하고 의욕을 높이는 데 도움이 된다(Arean et al., 2010). 이상적인 치료 결과는 문제를 해결하는 과정에서 체험한 자신감과 자기효능감이 계속해서 다른 문제들로 전이되고, 그 문제들도 성공적으로 해결되어 자신감을 유지하며 장기적으로 계속 우울 증상이 완화되는 것이다(Gould, Coulson, & Howard, 2012a, 2012b).

다른 치료방법

강도가 높지 않은 수중운동(예: 걷기와 수영)은 경도에서 중등도 수준의 우울장애에 효과가 있다(Bridle, Spanjers, Patel, Atherton, & Lamb, 2012). 또한 운동은 불안장애에 따른 증상을 완화하는 데도 효과가 있다(National Collaborating Centre for Mental Health, 2009). 물론 이러한 방법들이 우리의 실행범위를 벗어나는 것처럼 보일지 모르지만 의사와 가족들과 협력해서 할 수 있으며 치료 효과가 있다고 생각한다.

과거를 회상하거나 인생을 돌아보는 치료법 또한 노인이 부정적인 인생의 사건을 수용하고 과거 갈등을 해소하며 혹은 과거에 자신이 사용했던 보다 긍정적인 대처방법 등을 다시 생각할 수 있게 돕는다. 우울장애를 앓고 있는 노인을 대상으로 한 많은 연구가 이 회상기법 치료를 받은 대상자의 우울증상이 줄어들고 절망감이 낮아졌으며 인생의 전반적 행복지수가 올라갔다고 보고하고 있다(Arean et al., 1993; Serrano, Latorre, Gatz, & Montanes, 2004). 이 장의 뒷 부분에서 인생회고 기법에 대해 좀 더 자세히 다룰 것이다.

노년기 질병과 상실

특정한 정신장애의 유무를 떠나 노년기에 겪게 되는 여러 가지 변화(예: 은퇴, 이사)와 상실(예: 친구, 가족) 그리고 그에 따른 스트레스가 있다. 대부분의 노인은 신체 쇠약과 질환에 따른 여러 가지 문제에 직면하고 대처해야 한다. 가족치료자가 이때 집중해야 할 네 가지 영역이 있는데, 그것은 건강, 재정, 사회적 유대 그리고 인생의 목적과 의미이다. 노인이 이 네 가지 영역에서 적절한 자원을 가지고 있다면 노년기가 꼭 우울과 절망의 시기가 될 필요는 없다. 그러나 대부분의 경우 나이가 들어가면서 이 네 가지 영역에서 점차 복합적인 상실을 경험하게 된다.

신체적 쇠퇴와 장애

10년 전 남편을 잃은 마타는 현재 78세이며 혼자 살고 있다. 그녀는 혼자 살면서 산책도 하고 정원도 가꾸고 친구들과 만나면서 독립적으로 살아 왔다. 그러던 어느 날 딸이 여러 번 마타에게 전화를 했는데 계속 통화가 되지 않았다. 여태껏 이런 적은 없었다. 딸은 어머니의 친구에게 어머니가 어떠신지 확인을 해 달라고 부탁했다. 마타는 마룻바닥에서 의식불명인 채로 발견되었다. 마타는 급히 병원으로 이송됐으나 뇌출혈 판정을 받고 평생 장애를 입게 됐다. 혼자서 걸을 수도 없었고 따라서 더 이상 혼자 살 수 없게 되었다. 가족은 앞으로 어떻게 해야 할 것인가에 대한 결정을 내려야 했다.

독립과 젊음을 중시하는 현 문화에서 노년기에 나타나는 신체의 쇠퇴는 그다지 주목받지 못한 주제이다. 신체적인 문제와 더불어 인지능력의 저하 또한 나이가 들면서 나타날 수 있는 문제이다. 실제로 65세 이상의 노인 중에 4.9%에 해당하는 인구가 심각할 정도의 인지능력 손상을 겪고 있으며, 85세 이상의 경우 그 수치는 16~30%에 해당한다(Regier, Boyd, Burke, & Rae, 1988; Skoog, Nilsson, Palmertz, Andreasson, & Svanborg, 1993). 물론 노년기에도 새로운 것을 습득하는 능력을 유지하기도 하지만 젊었을 때와 비교해서 습득의 속도가 느려지고 기억력과 반응 속도 또한 손상을 입을 수 있다. 작지만 상당한 수의 노인이 알츠하이머를 포함하여 치매에 의해 심각한 영향을 받는다.

DSM-4(American Psychiatric Association, 2000)는 그 전에 기관장애라고 불렸던 부분을 인지장애로 명명하였는데, 이는 이 장애가 환경적 요소(예: 교육 기간)와 유전적 요소(예: 유전자 변이) 모두에 기인하고 있다는 것을 분명히 하려는 의도를 담고 있다(APA, 2000). 가장 최근에 출판된 DSM-5에 따르면, 신경인지장애라고 명명하고 있는데, 이는 노화와 정신장애의 연관성에 대한 이해가 활발하게 이루어지고 있는 뇌신경과학의 영향을 나타내고 있다.

진단을 하는 치료자는 다음과 같은 질문을 항상 염두에 둔다. "내담자가 독립적으로 기능할 수 있는가?" "옷을 혼자 입고 일과를 혼자 계획하고 식사를 차려 먹을 수 있는가?" "일상의 일을 감당해 낼 수 있는가?" 이러한 질문에 대한 답은 많은 경우 내담자의 실행 기능과 기억력에 달려 있다. 여기서 실행 기능이란 계획하고, 관리하고, 계획을 실행하는 기술을 의미한다. 내담자가 이러한 영역에서 결함을 보인다면 즉시 주치의에게 의뢰할 필요가 있다.

당신이 내담자의 인지 기능에 대해 우려가 된다면 간단한 두 가지 테스트를 해 볼 수 있다. 1) 내담자에게 종이에 시계를 그려 보게 한 후 특정 시간에 맞게 시계 바늘을 그려 보게 하거나, 2) 공, 장난감, 의자와 같이 서로 연관되어 있지 않은 단어 3개를 내담자에게 기억하게 하고 몇 분간 대화를 한 다음에 내담자에게 그 세 단어를 얘기해 달라고 한다. 이때 내담자가 세 단어들을 기억할 수 없거나 혹은 시계를 그릴 수 없다면 이것을 기록으로 남겨 놓으면 주치의에게 의뢰할 때 중요한 진단적 정보가 된다.

DSM-5는 노화와 연관돼서 나타날 수 있는 세가지 정신장애에 대해 설명하고 있다. 가벼운 신경인지장애는 새롭게 제시된 장애로 이 진단명의 실효성에 대해서 아직 검증이 된 상태는 아니다. 실제로 일부 치료자는 이 진단명을 사용하기를 꺼리는데, 이는 인지력 쇠퇴가 노화의 한 부분이고 진단명으로 인해 내담자가 겁을 먹거나 혹은 내담자의 실제 정신건강 상태를 정확하게 반영하지 않을 수 있기 때문이다. 주요 신경인지장애는 뇌졸중, 알츠하이머병, 혹은 다른 신체 질환으로 인해 발생할 수 있는 치매이다. 나이가 가장 높은 위험인자로 작용하는데, 대략 80세 이상의 노인 중에서 반 이상이 치매와 관련된 증상을 보인다. 치매는 환자의 인지력과 관련된 기술, 즉 언어를 이해하고 기억을 유지하는 등의 기술에 부정적 영향을 미친다. 오래된 기억을 보유하고 새로운 기억을 만들어 가는 능력이 치매로 인해 손상될 수 있다.

섬망(delirium)은 혼란감과 대화를 하는 데 어려움을 겪는 상태를 말한다. 섬망을 앓는 환자는 혼란스러워 보일 수 있다. 자신이 어디에 있는지, 당신이 누구인지 알지 못할 수 있다. 섬망은 긴급사항으로 즉시 의료진의 관리를 받아야 할 필요가 있다. 이러한 장애는 뇌신경과 관련된 장애로 치료자의 역할은 내담자가 신속하게 의료진의 도움을 받을 수 있도록 조치하는 것이다. 일단 진단이 내려지면 가족치료자는 내담자와 그 가족과 함께 작업하면서 내담자가 겪게 될 삶의 제약 등에 대해 탐색하고 그에 맞게 앞으로의 계획을 세워 나갈 수 있도록 돕는다. 섬망은 회복을 보이기도 하고 그에 따라 내담자가 원래의 기능을 회복하기도 하지만, 치매와 관련된 장애는 많은 경우 회복이 어려우며 내담자는 천천히 지속적인 기능의 저하와 쇠퇴를 경험하게 된다.

치매와 인지능력 저하의 경우 치료를 통해 원상태로 회복이 되지 않고 오히려 문제가 점차적으로 악화되기 때문에 치료가 복잡할 수 있다. 치료과정은 주로 질병에 대한 이해를 높이고 이를 받아들이는 것, 적응 기술을 기르고 삶의 질을 가능한 한도 내에서 최대화하고 부정적인 행동을 최소화하며 달라진 기능저하에 적응하면서 혹시 모를 자해를 방지하는 등의 변화에 따른 관리에 중점을 두며 이뤄진다. 가족치료자로서 우리는 관계적인 측면에 초점을 두며 가족이 어떻게 변화에 대처하는지 그리고 간병을 하는 가족의 육체적 · 정신적 웰빙에 대해서도 관심을 가져야 한다.

가족 돌봄

문제해결 기술이나 실행능력, 기억상실 등의 문제를 겪게 되면 평범한 일상의 일들 또한 매우 어려워진다(Qualls, 2000, 2016). 이러한 경우 노인들은 별 도움이 되지 못하는 자신을 짐처럼 생각하고 매우 고립되어 갈 수 있다. 여러 형태로 나타나는 기능적 쇠퇴와 상실에 대처해 가족이 돌보는 역할을 수행하게 되는데, 일례로 진료시간에 운전을 해 주는 것 혹은 재정 관리를 대신 해 주는 것 등을 들 수 있다. 많은 경우 아내나 딸이 가족 내에서 이러한 돌봄의 역할을 수행한다(Wolff & Kasper,

2006). 처음 이런 일을 맡게 된 사람들은 노화에 관련된 변화에 반응하는 방법을 결정할 때 종종 도움을 필요로 한다. 일례로, 돌보는 가족이 흔히 하는 질문은 노인의 독립성에 대한 욕구와 안전을 위한 가족의 필요 사이에서 어떻게 균형을 잡는가이다.

노화에 따른 상실은 가족관계에도 영향을 미친다. 가족이 재조직해야 하는 몇몇 일반적인 영역은 역할(역할은 재협상될 수 있는가?), 권위(누가 결정권을 갖는가?) 그리고 책임의 전환이다(Qualls & Williams, 2013). 고령의 부모가 겪는 장애가 더 심해지고 타인 의존도가 더 높아질수록 장성한 자녀는 기존에 짊어지고 있던 직장 업무나 자녀양육의 책임과 함께 '부모 같은' 역할을 떠맡게 된다. 연로한 부모를 대신해서 결정을 내려야 하는 것 외에도 고령 부모의 일상의 일(예: 목욕, 몸단장)을 돕고 신체 쇠약과 동반되어 나타나는 고통을 참고 견딜 수 있게 정서적 지지를 제공하고 복잡하게 처방된 약을 복용할 수 있도록 돕는 등 일상에서 간병의 형태로 여러 도움을 주게 된다(Fingerman, Miller, & Qualls, 2016). 장성한 자녀는 건강관리와 관련해서 새로운 역할을 수행할 뿐만 아니라 의료진과 기관과의 관계에 있어서 부모를 대신하는 대변인의 역할도 하게 된다.

이렇듯 돌봄을 제공하는 가족이 더 많은 책임을 감당하게 됨에 따라 스트레스가 쌓이고 소진 현상으로까지 이어질 수 있다. 누가 부모를 돌볼 것인가 혹은 어떻게 돌볼 것인가 그리고 형제간의 의견차이와 이에 따른 불만(예: 재정적 결정) 그리고 어느 선까지 가족 내에서 돌볼 수 있을 것인가에 대한 견해차이 이유로 가족 내 스트레스와 긴장이 고조될 수 있다(Zarit & Heid, 2015). 많은 가족에게 있어서 부모를 어디로 모셔 돌봄을 받게 할 것인가를 결정하는 것은 특히 어렵다.

35세의 흑인인 자넷이 알츠하이머병 초기 진단을 받은 어머니의 간병과 관련해서 도움을 받고자 치료기관을 찾았다. 자넷은 결혼을 해서 어린 딸이 한 명 있고, 다른 지방에 살고 있는 여동생이 한 명 있다. 최근까지 자넷의 어머니는 거동이 조금 불편한 친구와 아파트에서 살고 있었다. 자넷의 동생은 어머니를 요양원으로 모셔야 할 때라고 주장했고, 자넷은 어머니가 30여 년간 살아오신 집에 머무르게 하는 것이 무엇보다도 중요하다고 주장했다. 자넷은 어머니의 건강상태를 봤을 때 보다 높은 단계의 서비스를 받아야 한다는 것을 알지만 어머니를 기관으로 보내야 한다는 생각 자체

> 를 받아들일 수가 없다. 자넷은 자신이 좀 더 넓은 집으로 이사를 가서 어머니를 모시는 것도 생각 중이다. 그러나 이러한 생각을 여동생과 전화상으로 나눴을 때 둘은 언쟁을 하게 됐고 급기야 동생이 전화를 일방적으로 끊어 버렸다. 이러한 상황적 스트레스는 자넷의 가족에게도 영향을 미칠 뿐 아니라 자넷의 건강에도 좋지 않은 영향을 미쳤는데, 최근 주치의는 자넷의 혈압이 너무 높아졌다고 진단했다.

자넷과 같은 상황에 처해 있는 내담자와 치료를 진행할 경우 치료자는 모든 경우의 수를 생각해 볼 수 있도록 돕고, 지금 필요한 것이 무엇인가를 짚어 나갈 수 있도록 도와야 한다. 이때 노년기의 질병과 장애에 대처하는 방식을 돕는 치료개입으로 이야기치료(문제의 외재화)가 유용하게 쓰일 수 있다. 만성질환과 장애에 있어서 외재화란 "질병이 머무르는 공간을 찾고 그곳에만 머물게 하기"(Reiss, Steinglass, & Howe, 1993)를 뜻한다. 가족과 이러한 대화를 풀어 나가기 위해서 치료자는 먼저 질환과 장애가 내담자와 가족의 현실에 가져온 변화를 인정하고 나누는 것부터 시작한다. 질병과 장애로 인한 변화를 인정하면서도 중요한 것은 내담자와 그 가족이 여전히 영향력을 쥐고 있다는 것이다. '질병을 그 공간에만 머물게 하기'는 질병이 삶의 웰빙과 관련된 다른 여러 영역까지 그 영향력을 가지고 들어올 수 없도록 한다는 것을 시사한다. 기쁨과 의미의 원천은 사려 깊은 계획과 자유로운 시간을 허용하는 경계선의 확립으로 보호될 수 있다(Zarit & Heid, 2015). 돌봄 제공자는 질병 관련 대화와 돌보는 활동으로부터 벗어난 공간을 정의함으로써 유익을 얻는다. 이는 가능하다면 다른 사람의 도움을 얻어 휴식 시간이나 짧은 휴가를 갖는 것을 의미한다. 『간병인을 위한 묵상(Meditations for Caregivers)』(Jacobs, 2016)을 추천하고자 한다. 특히 이것은 돌봄을 제공하는 사람이 간병을 하는 가족구성원이 자신의 일속에서 희망과 의미를 찾을 수 있도록 돕는 책이다.

돌봄과 관련해서 스트레스와 탈진 등의 내용을 다루는 것도 중요하지만, 질환과 장애에 맞서며 나타나는 사랑과 헌신, 회복력 등을 결코 놓쳐서는 안 될 것이다. 치료과정 중에 절망과 극심한 소진, 슬픔에 관한 이야기를 듣기도 하지만 그와 함께 기쁨, 감사에 대한 이야기를 듣기도 한다. 예를 들어, 우리는 장성한 자녀가 연로한 부모를 모시면서 새롭게 경험한 자부심과 감사의 이야기를 들은 적이 있다. 최근 우리가 일본을 방문했을 때, 침대에 누워 있어야만 하는 아버지를 자신의 집에서 돌봐 온 어떤 딸의 일을 들었다. 그녀는 여러 가지 어려움을 감당해야 했지만 그 경험을 '선물'이라고 명명했다. 그녀는 인생의 마지막을 앞두고 있는 아버지와 소중한 시간을 보내고 있다고 말했다.

예견된 상실

'예견된 상실'이라는 개념은 질환과 이에 따른 간병의 경험을 이해하는 것에 도움이 된다. Rolland(1990)는 '예견된 상실'이란 질환이 발병해서 악화되는 과정에서 겪게 되는 여러 종류의 상실/손상을 포괄적으로 포함하는 개념이라고 하였다. 질병의 초기 진단에서 만성적 단계에 이르기까지 환자와 그 가족은 평범한 일상을 더 이상 영위할 수 없는 등 여러 형태의 상실을 경험하게 된다. 또한 앞으로 있을 여러 가지 상실에 대해 고민하기도 한다. 이때 미래에 있을 예견된 상실에 대한 반응은 마치 애도반응(grief reactions)과도 같아서 부인, 슬픔, 갈망, 죄책감 그리고 희망이나 수용 등의 수시로 변하는 다양한 감정들을 포함한다.

알츠하이머병과 같은 진행성 질환을 통해 경험하는 상실은 종종 모호하거나 명료함이 결여되어 있다. 육체적으로는 살아 있지만 가족이 기억하고 사랑하는 부모는 천천히 스러져 간다. 처음에 질병이 천천히 진행될 때는 환자나 그 가족 모두 앞으로의 운명을 이해하고 있다. 그러나 점차 환자가 자신이 사랑하는 가족을 알아보지도 못하고 자신이 있는 상황에 대해서도 인식을 못하는 등의 어려운 시간이 수년간에 걸쳐 지속될 때 가족의 정서적·육체적·재정적으로 소진될 수 있다. 가족치료자가 진행성 질환과 연관된 상실, 혹은 그 질환의 경로를 변화시킬 수 있는 것은 아니지만 환자의 건강이 악화되면서 수반되는 여러 변화와 이에 따른 결정을 내리는 데 있어서 여러 가지 방안을 탐색하고 건설적인 대화를 할 수 있도록 도울 수 있다.

인생의 마지막

가족은 마침내 지침을 줄 수 있는 모델도 거의 없이 종말기 돌봄에 대해서 논의하고 힘든 결정을 내려야 하는 어려운 자리로 내몰리게 된다(Qualls, 2000). 『어떻게 죽을 것인가(Being Mortal)』에서, 저자 Atul Gawande는 불가피한 변화에 대해 돌봄제공자, 가족 및 의료진이 반응하는 동안에 환자가 원하는 것은 얼마나 자주 무시되고 간과되는지를 보여 준다. 노인이 원하는 것이 간과되는 한 가지 이유는 기능의 상실로 인해 타인 의존도가 높아지기 때문이라고 할 수 있다. Gawande는 이를 방지하고 당사자가 원하는 것을 알아 두기 위해 사전에 다음과 같은 질문을 할 것을 권장하고 있다.

- 지금 겪고 있는 질병을 어떻게 이해하고 있는가?
- 당신이 느끼는 두려움은 무엇인가?
- 남은 시간이 얼마 없다면 지금 당신의 우선순위는 무엇인가?

'소원을 말해 봐(Go Wish)'라는 카드게임을 통해서 임종을 앞둔 환자가 중요하게 생각하는 것들을 분명하게 할 수 있다. 남은 시간이 얼마 남지 않았다는 가정하에 각각의 카드에 여러 상황이 주어지고 참가자는 각각의 내용을 '매우 중요한 것' '중요한 것' '별로 중요하지 않은 것'으로 나누게 된다. 이를 통해서 당사자가 자신의 삶에서 중요한 것들에 대해 얘기하고 그 가치를 생각하게 돕는다.

이 외에도 어떻게 하면 임종을 앞둔 환자와 그 가족을 도울 수 있을까? 최근 존엄치료(dignity therapy)가 효과적인 치료개입으로 관심을 받고 있다(Chochinov et al., 2005). 존엄치료는 내담자에게 그의 인생 이야기를 물어보고 그가 떠난 후에도 존재할 무언가를 만들게 한다. 대략 네 번의 회기를 통해서 "당신의 인생에 대한 이야기를 해 주세요." "언제 가장 살아 있다고 느꼈나요?" 등과 같은 질문을 통해 정보를 얻는다. 가장 자주 등장하는 주제는 자전적 내용, 사랑 그리고 인생에서 얻은 교훈 등이다(Montross, Winters, & Irwin, 2011). 그 후 기록된 문서가 만들어지고 문서는 치료자의 도움을 받아 약간의 수정 작업을 거쳐 보통은 가족에게 전달된다. 존엄치료는 단순히 '인생 이야기를 하는 것'이 아니다. 이 과정은 과거의 사건을 재평가하고 자기 자신과 타인을 용서하게 해 준다. 남겨진 가족은 문서를 통해서 위안을 받았다고 보고한다(McClement et al., 2007).

질환과 상실에 대한 대처를 돕는 자료

노인과 돌봄제공자인 가족을 상대하는 치료자의 일 중에서 중요한 부분은 그들이 필요한 자료를 얻도록 안내하는 것이다. 〈표 8-1〉에는 질환과 상실을 한 공간에 가두고 의미와 희망의 원천을 보호하기 위해서 반드시 적응해야만 하는 것들을 노인과 가족이 알도록 도울 수 있는 구체적인 인터넷 자료가 있다. 또한 치료자를 위한 자료도 있다.

이러한 자료를 적극 사용하도록 가족을 격려한다면 노인이 불가피한 변화를 받아들이고 자신의 인생에서 가장 소중한 가치를 확인하며 주체의식을 갖게 해 줄 수 있다. 이러한 자료는 특정 질환의 특징처럼 중요한 문제에 대한 치료자의 지식을 대신하기 위한 것이 아니라 포괄적이고 통합적인 치료를 보완하기 위한 것이다.

〈표 8-1〉 내담자, 돌봄 가족, 치료자를 위한 자료

치료자를 위한 자료
애도하는 사람 지지하기(Supporting Someone Who is Grieving) 다음 사이트에서 받아 볼 수 있는 정보지는 애도 중인 사람에게 힘이 되는 유익한 소통법에 대한 정보를 제공할 뿐 아니라 애도하는 사람을 돌보는 가족원들에게도 유익한 자료를 제공한다. https://www.nhpco.org/wp-content/uploads/2019/04/Supporting_Someone_Who_is_Grieving.pdf
돌봄제공자를 위한 가족치료(Caregiver Family Therapy: CFT) CFT는 질환과 장애로 어려움을 겪고 있는 가족을 돌보는 가족을 주 대상으로 하는 가족치료의 한 형태를 말하는데, 가족의 부담감과 무게감을 줄일 수 있는 문제해결방식 모델을 기본으로 한다. 다음 웹사이트에서는 이런 형태의 치료에 대해 간단한 설명과 함께 온라인으로 받을 수 있는 훈련과 자료에 대한 정보를 제공한다. https://www.apa.org/pi/about/publications/caregivers/practice-settings/intervention/family-therapy
『노화에 대처하는 가족에게 힘을 실어 주는 치료법(Caregiver Family Therapy: Empowering Families to Meet the Challenges of Aging)』(Sara Honn Qualis & Ashley Williams) 이 책은 CFT에 대한 보다 자세한 개념을 다루고 있는데, 돌보는 역할을 하는 가족에 대한 임상 사례를 담고 있다. 다음 웹사이트에서 책에 대한 간단한 소개와 구입방법에 대한 소개를 제공한다. https://www.apa.org/pubs/books/4317295

소원을 말해 봐(Go wish)

앞서 소개했듯이, Go wish는 시한부 판정을 받았다는 가정하게 사람들로 하여금 인생에 있어서 가장 소중한 것을 생각하게 도와주는 카드게임이다. 혼자서 혹은 두세 사람이 함께 게임에 참여할 수 있다.

http://www.gowish.org/article.php/how_to_play

노인을 위한 효과적인 증거-기반 치료

이 사이트는 여러 질환과 인생의 마지막에서 힘들어하는 노인 내담자를 대상으로 한 효과적인 치료법에 대해서 다루고 있다. 집단치료, 인생 회상치료 그리고 현실을 상기하는 치료기법을 포함한다.

https://www.ncoa.org/center-for-healthy-aging/basics-of-evidence-based-programs/

종말기 돌봄 관련 음악치료 센터

이 기관은 애도와 관련해서 음악치료의 효과에 대한 자료와 워크숍에 대한 정보를 제공한다.

http://www.hospicemusictherapy.org/resources/published-research/

존엄 치료

『시카고 트리뷴(Chicago Tribune)』의 기사는 존엄 치료가 삶을 마감하는 시기에 있는 노인에게 어떻게 그 의미와 목적을 찾도록 도울 수 있는지를 설명하고 있다. 이 기사는 이러한 의미 있는 이야기 쓰기 치료를 통해 도움을 받은 몇몇 환자들에 대해 말해 주고 있다.

https://www.chicagotribune.com/lifestyles/health/sc-health-0111-dignity-therapy-20120111-story.html

선택의 존중(Respecting Choices)

세계적으로 인정받고 있는 모델로 돌봄에 대해 미리 계획하는 검증된 방식의 치료법이다.

https://respectingchoices.org/about-us/

알츠하이머병 협회(Alzheimer's Association: AA)

이 협회는 치료자는 물론 환자와 그 가족들에게 좋은 자료가 될 수 있다. AA는 24시간 정보를 제공하는 핫라인을 제공하며, 지지집단, 온라인 문자 메시지 그리고 알츠하이머의 내비게이터(Alzheimer's Navigator)라는 온라인 도구 등을 통해 환자들에게 여러 서비스를 제공하고 있다. 관심이 있는 치료자는 자료와 정보 그리고 연구논문을 AA의 온라인 도서관에서 찾아 볼 수 있다. 돌봄제공자에게도 Alzheimer's and Dementia Care Center를 통해 지지와 정보를 제공하고 있다.

www.alz.org

내담자를 위한 자료

전국 노인학회(National Insitutte on Aging)
이 사이트는 노인에게 우울 및 의사-환자 간 의사소통을 포함하여 다양한 건강 관련 주제에 대한 최신 정보를 담고 있다.
www.nia.nih.gov/health

노년기에 나타나는 변화(Transition In Later Life)
이 사이트는 노년기 관련 정서적 웰빙에 중점을 둔 다양한 논문을 제공하고 있는데, 은퇴, 건강 쇠약 등과 같은 인생 전환기에서 경험할 수 있는 문제에 대한 유용한 정보를 찾아볼 수 있다.
https://transitionsinlaterlife.wordpress.com/resources-reports/

복지혜택(Benefits Check Up)
미국에 사는 노인들이 건강보험제도와 푸드 프로그램 등 노후 복지관련 혜택에 대한 조건 등을 찾아볼 수 있는 정보 사이트이다.
www.benefitscheckup.org

긍정적 노화를 위한 소식지(The Positive Aging Neswsletter)
이 사이트는 건강한 노화와 관련된 연구논문, 뉴스 및 도서 등을 소개하고 있는 신문 사이트로 환자와 그 가족이 함께 도움을 받을 수 있다.
https://www.taosinstitute.net/resources/journals-and-newsletters/positive-aging-newsletter

나이 구분 없는 자전거타기(Cycling without Age)
움직임이 자유롭지 않은 노인을 위해 제공하는 프로그램으로 덴마크에서 처음 시작됐으나 이제는 전 세계 여러 나라에서 찾아 볼 수 있는 것으로, 자전거에 연결돼 있는 인력거로 노인이 원하는 장소로 이동해 주는 프로그램이다. 답답해하는 노인이 '머리에 스치는 바람'을 느끼며 기뻐할 수 있도록 돕는 환경친화적인 프로그램이다.
http://cyclingwithoutage.org

긍정적인 노화를 위한 자원센터(Positive Aging Resoruce Center)
노년기 인구에게서 찾아볼 수 있는 정서적 · 신체적 · 정신적 장애에 대한 실질적인 정보를 제공하는 사이트로 환자를 대상으로 하지만 보호자를 위한 내용도 찾아볼 수 있다.
www.positiveaging.org/index/html

치열한 노년(Fierce with Age)
Carol Osborn 박사의 블로그로 믿음과 회복탄력성을 주요 주제로 다루며, 노인에게 용기를 불어넣은 이야기나 추천 도서 그리고 온라인 프로그램 등을 제공한다.
http://fiercewithage.com

엑스박스 키넥트와 함께하는 운동게임(Exergaming with Xbox Kinect)
노인을 위한 저렴한 가격의 운동 프로그램이 게임으로 개발되었는데, 이 게임에 참여한 노인들은 균형감각, 근력, 걸음 그리고 운동 근육에 있어 긍정적인 반응을 보이고 있는 것으로 나타났다. [Boulos, K. (2012). A potential resource for the aging population. Games for Health. 참조]

친구 핫라인(The Friendship Line)
24시간 핫라인과 방문치료 및 일반 치료를 통해 노인에게 서비스를 제공하는 전국적 프로그램이다. 특히 자신이 속한 단체와 별 유대관계가 없는 노인이나 현재 애도 중인 노인 혹은 자살 충격을 느끼고 있는 노인에게 도움이 된다. 이곳의 봉사자들은 우울한 노인과 일할 수 있도록 효과적인 대화법에 대한 특별 훈련을 수료한 사람들이다.
www.ioaging.org/services/all-inlusive-health-care/friendship-line

간병과 돌봄의 역할을 하는 가족을 위한 자료

『고령의 부모와 상식: 당신과 부모를 위한 실질적 가이드(Aging Parents and Comon Sence: A practical guide for you and your parents)』
이 온라인 서적은 연로한 부모를 둔 자녀를 대상으로 하며 재정적 문제, 부모의 거처에 대한 문제, 노화의 과정에서 나타나는 여러 가지 문제에 대한 정보와 제안 등이 담겨 있다. 또한 부모와의 건강하고 효과적인 대화법에 대한 안내도 포함되어 있다.
https://www.caregiving.org/pdf/resources/Aging%20Parent-Guide_5thEd.pdf

『애도에는 정도가 없습니다(There is No Right or Wrong Way to Grieve after a Loss)』
이 소책자는 애도가 무엇인지, 어떻게 경험하고 또 어떻게 끝나가는지를 알 수 있는가에 대한 정보를 담고 있다.
https://www.nhpco.org/wp-content/uploads/2019/04/There_is_no_Wrong_or_Right_Way_to_Grieve_After_a_Loss.pdf

전국 호스피스완화돌봄협회(National Hospice and Palliative Care Organization)
이 사이트는 사전연명치료계획(advance care planning), 종말기 돌봄, 애도와 상실 및 사랑하는 사람 돌보기와 관련된 다른 자료들 등 다양한 정보를 제공한다.
https://www.nhpco.org/patients-and-caregivers/resources/

가족돌봄동맹(Family Caregiver Alliance)
캘리포니아에 소재한 이 단체는 간병을 하는 가족에게 필요한 교육을 제공하고, 간병으로 지칠 수 있는 가족이 어디에서 도움을 찾고 지지집단을 만날 수 있는지에 대한 정보를 제공한다.
https://www.caregiver.org/resources-health-issue-or-condition

돌봄제공자 활동망(Caregiver Action Network)
이 단체는 간병하는 가족에게 도움이 되는 교육과 훈련, 지지집단 그리고 그들의 이야기를 나눌 수 있는 공간을 제공한다.
http://caregiveraction.org

건강한 배우자협회(Well Spouse Association)
이 단체는 배우자를 간병하고 있는 건강한 노인을 위한 기관으로 지역단체 내에 사무실을 두고 필요한 교육도 제공하고 있다. 특히 임종을 앞두고 있거나 삶의 끝을 보내고 있는 배우자를 어떻게 돌보면서 자신도 건강하게 지낼 수 있는지에 대한 정보와 지지를 제공한다.
www.wellspouse.org

『돌봄 중에도 정서적 건강을 유지하기 위한 가이드(The Emotional Survival Guide for Caregivers)』 (Barry J. Jacobs)
환자와 그 가족을 전문으로 치료하는 임상치료자가 저술한 책으로 간병으로 인한 스트레스와 가족 내 역할 변동으로 힘들어하는 사람들에게 매우 유용하다. 다음의 링크는 박사의 웹사이트로 연결되는데, 이곳에서 책에 대한 요약과 구입 정보를 찾아볼 수 있다.
http://www.emotionalsurvivalguide.com/book.htm

『소중한 이의 죽음에 대처하기(Coping with the Death of a Loved One)』
애도 단계에 대한 정보와 애도 과정에서 도움이 될 만한 실천 사항을 성과 나이에 맞게 자세히 제공하는 온라인 워크북이다.
https://www.counsellingconnection.com/wp-content/uploads/2013/08/COPING-WITH-THE-DEATH-OF-A-LOVED-ONE.pdf

『돌봄제공자를 위한 핸드북(The Caregiver's Handbook)』(the National Care Planning Council)』
이 책은 간병 시 흔히 겪을 수 있는 문제들에 대한 정보를 제공하고, 돌보는 가족의 자기 돌봄과 법적/재정적 정보가 함께 수록되어 있다.
https://www.longtermcarelink.net/eldercare/the_caregivers_handbook.htm

『돌봄제공자를 위한 핸드북: 부모돌보기(The Caregiver's Handbook: Caring for Your Parents)』
이 책은 고령의 부모와 간병과 돌봄에 대해 어떤 대화를 먼저 시도해야 할지에 대한 내용을 담고 있다. 재정에 대한 정보, 법적 문제, 보험, 집 그리고 보다 효과적인 돌봄에 대한 전반적인 내용을 찾아볼 수 있다.
https://seniorshelpingseniors.com/

전국 간병협회(National Alliance for Caregiving)
이 사이트는 미국 내 간병하는 가족의 삶의 질을 개선하기 위한 연구와 지원에 초점을 둔다. 재정 또는 군인 가족과 같은 주제에 관련된 전국적 프로그램이나 조언을 통해 돌봄 제공자들을 지원한다. 치료자들도 이 사이트에서 돌봄 제공 가족과의 작업을 위한 전문적인 도움을 얻을 수 있다.
www.caregiving.org

케어링닷컴(Caring.com)
이 사이트는 사랑하는 가족에게 어떤 방식의 간병과 어떤 형태의 주거가 적합한지 판단할 수 있도록 돕는다. 보살핌을 제공받는 요양원(assisted living), 자립적으로 생활하는 양로원(independent living), 실버타운(senior living) 그리고 자택요양(in-home care) 간의 차이점을 알려 주고 각 지역마다 제공하는 서비스에 대한 정보도 제공한다. 또한 주거 결정에 따른 비용에 대한 정보뿐 아니라 돌보는 가족을 위한 유용한 자료와 지지집단에 대한 정보도 제공한다.
www.caring.com

가족 애도

죽음을 피해 갈 사람은 없다는 생각과 더불어 오랜 질병의 최종 결과로 이미 예상하고 있었다 할지라도, 가족의 죽음은 스트레스와 충격 그리고 큰 슬픔을 가져온다(Brown, 1989). 또한 사랑하는 가족을 잃으면서 그간 간병의 역할을 해 왔던 가족은 그 역할을 상실하게 되는데, 이는 엄청난 공허감과 고통스러운 죄책감으로 나타날 수 있다. 즉, "내가 좀 더 편하게 해 드리지 못했을까?" 혹은 "어머니가 돌아가셨는데, 내가 어떻게 안도감을 느낄 수 있을까?" 등과 같은 질문을 던질 수 있다. 또한 애도에 대처하는 방식이 가족마다 다를 수 있는데(예: 감정을 억제하는 방식 vs. 감정을 표현하는 방식), 이는 가족 간에 혼란과 오해를 야기하고 잠재적으로 혼자라는 느낌을 갖게 한다.

그동안 우리가 알아왔던 애도는 주로 사람들이 경험하게 되는 애도의 단계에 초점을 둔다. 예를 들어, Bowlby(1980)와 Parkes(1972)가 서술한 애도과정은 혼란 단계(예: 정서적 무감각, 부인)와 그 뒤를 잇는 극단적 단계(예: 고인이 다시 돌아오기를 바라거나 찾는 단계) 그리고 결국 죽음을 받아들이거나 수용하는 단계(예: 작별 인사하기)로 볼 수 있다. 가족치료 문헌에서는 가족의 죽음에 효과적으로 대처하기 위해 가족이 지나가야 할 단계들을 규정하였다. 그 단계들은 1) 죽음과 상실에 대한 인정(더 이상 함께하지 않는다는 사실을 받아들이기), 2) 애도의 감정이 다를 수 있고 그 표현법도 다양할 수 있다는 것을 인정하고 함께 애도를 표현하기, 3) 상실에 적응하도록 가족체계를 재구조화하기 그리고 4) 사랑하는 사람이 없는 앞으로의 삶에 재투자하기, 즉 의미 있는 삶을 지속할 수 있는 새로운 방법을 찾기이다.

수년간 애도치료는 진화해 왔다(Neimeyer & Holland, 2015). 초기의 치료가 주로 애도단계에 대한 교육과 상실에 대한 수용 그리고 남은 자로서의 삶에 집중하는 것이었다면, 현재 사용되고 있는 치료법은 사람들이 애도하는 다양성과 복잡성을 이해하는 것을 강조하고 어떤 애도는 결코 끝나지 않을 수 있다는 것을 인정한다. 또한 현대의 모델들은 작별 인사를 목표로 삼는 것이 아니라 사랑하는 고인의 추억을 간직하고 관계를 유지할 수 있도록 돕는다. 이중과정모델(Dual process model)(Stroebe & Shut, 2010)이나 사별의 두 가지 경로 모델(Two tracks of bereavement model)(Rubin, 1999)은 내담자가 나란히 놓인 두 개의 길에서 앞을 향해 나아가도록 돕는다. 즉, 1) 상실에 대한 정서적 탐색과 표현(예: 고인의 죽음에 대해 다시 이야기하고, 사진을 다시 보고, 고인과의 대화를 해 보고, 편지를 씀)을 통해 고인과의 지속적인 관계를 기린다. 2) 만족스러운 삶을 다시 누린다(예: 주위 사람들과 다시 관계를 맺고 활동하기).

"죽음이 인생의 끝일 수는 있어도 결코 관계의 끝이 될 수는 없다."는 이야기치료에 기반을 두고, White(1988)는 '인사하기(saying hello)'라는 은유를 통해 고인과 내담자가 다시 관계를 맺을 수 있도록 돕는 질문을 제공한다.

- "존의 눈으로 지금 당신을 바라본다면, 당신은 당신의 어떤 부분에 고마움을 느낄까요?"
- "당신의 그러한 부분에 대해 존이 어떻게 알았을까요?"
- "그러한 부분에 대해 당신이 깨달은 것을 매일 되새긴다면 당신에게 어떤 변화가 올까요?"
- "또한 그 깨달음을 일상생활에서 실천한다면, 당신과 주위 사람과의 관계에서 어떤

변화가 나타날까요?"(p. 30)

내담자가 일단 상실에서 오는 초기 외상을 어느 정도 지나갔다면 앞에 제시한 질문을 사용해서 내담자가 고인이 된 가족과의 추억을 다시 회상하고 그 관계를 감사함으로 추모할 수 있도록 도울 수 있다.

결론

노인을 대상으로 한 가족치료는 인내와 유연성을 필요로 한다. 노인치료를 시작할 때 내담자의 필요에 맞춰 작업하기를 권한다. 예를 들어, 대화의 속도가 느려질 필요가 있다. 기억을 돕기 위해 회기에 나눈 상담 내용을 요약한 자료를 주는 것 또한 도움이 된다. 평가과정에서 나이에 따른 스트레스 요인들(예: 만성질환과 장애, 사랑하는 사람의 상실)을 확인하고 그에 따라 지원을 받을 수 있는 원천을 찾는 것 또한 중요하다. 또한 거동이 불편하거나 이동 수단이 없는 노인을 위해 방문치료가 가치 있을 수 있다. 그러나 무엇보다 중요하고 이 책을 통해 강조하고 싶은 것은 노인 내담자를 그가 속한 가족이라는 맥락 속에서 이해해야 한다는 것이다. 돌보는 역할을 하는 가족은 필요한 정보의 제공자가 될 수 있지만 그들 자신의 필요가 제대로 이해되고 다루어지고 있는지를 확인하기 위해 좀 더 평가가 필요한 영역이 될 수도 있다.

제9장

부부치료

메리는 알코올중독을 치료 중인 29세 백인 여성이고, 밥 또한 알코올중독을 치료 중인 32세 백인 남성이다. 밥은 우울증으로 정신의학과 의사가 처방한 약을 복용 중이다. 메리는 현재 두 명의 개인 치료자에게 치료를 받고 있지만 그들이 '알코올중독'을 제대로 이해하지 못하고 있다는 생각이 들어서 그들에게 불만을 느끼고 있다.

이 부부는 지난 6년간 동거해 왔으며, 그 기간 동안 여러 차례 헤어지고 다시 만나는 과정을 반복하다가 지난해 결혼했다. 밥은 결혼생활이 점점 더 불행하게 느껴져서 별거하기로 결정했다고 말한다. 메리는 "그가 없는 삶을 생각할 수도 없다."고 말해 왔으며 결혼을 계속 유지하고 싶어 한다. 메리는 늘 불안하고 자신에 대한 확신이 없다고 얘기한다. 밥은 이혼을 원하면서도 메리에게 늘 친절하고 또 그녀에게 관심을 보이고 있는데, 메리는 이런 '이중적 메시지'가 자신을 혼동시킨다고 얘기한다. 밥은 메리와 함께 시간을 보내고 성관계를 계속 갖고 싶어 한다. 또한 그는 더 이상 메리를 사랑하지는 않는다고 얘기한다. 부부는 여러 가지 작은 일로 말다툼을 하지만 중요한 사항에 대해서는 서로 얘기를 할 수 있는 것으로 보인다. 그러나 아직 많은 갈등이 해결 없이 진행 중이다.

메리는 이런 "문제들에 대한 해결책을 찾든지 아니면 부부관계에 대한 어떤 결론"을 내리기 위해서 부부치료를 요청했다. 밥은 치료받기를 주저했지만 그래도 한두 번은 부부치료에 참석하겠다고 한다. 이 부부는 이전에도 부부치료를 받아 본 적이 있는데 한 번 가고 그만두었다. 메리가 느끼기에 메리는 치료자가 문제를 제대로 이해하지 않고 밥의 편을 드는 것 같았기 때문이었다.

이 사례는 증상과 문제가 복잡하게 얽힌 모습을 보여 준다. 우선 개인적인 문제로는 알코올중독, 밥의 우울 그리고 메리의 불안정 애착반응을 들 수 있다. 부부가 겪고 있는 문제는 결혼을 유지할 것인가에 대한 혼란, 문제해결 능력의 부재 그리고 비효율적인 의사소통 패턴이다. 또한 그전의 만족스럽지 못했던 부부치료의 경험이 이 사례를 더 복잡하게 하고 있다. 이런 경우에 부부치료자는 어떻게 이 부부를 이해하고 치료해 나가야 할 것인가?

이 장은 관계를 지속하기 위해 도움을 청하는 부부에게 초점을 두고 있다. 우리는 초보 치료자(아마도 모든 치료자)가 효과적인 부부치료를 하기 위해 따라야 할 주요 원리들을 설명하겠다. 그런 다음, 부부치료의 특수한 주제들로 옮겨 가서 그것들을 이해하고 다루는 방법을 제시할 것이다.

효과적인 부부치료의 주요 원리

무엇이 훌륭한 부부치료자를 만들어 주는가? 부부치료를 할 때 치료자의 일을 어렵게 만드는 몇 가지 독특한 측면이 있다. 따라서 이러한 면을 이해하고 미리 예측하는 것이 부부치료의 어려움을 다소 줄일 수 있다. 다음에 소개할 주요 원리들은 부부치료를 성공적으로 수행할 가능성을 높여 줄 것이다.

원리 1: 부부체계에 합류하기

유능한 부부치료자는 치료적 삼각관계(역자 주: 치료자와 부부 내담자들 사이의 치료적 삼각구도)를 잘 이뤄 나갈 수 있는 능력이 있어야 한다. 그러나 치료적 삼각관계를 이뤄 나가는 것은 치료를 처음 시작하는 치료자에게는 어려운 일이다. 처음 부부치료를 시작한 인턴이 "저는 부부 사이에서 완전히 지쳐 버렸어요. 제가 남편 쪽 이야기를 들으려고 할 때마다 부인이 끼어들어서 그녀의 이야기를 늘어놨어요.

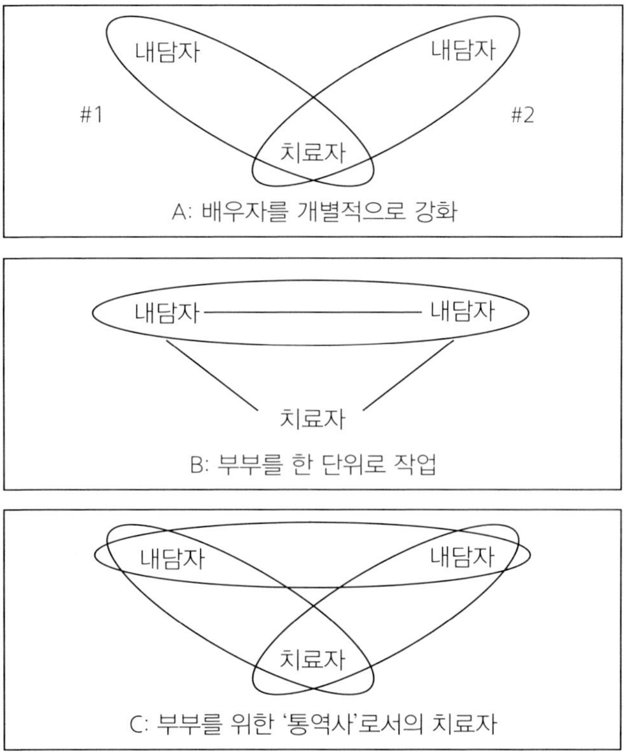

[그림 9-1] 치료적 삼각관계

뭘 어떻게 해야 할지 모르겠더라고요."라고 얘기한 적이 있다. 치료자는 부부가 겪고 있는 감정적 · 관계적 문제의 집결지가 되는데, 치료자가 어떻게 세 사람의 삼각관계를 이뤄 나가느냐에 따라서 효과적이고도 튼튼한 부부치료의 초석을 만들 수 있다. 치료자가 부부와의 효과적 관계를 위해서 할 수 있는 일들이 [그림 9-1]에 설명되어 있다.

배우자와 공감적 관계 형성하기

[그림 9-1A]에 나타난 것처럼 치료자는 각각의 내담자와 공감적인 관계를 형성하도록 노력해야 한다. 일례로, "어떻게 치료를 받으러 오셨나요? 제가 무엇을 도와드리기를 원하나요?"라고 치료자가 물었다고 생각해 보자. 그러면 배우자 중의 한 사람이 "오랫동안 결혼생활이 불행했습니다. 뭘 어떻게 해야 할지 모르겠습니다. 여러모로 노력해 봤지만 무엇 하나 달라지는 게 없습니다."라고 말할 것이다. 그

러면 치료자는 "지금 결혼생활에 대해서 슬프고 좌절을 느끼시는군요? 그래서 뭘 어떻게 해야 할지에 대해서도 혼동을 느끼시고요."라고 응답할 수 있다. 내담자는 "네, 그렇습니다."라고 답할 것이다. 첫 치료회기에서 치료자가 각각의 내담자를 경청하고 공감을 표현할 때 내담자는 치료동맹과 믿음을 쌓아가기 시작하며 치료를 계속하기를 원하게 된다. 각각의 배우자와 이러한 공감적인 관계가 치료 초기부터 형성되지 않으면 부부는 치료를 중도에서 포기하게 될 것이다. 또한 '부부가 공유할 수 있는 목표'를 설정하는 것은 성공적으로 부부치료를 진행해 나가는 데 꼭 필요하다.

중요한 것은 치료자가 한 명의 배우자에게 공감적인 태도를 취할 때 이러한 행동이 삼각관계 구도에 영향을 미칠 수 있다는 것이다. 다른 배우자는 이 순간 '홀로 남겨진 듯'한 느낌을 받을 수 있으며, 치료자의 관심을 끌기 위해 혹은 배우자가 한 이야기를 '정정'하기 위해 치료의 흐름을 저지할 수 있다. 치료자가 계속해서 이런 상황을 방관한다면 결국은 테니스공처럼 부부의 관계 속에서 이리저리 휘둘려 다니는 듯한 느낌을 받게 될 것이다. 이런 경우 치료자의 중재적 개입이 필요하다. 우선 부부에게 각자 이야기할 수 있는 기회가 주어질 것이라고 안심시키고 치료자가 각자의 이야기를 듣고 그 견해를 이해하는 것이 무척 중요한 일이라는 것을 강조해야 한다.

처음 부부치료를 시작하는 치료자는 이러한 상황에서 자유롭지 못할 때가 있다. 치료자는 각각의 내담자와 어떻게 치료적인 관계를 맺어 가는가에 대해서는 알고 있지만—어떤 의미에서는 각각의 배우자와 개인치료를 시작하는 것과 같다—그 후에 무엇을 해야 할지에 대해서는 모를 수도 있다. 치료자와 부부의 삼각관계 구도를 다루는 대신 치료자는 각각 배우자의 이야기를 개인치료처럼 듣는다. 이런 경우 부부의 긴장이 심화되어 그 관계가 더한 갈등을 겪는다. 치료자가 삼각구도를 어떻게 다뤄야 할지 모르는 상태에서 부부 각각을 따로 치료하는 것을 제안할 수 있다. 이런 방식이 유용하기도 하지만, 대부분의 부부치료는 두 사람이 모두 치료회기에 참여하기를 요구한다. 부부를 분리하는 것은 치료자의 불안을 진정시키는 데 도움을 될 수 있으나, 함께 문제를 풀어 나가야 할 부부에게는 별 도움이 되지 않는다. 효과적인 부부치료자는 다른 위치로 유연하게 움직일 수 있어야 한다.

부부를 한 단위로 작업하기

[그림 9-1B]에서 보듯이, 부부 합동치료의 또 다른 차원은 각 개인보다는 부부의 관계의 초점을 두는 것이다. 치료자는 개인적인 치료자-내담자 관계에 참여하기보다는 부부 사이의 새로운 행동을 이끄는 위치를 택한다. 많은 전통적 부부치료, 특히 심리교육이나 '기술 훈련' 요소가 있는 부부치료에서 이러한 치료적 삼각관계 입장을 취한다. 새로운 부부체계를 만들고 유지하기 위해서는 기술과 긍정적 상호작용의 경험이 필요하다.

경제문제와 자녀양육 문제로 인한 다툼 때문에 치료를 요청하는 부부가 있다고 가정해 보자. 치료자는 부부가 갖고 있는 여러 가지 장점을 발견하고 해결중심 접근법을 활용해 보려 한다. 치료자는 부부가 싸우지 않을 때는 언제인지를 물어보고, 그때 그들의 상호관계에 대해서 자세하게 물어본다. 또한 부부가 싸우더라도 관계를 덜 해치면서 싸움을 할 때는 언제인지를 물어본다. 치료자는 부부가 싸움을 하지 않을 때의 상황을 주의 깊게 관찰하고 다툰다 하더라도 상처를 덜 주는 행동들을 사용할 수 있도록 격려한다. 몇 주 후에 부부는 경제적인 부분과 양육문제에 대한 그들의 다툼이 다소 완화되었다고 보고한다. 또한 '즐거운 시간'을 보내는 것이 부부관계에 긍정적으로 작용해서 여러 문제에 대해 이야기하는 것이 수월해졌다고 알려 준다. 치료자는 이 사례에서 부부가 가져온 문제를 해결하는 새로운 관계 패턴을 발전시키는 데 초점을 맞추고 있다. 개인의 경험에는 덜 집중한다. 치료자는 더 목표지향적이며 하나의 단위인 부부와 작업한다.

치료를 처음 시작하는 치료자는 부부치료를 어떻게 진행해야 할지 또는 부부가 치료 도중 심각한 언쟁을 할 때 어떻게 개입을 해야 할지 몰라 어려워할 수 있다. 이런 경우 치료적 삼각관계에 대한 언급을 통해 상황을 진정시킬 수 있다. 예를 들어, "우리가 이곳에 모인 이유는 여러분 각자의 고민과 요구가 존중받을 수 있는 새로운 관계를 만들어 가기 위해서입니다. 서로를 적으로 대하기보다 같은 팀으로서 일을 했으면 합니다." 혹은 "양육이 어려운 것은 잘 알려져 있는 일이지요. 부부로서 이 문제는 당연히 새로운 것이고 그렇기 때문에 함께 이 문제를 잘 풀어 나가려고 이곳에 오셨다는 것을 알고 있습니다."라고 상황을 진정시킬 수 있을 것이다.

이런 대화는 부부가 치료를 찾은 목적을 상기시키고 그로 인해 부부 사이의 긴장을 완화시키는 역할을 한다. 부부의 긴장이 여전히 수그러들지 않는다면 적어도 부부 중 한 명은 이미 감정적으로 그 관계를 떠났거나, 관계를 개선해 보려는 시도를 포기한 것일 수 있다(Gottman & Notarius, 2000). 이는 치료자가 앞서 말한 공감적 관계맺기로 돌아가서 부부 중 한 사람을 존중하는 위치를 택할 필요가 있다는 것을 가리킬 수 있다. 이런 경우 치료자는 빠져나가려는 배우자를 돌보고 될 수 있는 대로 다시 끌어들여야 한다.

부부를 위한 '통역사'로서의 치료자

[그림 9-1C]는 치료자가 부부치료를 효과적으로 진행하기 위해 취할 수 있는 해설가 혹은 통역사로서의 위치을 나타내고 있다. 치료자는 각각의 배우자가 취하는 행동이나, 생각 그리고 경험이 다른 배우자에게 어떻게 영향을 미치는가를 이해하고 중재나 재해석을 통해 부부가 서로를 이해할 수있도록 돕는다. 예를 들어, 많은 이가 원가족에서 해결되지 못한 문제를 현재 부부생활에서 다시 재현하게 되는데, 이런 과정 속에서 많은 부부가 다툼을 경험하게 되며 서로가 익숙하지만 역기능적인 방식으로 이런 문제들을 해결하려 든다.

치료자가 기억해야 할 것은 이런 어려움이 부부가 하나의 새로운 체계로 관계를 형성해 나가는 정상적인 과정의 한 부분이라는 것이다. 그리고 서로의 배경이나 가치관을 존중해 줄 수 있는 상호관계를 형성하는 것이 이 과정에서 무엇보다도 중요하다는 것이다. 자신들이 새로운 체계를 형성해 나가는 과정이라는 이해가 없을 때 부부싸움은 계속될 수밖에 없다. 치료자는 부부 각자가 서로를 이해하도록 도움으로써 새로운 부부 체계가 성장하도록 도울 수 있어야 한다.

부부를 위한 '통역사'가 우선 이해해야 할 것은 배우자 각각 인생의 여러 면에 있어서 차이점이 있다는 것 그리고 서로가 이러한 차이점을 받아들이고 인정해야 한다는 것이다. 이러한 차이점은 어떻게 다뤄지는가에 따라서 건강하고 분화된 체계를 형성하는 데 도움이 될 수 있지만, 그렇지 않은 경우 서로가 주도권을 잡기 위한 힘겨루기로 번져서 부부생활을 힘들게 하는 원인이 될 수도 있다. 그러므로 치료자는 어느 한쪽의 편을 드는 것 없이 각각의 배우자가 부부체계에 어떻게 서로 다른 모습으로 기여하는지를 이야기를 통해 풀어 나가야 하며, 그렇게 함으로써 새로운 체계로서의 부부관계를 장려해야 한다.

젊은 부부가 경제적인 문제로 치료를 요청했다고 가정해 보자. 한쪽 배우자는 근검절약이 강조되는 가정에서 자라난 데 비해, 다른 배우자는 돈을 쓰는 데 비교적 자유로운 가정에서 자라났다. 각각의 배우자는 가족 예산을 어떻게 관리해야 하는가에 대해 분명 다른 견해를 보이면서 서로의 방식을 빡빡하다거나 무책임하다며 비난할 수 있을 것이다. 치료자는 먼저 돈에 대한 각자의 원가족의 교훈의 장점과 문제점을 확인할 수 있다. 그런 다음에는 부부가 자산관리법에 대해서 갖는 의견 차이와 이에 따른 싸움을 '건강한' 것으로 재해석해 줄 수 있어야 한다. 치료자는 각자의 경험을 통해 얻은 자산관리법에 담긴 지혜가 부부관계에 있어서 다른 형태로 도움이 될 수 있다는 것과 그렇기 때문에 두 방식 모두를 경청해야 한다는 것을 분명히 해야 한다. 그런 다음 치료자는 부부가 서로의 전문지식을 포용하는 방법을 발견하게 되면 큰 소리로 감탄도 할 수 있으며 그렇게 함으로써 부부관계를 강화하게 된다. 치료자는 이런 방식으로 부부를 위해 처음에는 통역하고 그런 다음 중재한다.

원리 2: 치료 의지 다지기

부부치료는 치료를 받는 내담자들 모두가 그 결혼을 지키겠다는 의지가 있을 때 성공 가능성이 크다. 그러나 부부치료의 경우 어느 한쪽 배우자나 혹은 두 명 모두 자신들 관계에 대해 불확실해 하거나 한쪽 배우자는 결혼을 유지하고자 하는 데 비해 다른 배우자는 이혼을 결심하고 있는 경우가 많다. 안젤리카의 경우가 그러했다. 그녀는 남편이 이혼을 원한다면서 몹시 흥분한 모습으로 치료를 받으러 왔다. 다행히 남편은 부부치료가 결혼을 구제해 줄 수 있을지 보기 위해서 치료를 몇 번 받으러 오겠다고 했다. 안젤리카는 "남편을 가정으로 다시 돌아오게 하기 위해서는 무엇이든 하겠다."고 말하면서 부부가 다시 예전처럼 돌아갈 수 있기를 희망했다. 부부관계를 개선시키고자 하는 동기나 의지에 있어서 부부가 극명한 의견차이를 보이는 경우 치료는 더 어려워질 수 있다.

그러나 배우자가 결혼에 대해 불분명하다 하더라도 치료를 받는 것에 대한 의지를 확고히 하도록 도울 수 있다. 그 방법 중의 하나가 치료 초기에 이뤄지는 부부관계 진단/평가를 통해서이다. 진단을 통해 부부문제의 원인이 어디에 있는지를 분석하고 이해를 돕게 된다는 이점을 제시할 수 있을 것이다. 결혼에 회의를 느끼고 관계 유지에 확신이 없는 배우자에게는 별거나 이혼을 하게 된다 하더라도 진단을 통해서 얻은 지식이 앞으로의 관계에서 같은 실수를 반복하지 않도록 하는 데 도움이 될 것이라고 재해석을 해 준다. 또한 결혼을 유지하고자 하는 배우자에게는 평가를 통해 부부생활의 문제를 분석하는 것뿐만 아니라 해결방안도 모색할 수 있음을 설명해 준다.

평가를 위해 주택 검사관의 비유를 사용하면 많은 부부의 마음을 살 수 있다. 주택 검사관이 집을 살 사람을 위해 주택을 살펴보는 것처럼 부부는 평가를 통해 그들의 관계에서 고쳐야 할 부분은 무엇이고 잘하고 있는 부분은 무엇인지 주의 깊게 살펴보게 된다. 진단이 끝나고 그 결과를 나눈 후에 각각의 배우자는 그 결혼관계를 유지하기 위해 필요한 변화를 만들어 갈 것인가에 대한 결정을 내리게 된다. 평가의 목표는 관계 안에 존재하는 모든 문제를 단순히 나열하는 것이 아니라 부부에게 그들 자신의 역동에 대한 새로운 통찰을 제공하는 것이다. 평가에는 관계 안에서 관찰된 장점들도 포함시켜야 한다. 새로운 통찰력은 종종 확신이 없던 배우자에게 관계가 회복될 수 있다는 약간의 희망을 줄 수 있다.

부부 평가 후 배우자 각자가 윈윈(win-win)하는 상담목표를 발견할 수 있다면 종종 부부치료에 대한 참여의지를 높일 수 있다. 윈윈 시나리오에서는 결혼의 유지 여부에 관계없이 각 배우자가 목표를 위해 노력하는 것으로부터 유익을 얻는다. 한 부부치료 사례에서 남편이 아내와의 관계를 개선하고 친밀감을 형성하고자 하는 경우가 있었는데, 아내는 남편의 이런 요구에 숨이 막히는 듯한 답답함을 느끼고 있었다. 남편이 더욱 연결되고 가까워지고자 다가갈수록 아내는 정서적인 거리감을 유지하려고 애를 쓰곤 했다. 치료자가 이러한 부부 역동을 진단하면서 남편의 이러한 행동이 계속된다면 결과적으로 이는 아내를 결혼 밖으로 밀어내는 결과를 초래할 것이라고 조언했다. 그리고 남편에게 다가가는 행동을 하도록 만드는 자신의 의존 욕구를 검토해 볼 것을 권했다. 이렇게 함으로써 남편을 윈윈 상황에 두었다. 애착이슈를 다룸으로써 그의 다가가는 행동을 줄여 부부의 악순환의 고리를 끊고 결혼을 구할 수도 있을지도 모른다. 그러나 아내가 떠나기로 결정한다 하더라도 남편의 의존욕구를 줄일 수 있다면 남편에게 이혼이 덜 고통스러울 수 있을 것이다. 유사한 방식으로 아내에게는 친밀감에 대한 양가감정을 탐색해 볼 것을 권했다. 이는 그녀의 이전의 관계에서도 명백했던 패턴이었다. 이 이슈를 해결하는 것은 그녀로 하여금 결혼에 대해 좀 더 편하게 느끼도록 도울 수 있을 것이다. 그러나 그녀가 이혼을 결정한다 해도 미래의 관계에서 같은 역동이 반복되는 것을 피하는 데 도움이 될 것이다.

부부치료의 대안으로 분별치료(discernment counseling)(Doherty, Harris, & Wilde, 2015)를 적용할 수 있다. 이 치료법은 한쪽 배우자는 결혼을 유지하기를 바라지만 다른 배우자는 이혼을 생각 중인 '혼란스러운 상황'에 특별히 도움이 될 수 있다. '분별치료'는 체계적인 과정과 치료자와의 안전한 관계 안에서 결혼을 어떻게 할 것인가에 대한 생각을 정리하도록 돕는다. 특히 분별치료를 통해 부부는 이 상태로 결혼을 유지할 것인지(leaning in), 별거 및 이혼으로 나아갈 것인지(leaning out), 혹은 이혼이라는 전제를 내려놓고 3~6개월 정도 부부치료에 전념해 볼 것인지를 결정하는 데 도움을 받는다. '분별치료' 자체는 매우 단기적으로 1~5회기 정도 제공된다.

부부진단과 달리 분별치료에서의 대부분의 일은 치료자와 각각의 배우자와의 일대일 회기를 통해 이뤄진다. 부부가 함께 참여하는 첫 회기 이후 각각의 배우자는 일대일 회기를 갖게 되고 치료자가 그간의 내용을 종합적으로 제시하는 부부회기를 갖게 된다. 결혼을 끝내기를 원하는 배우자와의 회기는 그 배우자가 부부문제에 있어서 어떠한 부분에 기여해 왔는지와 어떻게 올바른 결정을 내려야 할 것인가에 대한 내용이 주를 이룬다. 결혼을 유지하기를 원하는 배우자와의 회기는 배우자가 상대 배우자의 불만을 심도 있게 이해하고 결혼을 구하기 위해 취할 수 있는 일들을 계획하는 내용이 주를 이룬다. 이 과정에서 치료자는 배우자 각자가 토로하는 쟁점이 이해되고 받아들여지는 공간을 제공하게 된다(discernmentcounseling.com 참조).

관계를 유지할 것인지에 대해 고민하는 배우자와 치료할 때 중요한 점은 치료자는 내담자가 온전히 결정을 내리도록 도와야 한다는 것이다. 이 과정에서 치료자가 결혼을 유지하는 쪽으로 배우자를 강요하게 되면 이는 오히려 배우자의 거부감을 증가시킬 수 있다. 또한 부부의 문제가 표면적으로 심각해 보인다는 이유로 치료자가 배우자에게 결혼을 정리하도록 권장해서도 안 된다. 관계가 건강하지 못하다고 느낀다면 그러한 염려를 분명히 전달하고 건강한 관계를 만들기 위해 각자가 취해야 할 조치에 대해서 말해 주어야 한다.

원리 3: 악순환을 파악하고 변경하기

우리의 경험에 의하면 부부치료의 성패를 예측할 수 있는 가장 강력한 요인 중 하나는 부부의 부정적인 상호작용 패턴을 파악하고 변경하는 치료자의 능력이다. 이러한 상호작용 패턴은 보통 부부가 몇 번이고 반복하는 악순환의 형태를 취하며 관계 안에서 갈등을 일으키고 잘해 보고자 하는 마음을 잠식한다.

예를 들어, 40대의 산드라와 탐은 부부관계를 회복하려고 치료를 찾은 사례였다. 최근에 탐의 외도가 알려지면서 부부는 심한 갈등을 경험하고 있었다. 외도 문제를 해결하기 위한 부부의 노력이나 대화는 효과도 없이 부부관계는 더 심각해져 가고 있었다. 부부가 어떻게 문제를 해결하려 노력해 왔는지를 탐색하는 과정에서 부부의 부정적 상호작용을 발견할 수 있었다. 산드라가 탐이 외도를 하게 된 이유를 알고 싶은 마음으로 질문을 하게 되면 탐은 대화를 회피해 왔다. 그 이유에 대해서 묻자 탐은 외도를 지나간 일로 접어 두고 싶었다고 말했다. 또한 탐은 자신의 대답이 행여나 산드라를 더 화나게 하거나 슬프게 할 수도 있을 거라는 염려를 느껴 왔다고 말했다. 반대로, 산드라는 대화에 대한 탐의 회피를 남편이 자신의 고통에는 관심도 없고 오히려 외도를 한 상대 여성을 보호하려는 것으로 받아들이고 있었다. 결과적으로 탐의 회피가 오히려 산드라를 더 힘들게 한 것이다. 산드라가 힘들어할수록 탐은 외도에 대한 얘기는 더욱 해서는 안 된다고 생각한 것이다. 이러한 부정적 순환고리를 끊는 것이 이 부부를 치료하는 데 큰 도움이 되었으며, 궁극적으로 서로가 치유를 향해 나아갈 수 있는 계기가 되었다.

악순환에는 여러 종류가 있을 수 있지만 부부치료에서 가장 흔한 패턴 중 2가지는 요구-철회 순환(demand-withdraw cycle)과 과기능자와 저기능자 순환(overfunctioner and underfunctioner pattern)이다. 요구-철회 순환에서는 주로 배우자 중 한 명이 관계 회복을 위한 주도적 입장을 취한다. 많은 경우 이 역할을 수행하는 이는 아내인데, 이는 여성에게 관계 형성의 중요성을 더 강조하는 사회화의 영향일 것이다. 다가가고 그 반동으로 거리를 두는 관계가 변형된 것이 다가가기-거리두기 순환이다. 두 가지 경우 모두 배우자 중 한 명이 먼저 어떤 행동을 보이고 그 반응으로 상대 배우자가 물러나는 행동을 취하면서 패턴이 만들어진다.

제임스와 제이미의 사례가 다가가기-거리두기 순환을 잘 나타낸다. 제이미는 제임스와의 연결을 추구하며 제임스에게 같이 앉아서 TV 프로그램을 보자고 했지만 (다소 짜증난 소리로), 제임스가 자신이 원하는 대로 관심과 배려를 보이지 않자 상처를 받는다. 제이미는 제임스가 자상한 남편이 아니라며 화를 내고 비난함으로써 자신의 상처를 표현한다. 이미 남편으로서의 역할에 대해 불안감을 품고 있던 제임스는 관계로부터 더욱 물러남으로써 제이미의 비난에 대응한다. 이것은 당연히 제이미의 상처를 더 건드리고 순환을 이어 간다.

다음으로 흔히 볼 수 있는 패턴은 과기능자와 저기능자의 순환이다(Williams & Jimenez, 2012). 과기능의 역할을 하는 배우자는 부부관계에서 많은 책임을 지고 여러 가지 일을 하면서 그렇지 못한 배우자를 비난하곤 한다. 많은 경우, 저기능자는 상대방으로 하여금 책임을 지게 하는 것에 만족해하면서 저기능자의 부족한 책임감과 주도력을 자신이 보상해야만 한다는 과기능자의 신념을 강화한다. 이러한 패턴을 끊기 위해서는 우선 과기능의 역할을 하는 배우자가 한 발자국 뒤로 물러설 수 있어야 한다. 특히 저기능자가 즉시 나서지 않을 수 있기 때문에 과기능자에게서 강한 불안감을 일으킬 수 있다. 동시에 치료자는 상대 배우자가 그동안 왜 저기능자의 역할을 해 왔는지에 대해 탐색해 볼 필요가 있다. 단순히 책임을 지지 않는 것이 좋아서였는지 아니면 다른 이유가 있었던 것인지를 살펴볼 필요가 있다. 예를 들어, 개인이 느끼기에 능력이나 기술이 부족하다고 믿는다거나 아니면 정신질환(예: ADHD, 우울)을 앓고 있는 경우라면 제대로 된 역할을 수행하는 것에 어려움이 생길 것이다. 또한 저기능자는 자기 방식으로 일할 자유가 주어지지 않는다면 과기능자가 원하는 일을 하려고 하지 않을 것이다.

부정적인 상호관계의 패턴 또는 악순환을 파악하는 능력은 가족치료자가 반드시 습득해야 하는 중요한 기술이다(제6장 참조). 많은 경우, 치료자는 회기 안에서 특히 부부가 최근의 갈등이나 이슈에 대해 이야기하면서 화가 날 때 부부의 역동을 직접 목격할 수 있다. 불안이 높아지면 부부는 그들의 부정적 순환/패턴에 의지하곤 한다. 이런 경우 순환질문(circular questioning, 6장 참조)을 통해 이러한 패턴을 살펴볼 수 있다. 예를 들어, 앞에서 제시된 다가가기-거리두기 사례에서 치료자는 제임스에게 그가 거리를 두기 전에 아내가 어떤 행동을 하는지 물어볼 수 있다.

정서중심 부부치료와 같은 가족치료 이론은 이러한 상호작용 패턴을 관계적 수준과 개인내적 수준, 양면에서 이해하려 한다(Johnson, 2004). 따라서 각자의 행동

뒤에 있는 생각과 감정을 이해하는 것이 중요한데, 이는 치료자가 악순환을 변화시키려고 할 때 이것들이 표적이 되기 때문이다. 인지중심 치료자는 배우자가 상대방의 행동에 부여하는 의미를 재해석하려 할 수 있다. 예를 들어, 제이미와 제임스의 경우 치료자는 제이미가 배려가 없어서 거리를 두는 것이 아니라 남편으로서의 자신감이 없어 거리를 두는 제임스로 바라볼 수 있도록 도울 수 있다. 정서중심 치료자는 배우자로 하여금 표현하지 못했던 애착 감정과 욕구를 나누게 함으로써 부부의 패턴에 변화를 주려고 할 것이다(Johnson, 2004, 2015). 이러한 경우 제이미는 제임스가 거리를 두고 피할 때 그녀가 느끼는 상처와 불안에 대해 표현을 하도록 도움을 받을 수 있다. 만약 제이미가 이러한 근본적인 정서를 진심으로 전할 수 있다면 제임스가 그녀의 감정과 필요에 더 공감적으로 다가갈 수 있을 것이다. 영속적 순환고리(infinity cycle)는 내재된 정서와 애착의 문제로 인해 나타나는 각 배우자와 행동들을 시각적으로 보여 줄 수 있는 유용한 도구이다(Brubacher & Lee, 2012; 역자 주: 아내의 행동이 남편의 행동에 영향을 미치고 남편의 행동은 다시 아내의 행동에 영향을 미치는 식으로 반복되어 영속적인 순환이 일어난다는 것을 ∞ 고리로 보여 줄 수 있음).

과거의 경험이나 원가족에서의 경험은 현재의 배우자와 어떤 관계를 형성하는가에 지대한 영향을 미친다(Christensen, Dimidjian, & Martell, 2015). 예를 들어, 남편의 호통소리에 아내가 어린 시절 겪었던 정서적 · 육체적 학대를 연상하는 사례가 있다. 이 경우 아내는 불안을 느낄 것이고 당연히 피하려는 행동을 취할 수 있다. 그러므로 치료자는 치료를 받는 부부가 배우자의 과거경험에 대해서 아는 것이 얼마나 중요한지를 파악할 필요가 있다. 과거경험을 치료에서 다루는 것은 배우자의 방어적 태도를 낮추는 데 용이하게 작용하는데, 이는 부부가 부정적인 상호작용에 즉각적으로 반응을 보이는 경향을 낮추는 첫 단계이기도 하다.

치료자가 부부가 겪고 있는 상호작용 패턴을 파악하고 명명하는 것이 관계에 변화를 일으키는 시초가 된다. 이 경우 배우자가 싸움의 대상이 되는 것이 아니라 그러한 패턴이 부부가 함께 싸워야 할 공공의 적이 된다. 치료자는 이러한 패턴에 맞서서 부부 각자가 할 수 있는 것이 무엇인가를 찾도록 도와야 한다. 부부가 부정적 패턴에 대해 다른 행동을 취하기 시작하면서 바람직한 상호작용을 만들어 나가게 되는데, 앞의 사례로 돌아가서 제임스가 제이미의 요구에 반응과 관심을 보이기 시작하면서 제이미는 남편의 노력을 더 인정하게 될 것이다. 이러한 인정은 남편에게는 힘이 될 것이고 결국 그의 회피 욕구는 낮아질 것이다.

원리 4: 비난을 버리고 자신에게 집중하기

부부치료를 찾는 이들은 문제에 대한 이유로 상대 배우자를 비난하는 경우가 많다. 내담자가 이런 비난의 태도를 취할수록 치료는 진퇴양난의 늪에 빠지게 된다. 그러므로 치료자는 각 사람이 상대방에게 두었던 초점을 옮겨 자신이 어떻게 변해야 할지에 맞추도록 해야 할 필요가 있다. 그렇게 할 수 있는 몇 가지 방법은 다음과 같다.

첫째, 치료자는 지금 부부가 겪고 있는 문제가 그들이 결혼 전에 다른 관계에서 겪었던 문제와 유사점이 있는지를 탐색해 본다. 비슷한 문제가 다른 관계에서도 반복되는 것을 깨달으면서 각각의 배우자들은 자신들이 문제를 형성하고 유지시켜 나가는 것에 있어서 어떤 역할을 하고 있을 수도 있다는 생각을 하게 된다.

둘째, 부부의 부정적인 순환관계를 분명히 함으로써 배우자 모두 자신들이 문제에 어떻게 기여하고 있는지를 깨닫게 된다. 이 순환관계에서 자신의 부분을 이해하는 것은 배우자 각자가 상대방보다는 자신의 생각과 감정 혹은 행동에 초점을 맞추도록 돕는다.

셋째, 치료자는 각각의 배우자가 상대방의 행동을 통제할 수 없다는 것을 상기시킨다. 결국 자신의 행동에 대해서만 통제력을 행사할 수 있을 뿐이다. 배우자의 행동을 통제할 수 있다고 믿고 이를 고쳐 보려고 안간힘을 쓰면서 불행해한다면 결국 우리는 배우자에게 필요 이상의 힘을 부여해 주는 셈이 된다. 이러한 관점은 배우자들로 하여금 자신의 행복을 위해서 자신들이 무엇을 할 수 있는가에 대해서 고민하게 하는데, 이는 결과적으로 초점의 변화를 야기한다.

원리 5: 유대와 배려를 강화하기

치료를 받으러 오는 대부분의 부부는 부분적인 갈등문제 때문에 결혼생활 전체를 부정적으로 본다. 시간이 지나면서 이들은 갈등에 대해 언급하는 것을 피하려고 혹은 갈등이 더 악화되는 것을 피하려고 아예 서로를 멀리하게 된다. 또한 함께하는 활동이 없는 부부는 여러 가지 문제와 갈등에 더 쉽게 영향을 받는다. 따라서 부부치료에서 중요한 것은 부부의 유대(cohesion)와 배려를 강화시키는 것이다.

부부관계의 유대와 배려를 증가시키기 위해 치료자는 부부에게 행동과 관련된 과제를 내줄 수 있다. 부부에게 즐거운 활동을 함께하게 하거나 데이트를 하게 하는 것은 종종 효과적인 개입이 된다. 이러한 과제를 성공적으로 완수한 부부들은 관계에 대한 만족감과 희망감이 커졌다고 보고한다.

원리 6: 개인의 정신병리를 파악하고 관리하기

치료자는 정신질환이 개인의 안녕과 부부 혹은 가족관계에 미치는 영향에 대해서도 고려해야 한다. 부부치료 시 치료자는 정신질환이나 약물중독이 있는 배우자가 있는지 그리고 그것이 관계에 어느 정도 영향을 주는지를 평가하는 것이 중요하다.

때로는 진단되지 않은 정신질환으로 인해 부부관계가 어려움을 겪게 되는데, 마크와 이브의 사례가 그 예이다. 4년간의 갈등 끝에 치료를 찾은 이브는 첫 상담회기에서 남편 마크가 매우 자상하고 친절하지만 미식축구 시즌에는 '짜증이 많은 사람'으로 변한다는 얘기를 했다. 또한 이브는 마크가 종종 아무것도 안 하고 TV만 보기 시작한다고 말했다. 흥미롭게도 이 부부는 여름에는 부부관계가 원만하고 좋지만 가을부터는 관계가 악화되기 시작하는 경향이 있다고 보고했다. 평가를 통해 마크가 가을에 시작해서 봄쯤에 휴지기를 경험하는 계절성 기분장애를 겪고 있는 것이 발견되었다.

정신질환이 부부문제의 중요한 부분인 경우 치료자는 질환을 겪고 있는 배우자나 경우에 따라서는 부부 모두가 질환에 맞는 치료를 받도록 권장하는 것이 중요하다. 남편이 양극성 기분장애를 겪던 한 부부는 남편이 약물치료와 치료를 병행한 후 관계의 50~70% 개선을 보였다고 보고했다. 치료자는 질환을 겪고 있지 않은 배우자에게 상대 배우자의 정신질환에 대해 가능한 한 많이 배우도록 권해야 한다. 또한 정신질환자와 함께 살면서 배우자가 돌보는 역할을 하는 경우, 스트레스를 많이 받기 때문에 자기를 잘 돌봐야 한다는 것도 강조해야 한다.

정신질환이나 약물중독을 둘러싸고 부부의 부정적인 상호작용이나 악순환 관계가 형성될 수 있다. 연구에 따르면, 불안장애를 겪는 환자의 부부관계는 조절이 안 되는 싸움과 원활치 않은 관계 행동 혹은 상대 배우자의 필요에 적당히 응답하지 못하는 이유 등으로 인해 많은 어려움을 겪고 있는 것으로 나타났다(Snyder, Castellani, & Whisman, 2006). 불안장애에 따른 관계문제를 해결하기 위한 개입 방안 중 임상적으로 긍정적인 연구결과를 보인 것은 Baucom, Hahlweg 그리고 Kuschel (2003)에 의해 제시된 바와 같이 노출기법, 이완기법 그리고 인지 재구조화이다. 배우자의 알코올이나 약물 중독으로 인해 부부가 불화를 경험하고 있을 경우 치료자가 취할 수 있는 대안적인 방안 중의 하나는 정신질환과 관계의 역동을 같이 거론하는 것이다. 예를 들어, 배우자의 지나친 알코올이나 약물 중독으로 인해 부부가 불화를 경험하고 있다면 이는 부부갈등을 심화시킬 것이며, 이로 인해 긴장과 불안을 느낀 배우자는 오히려 알코올과 약물을 사용해서 그 상황을 회피하려 할 것이다. 결과적으로 이러한 행동은 상대 배우자와의 또 다른 다툼을 갖게 하는 빌미를 제공할 것이다.

정신병리와 관계 역동의 양방향 영향은 부부치료가 어떻게 하면 정신질환이나 물질남용의 치료를 도울 수 있을지에 대해 더 많이 집중하도록 이끌었다. 예를 들어, 부부치료가 관계의 어려움 가운데 있는 개인의 우울 증상을 치료하는 데 효과가 있다는 것이 증명되었다(Whisman & Beach, 2003). 또한 행동 부부치료는 물질남용의 효과적인 치료법이라는 것이 입증되었다(Fals-Stewart, Kashadam, O'Farrel, & Birchler, 2002). 개인에 초점을 맞춘 치료에 비하여 행동 부부치료를 제공할 때 전반적인 결혼 만족도가 높아지는 추가적 이점이 있다는 것이 발견되었다(Gupta, Coyne, & Beach, 2003).

원리 7: 감정 관리하기

부부치료에 있어서 감정은 중요한 요소이다. 감정은 물과 불 같다. 즉, 감정은 상황에 따라 건설적인 요소가 되기도 하고 파괴적인 요소가 되기도 한다. 화와 분노 같은 강렬한 감정은 부부관계를 무너뜨린다. 이와 반대로 좀 더 민감한 감정을 나누는 것은 부부의 친밀감과 연결을 증진시킨다. 그러므로 부부치료는 종종 부부가 감정을 잘 관리하도록 돕는 것을 포함한다. 연구는 부부치료에서 감정을 관리하는 것은 여러 가지 효과적인 속성 사이에 걸쳐 있는 중심적인 끈인 것으로 보인다고 지적했다(Whelton, 2004).

부부치료가 갖는 어려움 중의 하나는 감정이 격해지는 상황에서는 부부싸움이 고조될 수 있다는 것이다. 부부는 높은 수위의 갈등을 회기로 가져올 수 있는데, 이것은 초보 치료자에게 힘든 일일 수 있다. 치료자는 종종 부부에게 치료 회기 안에서나 밖에서 감정을 억제하거나 관리하는 방법을 가르쳐야만 한다.

상담 도중 부부갈등이 격해졌다면 치료자는 주저하지 말고 그 상호작용을 중단시켜야만 한다. 때로는 부부의 감정이 홍수 상태이거나 격앙되었을 때 치료자가 매우 강하게 부부의 대화를 차단할 수도 있다. 부부는 논의를 재개하기 전에 진정하고 마음을 가다듬도록 독려해야만 한다. 경우에 따라서는 치료자가 부부를 분리시키고 감정이 진정될 때까지 배우자 각자와 일대일 치료를 진행할 필요도 있다.

갈등이 심화되었다고 보고하는 부부에게는 둘 중 한 사람이, 또는 두 사람 모두가 감정의 홍수에 빠질 때를 알아차리는 법을 가르쳐야만 한다. 감정의 홍수에 빠질 때 부부는 관계를 해치는 파괴적인 행동을 하는 경향이 있다. 부부관계 연구로 저명한 Gottman(1999)은 강력한 이혼의 예측 요인인 4명의 기사(Four Horseman, 역자 주: 요한계시록에 나오는 흑 · 백 · 적 · 청색 말에 탄 기사. 각각 질병 · 전쟁 · 기근 · 죽음을 상징함)가 부부가 부정적인 감정의 홍수에 빠졌을 때 부부관계를 무너뜨릴 수 있다는 것을 알아냈다. 비난은 첫 번째 기사로서 상대방의 행동에 대해 구체적인 불평이 아니라 상대방의 성격이나 동기를 공격할 때 발생한다. 두 번째 기사인 경멸은 상대방을 욕하거나, 빈정대며 조롱하거나 그 밖에 상대방에게 무례와 혐오감을 주는 행동을 할 때 생긴다. Gottman은 경멸이 관계에 특히 해악을 끼친다고 여겼다. 방어와 담쌓기는 나머지 두 명의 기사들이다. 방어는 한 사람이 문제에 대해 어떤 책임도 지지 않고 변명을 하거나 되려 상대방을 비난할 때 명백하다. 담쌓기는 한 사람이 상대방을 차단하는 것을 말한다. 이 사람을 끌어들이려는 시도는 마치 벽돌담에 대고 말하는 것과 같다. 4명의 기사를 사용하여 부부갈등이 고조될 때는 가정폭력이 발생할 수 있다. 4명의 기사는 모든 부부 중에서 주의 깊게 선별되어야 한다.

일단 부부가 서로의 감정이 고양되기 전에 이를 감지할 수 있는 능력이 생겼다면 누군가가 타임아웃을 요청해야만 한다. 타임아웃 동안 부부는 감정적 · 신체적 흥분 상태가 진정될 때까지 배우자와 거리를 두고 잠시 떨어져 있는다. 시간을 갖자고 제안한 배우자가 다시 대화를 시도하는 책임을 지는데, 이는 그렇지 않을 경우 타임아웃이 대화를 회피하기 위한 수단으로 잘못 사용될 수 있기 때문이다.

부부에게 올바른 대화법을 가르치는 것이 갈등의 고조를 막는 방법이 될 수 있다. 예방 및 관계 향상 프로그램(the Prevention and Relationship Enhancement Program: PREP)(Markman, Stanley, & Blumberg, 2010)에서 부부는 '화자-청자' 기술을 배우는데, 한 배우자가 화자 역할을 맡는 동안 상대방은 듣는 역할을 맡는다. 화자 역할을 맡은 배우자가 원하는 것을 다 이야기하고 나면 서로 역할을 바꾼다. 말하는 역할을 맡은 배우자는 '나(I)' 입장이라는 기법을 통해서 '나는 ……하다'라는 방식으로 대화를 이끌어 나가는데, 청자 역할을 맡은 배우자는 경청의 자세로 이야기를 들으면서 상대방이 전달하고자 하는 내용을 잘 이해했는지 확인한다.

부부는 자신들이 경험하는 분노의 밑에 숨어 있는 근본적인 감정을 표현하는 데 도움을 필요로 한다. 현재 검증된 부부치료법으로 많이 사용되는 정서중심 부부치료(Johnson, 2004, 2015)와 통합적 부부치료(Christensen et al., 2015)는 공통적으로 부부가 보다 근본적인 감정을 이해하고 표현할 수 있게 하는 데 초점을 둔다. 예를 들어, 감정중심 치료에서는 일차적 정서와 이차적 정서를 구분하도록 하는데, 일차적 정서는 슬픔, 두려움, 상실에 대한 상처, 침입이나 폭행에 대한 분노가 포함된다. 반면에 분노는 이차적인 정서로서 개인이 차마 표현하지 못한 일차적인 정서 대신에 표현하는 반응적 정서이다. 사람들은 불안을 느낄 때 상대방이 자신의 감정을 다치게 하기 위해 어떤 행동을 했다고 생각할 때 화를 내게 된다. 또한 많은 사람들은 상대방이 느끼는 분노나 화를 대면할 경우 거북한 느낌을 갖게 되어 그 자리를 회피하거나 같이 화를 내서 맞받아치게 된다. 그러나 상대방이 슬퍼하거나 두려워하거나 상처로 아파할 때 사람들은 그들을 도와주려는 경향을 보인다. 그러므로 치료자가 배우자로 하여금 일차적 감정을 표현하도록 돕는다면 이는 상대방에게서 전혀 다른 반응을 이끌어내는 방법이 될 수 있다. 실제로 배우자에게 자신의 일차적이고 근본적인 감정을 깨닫고 이를 표현하도록 하는 것은 치료에서 효과적이고 영향력 있는 변화의 순간을 만들어 내게 한다.

사람들은 친밀한 관계에서 정서에 어떻게 반응하고 이를 표현하는가에 대해 차이점을 보인다. Gottman과 Gottman(2015)은 개인이 감정을 관리하는 두 가지 일반적인 접근법을 설명했는데 그들은 이를 '메타 감정'이라고 부른다. 감정코치형

(emotion-coaching)인 사람은 감정을 소중하게 여기며 감정을 삶을 이해하게 하는 유용한 안내자로 본다. 따라서 이러한 부류의 사람은 느껴지는 감정이나 정서에 대해서 무게를 두고 이를 표현하려 애쓰는 과정 중에 정서를 소통하는 방식에 해박해진다. 반면, 감정 일축형(emotion dismissing)인 사람은 감정을 중요시하지 않고 이를 이해하려 하기보다 뭔가 행동을 취하려 하는 경향이 있다(예: "그냥 참고 살아가는 거야."). 그 결과 그들은 자신의 감정도 이해하지 못하고 또 이를 표현하는 방식에도 미숙하다. 정서를 중요시하지 않는 사람은 무조건 감정을 참고 억제하려 하거나 스스로 감정을 통제하는 능력이 없다고 생각하고 강한 감정을 느끼는 것 자체를 위험한 것으로 인식한다.

정서를 바라보는 방식이 상이한 부부가 만났을 때 많은 갈등을 경험할 수 있다. 예를 들어, 감정코치형 배우자는 자신의 감정을 나누고 함께 함으로써 부부의 연합을 이루려고 하는 데 비해, 감정 일축형 배우자는 상대방의 감정을 이해하지 못하거나 심한 경우 배우자에 대해 불만과 비난을 표현할 수 있다. 이 경우 연합을 이루려는 배우자의 바람이 거부되고 부부 사이의 분리와 갈등을 초래한다. Gottman 부부는 이러한 부부의 경우 치료자는 대화법을 통해 친밀함을 원하는 배우자가 원하는 것이 무엇인지를 분명하게 전하도록 돕고, 개방형 질문을 통해 서로에 대한 이해를 도우며 공감과 관심을 나타내도록 도울 수 있어야 한다고 추천한다.

부부치료에서 정서를 다루는 것의 중요성을 고려해 볼 때 치료자는 먼저 자신이 어떠한 방식으로 정서를 바라보는지에 대해 생각해 보아야 한다. 내가 감정에 무디고 이를 무시하는 편인가, 아니면 감정에 민감하고 이를 이해하려 하는 편인가? 원가족에서 나는 감정에 대해 어떤 메시지를 받으며 자랐는가? 이러한 질문에 대한 답에 따라 치료자가 부부치료를 진행해 나가는 모습은 다를 수 있다.

부부치료의 특수한 주제

부부가 겪는 문제들을 치료해 나가는 데에 있어서 앞에서 소개한 원리들은 유용한 지침서가 된다. 그러나 외도, 부부의 성문제, 포르노 중독과 같은 문제를 다루는 데에 있어서 치료자는 준비가 되어 있어야 한다. 또한 다양한 모습의 부부가 겪고 있는 문제에 대해 민감하게 다가갈 필요가 있다. 다음에서는 부부치료자가 경험하는 여러 가지 어려운 문제나 상황에 대해 살펴보고자 한다.

가정폭력

부부치료 이론이나 실제 임상에서 가정폭력의 심각성이 최근에 대두되기 시작했다. 모든 부부 내담자에게 가정폭력에 대한 평가 및 사정이 이뤄져야한다. 가정폭력의 빈도, 잠재적인 치사율 그리고 비용에도 불구하고 많은 치료자는 그것을 감지하지 못한다. 게다가 가정폭력을 다루는 효과적인 치료법에 대해서도 논쟁이 계속되고 있다.

4장에서 다뤘듯이, 치료자는 가정폭력의 형태에 대해 분명한 평가를 하여야 한다. 부부가 경험하는 가정폭력이 가정생활 중 발생하는 경미한 부부폭력에 해당한다면 부부치료를 제공하는 것이 하나의 선택일 수도 있다(Greene & Bogo, 2002). 부부치료를 추구한다면 폭력을 멈추겠다는 의지가 있는 것이 중요하다. 치료자는 가해자인 배우자로 하여금 자신의 행동에 대한 전적인 책임을 지도록 돕고, 폭행이 결코 건강한 관계의 일부분이 될 수 없다는 것을 깨닫도록 도와야 한다. 이런 강경한 태도가 때로는 가해자인 배우자와 치료적 동맹관계를 형성하는 데 걸림돌이 될 수 있다. 이런 경우 폭력을 멈추지 않았을 때 일어날 수 있는 심각한 상황, 부부관계는 물론 법적 개입에 대해서 대화를 나눌 수도 있다.

치료자로서 부부를 함께 보는 것이 안전하다고 판단했다면 치료의 첫 목표는 폭력이 발생할 수 있는 위기를 줄이고 안전을 확보하는 것이다. 감정이 격해졌을 때 부부가 잠시 진정할 수 있는 시간을 갖도록 하는 것은 매우 중요한 개입이 된다. 각각의 배우자에게 스스로 자신의 감정과 신체를 진정시킬 수 있는 기술을 가르치는 것도 중요하다. 분노조절 프로그램이 있다면 부부치료와 이를 병행하도록 제안할 수 있으며, 만일의 상황을 대비해서 부부가 취할 수 있는 구체적인 안전계획을 세우는 것도 중요하다. 부부치료를 진행하는 중에 부부사이에 어떤 형태로든지 폭행이 있었는지를 다시 사정하는 것 또한 매우 중요하다. 치료 도중에 부부간의 폭행이 다시 발생했다면 부부치료가 적합한지에 대한 재평가가 이뤄져야 한다.

만약 부부간의 폭력이 가장의 테러(patriarchal terrorism) 유형에 속한다면, 부부

작업 또는 공동 작업은 절대적으로 금지되어야 한다. 이 시점의 목표는 부부 작업에 앞서 각 개인이 적합한 치료를 받는 것이다. 폭력 배우자는 가해자를 위한 개인 혹은 집단 프로그램을 받도록 그리고 피해 배우자는 안전계획을 세우고 도움을 받을 수 있는 단체나 법적 기관에 대한 정보를 얻도록 돕는다.

치료자는 특히 정서적 강도, 혹시라도 있을 수 있는 위험, 치료자의 이전 폭력 피해 경험의 영향을 감안하여 가정폭력에 대한 자기 자신의 신념이나 반응을 점검할 필요가 있다. 치료자는 부부간의 폭력이 갖는 도덕적 · 윤리적 · 법적 문제에 대해 잘 알고 있어야 하며 그런 문제들에 대해 전문성을 가지고 대응해야 한다. 예를 들어, 자녀들이 가정폭력을 목격해서 정서적 · 신체적 손상을 입게 된다면 치료자는 아동학대를 신고할 법적 · 윤리적 의무를 갖게 될 것이다. 초보 치료자가 이렇게 어렵고, 또한 슬프게도 너무 흔한 부부작업의 한 단면에 처음으로 맞닥뜨리게 된다면 슈퍼비전을 받아야 한다.

외도문제

외도의 폭로는 부부치료의 빈번한 촉매제이다. 그러나 외도의 발생률을 밝히려는 연구들은 이성애자 부부 중 15%부터 65%라고 하는 다양하고 불분명한 결과를 발견하였다. 연구에 따르면, 여성과 남성은 외도를 하는 방식이나 외도에 대한 이해가 다르다. 늘 그런 것은 아니지만 여성은 주로 감정적인 관계를 위해 그리고 남성은 주로 성적인 관계를 위해 외도를 하게 된다(Brown, 1991; Treas & Giesen, 2000). Gordon, Khaddouma, Baucom과 Snyder(2015)는 외도의 문제를 다루는 치료법을 제시했는데, 이는 초기의 몇몇 실증연구에 의해 지지를 받고 있다. 또한 외도에 대한 다문화적 이해를 갖는 것은 치료자가 부부를 더 효과적으로 치료하는 데 도움을 줄 수 있다.

새로운 형태의 외도로 부부관계를 심각하게 해치는 것이 바로 인터넷을 통한 외도이다(Vossler, 2016). 이러한 형태의 외도는 부부관계를 위협하는 온라인 활동을 기반으로 한다. 예를 들어, 인터넷상에서의 비건전한 영상물에 대한 중독, 채팅이나 웹사이트를 통해서 다른 사람을 만나거나 성적 파트너를 찾는 것 등이다. 신분을 밝히지 않고 인터넷을 통해 손쉽게 만남을 추구할 수 있다는 것이 인터넷상의 외도가 증가하고 있는 이유인데, 이러한 문제를 치유하기 위한 중요한 요소 중의 하나는 인터넷을 통한 이러한 행동이 부부관계에 대한 배반의 한 형태라는 것을 명확히 인지하는 것이다(Hertlein & Piercy, 2012). 배우자의 인터넷을 통한 이러한 행동이 발견되고 나면 상대방은 심한 배신감을 경험하기 때문에 이전의 신뢰와 믿음을 다시 회복하기 위해 부부가 함께 노력해야 한다. 외도를 한 배우자는 문제를 최소화하려는 반면, 상대방은 그 행동에 위협을 느낀다.

여러 형태의 외도문제에 대해 보편적으로 찾을 수 있는 두 가지의 문제점은 ① 두 사람만이 공유하는 성적·정서적 관계에 대한 계약의 파기, ②는 은밀함이다. 배우자는 상대방의 정서적 외도에 대해 성적 외도와 같이 강한 반응을 보일 수도 있다. 치료자는 관계에 대한 믿음의 파기라는 점과 결부해서 외도를 이해해야 한다. 치료를 받는 부부 중 한 명이 외도 사실을 숨긴 채 치료에 임할 때가 있는데 이런 경우 부부치료의 진전을 기대하기가 무척 어렵다. 그러므로 어떤 치료자는 개인치료회기를 통해 외도 여부를 확인하곤 하는데, 이런 경우 외도 중인 배우자가 치료자에게 비밀보장을 부탁함으로써 치료자를 삼각관계의 구도로 끌어들일 수 있다. 가족치료자들은 다른 내담자에 대해 비밀을 갖고 치료를 진행하는 것이 치료의 효과적인 면과 윤리적인 면에서 결코 바람직하지 않다고 믿기 때문에, 많은 부부치료자는 부부를 같이 보거나 치료 첫 회기에서 앞으로의 치료에서 다뤄질 모든 대화내용이 공유될 것이라는 치료계약을 맺기도 한다.

치료 도중 외도문제가 드러난다면 위기에 대한 적절한 개입이 이뤄져야 한다. 안전에 대한 문제, 특히 배우자 중에서 자살의 충동을 느끼는 이는 없는지에 대한 평가와 이에 따른 계획이 이뤄져야 한다. 어떤 부부는 외도문제가 드러난 후 별거를 결심할 수도 있다. 그러므로 치료 도중 당분간 어디에서 각자 배우자가 머무를 것인지, 자녀를 누가 어떻게 돌볼 것인지 그리고 경제적인 문제는 어떻게 풀어 갈 것인가 등과 같은 실제적인 문제에 대해 논의할 필요가 있다. 이 장에서 더 자세히 소개하는 치료상의 계획에 의한 임시적 별거는 현명한 대처 방안일 수 있다. 치료상의 별거 이후 문제의 본질에 대한 고찰을 통해 개인치료를 진행해야 할지 아니면 부부치료를 진행해야 할지에 대한 결정을 내리게 된다. 외도가 계속 진행되는 상황에서 부부치료는 적당하지 않기 때문에 외도관계를 정리하지 못하고 불분명한 태도를 취하는 배우자와의 개인치료가 선행되어야 한다.

현재 부부관계를 지키기로 결심했다면 외도관계를 정리하는 것은 부부관계 회복을 위한 첫 단계가 된다. 부부가 다뤄야 할 일들은 믿음과 신뢰를 회복하는 것, 외도가 일어난 이유를 개인적인 측면뿐만 아니라 관계적인 측면에서 이해하는 것, 외도로 인해 발생한 부정적인 감정을 다루는 것 그리고 새롭게 정의된 관계에 헌신하기 위하여 외도로부터 배우고 내려놓는(용서) 방법을 배우는 것 등이다(Gordon et al., 2015). 만약 외도 과정에 중독적인 요소가 발견된다면 때로는 집단치료나 12단계 프로그램에 의뢰하는 것이 회복 과정을 지원할 수 있다. 그 외에 특히 외도가 한동안 진행되었던 경우, 자녀들이 그 문제를 알고 있거나 아무에게도 말하지 말라는 요청을 받았을 수가 있다. 이러한 이슈는 탐색되어야 할 필요가 있다.

성적 영상물과 관련된 문제

부부치료를 하다 보면 포르노 중독으로 어려움을 겪고 있는 부부를 만나게 된다. 누구나 쉽게 익명으로 사용할 수 있는 인터넷은 이러한 문제에 있어서 한 부분을 차지한다(Cooper, 1998; Griffiths, 2012).

부부가 부적절한 영상물로 갈등을 겪고 있다면 먼저 각각의 배우자가 그 문제에 부여하는 의미를 짚고 넘어갈 필요가 있다. 일부는 영상물을 보는 것이 극히 정상적이라고 생각하면서 별로 문제시하지 않을 수 있으며 이를 문제시하고 얘기하는 것 자체를 꺼릴 수 있다. 또는 이를 문제시하는 배우자가 더 문제라는 시각을 갖고 있을 수 있다. 반면, 어떤 이는 성적 영상물을 보는 것이 자신의 가치관에 위배된다고 여기거나 그것의 사용이 지나치거나 충동적이라고 생각한다. 이들의 경우 자신의 행동을 이해하려 하고 고치려 하는 것에 더 열심일 가능성이 크다.

상대 배우자의 포르노 이용에 대한 배우자의 생각과 걱정을 분명하게 하는 것이 매우 중요하다. 성적 영상물을 모두 부적절하다고 보는가, 아니면 영상물의 내용이나 얼마나 자주 그러한 영상물을 보는가가 문제인가? 어떤 이는 포르노 영상 자체를 부정하지 않고 그것이 부부관계 안에서 사용되는 방법에 대해 개방적일 수 있다. 많은 경우 배우자가 부부관계 밖에서 자신의 성적 만족을 위해 영상물을 사용했다는 것을 문제 삼을 수 있고 또는 이 행위 자체를 외도와 같은 문제로 간주할 수도 있다.

배우자의 포르노 이용은 여러 부분에 있어서 걱정과 두려움을 불러일으킨다(Maltz & Maltz, 2010). 포르노 영상에 나온 배우들과 자신을 비교하며 성적으로 불안해하거나 자신감을 잃을 수도 있고, 배우자가 이런 영상물을 보는 것에 사용하는 비용과 시간 때문에 화를 낼 수 있다. 또한 영상물의 내용(예: 여성에 대한 폭력적 장면, 부적절한 성적 관계)으로 인해 상대방에 대해 존경이나 성적 욕구를 잃게 될 수 있다. 이 경우 낮아진 부부의 성적 친밀감은 배우자가 더 많은 시간을 영상물을 보는 것에 사용하게 되는 부정적 패턴으로 연결될 수 있다. 배우자는 이러한 문제가 자녀에게 부정적인 영향을 끼칠까 봐 걱정할 수 있고, 급기야 상대방이 자녀를 성적으로 학대할 수 있을 것이라는 두려움을 느낄 수 있다.

성적 영상물을 다루는 것에 있어서 어려운 부분 중 하나는 이것이 전문적 치료를 요하는 중독여부를 평가하는 것이다. 영상물의 사용이 정상적인 범주인가, 아니면 과도하며 문제를 야기할 정도인가? 이 질문에 답하기 위해서는 먼저 포르노 영상을 보는 빈도, 영상물의 내용 그리고 영상물을 사용하는 이유 등을 살필 필요가 있다. 부부생활 안팎에서 이러한 행동이 갖는 부정적인 영향을 인식하면서도 포르노를 보는 행동을 유지하는지 또한 알아볼 필요가 있다. 이러한 평가는 부부치료자가 갖고 있는 성적 영상물에 대한 개인적 견해에 따라서 영향을 받게 되는데, 이러한 영상물을 반대하는 치료자는 배우자의 포르노 사용을 더 문제화할 경향이 있다(Ayers & Haddock, 2009). 따라서 치료자는 성적 영상물에 대한 생각을 인식하고 치료과정에 어떠한 영향을 미칠 수 있을지 이해하는 것이 필요하다.

치료자가 배우자의 포르노 사용이 개인적으로 문제될 정도는 아니라는 결론을 내린다 할지라도, 부부관계의 측면에서 여전히 문제를 내포할 수 있다. 이러한 경우 치료자는 부부가 서로 동의할 수 있는 범위 내에서 어떻게 이 행동이 조절될 수 있을지에 대한 대화를 도와야 한다. 이 과정에서 치료자는 각 개인의 관점을 알려주는 가치관, 신념, 두려움 또는 경험을 포함해서 포르노의 사용이 그들에게 무엇을 의미하는지를 나누도록 도울 수 있다. 예를 들어, 과거 성적 트라우마를 경험한 여성인 경우 포르노 영상이 강간과 같이 성적 착취의 한 형태라고 생각해서 이를 전면 반대할 수 있다. 물론 이 문제로 인해 관계가 와해되는 경우도 있을 수 있지만 부부는 협상을 통해 서로 받아들일 수 있는 합의 또는 이해에 이를 수도 있다.

배우자가 포로노 중독을 보이고 있다고 평가되고 부부가 이 문제의 해결을 원한다면 여러 가지 치료방안이 사용된다. Maltz와 Maltz(2010)는 포로노 중독 치료를 위한 여섯 단계 치료법을 제안했는데, 첫째, 당사자가 중독이 갖고 있는 '고립, 은밀함, 부인'의 고리를 끊기 위해 자신의 중독문제를 믿을 만한 누군가에게 말하는 단계이다. 둘째, 치료를 받는 단계인데, 이는 개인치료, 부부치료 혹은 집단치료[예: 12단계 프로그램이나 스마트 리커버리(smart recovery), 역자 주: 12단계 프로그램과 유사한 중독자의 회복을 위한 프로그램] 등이 있다. 셋째, 포르노 영상이 없는 환경을 만드는 것으로, 집에서 모든 성적 영상물을 치우고 이러한 영상물을 차단하는 컴퓨터 프로그램을 설치하는 것이다. 넷째, 필요에 따라 도움을 요청할 수 있는 친구나 관계를 형성하는 것이며, 다섯째, 자신의 정서적·신체적 요구를 돌볼 수 있는 방법을 배워 나가는 것으로, 특히 성적 영상물을 부정적인 감정을 해소하는 방식으로 사용해 온 내담자의 경우 이 단계는 매우 중요하다. 여섯째, 내담자가 성에 대한 그리고 성관계에 대한 자신의 태도를 이해하고 바꿔 나가는 단계이다. 자신의 성적 만족에만 무게를 두기보다 배우자와의 연합과 친밀감을 만들어 가는 것에 초점을 두고 성관계를 이해해 나갈 수 있어야 한다.

포르노로 어려움을 겪은 경우 부부관계를 다시 정립하고 세워 나가기 위해서는 분명 도움이 필요하다(Zitzman & Butler, 2005). 신뢰와 믿음을 다시 쌓아 가는 것이 관건이며, 이는 열린 대화를 필요로 한다. 다만 포로노 사용에 대한 수치심은 이러한 대화에 장벽이 될 수 있다. 또한 신뢰는 상대 배우자가 문제를 해결하기 위해 부단히 노력하는 것을 직접 경험할 때 형성된다. 배우자는 중독에 대한 교육을 받으면서 중독을 중심으로 부부관계에 나타날 수 있는 여러 가지 관계패턴에 대해 배우고 도움을 받을 수 있다. 또한 이러한 과정에서 치료자는 부부에게 이러한 문제를 해결해 나갈 수 있다는 위로와 확신 그리고 이러한 문제를 통해서 서로에 대한 이해와 관계에 대한 기술을 배워 더 건강한 부부로 거듭날 수도 있다고 격려할 필요가 있다.

부부간의 성문제

슈퍼비전을 하다 보면 치료를 처음 시작하는 치료자들이 부부간의 성문제를 경시하는 경향이 있다는 것을 발견하게 된다. 내담자가 성관계에 대한 어려움을 말하지 않았기 때문에 별 문제가 없을 거라고 생각한다. 그러나 이러한 가정을 하는 것은 흔히 범할 수 있는 실수가 된다. 부부치료를 찾은 많은 부부가 성관계에 관한 어려움을 겪고 있으나 먼저 이야기를 꺼내는 것이 어렵거나 힘들기 때문에 치료자가 문제에 대해서 물어봐 주기를 기다린다. 부부의 성관계에 대해 평가할 때 물어볼 수 있는 좋은 질문은 "지금 겪고 있는 문제가 부부간의 성관계에 어떤 영향을 미치나요?"이다. 치료자가 편하게 질문을 할수록 부부 또한 더 많은 정보를 제공하게 된다(Weeks, Odell, & Methven, 2005).

부부간의 성관계가 주요 문제로 파악된 경우 성문제가 처음으로 드러나기 시작한 시점과 그 발달과정에 대해 알아볼 필요가 있다. 이상적인 상황은 부부와 함께 그리고 일대일로 정보를 얻는 것이다. 언제 성관련 문제가 시작됐는지, 어떤 상황에서 더 심한지에 대한 평가가 필요하다. 예를 들어, 배우자와의 성관계에 낮은 관심을 표하는 남편의 경우 낮은 성욕이 주요 문제인지 아니면 부수적 문제인지에 대한 평가가 필요하다. 또한 다른 경우에는 자위행위 등을 통해서 성욕을 경험했는지 혹은 성욕을 전혀 경험하지 못했는지 등을 검토한다. 치료자는 이 문제가 의학적 문제가 아닌지에 대한 판단을 하기 위해 내담자가 여러 가지 의학적 검사를 받아보았는지에 대해서도 확인할 필요가 있다. 또한 내담자가 성기능을 저해하는 알코올이나 약물 등을 사용하는지도 확인해야 한다. 성이라는 주제를 두고 원가족 가계도를 각각의 배우자와 함께 완성해 나가는 것(Belous, Timm, Chee, & Whitehead, 2012; Hof & Berman, 1986)도 내담자들이 갖고 있는 성에 대한 생각, 믿음, 행동, 반복되어 오는 습관 등을 이해하는 데 많은 도움이 된다.

부부관계에 대한 평가가 끝난 후 치료자는 문제의 심각성에 대한 진단을 내린다. 부부의 성문제가 다른 여러 가지 문제, 부부간의 대화나 갈등과 함께 다뤄진다. 그러나 어떤 부부에게는 성문제가 다른 어떤 문제보다 먼저 다뤄져야 할 대상일 수 있다. 성치료는 고도의 기술이기 때문에 치료자는 그것이 자신의 능력 범위 안에 있는지를 결정할 필요가 있다. 만일 그렇지 않다면 부부를 미국 성교육 성 상담 성치료협회(American Association of Sexuality Educators, Counselors and Therapists: AASECT) 자격증이 있는 치료자에게 의뢰할 수 있다. 적어도 성해부학과 생리학에 대한 기본적인 이해를 갖는 것은 중요하다. 이러한 지식은 보통 인간의 성입문과정이나 대부분의 가족치료 훈련프로그램에서 습득할 수 있다.

구조화된 별거

부부치료의 한 개입 방법으로 혹은 이혼을 준비하는 부부들을 위한 방법으로 구조화된 별거를 생각해 볼 수 있다. 이러한 별거는 겪고 있는 갈등이 해결의 조짐 없이 매우 심각해서 부부 각자가 진정할 시간이 필요할 때 사용될 수 있다. 구조화된 별거는 충동적으로 아무 예고 없이 벌어지는 별거에 비해 모든 이에게 덜 파괴적인 영향을 미친다(Ahrons, 1994). 별거 자체를 관계의 끝으로 생각하는 부부는 구조화된 별거의 시간을 갖는 것이 어떻게 도움이 될수 있는지 받아들이지 못할 수 있다. 이때 관계에 있어서 경계를 분명히 하고 어떻게 연락을 할 것인가에 대한 합의를 구하는 것은 불안감을 최소화하는 데 도움이 된다.

구조화된 별거를 할 때는 언제 어떻게 얼마나 자주 만날 것인지 그리고 전화 연락, 양육, 경제적 문제와 가사에 대한 역할 분배, 부부치료 등에 대한 기대치를 분명하게 이야기하는 것이 중요하다. 특히 연락 횟수와 누가 먼저 어떤 상황에서 연락을 할 것인가를 분명히 할 필요가 있다. Granvold(1983)는 구조화된 별거를 처음 6주간 실행해 보고 평가를 통해 다시 연장할 것인가를 살필 필요가 있다고 추천한다.

별거를 하는 부부와 치료를 진행할 때는 부부싸움의 형태와 강도를 평가해야 한다. 부부싸움이 매우 격하고 혼란스럽다면 부부의 접촉을 제한해야 하며 특히 처음에는 치료 회기 밖에서는 문제를 해결하려 하지 말라고 지시해야 한다. 그러나 부부가 격한 싸움으로 치닫는 경향이 없고 서로가 함께 시간을 보낼 수 있다면 점진적으로 함께하는 시간을 늘려 나갈 수 있다. 배우자 모두 별거 합의서에 기록된 내용을 준수하고 서로에 대한 믿음을 회복하는 일에 함께할 필요가 있는데, 이것이 준수되지 않는 상황에서는 그 회복이 어려워진다. 따라서 처음부터 서로에 대한 기대와 역할분담이 공정하게 이뤄질 필요가 있다.

Nichols(1988)는 이혼을 결심하는 부부가 해야 할 세 가지 일을 명시했는데, 이는 구조화된 별거를 하려는 부부들에게 적용할 수 있다.

1. 이혼/별거를 현실로 받아들인다(어떻게 혹은 누구에 의해 그 결정이 먼저 만들어졌는지에 상관없이).

2. 초기의 감정적 · 정서적 반응에 대처한다.
3. 초기계획을 심사숙고한 행동으로 실행한다.

치료자는 부부가 별거를 계획하고 이 세 가지 항목을 실천해 나갈 수 있도록 도울 수 있다.

일반적으로 한쪽 배우자는 별거를 원하는데 다른 배우자는 같이 살면서 관계를 개선하고 싶어 한다. 배우자 중 한 명이 휴가를 가거나 시간을 따로 조직한다면 이는 신체적 분리가 장기화될 징조일 수 있다. 그러나 배우자 중 한 명이 단호하게 별거를 주장한다면 치료자는 중재자로서 도울 수 있다. 치료자는 각 사람의 우려에 민감해야 하며 부부 중 한 명과 연합하게 되는 것을 피해야 한다.

이혼치료

일부 부부에게는 구조화된 별거가 이혼의 서곡일 수 있다. 부부치료를 결혼을 끝내기보다는 유지하는 방법으로 찾는다는 것을 고려할 때 이혼에 대한 결정은 자연적으로 치료의 종결로 이어질 것이다. 그러나 어떤 부부는 이혼과정 혹은 그 후에도 계속해서 치료자의 도움을 구하는데, 대부분의 경우 이를 통해 공동 양육이라는 과제를 잘 해결해 나가기 위해서이다.

이혼을 했다고 해서 부부간의 갈등이 해소되는 것은 당연히 아니다. 이혼치료가 유용한 이유는 그나마 부부간의 갈등을 누그러뜨릴 수 있기 때문이다. 일반 부부치료에서 사용되는 기술과 개입방법이 이혼치료에서도 사용되는데, 예를 들어, '화자-청자' 기법(Markman et al., 2010)과 같은 체계화된 대화법은 많은 도움이 될 수 있다. 또한 상대방에 대해 가지고 있는 부정적 견해를 바꾸는 것도 도움이 된다. 특히 갈등이 격한 부부일수록 화를 다스리는 방법과 싸움이 격해질 때 어떻게 그 관계를 모면할 수 있는가에 대한 기술을 미리 배울 필요가 있다. 인지적인 접근이 용이한 부부는 왜 결혼이 실패했는지와 자신의 과거 상처를 재조명하면서 앞으로 관계에 도움이 될 통찰력을 얻는 것도 가능할 것이다.

이혼치료는 부부의 갈등과 이혼이 자녀에게 어떤 영향을 미칠 것인가에 대해서도 다뤄야 한다. 자녀가 부모의 이혼에 대해 자신의 책임이라고 스스로를 탓하거나 비양육권 부모가 자신을 더 이상 사랑하지 않을 거라는 두려움을 느낄 수도 있다는 것을 인지해야 한다. 부부갈등에 자녀가 노출되는 것을 최대한 제한할 필요가 있다. 또한 자녀 앞에서 배우자에 대해 부정적인 말을 하거나 부모 중 한 사람을 선택해야 하는 충성심 갈등과 같은 관계적 삼각관계에 자녀를 끌어들여서도 안 된다.

이혼은 정서적 과정이기도 하고 법적 과정이기도 하다. 부부가 소유물을 분할하고 자산을 배분하고 자녀 양육권을 공유하는 문제에 대해 합의에 도달할 수 있다면 이상적이다. 이혼 조정은 부부가 법정에 가지 않고도 합의에 도달하도록 돕기 위한 입증된 접근법이다. 그러므로 이혼하려는 부부에게 상호합의를 창출하기 위해 이 경로를 사용할 것을 권장해야 한다. 불행하게도 어떤 부부들은 합의에 이르지 못해서 자녀 양육권과 같은 주요 문제들을 결정하기 위해 법정에 의지해야만 한다. 법원과 공격적일 수 있는 변호사가 포함된 이혼은 매우 논쟁적이 될 수가 있어 치료과정을 복잡하게 만들 수 있다.

예비부부치료

이혼을 위한 도움을 추구하는 부부와는 대조적으로 치료자는 때때로 혼전 치료를 원하는 예비부부를 만나게 된다. 이때 예비부부치료를 원하는 이유를 자세히 파악해서 그에 맞는 치료를 제공한다. 예를 들어, 예비부부는 결혼 계획을 다시 생각할 만큼 심각한 갈등을 경험하고 있기 때문에 예비부부치료를 원하는 경우가 있다. 이러한 경우 치료자가 제공하는 예비부부치료는 기존의 부부치료와 매우 흡사하다. 다른 경우로는 큰 문제는 없지만 미래를 대비하고 서로에 대한 보다 깊은 이해와 통찰을 원해서 치료를 원하는 경우와 종교적인 이유로 필요에 의해 치료를 원하는 경우가 있다. 이러한 경우 치료는 관계문제에 대한 치료보다 예방 쪽에 무게를 두고 접근하게 된다.

예비부부치료에서 가장 보편적으로 쓰이는 방법은 예비부부 설문지를 활용하는 것이다. 이 설문지는 대화방식, 갈등해결 방식, 재정관리, 부부의 성관계, 친척관계 등등 앞으로 예비부부가 성공적인 부부생활을 해나가는 데 영향을 줄 영역에 대한 질문으로 구성되어 있다. 이러한 설문지는 예비부부가 서로에 대해 갖고 있는 기대와 생각을 분명하게 나눌 수 있는 매우 중요한 기회를 제공한다. 이러한 설문지는 결혼을 해야할 것인가 아닌가에 대한 결단을 내리는 평가도구라기보다 관계에 대해 알아 가고 대화를 할 수 있도록 돕는 기능을 주목적으로 한다.

가장 보편적으로 사용되고 있는 예비부부 설문지로 다음 세 가지를 꼽을 수 있는데, 이는 FOCCUS(Williams, 2016; www.foccusinc.com), PREPARE(Olson & Olson, 2016; www.prepare-enrich.com) 그리고 RELATE(Loyer-Carlson, 2016; www.relateinstiue.com)로 여러 연구를 통해서 검증되었다. FOCCUS와 PREPARE는 훈련을 받은 치료자가 설문지를 사용하고 그 결과를 예비부부와 나누도록 되어 있으며, RELATE는 치료자의 도움을 필요로 하지 않는다. 어느 예비부부든지 온라인으로 이 설문지를 작성할 수 있고 그 결과를 받아 볼 수 있다. 예비부부치료를 주로 하는 치료자라면 FOCCUS나 PREPARE 훈련을 이수하는 것이 바람직 할 것이고, 그렇지 않은 경우 예비부부가 직접 RELATE 설문지를 풀고 결과를 받아와서 치료자와 나누는 방법이 더 용이할 수 있다.

설문지를 통해 예비부부 관계에 대해 많은 정보를 얻을 수 있기 때문에 치료 횟수가 정해져 있는 경우에는 그 결과를 나눔에 있어서 치료자는 어떤 부분에 초점을 맞출 것인지를 미리 정해 둘 필요가 있다. 예비부부가 앞으로 서로 노력해야 할 부분을 얘기하는 것과 그들이 갖고 있는 강점을 나누는 것이 중요하다. 또한 모든 부부가 성장하고 노력해야 하는 부분이 있다는 것을 재차 강조하면서 부부가 사용할 수 있는 자료나 지침서를 제공할 수 있다. 때로는 어떤 문제에 있어서 좀 더 심도 있게 치료가 들어가야 할 필요가 있는데 특히 관계 공격성, 정신 질환 혹은 물질남용 등이 이러한 경우에 해당한다. 이러한 영역에서 설문지의 결과가 높게 나왔다면 치료자는 좀 더 체계적인 평가를 통해 이를 신중하게 다뤄야 한다.

또 다른 보편적인 방법은 예비부부에게 대화의 기술과 갈등 해소의 기술을 가르치는 것이다. 관계 향상 프로그램(Relationship Enhancement Program)(Scuka, 2016), 부부대화 프로그램(Couple Communication Program)(Miller & Sherrard, 1999) 그리고 예방 및 관계 교육 프로그램(The Prevention and Relationship Education Program: PREP)(Tonelli, Pregulman, & Markman, 2016)은 연구를 통해 그 효과가 긍정적으로 검증된 프로그램이다. PREP은 대화나 갈등 기술 외에 예비부부의 성관계, 친구, 가치관 등과 같이 여러 영역을 포괄적으로 다룬다. 또한 프로그램의 효과가 장기적으로 유지됐다는 연구결과가 있는 프로그램이기도 하다. 예비부부와 함께 일하는 치료자는 이러한 프로그램을 사용해서 부부가 필요로 하는 여러 가지 기술과 정보를 제공할 수 있다.

특정 기술을 가르치는 것 외에 치료자는 결혼 전반에 대한 교육 프로그램을 제공하기도 한다. 예를 들어, 다섯 가지 사랑의 언어(Five love languages)(Chapman, 2015) 교육을 통해 사랑을 표현하고 받고자 하는 방식이 사람마다 다를 수 있다는 것을 교육하는 것도 도움이 된다. 치료자는 예비부부 각자가 선호하는 사랑의 언어는 무엇인지 파악하게 돕고 배우자의 사랑의 언어를 사용할 수 있도록 격려할 수 있다. PREP(Markman et al., 2016) 또한 부부의 헌신을 강조하면서 이를 약화하거나 강하게 하는 것이 무엇인지에 대해 서로 얘기를 나눌 수 있도록 돕는다. 예를 들어, 예비부부는 그 관계를 우선순위에 두고 서로에게 더 성실하게 집중할 수 있기 위해서 어떤 것을 할 수 있을지 서로 탐색하고 대화를 나누게 된다.

일부 예비부부 치료자는 부부의 성격이나 기질을 평가하는 도구(예: MBTI, 5요인 모형, T-JTA 성격분석검사)를 사용하기도 하는데, 이는 성격의 차이가 오해와 갈등으로 번질 가능성이 높은 부부에게 더 유용할 수 있다. 이러한 경우 서로의 차이를 받아들이고 수용하는 것을 배우는 것이 앞으로의 성공적인 부부관계를 위해서 매우 중요한 요소가 된다(Christensen et al., 2015; Gottman & Gottman, 2015).

예비부부의 원가족이 어떻게 부부관계에 영향을 미칠 것인가를 탐색하는 것 또한 유용하다. 각각의 배우자와 가계도를 작성해 가면서 부부관계에 영향을 줄 수 있는 세대 간 패턴이나 주제 혹은 기대치 등을 발견할 수 있다. 앞에서 언급한 설문지 또한 원가족과 관련된 질문 등이 포함되어 있는데, 이를 통해서 서로의 원가족이 갖는 영향력에 대한 이해를 높일 수 있다. 어떤 예비 부부는 중요한 문화적·종교적 차이 문제를 들고 예비부부치료를 찾는다. 긍정적이든 부정적이든 이러한 차이가 미칠 수 있는 영향을 탐색할 필요가 있다. 예를 들어, 예비 부부는 성역할에 대하여 그들의 문화나 종교의 사회화에 근거하여 서로 다른 기대를 가지고 있을 수 있다. 게다가 문화적·종교적 차이는 확대가족과의 관계에도 영향을 준다. 예를 들어, 자신의 종교나 인종 외부에 있는 사람과 결혼한 개인들은 확대가족의 수용의 결핍을 경험할 수 있다.

동성 커플 치료[1)]

이 장에서 소개한 부부치료 내용은 대부분의 부부/커플에게 적용된다. 그러나 동성 커플을 치료할 경우 매우 중요한 차이점이 존재한다. 동성 커플도 부부치료에서 흔히 접하는 이유로 치료를 신청할 수 있지만, 그러한 경우에도 동성 커플이 경험하는 소수자로서의 스트레스나 관계의 애매성, 사회적 지지의 부족 등을 염두에 두고 치료할 필요가 있다(Green & Mitchell, 2015).

첫째, 치료자는 동성 커플이 겪는 우리 사회의 편견과 차별, 소외 등에 의한 스트레스를 고려해야 한다. 비록 레즈비언, 게이, 양성애자, 트랜스젠더(LGBT) 개인들을 수용하는 분위기가 확대되고 있기는 하지만, 아직도 많은 사람이 동성애 관계는 잘못되었다고 믿고 게이와 레즈비언에 대해 부정적인 견해를 가지고 있다. 일부 성소수자들은 그들의 성적 지향 때문에 혐오범죄를 경험하며 흔히 언어적 괴롭힘에 시달린다(Herek, 2008). 어떤 이들은 성소수자들을 묵인은 하지만 완전히 수용하지는 않는다. 이것이 성소수자들로 하여금 투명인간이나 주변인으로 느끼게 만든다. 성소수자들은 또한 역사적으로 다양한 형태의 차별을 받아 왔다. 예를 들어, 최근까지도 많은 동성 커플은 법적으로 결혼할 수가 없다. 이 영역에서 얻은 것이 있기는 하지만, 성소수자들은 여전히 일자리와 주거의 차별에 취약하다.

성소수자는 이런 사회의 부정적인 견해를 내재화할 수 있는데, 이때 외부에서 오는 편견과 차별이 내재화된 자신의 부정적인 이미지와 결합되면서 '소수자의 스트레스(minority stress)'를 겪게 된다. 소수자 스트레스는 동성애 관계에서 여러 가지 어려움으로 나타난다. 예를 들어, 동성애 관계에 대해 전적으로 헌신하는 것에 대한 어려움이나 사회의 편견과 차별로 받은 분노를 상대 배우자에게 표출하는 것 등이다. 이처럼 소수자 스트레스를 경험하고 있는 내담자를 치료하는 데 있어서 자신을 수용하고 받아들이는 과정이 매우 중요하다.

둘째, 동성 커플에 존재하는 '관계의 애매성'을 고려해야 한다. 어떻게 '커밍아웃' 해서 다른 사람들과 함께해야 하는가의 문제가 동성 커플이 서로에 대한 헌신을 공개적으로 표현하는 능력에 영향을 미칠 수 있다. 커플 정체성을 정의하는 데 있어

---

1) 역자 주: 이 장에서는 성수자에 대한 차별과 소외를 강조하고 있어서 couple을 부부로 번역한 것처럼 동성 부부로 번역하여야 하나 일반적으로 통용되는 동성 커플로 번역함.

서 또 다른 도전은 역할 모델의 결핍이다. 거의 모든 게이와 레즈비언은 양성 관계가 지배적인 가정에서 성장했기 때문에 그들의 관계에서 역할과 책임을 정의할 때 끌어올 수 있는 모델이 거의 없다. 치료자는 게이와 레즈비언 커플이 커플로서의 그들의 정체성을 확립하는 데 도움을 주는 역할을 할 수 있다.

셋째, 동성 커플의 '사회적 지지 기반'을 고려해야 한다. 예를 들어, 이들의 원가족이 관계를 인정해 주지 않고 오히려 무시하거나 아예 가족과의 관계에서 단절시키려 한다면 동성 커플이 사회적 지지 기반 없이 고립될 가능성을 높인다. 그 결과 '선택의 가족(family of choice)'이라는 새로운 개념의 가족을 형성하게 되는데, 이는 주로 친구관계를 통해 얻게 된다. 치료를 찾는 동성 커플에게는 지속적인 지지 기반을 찾고 형성해 가도록 돕는 것이 치료의 중요한 부분이 된다.

Green과 Mitchell(2015)은 동성 커플과 작업하는 것에 있어서 치료자가 사랑, 친밀감 그리고 동성애 관계에 있어서의 성에 대해 자신이 어떤 생각을 갖고 있으며 얼마나 편안하게 느끼고 있는가를 인식하는 것이 무엇보다도 선행되어야 한다고 강조한다. 여기서의 편안함이란 치료자가 동성 커플의 문화를 이해하고, 그들의 경험에 공감하며 경청할 수 있다는 것을 뜻하며, 치료에서 다뤄질 많은 내용에 대해 거리낌 없이 대화를 할 준비가 되어 있어야 함을 의미한다. 다른 문화의 부부나 커플을 치료할 때처럼, 치료자는 여러 가지 차이점을 존중하고 새로운 배움에 열린 자세를 보여야 한다.

다음의 사례는 동성 커플의 치료도 다른 가족 치료와 마찬가지로 개인적, 상호관계적, 세대 간 혹은 지역사회 체계에 대한 고찰을 필요로 한다는 것을 보여 준다.

> 20대인 후반인 수잔과 브렌다는 2년째 동거해 오고 있는데 잦은 언쟁과 끊이지 않는 갈등 그리고 친밀감 부족 등의 이유로 치료를 찾았다. 커플에 따르면, 그들은 거의 모든 일 때문에 갈등을 경험하고 있었다. 집안일에서부터 재정, 성관계 그리고 같이 시간을 보내는 것에 대해서도 싸우고 있었다. 두 사람 모두 관계에 있어서 높은 불만을 갖고 있었다. 잦은 갈등으로 인해 몇 차례 별거를 경험했는데, 그때마다 브렌다는 어머니와 함께 있었다고 한다. 신체적인 학대나 폭행 등은 거론되지 않았지만 그에 대한 협박을 주고 받은 적이 있으며, 브렌다는 실제로 수잔에 대해 두려움을 경험한 적이 있다.

커플은 언쟁으로 인해 분노, 두려움 그리고 격분의 감정과 같이 여러 부정적인 감정을 경험하고 있었다. 수잔은 브렌다가 그들의 관계에 충실하지 않고 관계를 개선하려는 대화에 성실히 대하지 않으면서 그저 회피하려고만 한다고 보고했다. 반면 브렌다는 수잔에 대해 두려움을 느끼고 있었으며, 비난당하고 있다는 생각을 하고 있었다. 아무리 노력을 해도 수잔의 기대에 미치지 못할 뿐만 아니라 그녀가 하는 모든 일에 수잔이 기뻐하지 않는다고 생각했다. 문제없이 커플이 서로를 대하는 시기도 있었지만 어디까지나 이는 표면적인 것에 불과했다.

수잔은 초등학교 교사로 일하고 있었는데 직무에서 받는 스트레스는 높았지만 자신의 일에 만족하고 있었다. 수잔은 하루 종일 남들을 위해 봉사한다고 생각했으며 그렇기에 집에서는 봉사를 받고 싶다고 얘기했다. 수잔은 삼남매 중에서 맏이인데 남동생이나 여동생과 특별히 가깝지는 않다. 수잔은 자신의 어머니를 따뜻하고 배려심이 많다고 묘사한 반면, 아버지는 그녀를 육체적 · 언어적으로 학대했다고 보고했다. 수잔은 지금까지도 아버지에 대한 증오심을 갖고 있다고 하면서 그녀가 화를 낼 때마다 자신이 아버지처럼 되어 가는 것 같은 생각에 두려움을 느낀다고 말했다.

브렌다는 파트타임으로 도서관에서 사서로 일하고 있는데, 어린 시절 외동딸로서 거동이 힘든 할머니와 많은 시간을 보냈다. 그녀는 우울증 때문에 약물치료를 받은 적이 있었다. 커플치료를 받는 동안 브렌다의 우울증 증세가 악화되었고, 브렌다는 자신이 제대로 기능하지 못한다는 생각에 많이 힘들어하고 있었다. 브렌다는 개인치료를 같이 받도록 했는데, 이는 치료의 전반적 개선에 무척 많은 도움이 되었다. 브렌다는 수잔과의 관계에서 불안감을 느끼고 있었다. 그녀는 결혼을 원하는 수잔에게서 압박감을 느끼고 있다고 보고했다.

수잔과 브렌다는 서로에 대해 좌절감을 느끼고 있다. 서로 비난을 많이 하고 자기 자신의 감정을 보호하려 한다. 그들은 모두 관계에 헌신했지만 갈등을 다룰 수가 없다고 말한다. 수잔은 게이와 레즈비언 커뮤니티에서 활발하게 활동하고 있으며 십 대일 때 커밍아웃했다. 브렌다는 자신의 동성애 사실을 가까운 친구에게만 알렸을 뿐 가족에게나 직장에서는 이를 숨기고 있었다. 이것 때문에 수잔은 좌절감을 느낀다.

이 커플의 경우 동성애에 대한 자신의 정체성을 인정하고 알리는 것에 대한 그들의 견해 차이를 이야기하는 것이 중요하다. 치료자는 각각의 파트너가 갖는 견해와 감정의 차이를 존중하고 서로 이야기를 나눌 수 있도록 도와야 한다. 이 커플을 위한 치료는 갈등을 효과적으로 관리하는 면에 초점을 두어야 하는데, 각자가 자라

온 배경과 가족사를 통해 어떻게 갈등에 대처하는 방식을 갖고 있는지를 고찰하고 서로의 차이를 보완하는 방법을 새롭게 개발할 수 있는 개입이 중요할 것이다.

부부치료가 효과가 없을 때

부부치료가 언제나 최상의 선택이 아닐 수 있다. 치료자에 따라 부부치료를 할 것인가 말 것인가에 대한 판단이 다를 수 있겠지만 부부치료가 적합하지 않다는 것을 가리키는 몇 가지 상황들이 있다. 그 중의 하나는 배우자가 상대방의 정신질환을 이유로 치료를 찾았을 때이다. 예를 들어, 심한 우울증이나 정신질환에 의한 사고기능의 저하, 심한 알코올 혹은 약물 중독 등으로 배우자가 어려움을 겪고 있을 때, 혹은 부부 사이에 심한 폭력이 이뤄지고 있을 때, 부부치료는 최선의 방법이 아닐 수 있다. 부부치료가 내담자가 보고한 문제를 다루는 데 올바른 선택인가를 평가하는 방법 중 하나는 치료자와 각각의 내담자 혹은 부부체계 사이에 적절한 치료체계가 성립될 수 있을까를 검토하는 것이다. 치료자가 부부의 상호관계를 조절하는 데 어려움을 느끼거나 배우자 중의 한 명이 심각하게 술에 취해서 혹은 약물에 취한 채 치료를 받으러 온다면, 그래서 어떠한 치료적 개입이 불가능하다면, 치료자는 부부치료보다는 개인치료으로 전환하는 것이 현명할 것이다.

부부치료를 하면서 개인치료나 집단치료를 병행하는 것이 더 효과적일 때가 있다. 특히, 여러 가지 문제가 얽혀 있는 경우 두 가지 방법을 병행하는 것은 여러 가지 장점을 갖는다. 물론 그렇게 할 수 있는 재정적 치료적 자원의 한계가 주로 문제가 될 수 있다. 여러 보완적 체계(생물학적 · 개인적 · 관계적 · 문화적)로부터 치료가 제공될 수 있다는 것을 보여 주는 전반적인 치료 계획의 우선순위를 매기고 윤곽을 그려 준다면 부부가 힘든 치료 작업에 참여하는 데 종종 도움을 준다. 또한 부부상담에서 진전 없이 정체되어 있는 경우 치료자는 평가정보와 치료계획 아이디어(제5장)를 복습하는 것이 중요하다.

결론

치료를 처음 시작하는 치료자에게 부부치료는 결코 쉽지 않은 치료방법이다. 각각의 배우자와 균형 있는 관계를 유지하는 것, 치료목적이 다를 수 있는 부부와 일을 하는 것, 부부의 순환적 관계를 파악하고 회기 중에 부부가 겪는 정서적 경험을 관리하는 것 등은 부부치료가 효과적이기 위해 치료자가 성취해야 할 일들이다. 부부간의 폭력과 외도 문제 또한 부부치료를 하는 데 있어서 어려움을 가져다주며 어떤 경우에는 부부 작업을 금지하게 하기도 한다. 그러나 부부치료는 보상도 제공한다. 대부분의 사람이 다른 사람과 사랑스럽고 만족스러운 친밀한 관계를 맺는 것을 중요하게 생각한다는 것을 감안할 때, 부부가 이 목표를 달성하도록 돕는 일은 특별히 보람 있는 일이다. 사랑과 만족이 있는 친밀한 관계가 인간에게 얼마나 중요한 요소인가를 생각하면, 부부가 이런 소중한 관계를 맺고 이어 나가도록 돕는 부부치료는 다른 직업에서는 찾을 수 없는 의미를 제공한다.

제10장

정신질환과 가족치료

"나는 인간이 치유할 수 없는 정신질환이란 없다고 믿어." 이 말은 1980년대에 우리 저자들 중 한명이 학생이었던 시절, 낙관적인 훈련 세미나에 참석하고 방금 돌아온 선배로부터 들은 말이다. 그 당시 그 저자는 경험이 없는 학생치료자였다. 그럼에도 불구하고 그는 자신의 내담자들이 겪고 있는 수많은 심각하고 오래된 문제가 '치유'될 가능성이 있을지에 대해 의심이 들었다.

수년의 세월이 지난 이 시점에서 어떤 정신질환은 우리의 노력에도 불구하고 완치가 어려울 수 있다는 사실을 배우게 되었다. 즉, 만성 정신질환에 따른 증상을 평생 관리하며 살아가야 하는 경우가 있다. 가족 중의 한 명이 수년간의 정신질환으로 인해 많은 어려움을 겪다가 결국은 치료실을 찾게 될 수 있다. 정신질환은 가족자원과 개인의 정체성을 소모시켜 왔다. 이러한 상황이라 할지라도 가족치료자는 힘에 겨워 두 손을 놓기 직전의 가족에게 많은 도움과 희망을 줄 수 있다. 진단명과 상관없이 이러한 가족에게 영향을 미치는 공통적인 요소로는 외로움, 사회적 고립, 증가된 스트레스 등을 들 수 있는데, 이러한 요소들은 질환을 겪고 있는 당사자는 물론 가족 모두의 관계를 악화시킨다. 또한 가족 간의 적대감, 불화, 갈등, 지나친 간섭 등은 질환을 겪고 있는 내담자를 더욱 어렵게 만든다. 반면, 가족들이 가족으로서의 정체성을 갖고 상호 간의 건강한 관계, 함께 공유하는 가치관과 믿음 등이 있다면 이로 인해 가족은 분명 더 단결하고 서로를 보호하는 역할을 수행하게 된다. 가족치료자는 가족 간의 관계를 늘 염두에 두지만 정신질환을 앓고 있는 내담자가 겪고 있는 정신질환에 대한 평가와 진단도 함께 고려해야 한다. 최근의 연구에 따르면, 가족의 유대 혹은 가족 내 스트레스와 같은 요소들은 정신질환을 겪고 있는 내담자의 상태가 호전되거나 악화되는 데 매우 중요한 역할을 한다.

개인과 가족에 대한 개념

지난 50여 년간의 연구에 의해 정신질환에 대해 더 많은 것을 알게 되었으며, 보다 효과적인 치료법에 대해서도 많은 지식을 얻게 되었다. 국립정신건강연구소(National Institute of Mental Health: NIMH)는 매년 수만 명의 사람들에게 영향을 끼치는 정신질환에 대한 다양한 연구사업을 보조했으며, 그 결과 정신질환을 어떻게 개념화하고 이해할 것인가에 대한 권장사항을 발표했다. NIMH는 『정신질환 진단 및 통계 편람(DSM)』을 사용하는 대신 정상과 이상 질환의 경도를 총괄적으로 파악하는 접근법을 장려한다. 연구 영역 준거(The Research Domain Criteria: RDoC)는 생물학적 원인, 발달 경로 및 환경적 영향을 포함한다(National Institute of Mental Health, 2016). 이를 통한 근본적인 가정(assumption)이 이 변화의 방향을 안내할 수 있다. 역사적으로, DSM과 정신질환에 대한 우리의 이해는 내담자가 말한 것(증상)과 임상 면담 중에 우리가 관찰한 것(징후)의 안내를 받았다. 최근에는 생물학적 병인에 대한 지식의 영향이 증가함에 따라 치료자들은 증상과 징후가 나타날 때까지 기다리면 종종 너무 늦어진다는 것을 인식하게 되었다. 신경과학과 유전학에서 정신질환의 생물학적 뿌리를 설명하는 데 도움이 되는 새로운 발전이 이루어져 왔다.

만일 어떤 사람이 대장암을 앓고 있다고 하자. 담당의사는 암세포가 다른 곳으로 전이되기 전에 치료를 진행하려고 할 것이다. 비슷한 방식으로, 최근의 치료모델은 정신질환을 미리 예방하고 사전에 치료하는 것에 집중하고 있다. 정신장애가 발달장애라는 인식은 만성질환으로 발전하는 정신장애를 단지 치료만 하는 것이 아니라 예방해야 한다는 새로운 생각으로 이끌었다(Insel, 2014). 또한 정신질환의 많은 경우가 뇌의 질환과 연결되어 있거나(Insel & Quirion, 2005) 환경과 상호작용을 통해 나타나는 유전적 질환에 해당하는 경우가 많다. 정신질환의 발현 시점과 질환의 예후에 있어서 환경적인 요인이 중요한데, 이러한 이유로 정신질환을 연구하는 전문가들은 '후성유전학', 즉 부모에서 자녀에게로 물려진 유전의 발현에 영향을 미치는 환경과의 상호작용에 관한 연구의 중요성을 강조한다.

실제로 정신질환은 아동기나 성인기 초기에 시작되기 때문에 그 어느 때보다도 가족의 영향력에 대한 중요성이 강조된다. 가족 내의 고조된 감정이 더 많이 표현될수록 조현병의 증상이 악화된다는 연구결과는 이미 가족치료자에게 잘 알려져 있다(McFarlane, Dixob, Lukens, & Lucksted, 2003). 또한 수차례에 걸쳐 외상에 노출된 아동일 경우 특히 정신질환이나 육체적 질환을 겪을 확률이 높다는 보고도 있다. 부정적 아동기 경험 연구(Adverse Childhood Experience: ACE Study, 역자 주: 어린 시절의 부정적 경험과 어른이 된 후에 나타난 결과를 연결한 최초의 대규모 종단연구) 결과에 따르면 가정 내의 역기능과 아동의 생애 후반에 나타나는 여러 문제 간에 유의미한 연결관계가 존재한다. 즉, ACE 점수가 6점 이상일 때 자살의 확률이 30배나 높았다는 보고가 있다(Felitti et al., 1998). 현재 정신보건에 관련된 여러 영역에서 가족이 어떻게 정신건강에 부정적 혹은 긍정적으로 작용하는가에 대한 연구가 활발히 진행 중이다(van der Kolk, 1997).

보건서비스가 예방과 조기 개입에 초점을 맞출 것을 제안하는 증거가 더 있다. 하버드 발달아동센터(Harvard Center on the Developing Child)의 연구는 유독성 스트레스가 발달하는 아동의 뇌에 영구적인 손상을 입힐 수 있으며 가족이 유독성 스트레스의 파괴적인 영향으로부터 아동을 보호하는 완충 장치가 될 수 있다는 것을 제시하였다(Patterso & Vakili, 2014; Shonkoff & Garner, 2012). 유독성 스트레스에 관한 다학제적 발달 연구는 초기 경험과 좋은 부모와 같은 환경적 영향이 스트레스에 반응하는 개인의 능력에 평생에 걸쳐 얼마나 지속적으로 영향을 미치는지를 보여준다. 어린 시절의 유독성 스트레스는 아동기가 지난 오랜 후에도 정신질환 발생 위험을 포함해서 성인의 삶의 경로에 영향을 줄 수 있다.

그 외에도, 보건관련 연구자들은 장애보정손실수명(Disability-adjusted life year: DALY) 측정법을 사용하여 정신질환이 전반적인 건강에 미치는 영향을 측정하기 시작했다. DALY는 정신질환을 포함하여 질병으로 인해 잃게 되는 연수(years)와 장애를 가지고 살아가는 연수(years)를 나타낸다. 연구는 우울이 건강 악화의 다섯 번째 주요 요인이고 불안은 고통의 요인 중에서 유방암보다 더 높은 순위를 차지한다는 것을 밝혔다(Lozano et al., 2012; Patel, Chisholm, Dua, Laxminarayan, & Medina-Mora, 2015). 이와 같이 만성적 정신질환의 파괴적 영향에 대한 인식이 전 세계적으로 확장되고 있다. 사실상 세계보건기구(WHO, 2010)는 정신질환 치료를 위한 정부 자금이나 민간보험이 없는 국가의 일반적인 정신질환을 치료하기 위해 저비용 프로그램인 정신건강격차행동프로그램(Mental Health Gap Action Program: MH Gap)을 만들었다.

개인 정신질환에 대한 효과적인 치료법에 대한 연구도 활발히 진행 중이다. 인지행동치료, 인간관계 치료법, 가족중심적 치료법 등이 여러 특정 질환을 대상으로 개발되어 왔다. 이는 어떤 한 가지 치료방법이 모든 질환에 효과적으로 활용될 수 없다는 인식과 함께 특정 질환에 보다 적절한 치료법을 찾으려는 노력으로 이어졌다. 특히 아동·청소년을 위한 예방으로서의 개입이 치료로서의 개입보다 더 중요시되고 있다. 유전과 환경 간의 상호작용에 대한 연구가 더 많이 보고되면서 치료자들은 예방적 개입이 아동을 질환으로부터 보호하거나 질환이 악화되는 것을 방지하는 데 쓰일 수 있으리라고 믿는다.

말로 하는 치료에 대한 연구 이외에도 약물치료의 효과에 대한 연구가 진행 중이다(Patterson, Albala, McCahil, & Edwards, 2010). 예전에는 치료가 불가능하다고 여겨졌던 질환들을 치료하려는 목적으로 거의 날마다 새로운 약물들이 만들어지고 있다. 동시에 향정신성 약물치료가 기적의 치료법은 아니라는 인식도 자라고 있다. 최상의 경우 일정 기간 동안 약물의 효과를 볼 수는 있지만 몸에서 나타나는 약물 부작용 등의 이유로 처방대로 약물을 복용하는 경우는 고작 50%에 달하고 있다(Bulloch & Patten, 2009). 일부 연구에서는 개인의 유전적 요인이 어떻게 해서 향정신성 약물에 대한 환자의 반응에 영향을 미칠 수 있는지에 대해 조사하고 있다(Brown & Bussell, 2011; Miller, Rose, & Van Amburgh, 2016). 정밀의학은 의사들이 환자의 게놈과 일치하는 특정한 치료 프로토콜을 사용할 것을 제안한다. 지금까지 치료를 게놈과 일치시키는 것은 암치료에서 가장 자주 발생했지만 앞으로 정신질환에 대한 치료요법을 만들어 내는 것에 점점 더 많이 사용될 것이다.

정신질환이 가족력에 나타나는 것은 가족 간의 역기능적인 관계의 문제뿐만 아니라 유전적인 요소로 인한 것이라는 사실은 잘 알려져 있다. 많은 경우 심리 평가에서 내담자가 정신질환에 대한 가족력을 보고한다면 이는 유전적인 요소를 내포하는 것이다. 내담자의 정신질환을 진단하는 경우 치료자는 가족이나 친척 중에서 정신질환을 앓고 있는 혹은 앓았던 가족들에 대한 정보에 관심을 보이는데, 이는 내담자가 겪고 있는 질환의 유전적 요소를 평가하기 위한 것이다.

정신질환의 유전적 전달에 대한 연구는 정신질환자 가족에게 깨달음을 주는 소식이었다. 물론 이 연구결과는 정신질환을 일으킨 주범이 가족이라는 생각으로부터 가족이 받아 온 죄책감과 책임감을 그나마 감소시킬 수 있게 했지만, 유전으로 인한 질환의 발병에 대한 보고는 앞으로의 세대에 대한 불안을 고조시킨다.

가족이 한 개인의 질환을 초래한 것은 아니라고 할지라도 가족은 개인이 겪고 있는 질환에 많은 영향을 끼친다. 조현병을 앓고 있는 내담자와 그 가족 간의 '부정적 감정의 표현'과 '역기능적인 대화법'에 대한 연구보고는 가족의 과도한 간섭, 적대감, 정도를 지나친 비판적 태도가 조현병을 앓고 있는 환자의 재발에 막대한 영향을 끼친다는 것을 증명해 준다(Beach & Jones, 2002; Gross, 2007; Peris & Miklowitz, 2008; Peris & Miklowitz, 2015). 이 연구는 가족의 행동과 기분이 가족 개인들과 그들의 질병에 미치는 강력한 영향을 입증하였다.

가족치료자는 내담자를 위해서 정신의학과 의사와의 협조를 생각해 볼 수 있다. 이를 통해 얻은 자료를 전반적 치료과정에 활용할 수 있으며, 정신과 전문의가 내담자가 겪고 있는 질환과 그에 따른 증상을 완화하기 위해 약물을 추천할 수 있다.

초보 가족치료자는 개인 진단 영역으로부터 유용한 치료적 도구를 수집할 수 있으며 그와 동시에 가족치료의 장점을 결합할 수 있다. 치료자가 하나의 관점만 선택하고 다른 모든 관점을 배제할 필요는 없다. 초보 가족치료자는 내담자를 위한 최선의 치료 계획을 짜기 위해 다양한 출처의 정보와 관점을 사용할 수 있다.

정신질환의 진단과 가족관계에 대해 이해를 했다 하더라도 가족치료자는 사정이나 평가를 함에 있어서 이를 변별해 내는 데 많은 어려움을 겪는다. 부모의 잦은 싸움과 학교성적 때문에 화가 나서 잠을 제대로 이루지 못하고 먹지도 못해서 자살까지도 생각하는 십 대 청소년이 부모와 함께 치료를 받으러 찾아왔다고 생각해 보자. 치료를 찾은 이유를 묻는 당신에게 부모는 "아이가 학교 성적에 관심이 없고 동기부여를 못하고 있다."라고 말한다. 실제로 치료를 시작하는 치료자가 많이 경험하는 어려움 중의 하나가 바로 문제에 대한 가족의 견해와 치료를 의뢰한 사람(학교교사, 사회 사업가)의 문제에 대한 견해 그리고 문제가 있다고 지목된 개인의 견해를 분리해 내는 것이다.

우리가 학생들을 지켜본 바에 따르면, 그들이 흔히 겪는 문제 중의 하나는 부모, 학교장, 주치의가 생각하는 문제에 대한 견해를 그대로 받아들인다는 것이다. 또 다른 문제는 부부나 가족치료에서 관계에 대한 역기능이 파악되면 치료자는 개인의 정신질환을 포함시키는 것에 큰 관심을 보이지 않는다는 것이다. 우리는 한 부부가 다툼 때문에 부부치료를 받으러 왔을 때 진단을 내려야 할 것 같은 행동을 관찰하게 되었다. 부인은 남편이 직장을 계속 유지하지 못하고 시간을 준수하지 못할 뿐만 아니라 화를 다스리지 못한다고 불만을 토로했다. 치료자는 갈등해결법과 대화기술에 초점을 두고 부부치료를 진행했는데, 그 과정에서 남편의 삶이 매우 혼란스럽다는 것에 주목했다. 남편은 치료 약속시간을 한 번도 제대로 맞춘 적이 없었으며 아내가 전날 얘기를 했음에도 불구하고 몇 차례 치료약속을 잊을 때가 있었다. 치료자는 남편이 ADHD가 있을 수도 있다는 생각에 치료의 초점을 부부관계에 맞추는 동시에 남편의 학교 시절이나 학습에 대한 전반적이 정보를 파악해 나가기 시작했다. 결국, 남편은 성인 ADHD로 진단을 받았고, 이에 대한 치료는 남편의 삶과 부인의 삶 그리고 부부관계를 개선하는 데 중요한 역할을 했다.

가족체계 속에서의 개인 진단

전염병학연구에 따르면, 인구의 50% 정도가 인생의 어느 시점에 한 번쯤은 정신질환을 겪는다(Kessler, Berglund et al., 2005). 이 통계수치는 단순한 적응장애와 같은 경증의 장애도 포함하는 것이지만 이 보고는 정신질환의 효과적인 치료가 얼마나 필요한지를 시사한다. 정신건강 문제가 있는 사람들 대부분은 치료를 받지 않고도 자연적으로 호전되지만 14% 정도의 환자들은 계속 반복되는 정신장애로 인한 어려움을 겪게 되는데, 평생에 적어도 세 번의 주요 삽화를 경험한다. 또한 연구자나 임상가는 한 명의 환자가 종종 여러 가지 문제를 가지고 있다는 것을 밝혔다(동반질환). 발병 기간이나 강도에 많은 차이를 보이는 정신질환은 분명 개인은 물론 그 가족에게도 고통스럽고 어려운 문제가 된다(Kessler, Eaton, Wittchen, & Zhao,

1994; Wang et al., 2005).

DSM 진단 분류로는 쉽게 구분이 안 가는 정신질환을 경험하는 사람들도 많기 때문에 만약 치료자가 개인의 정신질환을 진단하려 할 경우 DSM 분류표에만 의지한다면 심각한 문제를 간과할 수 있다. 특히나 아동 · 청소년을 진단할 경우 더 그러한데, 이는 아동 · 청소년의 증상이 DSM의 분류 기준이 되는 증상과 맞지 않거나 혹은 성장과정에 따른 변화일 수도 있기 때문이다. 그러나 DSM의 문제 증상에 근거해서 진단을 내리는 경우 이런 발달적인 면이 간과될 수 있다. 정신건강에 대한 맥락적이고 통합적인 접근은 이러한 약점들을 시정할 수 있다.

가장 흔한 DSM 장애는 기분장애(우울증과 같은), 불안장애 그리고 물질남용 문제이다. 환자 중에는 동시에 두 가지 이상의 장애에 시달리는 경우가 많다. 모든 사람이 인생에서 어느 순간 우울 또는 불안을 겪을 수 있지만, 질병은 이러한 일상의 문제를 말하는 것이 아니라 알려진, 식별 가능한 증후군을 가리킨다. 증상, 지속 기간, 강도의 특수성은 증후군을 생활의 일반적인 어려움과 구분해 준다.

그러나 임상가와 환자는 종종 증후군과 일상적 어려움의 구분이 분명하지 않다는 것을 발견한다. 이혼을 겪고, 한부모로서 직장에 다니면서, 직장을 잃지 않을까 걱정하는 환자는 진단을 위해 주요우울장애의 5가지 평가 기준을 충족시키는지의 여부에는 관심이 없다. 그녀는 단지 기분이 좀 나아지기를 바랄 뿐이다. 그 밖에도 만성적 고통, 결혼 문제 또는 신체적 질병 같은 DSM에 속하지 않는 문제를 가진 환자들도 진단이 아니라 위안을 원한다.

그 결과, 임상가들은 주로 서식을 작성하거나 보험을 목적으로 DSM 분류를 사용한다. 그러나 치료를 할 때는 문제(들)에 대하여 종종 DSM 진단 이상으로 확장된, 가장 포괄적인 관점에 초점을 맞춘다. 가족치료자 대다수가 개인 진단을 위한 훈련을 받지만(Denton et al., 1997), 그들은 환자와 그 가족에 대해 좀 더 총체적인 이해를 얻고, 가능한 한 방해받지 않고 환자의 세계로 들어가기 위해서 처음에는 개인의 증상 평가를 간과한다(Beach & Gupta, 2005). 어떤 정신과 의사가 설명했듯이, "한 사람이 공부하고 있거나 공부할 수 있는 대상은 고립되고 독립된 존재로서의 사람이 아니라, 상황, 즉 두 명 이상의 사람들로 구성된 대인 관계적 상황이다."(Sullivan, 1953, p. 245). 이와 유사하게 가족치료자들은 개인치료 사례를 관계적 렌즈를 통해 개념화하는 경향이 있다.

개인 진단과 가족 진단을 모두 사용하는 것의 실제적, 윤리적, 업무적 딜레마에 대해서는 명확하게 설명된 적이 없다. 가족치료자들은 평가와 치료에 있어서 개인적 접근과 가족적 접근을 결합하는 것의 고유한 장단점을 몇 가지 설명했다(Beach & Jones, 2002; Beach et al., 2006). 대부분의 경우, 가족치료자는 이러한 접근법을 통합하는 복잡미묘한 과제를 해결하지 않고 방치해 왔다. 진단 분류법을 사용하여 정신건강 문제를 설명하면서 이러한 문제가 발생하는 맥락을 확인하는 것은 전문가에게 매우 어려운 일임이 분명하다(Strong, 2015). 가족치료자가 어떻게 효과적으로 개인 진단 정보를 종합하면서 여전히 체계론적, 통합적 관점을 유지할 수 있을 것인가? 아마도 이것은 개방적인 태도를 유지함으로써, 즉 기꺼이 가족치료 접근법의 강점을 유지하면서 개인 진단의 가능성을 고려하려는 노력을 통하여 이루어질 수 있다.

건강과 질병에 관한 연구에 따르면, 개인이 외로움을 많이 느낄수록, 사회적 지지가 낮을수록 어떤 질환이나 장애를 막론하고 그 상태가 악화되고 고충이 가중된다. 사별 혹은 이혼이나 여러 이유로 인해 인생의 가장 중요한 사람과의 관계를 상실하는 것이 인간이 느낄 수 있는 가장 높은 스트레스의 원인이 된다. 따라서 가족치료자는 개인이 겪고 있는 질환이나 장애를 넘어 이런 관계적 중요성을 인식함으로써 보다 효과적인 치료를 제공하게 된다.

양극성장애나 다른 기분장애에 관한 연구에 따르면, 약물치료로 인한 증상의 완화나 치료가 가능한 경우에도 대부분의 환자는 가족으로부터의 사랑과 지지를 필요로 한다는 것이다(Beach & Gupta, 2006; Clarkin & Glick, 1992; Fredman, Baucom, Boeding, & Miklowitz, 2015; Miklowitz, 2008). 또한 가족이 어떠한 반응을 보이는가에 따라 환자는 상처를 받기도 하고 도움을 받기도 한다. 따라서 가족치료자는 체계적 관점에 의지하면서도 개인의 문제를 현명하게 접목시킬 수 있어야 한다.

치료자는 문제를 겪고 있는 내담자의 증상에 관심을 써야 하는 것과 동시에 다른 가족의 성격이나 증상들도 염두에 두어야 한다. “내담자가 특정 정신질환의 진단을 받을 만한 증상군을 보이는가?” “내담자가 치료 목표 이외에도 증상을 치료하기 위한 별도의 치료를 받을 필요가 있겠는가?” “치료자로서 나는 내담자가 겪고 있는 장애의 증상을 감별하고 치료할 지식이나 훈련을 받았는가, 아니면 다른 치료자에게 의뢰하여야 할 것인가?”를 염두에 두어야 한다.

치료자들은 우울증이나 불안 같은 일반적인 장애를 평가하기 위해 정신과 검사 도구를 점점 더 많이 사용하고 있다. 이 간단하고 유용한 도구들은 환자로 인해 압도당한 1차 진료 의사나 지역 병원의 바쁜 사무실에 잘 맞는다.

우울증이나 불안장애처럼 자주 접하게 되는 정신장애의 경우 대부분의 치료자가 증상을 감별할 수 있는 것에 비해 비교적 흔하지 않은 장애의 경우에는 진단의 어려움을 겪을 것이다. 예를 들어, 가족치료를 시작하는 치료자에게 뚜렛증후군(Tourette's syndrome)이나 발모광(trichotillomania)의 증상은 진단이나 감별이 어려울 수 있다. 이런 경우 어떻게 대처할 수 있을까?

첫째, 가족치료자는 정신질환 진단에 대한 보고 자료나 연구 자료 등을 통해 지속적인 교육을 유지할 필요가 있다. 특히 치료를 시작하는 치료자는 여러 번의 슈퍼비전을 통해 익숙하지 않은 치료사례에 대한 지식을 쌓아 가야 할 것이며, 흔히 경험하지 못하는 사례를 접할 경우에는 즉시 주위의 치료자들이나 슈퍼바이저의 자문을 받아야 한다.

특정 장애를 전문으로 하는 정신의학과 의사에게 의뢰를 하는 것도 방법이 된다. 심각한 섭식장애를 앓고 있는 청소년 문제로 인해 가족치료를 찾은 사례가 있다면 많은 가족치료자는 문제의 심각성을 인지하고 그에 따라 대처할 것이다. 이 경우 가족치료를 병행하면서 가족이 겪고 있는 문제들을 다루기는 하겠지만, 섭식장애를 겪고 있는 청소년을 이 장애의 치료법을 알고 있는 심리치료사나 의사에게 의뢰하여 적절한 치료를 받도록 조치할 필요가 있다.

개인질환의 모든 종목을 나열하는 것이 불가능하기는 하나 이 장에서는 우울장애, 불안장애, 물질남용, 충동조절장애에 초점을 맞추고자 한다. 이러한 장애는 가장 흔하게 보고되는 정신질환으로 내담자의 유년기에 발병하는 경향이 있다(〈표 10-1〉 참조). 때때로 이러한 문제들은 별개의 개체로 묘사되지만 가족치료자들은 이러한 장애들조차도 전체적인 맥락에서 가장 잘 볼 수 있다는 것을 인식한다. 맥락적 접근은 일차적인 증상, 다른 사회적 · 정서적 문제 그리고 가족이 현재 가지고 있는 강점과 결함을 고려할 여지를 만든다.

이 장에서 많은 부분을 할애하지는 않았지만, 언급할 필요가 있는 두 가지의 질환은 정신증적 장애와 신체화장애이다. 이 두 장애에 대한 전문적 치료법이 중요한 부분이기는 하나 이 장에서 다룰 다른 장애들에 비해 비교적 흔히 접하는 장애가 아닌 까닭에 여기에서 자세한 논의는 하지 않는다. 그러나 가족치료자로서 정신증적 장애와 신체화장애에서 자주 나타나는 증상들, 즉 망상이나 환각, 해체되고 혼란스러운 언어와 행동 혹은 인생에 대한 지나친 무료감 등과 같은 증상들을 이해하고 감별하는 것은 매우 중요하다. 정신증적 환각은 외부 자극이 없이도 실제 현실처럼 느껴지는 감각지각을 뜻하는 것으로 가장 흔한 증상이 소리에 관련된 환청이다. 망상은 외부 현실에 대한 부정확한 추정에 근거한 개인적인 잘못된 신념을 뜻하는데 내담자가 망상 증상을 보인다면 정신과 전문의에게 의뢰해서 임상적 평가를 받도록 도와야 한다. 의사와 함께 일하는 데 필요한 제안과 정신증 및 기타 주요 정신질환에 대한 자세한 정보는『치료자를 위한 정신약의학 안내서(Therapist's Guide to Psychopharma cology)』에 설명되어 있다(Patterson, Albara, McCahill, & Edwards, 2010).

〈표 10-1〉

장애	유병률	평균 발병 연령
불안	28%	11세
충동(적대적 반항 장애, 품행장애, 주의력결핍 및 과잉행동 장애)	25%	11세
기분	21%	30세
물질	15%	20세
모든 장애	46%	1/2이 14세 이전 발병; 3/4이 24세 이전 발병

환자는 도움을 구하는가? 언제 구하는가?

장애	도움을 구하는 비율	증상 발현 후 얼마나 오래 되었는가?
불안	60%	9~23년
기분	88%	6~9년
충동	40%	
물질	40%	

치료를 찾지 않을 가능성 예측 변수: 어린 나이에 발병, 노인, 남성, 결혼, 낮은 학력 소수 집단

누가 가장 많은 치료를 받았나? 동반 질환 환자-3가지 이상 진단받은 인구의 7%

절대로 치료받지 않을 가능성 예측 변수: 노인, 소수 집단, 가난, 보험 없음

출처: Data from Kessler, Berglund, et al. (2005) and Kessler, Chiu, Demler, and Walters (2005).

정신과 전문의에게 의뢰했다고 해서 내담자와 그 가족에 대한 치료자로서의 일이 끝났다는 것은 결코 아니다. 약물에 의해 가장 심한 증상이 완화되었다고 하더라도 대부분의 가족이 그 상태를 어떻게 유지하고 대처해 나갈 것인가에 대해 난감해할 때가 많다. 정신증적 장애와 같은 질환으로 인해 가족은 미래에 대한 불확실성, 무기력 혹은 무능감 그리고 장애를 앓고 있는 환자에 대한 분노 등과 같은 여러 어려움을 겪는다. 또한 많은 경우 가족은 장애를 겪고 있는 환자의 거취 문제를 정하지 못하고 혼란스러워하거나 환자의 장애에 의한 병리행동이 다른 사람들 앞에서 나타났을 때 느끼는 감정들로 인해 어려움을 겪는다. 이렇게 매일매일의 일상생활 속에서 겪게 되는 어려움을 어떻게 대처하고 극복해 나가야 하는가에 대해서 가족치료자는 가족들에게 큰 도움이 될 뿐만 아니라 가족이 특정 장애에 대한 정보를 얻고 그에 대한 이해를 높이도록 도울 수 있다. 치료적 관계를 통해 치료자는 고립감과 좌절감을 느끼는 가족에게 교육과 안내, 희망, 도움을 제공하게 된다.

신체화장애 또한 이곳에서 자세한 논의를 피했지만, 신체화장애로 나타나는 여러 증상에 대해서는 잠시 짚고 넘어가려 한다. '신체화'라는 것은 '신체와 관련된 혹은 영향을 주는'을 뜻하는 것으로 통합적인 접근을 하는 치료자는 내담자의 관계와 생각뿐 아니라 그들이 겪는 신체적 증상에도 관심을 둘 필요가 있다. 상황에 따라서는 즉시 치료자의 관심을 요하는 신체적 증상이 있을 수 있다. 예를 들어, 우울증을 앓고 있는 내담자가 불면증을 겪고 있을 수 있으며, 불안장애를 겪고 있는 내담자가 입맛을 잃고 급격한 체중 감소를 경험할 수도 있다.

개인 혹은 가족의 진단과 상관없이 두드러진 신체적 증상은 아내가 남편의 노력에도 불구하고 더 이상 잠자리에 흥미가 없을 수도 있다. 의사에게 의뢰하기 위해서라도 치료자가 주의를 해서 점검을 해야 한다. 신체증상은 우울증이나 물질남용과 같은 더 큰 문제들을 나타내는 단서가 될 수 있기에 그것이 발기부전이든 만성통증이든 혹은 수면장애이든 간에 치료과정 중에 언급될 필요가 있다. 물론 이 모든 경우에 치료자가 전문가가 되어야 한다는 것은 아니다. 다만 이러한 증상이 언급될 때에 이를 인지하고 내담자와 대화를 통해 필요한 전문가에게 도움을 받도록 하는 기술을 필요로 한다는 뜻이다. 치료자 또한 내담자가 보다 통합적인 견해를 갖도록 격려할 수 있다. 이때 치료자가 가족의 역동관계와 개인의 정신질환에 초점을 두며 치료를 해 나가면서 동시에 꾸준한 운동과 올바른 식습관 혹은 금연 등등

정신과 신체 건강에 영향을 미치는 요소들을 내담자가 자신의 삶에 적용해 나갈 수 있도록 격려할 수 있다.

우울증

기분장애라 하는 것은 일반적으로 특정 징후와 증상을 뜻하는 것으로 우리가 간혹 느끼는 '기분이 처지는 것' 그 이상을 뜻한다. 이때 애도나 외상에 대한 반응이 어느 시점에서 자연스러운 것에서 질환으로 변경되는가에 대한 많은 견해가 있는데, 이 경우 다음의 질문을 고려해 볼 필요가 있다.

1. 얼마나 오래 슬픈 감정이 지속되어 왔는가?
2. 그 증상이 얼마나 심한가? 예를 들어, 자살 생각 등이 드는가?
3. 증상으로 인해 일상생활을 영위하는 것에 지장을 느끼는가?

가장 흔하게 접하게 되는 증후군으로는 양극성장애(bipolar disorder), 순환성장애(cyclothymia), 지속성 우울장애(persistent depressive disorder), 주요우울장애(major depression)를 들 수 있다(Belmaker & Agam, 2008). 물론 우울 증세가 우울을 동반한 적응장애 혹은 분열정동장애(schizoaffective disorder) 등에도 나타나지만 이러한 질환에 대해 자세한 설명을 하는 것은 이 책의 범주를 벗어난 것이다. 가족치료자가 주목할 한 가지는 아동·청소년의 경우 우울증상이 성인과는 다른 형식으로 표출될 수 있다는 것인데, 많은 경우 아동의 우울은 짜증, 성급함 등으로 표현된다.

주요우울장애는 높은 발병률을 보이고 있으며 꾸준한 증가 추세를 보이고 있다(Belmaker & Agam, 2008; Kessler, Berglund et al., 2005). 보고에 따르면, 8명 중에 1명 꼴의 성인이 인생의 한 시점에 우울장애로 인한 약물치료를 필요로 한다. 그러나 실제로 우울증을 겪는 대부분의 환자가 전혀 아무 치료도 받지 않고 있으며, 치료를 받는다 하더라도 담당주치의를 통해서이며 가족치료자를 통해서는 아닌 경우가 많다.

우울장애는 그 증상이 심히 고통스러운 것 이외에 내담자를 쇠약하게 하고 그 증상이 재발하는 경향이 높다. 일례로, 우울장애 삽화를 경험한 환자는 그 재발률이 50%에 이르며 두 번째 삽화를 경험한 경우에는 다음 재발률이 70%에 이른다.

첫 번째 삽화 후 재발할 확률은 50%이다. 두 번째 삽화는 재발의 위험을 70%로 높인다. 한 번의 삽화 후 3명 중 한 명은 회복이 되고 또 한 명은 다소 나아지며 나머지 한 명은 치료에 전혀 반응하지 않으므로 새로운 치료법을 시도해 보아야만 한다(Frances, 2013).

양극성장애에 따른 우울증은 고양된 정서와 우울 정서가 심하게 교차적으로 발생하는 특색을 나타내는 반면, 순환성 기분장애는 교차적 패턴은 같지만 정서를 경험하는 변화의 폭이 덜 심하게 나타난다. 기분부전장애(Dysthymia)는 우울증상보다는 경한 증상이 2년 이상 지속되는 경우를 뜻하는 반면, 우울증은 슬픔, 상실감 그리고 무력감 등이 일상의 생활을 하는 데에 어려움을 초래할 정도로 심한 경우를 뜻한다.

여성의 우울증 발병률은 남성에 비해 2배 정도 높은 것으로 보고되어 있는데 이는 문제를 밖으로 표현하기보다는 내재화하는(행동하기보다 생각함) 여성의 문제 해결 방식이나 사회적 요인들에 의한 것으로 볼 수 있다(Denton & Burwell, 2006; McGrath, Keita, Strickland, & Russon, 1990). 여성의 사회적 상황(가난 또는 학대)도 하나의 원인이다. 많은 정신건강 전문가는 여성의 우울을 거의 유행병으로 본다.

우울증과 관련한 위험 요소로는 가족 내의 우울증을 겪은 사람이 있었는가에 대한 가족력, 가족이나 친구의 지지적 관계 유무, 스트레스 그리고 가족 내 구성원의 자살 등을 들 수 있다. 또한 우울증은 불안장애나 물질남용 문제를 겪고 있는 개인에게서 자주 발병하는 것으로 보고되어 있다. 대부분의 환자가 치료 없이 우울증에서 회복되지만 그들은 재발의 위험이 높다. 우울증에 대한 한 연구에 따르면, 우울증이 회복된 환자의 19~32%만이 1년 넘게 건강한 상태를 유지했다(Patternson et al., 2006; Shea, Gibbons, Elkin, & Sotsky, 1995).

양극성장애의 증상은 매우 심각하게 나타나는데, 많은 환자의 경우 11회 정도의 경증 혹은 우울증 삽화를 경험하게 된다. 또한 소울증이라고 알려져 있는 양극성장애는 완치되는 경우는 많지 않으며 오히려 유지치료가 중요하게 강조된다. 환자가 양극성 삽화를 경험하는 경우 가족은 언제 또 그러한 심각한 증상이 나타날지에 대해서 불안해한다. 예를 들어, 심하게 조증을 앓던 대학생 아들이 가게 창밖으로 전자레인지를 던졌다는 경찰의 보고를 받은 가족은 심한 혼동과 불안을 경험했었다. 이 가족의 경우 아들이 양극성장애로 진단을 받고 치료를 받기까지 수년간에 걸쳐서 혼동과 사회적 편견과 수년간의 치료를 경험했었다(Berger & Berger, 1991).

주요우울장애와 기분부전장애(persistent depressive disorder)의 치료법으로 가족치료가 연구되어 오고 있으며, 또한 양극성장애를 앓고 있는 부부들을 대상으로 한 부부집단치료의 사용안에 대해서도 많은 연구가 진행 중이다(Beach & Jones, 2002; Clarkin & Glick, 1992; Cordova & Gee, 2001; Moltz, 1993). 우울증인 사람과의 친밀한 관계는 매우 어렵다. 우울증인 사람으로부터 발산되는 슬픔과 절망감 또는 양극성 장애 환자의 극적인 기분 변화에 의해 관계는 위협을 받는다. 게다가 장애가 있는 사람은 가까운 사람에게 매달리거나 반대로 완전히 단절하려 하기도 하는데 후자가 더 나쁜 경우이다. 세대 간 스트레스 모델(stress generation model)은 관계 고통과 우울증 간의 악순환을 잘 나타내고 있다(Beach & Whisman, 2012). 관계갈등이 가족이나 부부 내 스트레스를 높이고 이는 서로 간의 지지를 감소시켜 환자의 우울증상을 악화시키는데, 이는 결국 관계갈등을 높이는 작용을 함으로써 악순환을 유지시킨다. 따라서 환자가 속해 있는 관계 내의 이러한 패턴에 대한 적절한 개입이 요구된다.

가족의 대처가 우울증의 임상 경과에 중요한 영향을 미친다(Kung, 2000; MacFarlane, 2003). 일부 연구는 부부치료, 특히 행동부부치료를 우울증 치료법으로 연구하였는데, 결과에 따르면 우울증을 겪고 있던 부부의 결혼생활이 호전되었으며 우울증 또한 완화되었다(Beach & Jones, 2002; Uebelacker, Weishaar, & Miller, 2008). 주된 우울증 환자가 20대 후반에서 40대 초반 사이의 아내이자 어머니이며 사회적으로 소외되고 남편과의 관계에 대해 우울해한다는 점을 감안한다면 부부치료를 통해 우울증을 치료하는 것은 의미 있는 일이다.

우울증 환자의 사회적 관계와 가족관계를 이해함에 있어서 Gotlib와 Beach(1995)는 다음과 같이 말한다.

> 일반적으로 우울증 환자는 사회적 대인관계 기술이 부족하지만 배우자나 자녀와의 관계에 있어서는 자주 화를 내거나 적대적으로 대할 때가 많다… 우울증은 본인뿐만 아니라 다른 가족들의 정서와 행동에도 막대한 영향을 미친다. 역으로 가족 내의 부정적 상호관계는 우울증의 증상을 악화시키는 요소가 된다(p. 418).

가족이 개인의 우울증을 야기한다고 보고하는 연구는 없지만, 많은 연구가 가족들이 우울장애의 임상 양상 및 경과에 막대한 영향을 미친다는 보고를 하고 있다(Beach & Gupta, 2006; Keitner, Ryan, Miller, & Kohn, 1993). 특히 가족 간의 지지적이며 공감적인 관계는 우울증 치료에 중요한 역할을 하는 것으로 보고되고 있다. 반면, 비판적이며 지속적인 적대적 관계는 우울증을 앓고 있는 구성원에게는 물론 다른 가족에게도 해로운 영향을 미치는 것으로 보고되고 있다. 여성의 경우 결정을 내리는 과정에서의 협조적 관계나 부부간의 동료애 등은 우울증뿐만 아니라 다른 여러 정신질환을 예방하는 요인으로 보고된다(Cohen, 2004). 또한 일부 연구에 따르면, 조현병 환자보다 우울증 환자가 비판에 더 민감하게 반응하며 재발을 하는 것으로 나타났다(Keitner et al., 1993). 이는 가족 내의 지지적 관계가 우울증의 양상과 치료에 얼마나 중요한 부분인가를 시사하는 것이다(Cordova & Gee, 2001; Miklowitz, 2008).

우울증을 겪고 있는 배우자의 고충에 처음에는 공감적이었던 이들도 시간이 지남에 따라 조급해지고 적대적으로 변할 수 있다. 적대적인 배우자가 자신의 적대감의 원인을 상대방의 무력한 행동에 두는 반면, 우울증인 배우자는 상대방의 사랑과 지지가 없기 때문에 증상의 호전이 없다고 주장한다면 치료자는 매우 어려운 상황에 직면하게 된다. 비난, 경멸, 방어, 담쌓기(Gottman, 1994)는 부부관계를 악화시키는 요인으로서 배우자가 우울증을 앓고 있는 부부의 경우 더 중요하게 다뤄져야 한다. 우울증이란 개인 내에 따로 존재하는 단독적 질병이라기보다는 모든 가족관계에 영향을 주는 심각한 상황으로 이해되어야 한다.

아내나 남편이 겪는 우울증을 곁에서 도와주는 과정에서 상대방이 겪게 되는 여러 스트레스에 대해 가족치료자는 이해와 공감을 할 수 있다. 이런 경우 흔히 배우자가 겪는 문제로는 질환을 앓고 있는 상대방에 대한 책임감, 자신의 정서나 필요에 대한 부인, 질환을 일반화시켜서 모든 부정적 행동이나 가족불화를 우울증이나 이를 앓고 있는 배우자의 탓으로 돌리는 것 그리고 질환을 치료하기 위해 전문의가 제시한 치료법이나 약물치료에 대한 부부간의 의견 충돌 등을 들 수 있다.

가족치료자가 제공할 수 있는 지지와 우울증에 대한 교육과 정보 등은 이를 앓고 있는 개인은 물론 부부관계와 자녀양육 관계에 있어서도 큰 영향을 미칠 수 있다. 이런 까닭에 가족치료자는 개인의 증상을 사정하는 것뿐만 아니라 그 증상이 다른

들의 관계에 미치는 영향과 가족들의 일반적 심신의 건강도 파악해야 한다. 따라서 다른 가족들도 가족치료의 중요한 부분으로 여겨져야 한다.

특히 개인의 우울증은 결혼생활 및 부모-자녀 관계에도 밀접하게 연결되어 있는 까닭에 치료 또한 이러한 복합적인 면을 고려해서 다각적으로 진행되어야 한다. 우울증은 그 어떤 정신질환보다도 결혼생활과 밀접한 관계를 갖고 있는 질환이며, 아동의 발달에도 매우 큰 영향을 끼친다. 따라서 우울증을 겪고 있는 부모를 치료하는 가족치료자는 부모의 정서적 상황에 의해 영향을 받고 있는 아동의 상태를 사정하고 치료를 제공할 수 있다.

단극성 우울증(unipolar depression)을 앓고 있는 여성 중 결혼생활에서 많은 스트레스를 받고 있는 경우에는 부부치료가 유용하고 효과적으로 활용될 수 있다는 연구가 있다(Beach & Gupta, 2006; Prince & Jacobson, 1995). 많은 경우 환자가 문제를 어떻게 이해하고 있는가가 치료의 방향을 결정하는 데 중요하게 자리하는데, 이때 치료자는 환자가 부부관계와 우울증의 관계를 어떻게 이해하고 있는지를 평가해야 한다.

또한 연구에 따르면, 우울증을 앓고 있는 구성원이 있는 가족에서 부모와 자식 간에 강도 높은 의견충돌이 더 많이 나타나며 부모가 우울증을 앓을 경우 그 자녀들 또한 우울증을 경험할 경우가 높다(Gotlib & Beach, 1995; Uebelacker et al., 2008). 따라서 치료자는 가족치료를 통해 증상을 겪고 있는 환자는 물론 부부 생활과 부모와 자식 간의 관계 증진을 통해서 여러 가족들을 역기능적 상황을 개선하도록 도울 수 있다.

우울증 환자와 그 가족에게 치료를 제공할 경우 가족치료자가 알아 두면 좋을 몇몇 제안은 다음과 같다.

- 우울증의 가족력을 사정한다.
- 비용 효율적인 면에서 우울증을 심하게 겪고 있는 환자를 위한 약물치료의 병행을 고려한다.
- 부부관계가 어떻게 우울증에 영향을 미치고 있는지 파악한다.
- 우울증의 환자에 대한 다른 가족들의 반응(예: 거리 두기, 공감하기, 적대적으로 대하기, 비난하기, 지나치게 관여하기)을 파악한다.

- 부모가 우울증을 보일 경우, 이 증상이 자녀에게 갖는 영향에 대해 평가한다.
- 다른 증상으로 표출되는 우울증을 파악한다(예: 잦은 짜증, 분노, 철회).
- 인지행동치료법 등의 개인치료, 부부 및 가족치료 혹은 집단치료 등 내담자의 필요나 요구에 맞는 치료 형태를 찾는다.
- 우울증에 대해서 가족들을 교육한다.

부부나 가족치료는 경증의 우울증상을 앓고 있는 환자의 경우에 더욱 효과적으로 적용될 수 있으며, 병원 내 입원 중인 중증의 우울증환자와 그 가족의 경우에는 덜 효과적인 것으로 보고되고 있다(Prince & Jacobson, 1995). 부부나 가족치료는 약물치료나 개인치료와 병행해서 제공될 수 있다.

불안장애

모든 사람은 때때로 불안하고 초조해한다. 이는 당연한 상태이다. 그러나 불안장애(anxiety disorder)란 우리가 일상적으로 느끼는 일반적 불안과는 달리 매우 극단적이며 차별적이다. 다행히, 불안장애에 대한 치료는 가장 성공적인 결과를 낳는다는 증거가 있다. 현재 불안장애에 대한 보다 효과적인 약물요법과 인지행동치료 요법이 계속 개발 중이며, 최근의 연구에 의해서 정서조절과 불안에 대한 많은 보고가 이루어지고 있다(Amstadter, 2008; Gross, 2007). 많은 정신질환의 경우 50~70%의 치료성공률을 보이고 있는 반면, 공황장애와 같은 일부 불안장애는 거의 70~90%의 치료성공률을 보이고 있다. 따라서 치료자는 가족치료를 진행하는 것과 동시에 환자를 약물요법과 인지행동치료 전문가에게 의뢰하는 방법을 고려해 볼 수 있다.

모든 불안장애가 효과적으로 치료될 수 있는 것은 아니지만 성공적으로 관리될 수는 있다(Etkin & Wager, 2007). 예를 들어, 외상후 스트레스장애(PTSD)는 완치가 어려울 수는 있어도 효과적으로 관리가 가능하다. 또한 증상관리가 목표인 다른 정신건강장애들에 비해서 몇몇 불안장애는 완치도 바랄 수 있다. 2013년 DSM 개정판에 따르면, 불안장애를 세 부류로 분리할 수 있는데 이는 불안장애, 강박장애, 외상 및 스트레스 장애를 말한다. 강박적이고 반복적인 생각과 행동을 동반하는 강박장애(obsessive-compulsive disorders)는 주로 아동기에 발달하며 생물학적 요인에 기반을 둔다. 외상 및 스트레스장애(trauma and stressor disorders)는 여러 증상과 심각도를 포함하는데, 일시적 외상을 경험한 후 증상이 완화되고 가족과 동료의 지지를 통해 본래의 일상으로 돌아오는 경우도 많다. 그러나 치료자는 경우에 따라서 외상 후 스트레스의 증상이 평생에 걸쳐 나타날 수도 있다는 점을 인지해야 한다. 외상을 직접 경험한 것 외에도 외상을 목격한 환자에게 PTSD의 진단이 주어질 수 있는가에 대한 이견이 있다. 외상의 분야는 특히 원인과 효과적인 치료법이 현재 활발히 일고 있는 분야로 관심이 있는 치료자는 여러 자료를 찾을 수 있는데, 특히 Van Der Kolk의 『몸은 기억한다(The Body Keeps the Score)』(2014)는 유용한 정보를 담고 있다.

많은 경우 환자들은 불안장애 이외의 다른 형태의 정신질환을 같이 경험하는데, 특히 우울장애나 물질남용이 그 예가 된다. 때로는 두 가지 질환(우울과 불안)을 다루기 위해 약물을 사용하다가 세 가지 질환을 모두 갖게 되기도 한다. 약을 처방하는 의사들은 종종 각 장애의 특정한 증상을 파악하려고 하고 그것을 치료하기 위해 약을 처방한다. 또한 그들은 어떤 증상이 지배적인지 이해하려 한다. 따라서 환자의 일차 진단은 우울증 증상이 있는 범불안장애가 될 수 있다. 이러한 차이를 구별하는 것은 중요하지만 이것이 가족치료자에게 꼭 필요한 것은 아니다. 가족치료자는 각 장애의 특정한 증상을 알고 있는 것이 좋다. 그러나 내담자는 전인으로서 다루어져야 하며 증상은 별개의 개체가 아니라 전체 삶의 일부로 보아야 한다. 환자의 관점과 가족의 맥락도 똑같이 중요하다.

불안장애는 흔하게 발병하는 질환으로 여성의 발병률이 남성의 경우와 비교해서 2배로 높다(Castlem Kulkarni, & Abel, 2006). 그러나 불안장애의 발병률은 인종, 수입, 학력에 따라 또는 거주지가 농촌인가, 도시인가에 따라 변하지 않는다. 다시 한번 말하거니와 스트레스를 받을 때 여성은 내면화하는(그래서 불안해짐) 경향이 있는 반면, 남성은 외면화하거나 행동하는(아마도 술을 마시거나 폭력적인) 경향이 있다.

불안장애는 아동 · 청소년이 가장 흔하게 진단받는 질환으로, 연구에 따르면 어릴 적의 불안장애가 성년이 된 후의 불안장애로 연결되는 경향이 있다(Beidel &

Turner, 2007; Dadds, 1995; Kessler, Berglund et al., 2005). 아동의 걱정은 성인의 걱정과는 다르며, 아동은 다른 종류의 두려움을 가지고 있다. 아동은 학교에 가기 싫을 수 있고(학교공포증), 낯선 사람을 무서워하거나, 엄마와 떨어지기를 싫어할(분리불안) 수 있다. 연령에 맞는 증상이라 하더라도 어린 시절의 불안은 놀라게 하고 무기력하게 만드는 문제이다.

불안장애는 특히 환자가 어떤 생각을 하는지 또한 이러한 생각에 따라서 어떠한 신체적 반응을 나타내는지가 중요하기 때문에 개인적인 문제라고 생각할 만하다. 실제로 개인치료가 효과적인 불안장애의 치료법으로 활용된다. 약물치료나 인지행동치료를 통해서 환자의 가족에 대한 사항을 치료과정에 포함시키지 않고도 불안장애를 겪는 환자를 치료할 수 있다.

인지행동치료법은 환자의 생각과 행동을 변화시키는 데 목적을 둔다. 사람이 생각과 행동을 바꾸면 자동적으로 신체적 · 정서적 변화를 야기할 수 있다는 가정에 근거를 둔다. 예를 들어, 불안을 느끼는 환경에 점차적으로 환자를 노출시키거나 그 환경에 대해 새로운 생각이나 견해를 개발하도록 돕는 치료법이 효과적인 것으로 나타나고 있다.

이러한 치료법은 구조주의적 가족치료의 재해석 기법이나 실연기법과 유사하다. 또한 문제해결중심 치료자는 문제에 대처하는 방법에 있어서 가장 작은 변화를 만들어 나가도록 환자를 돕기도 한다. 이야기치료자는 환자의 내적 대화를 이야기로 끌어내고 내담자의 인생에 대해서 새로운 이야기를 구축해 나가도록 돕는다. 이러한 가족치료법들은 인지행동 치료법과 많은 유사성을 갖는다.

불안장애를 겪고 있는 부부들의 치료에 있어서 가장 흔하게 거론되는 것은 광장공포장애(agoraphobia)와 공황장애(panic)이다. 최근의 연구들은 강박장애, 사회공포증(social phobia), 범불안장애(generalized anxieth disorder)와 PTSD의 치료법으로 부부치료를 포함시키고 있다. 현재까지의 연구결과들에 따르면, 사회지지도, 특히 가족의 지지도가 가장 긍정적인 치료결과로 연결된다. 비난, 분노, 적대감 그리고 환자가 맘만 먹으면 증상을 통제할 수 있다는 배우자의 믿음이 치료의 부정적인 결과의 예측변수로 작용한다(Craske & Zoellner, 1995; Gross, 2007; Kase & Ledley, 2007).

아동의 불안장애를 치료하는 데에 있어서 가족치료의 역할이 더욱 중요할 수 있다. 정신건강 연구자들은 조기 개입이 아동의 뇌를 불안행동과 사고의 고정된 패턴으로부터 보호해 줄 것을 희망한다. "불붙은 뉴런은 함께 연결된다."는 말처럼 임상가들은 조기의 치료가 영구적인 뇌손상으로부터 지켜 주기를 바란다(Hebb, 1949). 아동은 주로 부모로부터 성취감이나 자신감 대신에 두려움, 걱정과 같은 반응을 배운다(Beidel & Thurner, 2007; Morris & March, 2004). 일부 연구에 따르면 불안장애를 겪는 아동들의 부모들 중 적어도 한 명이 불안장애를 겪고 있다. 부모를 문제의 이유로 비난하는 식의 과오를 범하지는 말아야겠지만, 가족치료자는 부모가 불안 등의 정서를 자아내는 일들에 어떻게 반응을 나타내는지, 가족 전체가 과거에 어떻게 불안의 상황에 대처해 왔는지를 사정할 필요가 있다. 인지행동원칙을 활용한 가족치료법은 매우 유용하게 사용될 수 있는데, 이는 가족들이 같은 믿음과 생각, 때로는 세계관 등을 소유하기 때문이다. 또한 부모나 배우자의 정서적 지지는 불안감을 가중시키기보다는 통제감을 높이고 자신감을 기르는 데 매우 효과적으로 사용된다.

가족치료자는 드러나지 않았거나 드러나 있는 가족 간의 규칙과 믿음은 물론 숨겨져 있는 사안까지도 인식할 수 있어야 한다. 믿음이나 드러나지 않은 사안들은 불안에 대해서 어떻게 반응을 보이느냐에 많은 영향을 미친다. 예를 들어, 외로움을 느끼고 있는 부모는 아동이 학교를 가는 것에 대해 확실하지 않은 행동을 취할 수 있다. 부모는 아동의 등교거부와 같은 행동을 본의 아니게 강화해 나갈 수 있다. 또한 쉽게 불안을 느끼고 그래서 가족의 생활을 통제하고자 하는 배우자는 광장공포장애를 겪고 있는 상대 배우자를 위해서 모든 일을 대신하는 것에 만족을 느낄 수 있다. 어느 한 부분의 변화가 가족 전체의 변화를 가져올 수 있다는 사실을 기본으로 가족치료자는 개개인의 반응은 물론 환자의 불안에 대한 가족 간의 관계에 대한 사정을 하는 것이 중요하다.

우울장애를 겪고 있는 환자와 가족을 위해서 제시된 지침들이 불안장애의 환자와 가족에게 적용된다. 또한 최근의 연구들은 불안장애의 환자와 그 가족과 작업하는 것에 있어서 몇 가지의 임상적 제안들을 제시한다.

- 공황장애와 공포에 있어서 인지행동치료의 가능성을 검토한다.
- 불안 증상에 영향을 미치는 가족 혹은 부부간의 갈등에 대해서 검토한다.

- 불안 증상에 영향을 미치는 드러나지 않은 혹은 숨겨져 있는 가족 간의 상호작용에 대해서 검토한다(불안을 느끼는 배우자를 통제하거나 보호해야 할 필요가 있는 배우자).
- 불안장애 증상의 가족체계나 부부체계 내에서의 기능에 대해서 분석한다.
- 불안장애를 겪고 있는 아동을 다룰 때, 부모가 스트레스에 어떻게 대처하는가 그리고 아동에게 어떠한 대처방법들은 가르쳤는가를 평가한다.

알코올과 약물남용

중독성 물질남용은 쉽게 드러나지 않는 경우가 많다. 치료자가 약물과 알코올중독 치료기관에서 일하지 않는 이상 치료를 받으러 온 부부나 가족이 먼저 이를 문제로 제시하는 경우는 매우 드물다. 학교에서 문제를 일으키는 자녀 때문에 학교의 권유로 치료를 찾았다는 가족의 경우나 혹은 수년간의 부부문제로 힘겨워하다가 이혼 직전에 마지막 해결방법으로 치료를 찾았다는 부부들의 경우에서 의외로 중독성 물질남용 문제를 발견하게 된다.

개인치료의 경우 치료자는 단순히 물질남용에 대해 내담자에게 질문을 할 수 있다. 그러나 가족치료자의 경우 이 문제가 분명히 드러나기 전에 미리 이에 대한 평가를 할 필요가 있다. 가족의 물질남용 행동에 익숙해진 가족은 이를 아예 문제삼지 않을 수도 있다. 때로는 이를 인정하는게 두렵거나, 창피하거나 무서운 나머지 부인단계에 있을 수 있다. 이런 상황 때문에 다른 문제를 이유로 치료의 문을 두드린다. 따라서 초보 가족치료자는 특히 평가기간 동안 물질남용 문제의 가능성을 늘 염두에 두어야 한다. 표면으로 제시된 치료 이유에 상관없이, 특히 증상에 대한 묘사나 이유가 잘 납득이 가지 않는 경우 물질남용의 가능성에 대해서 생각해 볼 필요가 있다.

물질남용에 관한 기본적 지식을 습득하려 하는 가족치료자에게 물질남용에 관한 전문가들의 여러 상충된 견해는 혼돈을 야기할 수 있다. 상반된 의견들을 보이는 문제들 중에는 알코올중독을 단순히 생물학적 질병으로 보아야 하는가에 대한 견해나 '중독적 성향을 가진 성격'이 존재하는가 혹은 이런 중독적 성격이 어린 시절의 외상에 의해서 기인하는가에 대한 견해들이다. 또한 인위적으로 구분되어 있는 사용, 남용 및 의존의 구분으로 인해 진단이 혼동할 수 있다. 또한 게임, 쇼핑, 섹스 등 행동적 중독을 두고 많은 상충되는 의견이 나오고 있다. 신경과학에 따르면 행동 중독의 경우도 약물 중독의 경우와 같은 뇌세포의 반응을 발견하는데, 중요한 것은 즐거움으로 시작했던 행동이 이제는 한도를 넘어서 조절이 되지 않는 행동으로 변화되었다는 부분이다(Frances, 2013).

이러한 상반된 견해들이 가족치료자에게는 흥미로운 내용이 될 수 있지만, 이로 인해 내담자가 물질남용을 멈추도록 도와야 하는 가장 기본적인 목표에서 벗어날 수 있다. 어떤 치료자는 물질남용에 대한 목표를 마치 수술을 하는 것과 같이 "나는 환자의 삶에서 문제를 일으키는 약물을 제거해 낸 후에 그 환자가 더 이상 약물로 힘들어하지 않을 때 정신장애 부분에 신경을 쓰겠다."라고 설명하는 것을 경험한 적이 있다. 물질을 남용하는 환자나 가족들 그리고 치료자 모두 남용문제를 둘러싸고 여러 논쟁에 휘둘려서 약물을 중단하는 것에 대한 행동적 측면 자체를 소홀히 할 수 있다.

물질남용은 여성보다는 남성에게 훨씬 더 흔하다. 그 결과 물질남용에 의한 판단이나 추론의 오류 혹은 통제력 부족 등으로 인한 여러 문제가 남성에게서 더 흔하게 나타난다. 남성내담자가 여러 반사회적 행동을 보고한다면, 그 내면에 있는 약물남용의 문제도 발견하게 될 가능성이 높다.

현재 물질남용은 미국 내에서 가장 흔하면서도 매우 심각한 사회문제이며, 음주운전, 자살, 타살, 폭행, 아동 및 배우자 학대 등과 같은 가정 내 사건들과 높은 관련성을 보이고 있다. 또한 물질남용에 따른 신체적 영향은 환자의 건강에 치명적일 수 있다. 알코올중독은 진정한 체계의 질환(systemic illness)이 될 수 있다. 태아알코올증후군(fedal alcohol syndrome, 역자 주: 알코올중독 산모에게서 태어난 태아의 병리적 증상을 일컫는 이름)은 어머니에게 책임이 있고 그 영향이 아이의 일생을 통해 나타나는 유일한 질병이다.

알코올과 약물남용에 관한 진단법은 이 책에서 앞서 다뤄진 까닭에 이 장에서는 가족관계와 가족치료에 알코올이 미치는 영향에 대한 연구결과를 중점적으로 다루고자 한다. DSM에 소개된 정신장애 중에서 가족치료자들의 관심을 가장 많이 받는 영역이 아마도 알코올과 물질중독/남용 부분일 것이다. 이는 중독자의 행동이 모든 가족의 행동에 영향을 미치고 또한 가족의 반응에 의해서 중독자가 영향을 받는 '가족질환'으로서 중독과 남용이 이해되기 때문이다. 따라서 가족을 함께 포함시키는 치료법들이 많이 소개되었으며, 가족관계에 초점을 맞춘 개입법들이 치료의 큰 부분으로 포함된다. 예를 들어, 행동부부치료법의 목표 중의 하나는 금주에 도움이 되는 관계적 요소를 증가시키는 것이다(O'Farrell & Fals-Stewart, 2006).

알코올중독을 겪고 있는 가족들에 대한 연구에 따르면, 가족의 의식, 일상 생활 그리고 가치관이 알코올에 의해서 많은 영향을 받는 것으로 나타났다. 사실 가족이 '알코올 정체성(achol identity)'을 받아들이고 공모하여 알코올 행동이 지속되게 할 수 있다. 때때로 가족은 알코올의 해로운 영향이 아니라 긍정적 영향을 경험한다. 만일 남편이나 아버지가 술을 마셨을 때 더 편하게 가족에게 접근하는 경우 가족은 술을 끊으라고 말하기를 망설일 수 있다.

일부 학자들은 발달학적인 견해로 물질남용을 이해한다. 그들은 알코올 가족정체성의 씨앗은 결혼 초 부부가 일정 행동패턴과 가치관을 확립해 가는 시기부터 시작된다고 하였다.(Steinglass, Bennett, Wolin, & Reiss, 1987). 이는 주로 암묵적 과정이다. 물론 원가족에 의한 영향도 있지만, 부부는 알코올과 음주에 대한 부부로서 어떤 입장을 취할 것인가에 대해서 결정을 하게 된다. 실제로 음주나 음주와 관련한 행동들을 쉽게 용납하는 순간이 알코올중독 가족이 형성되는 순간이기도 하다.

알코올중독 가족들의 경우 대부분 만성인 경우가 많으며, 약물의 높은 사용과 예측 가능한 행동적 반응들을 보인다. 또한 문제 형성에 있어서 매우 전형적인 과정을 보인다. 그러나 가족이 같은 점보다는 다른 점이 많은 관계로 가족 내에서의 알코올의 역할을 사정할 때는 이러한 각기 가족의 특이한 사항들을 고려해야 한다.

알코올과 약물 연구들에 대한 연구검토(reserch review)와 메타분석은 다양한 심리사회적 개입법의 효과를 조사했다(Dutra et al., 2008). 조사된 정신사회적 치료법에는 수반성 관리(contingency management), 재발 방지법, 인지행동 치료법과 그 밖의 복합 치료법을 포함한다. 수반성 관리는 일정 행동에 대해서 보상과 벌칙을 따르는 체계로서 가장 효과가 있는 치료법으로 보고되고 있다. 동기부여 인터뷰(Motivational interview)는 내담자의 동기나 의욕 수준들을 이해하고 이에 초점을 두는 치료법으로 물질남용 부분에서 효과가 있는 것으로 보고되고 있다(Arkowitz, Weston, Miller, & Rellnick, 2008). 이 두 가지 치료법의 공통 원칙들이 가족형태에도 적용될 수 있다.

어떤 특이한 상황적 요인이 알코올중독 가족치료의 효과에 영향을 끼칠 수도 있다(Edwards & Steinglass, 1995; O'Farrell & Fals-Stewart, 2006; Rowe & Liddle, 2007). 가족은 알코올중독자가 치료를 계속해서 받고 그 역기능적 행동을 변화시키는 데 필요한 지지적 역할을 한다. 가족을 평가단계에서 참여시키는 것은 매우 중요한 부분이며 치료의 기본이 되어야 한다. 성별에 따라서 가족의 영향력이 다르게 나타나기도 하며(배우자의 치료 참여가 여성의 경우보다 남성의 경우에 더 크다), 관계를 유지하고자 하는 의지(의지가 높을수록 행동 변화에 대한 욕구가 높다), 금주에 대한 가족의 지지도에 따라서 가족의 역할이 다르기도 하다.

대부분의 연구는 통제집단과 여러 형태의 치료집단을 활용하였다. 그들은 가족치료집단이 다른 치료집단에 비해 유사하거나 더 효과적이라는 것을 발견했다. 가족치료는 치료를 받지 않은 통제집단에 비해 거의 항상 우월했다. 알코올중독이 아닌 배우자를 알코올중독 치료에 합류시키는 것이 치료결과를 증진시키는 데 매우 효과적인 것으로 나타났으며, 금주와 보다 만족스러운 부부관계를 형성하고, 가정폭력과 별거/이혼을 낮추는 데에도 효과가 있는 것으로 보고되었다(Jacobson & Gurman, 1995; O'Farrell & Fals-Stewart, 2006). 그 밖에도 물질남용을 위한 가족기반 치료는 자녀들에게 도움이 되었다.

흥미롭게도 약물치료 프로그램 중에서 효과가 높은 것으로 나타난 많은 프로그램이 구조주의/전략주의적 가족치료 전통에 기인한 것이며, 알코올중독에 효과적인 프로그램들은 행동주의 치료 전통에서 기인한 것이다(Fals-Stewart, O'Farrell, Birchler, Cordova, & Kelley, 2005; Rowe & Liddle, 2007). 이 두 가지의 전통 모두가 현재의 상황에 초점을 두고 적극적인 문제해결 접근법을 취한다. 가족 간의 대화를 활성화하고 문제해결 능력을 증진시키는 것이 이러한 치료법의 핵심이 된다. 앞으로도 알코올중독과 약물중독을 위한 가족치료 방법에 대해 많은 연구가 이뤄져야 겠지만 분명한 것은 적극적이고 집중적인 치료법이 효과적인 결과를 위해 필수적이라는 것이다.

가족치료자들은 종종 "가족치료나 부부치료만으로 충분한가, 아니면 다른 형태의 치료와 함께 병행되어야 하는가?"라고 묻는다. 이 질문의 답은 가족이 처한 각각의 상황에 따라서 다를 수 있겠지만, 가능하다면 통합적 치료가 바람직하다. 많은 가족치료법에서 개인치료와 교육, 약물치료가 병행된다. 연구결과 일반적으로 개인치료만 사용하는 것보다는 행동부부치료가 더 기능적인 부부관계와 금주를 이루는 데 효과적인 것으로 나타나고 있다.

일부 가족치료 프로그램에서는 다른 형태의 치료를 가족치료 접근과 결합하기도 한다. 예를 들어, Liddle은 물질 남용 청소년과 동맹 형성을 위해 개인치료자를 활용했으며 다른 가족치료자로 하여금 가족치료를 맡게 했다(Liddle & Dakof, 1995; Rowe & Liddle, 2007). 오로지 가족치료만 사용해야 할지를 판단하는 기준 중의 하나는 문제에 대한 가족의 영향력이 얼마나 큰가이다. 예를 들어, 좀 더 어린 십 대에게는 가족치료가 다른 치료보다 효과적이지만 나이 많은 십 대에게는 그 정도의 효과는 나타나지 않는다(Sprenkle & Bischoff, 1991). 또한 알코올이나 약물중독 치료 전에 부부관계의 문제를 겪고 있었던 사례의 경우 배우자를 포함시킨 치료법이 더욱 효과적이다. "고장난 것이 아니면 고치지 말라."라는 속담이 있다. 그러나 연구들은 부부간의 문제가 심하지 않은 사례라 하더라도 중독치료에 부부치료를 포함시키는 것은 관계의 만족도를 증진시키고 대화기술을 높이며 관계가 나빠지는 것을 예방하는 효과가 있다고 보고하고 있다(Allexander, Holtzworth-Munroe, & Jameson, 1994; O'Farrell & Fals-Stewart, 2006).

물질문제에 부부나 가족치료만을 사용하여야 할지를 결정함에 있어서 치료자는 내담자의 의견을 구할 수 있다. 환경적인 이유로 가족치료가 가능하지 않을 수도 있으나, 가족치료가 물질관련 장애에서 효과가 있다는 증거가 늘고 있다는 점을 감안하여 일반적으로는 가족치료가 물질장애 치료과정의 일부로 포함되어야 할 것이다.

가족치료 시 물질남용과 관련한 문제행동을 제거한다는 이점 이외에 얻을 수 있는 또 하나의 장점은 이를 통해 부부나 가족 간의 관계 만족도를 높일 수 있다는 것이다. 치료가 끝났을 때 가족은 서로가 공유하는 경험과 새로운 믿음을 갖게 되고 어려운 시기에 이를 다시 참고할 수 있게 된다.

만일 순간의 문제해결보다는 지속적인 변화를 치료의 목표로 삼는다면 환자의 인생에서 계속 영향력을 미치는 가족이나 중요한 사람들을 치료의 맥락에 포함시키는 것이 당연하다. 최근의 연구에 의해서 보고된 알코올과 물질남용 치료에 관한 임상적 지침들은 다음과 같다.

- 제시된 문제와 상관없이 물질남용/중독의 가능성과 역할을 염두에 둔다.
- 가족 내의 알코올과 물질의 역할에 대한 사정을 한다. 예를 들어, 아버지가 술을 마셨을 때 가장 재미있고 여유롭다고 말하는 가족이 있다면 이는 알코올의 역할을 긍정적으로 평가하는 가족의 견해를 나타낸다.
- 다른 가족이 물질의 사용을 '부추기는 행동(enabling behavior)'을 할 가능성을 고려한다.
- 물질이 가족의 신념, 의식, 일과에 얼마나 스며들어 있는지를 평가한다.
- 가족들이 물질문제의 심각성에 대해서 각각 다른 견해를 갖고 있을 수 있음을 지각한다. 일부 가족은 문제를 축소시키거나 혹은 모든 문제의 근원을 알코올이나 물질남용으로 이해할 수 있다.
- 물질남용/중독의 경우 가정폭력과 학대의 가능성에 염두에 둔다.
- 경우에 따라서는 가족치료를 중단하고 환자의 알코올이나 물질 사용을 중단하는 것에 치료의 초점을 두는 방법을 고려한다.
- 물질의 출처를 고려한다. 아편의 경우, 적어도 처음에는 환자의 만성적인 통증을 받는 경우가 종종 있다.

충동 조절 장애와 신경발달장애

연구보고에 따르면, 정신건강 전문가들은 적대적 반항(oppositional defiant disorder), 품행장애(conduct disorder), 간헐성 폭발성 장애(intermittent explosive disorder) 그리고 가장 많이 알려진 주의력결핍 및 과잉행동 장애 등과 같은 충동 조절 장애를 간과해 온 경향이 있다고 한다(Dell'Osso, Marazziti, Hollander, & Altamura, 2007; Grant, 2008). 이러한 장애들은 과거에 생각해 왔던 것보다 훨씬 더 흔하게 발견되는 장애로 학교에서 차분히 앉아서 수업을 들을 수 없는 남학생들에게만 국한된 것이 아니다. 대신 이러한 장애는 평생에 걸쳐 나타날 수 있으며 감정을 조절하는 것에 어려움을 느끼는 공통된 증상을 나타낸다. 안타깝게도, 여러 장애 중에서 충동 조절 장애는 가장 흔하게 간과되거나 치료를 받지 못하는 장애이다. 또한 여성보다는 남성에게서 충동 조절 장애가 더 나타나는데, 남성의 경우 여성보다는 전문가의 치료를 찾지 않을 확률이 더 높다. 만일 학교가 충동 조절 장애로 힘들어하는 학생을 발견하고 돕는 일에 참여하지 않는다면 이들의 문제를 다룰 수 있는 다음 기관은 결국 법 제도가 된다.

적대적 반항 장애와 품행장애는 아동기나 후기 청소년기에 진단된다. 둘 다 대부분의 소년에게서 나타나는 행동적 문제를 가리킨다. 적대적 반항 장애는 품행장애에 비해서 덜 심각하게 받아들여지는데, 대부분의 경우 이러한 문제행동들이 집에서 먼저 나타나기 시작하며 그 다음에 학교와 같은 다른 장소에서 나타나게 된다. 실제로 가정의 특정 환경적 요소와 이러한 문제행동의 상관관계를 보고하는 연구들도 있는데, 예를 들어 적대적 반항 장애에 있어서 많은 경우 부부관계의 심각한 문제가 있는 가정에서 자라나는 아동에게서 나타나며, ADHD는 부모 중의 한 사람이 알코올이나 약물 중독을 겪는 집에서 자라나는 아동의 경우에 더 흔하게 나타난다는 보고가 있다. 또한 대가족 규모, 어머니의 정신질환 상태, 아버지의 전과 유무, 가족 간의 갈등 등이 모두 중요하게 아동의 충동장애와 관련이 있는 요소들인 것으로 알려져 있다. 그러므로 이러한 장애나 질환으로 인하여 힘겨워하는 가족과 환자를 위해서 가족치료자가 담당해야 할 역할이 매우 크다.

여자 아동의 내재화된 우울증보다는 남자 아동의 충동장애 문제가 더 쉽게 드러남에도 불구하고 이러한 문제들이 여전히 간과되거나 제대로 치료를 받지 못하는 실정이다. 게다가 ADHD를 겪는 아동이 제대로 된 치료를 받지 못한 경우 성인이 된 후에 진단을 받고 치료를 받을 가능성은 매우 희박하다. 우리는 실직, 가족문제, 낮은 봉급, 여러 부정적인 요소가 성인 ADHD와 밀접하게 관련되어 있다는 것을 알지만 보통 ADHD 환자는 그 자신의 '개인적인 실패'에 대해 비난을 받는다(Kessler et al., 2006). 실제로 연구는 이혼과 실업이 성인 ADHD와 상관관계가 있다는 것을 밝혔다.

대부분의 충동 조절 장애의 문제는 어린 시절에 시작한다(Pallanti, 2006). 실제로 많은 부모가 언제부터 자녀의 행동에 문제가 있기 시작했는지를 기억하지 못한다. 그러나 최근의 연구에 따르면, 어린 시절에 문제행동을 보인 아동이라고 하더라도 그것이 곧 장애를 뜻하는 것은 아니다. 일부 ADHD의 경우 뇌의 발달이 더디게 진행되어서 나타나는 경우가 있는데, 이는 지지적이고 건강한 가정과 학교 환경 속에서 아동이 발달하면서 극복하거나 개선해 나갈 수 있다.

아동의 충동조절 문제가 성인기에 접어들기 전에 진단된다면 물론 치료 과정에서 많은 어려움을 겪는다 하더라도 이러한 문제들은, 가족치료자에 의해서 많은 도움을 받을 수 있다. 여자 아동의 경우, 충동장애의 문제는 다른 여자 친구들을 대상으로 나타날 수 있으며 '십 대의 다툼' 정도로 이해되고 간과될 수 있다. ADHD를 겪는 여자 아동의 경우 대부분 과잉행동 장애를 나타내기보다는 다른 생각이나 몽상을 하는 것으로 보일 수 있으며, 낮은 동기감으로 인해서 학교 성적이 뒤처질 수 있다. 이러한 까닭에 많은 여자 아동이 제대로 된 진단을 받지 못하게 된다. 또한 성인기에 접어든 경우, 그들의 학습 태도가 확립된 후라 취업의 어려움이나 다른 부족한 부분들은 전적으로 그들이 '게으르고 동기가 부족'하기 때문으로 오인을 받는다. 또한 아동의 ADHD가 제대로 진단이 된 경우라고 하더라도 많은 부모가 이 질환을 위해서 효과적으로 제시되고 있는 약물치료를 받는 것을 거부하곤 한다.

충동장애는 많은 경우 제대로 표현되지 못한 분노나 적대적 감정과 깊은 관계가 있다. ADHD의 경우 충동성, 산만함, 감정조절의 문제 그리고 분주한 움직임 등과 같은 증상을 포함한다. 반항성장애의 경우 가장 핵심이 되는 증상은 반항성과 적대감인 것에 비해서 적대적 반항 장애의 주요 증상은 의도적으로 타인의 권리를 침해하는 것, 잔인한 행동들, 기물 파괴, 거짓말, 절도 등을 들 수 있다. 충동장애가 범죄로 연결되지 않는다 하더라도 이러한 증상들은 개인의 삶에서 좌절, 분노, 실패 등에 따른 여러 역기능적인 결과를 초래한다.

가족치료자는 충동장애를 겪고 있는 가족에게 큰 도움을 제공할 수 있다. 가족치료자는 적어도 ADHD와 같은 일부 진단에는 약물사용을 고려해야 하지만 그 외에 가족의 감정 조절에 초점을 맞출 수 있다. "가족 내에서 절망, 분노, 실망과 같은 감정이 어떻게 다뤄지는가?" 등의 질문을 할 수 있다. 우울증을 앓고 있는 어머니 혹은 폭력적인 아버지와 같이 자신들의 감정 문제로 어려움을 겪고 있는 부모는 진정(soothing), 정서적 인정 및 구조에 대한 자녀의 욕구에 과대반응하거나 과소반응할 것이다. 이러한 패턴은 종종 아동이 유아기일 때 시작되어서 성인기에 이르기까지 계속된다.

연구에 의하면 부모가 자녀를 도울 수 있는 정서적 자원과 능력이 있는 경우, 부모가 자녀를 진정시켜 주고 구조를 제공하는 것이 자녀가 자신의 감정을 확인하고 행동을 통제하며 스스로를 진정시킬 수 있도록 돕는 데 효과적이다. 이러한 능력은 평생 자신의 삶을 관리하며 스트레스에 대처할 수 있도록 해 줄 것이다. 일반적으로 부모가 그들 자신과 자녀의 문제 모두를 일찍 다루기 시작할수록 해결이 쉬워진다. 가족치료자는 부모에게 코치이자 자문가로서의 역할을 수행할 수 있다. 즉, 아동이 바르게 성장할 수 있는 집안 환경을 만들어 줄 수 있도록 부모에게 필요한 정보와 도구를 제공한다. 또한 가족치료자는 부모를 통해서 아동의 권익과 필요한 사항이 학교 체계에 잘 전달되고 충족될 수 있도록 도울 수 있다. 치료자는 아동이 신경 심리학 검사 및 다른 평가 측정을 받을 수 있도록 보장하는 법과 정책을 잘 알아야 한다. 치료자는 가족이 아동을 위해서 개별화 교육 계획(Individual Educational Plan: IEP, 역자 주: 여러 요인으로 인하여 일반교육보다는 특수화된 교육을 필요로 하는 아동을 위한 교육 프로그램)을 얻어 낼 수 있도록 도울 수 있다.

그러나 충동 조절 장애가 제대로 진단을 받지 못하는 경우, 문제는 성인기에까지 지속된다. 따라서 치료자는 성인 환자의 지속적으로 반복해서 나타나는 실패나 좌절에 어떤 패턴이 있는지 평가할 필요가 있다. 잦은 이직, 중도에 포기한 학업, 관계의 문제, 교통 법규의 위반 그리고 물질남용 등은 모두 환자가 충동 조절 장애를 겪고 있을 수도 있다는 것을 시사한다. 충동 조절 장애로 진단을 받은 성인 환자들은 많은 경우 진단명에 대해서 창피해하기보다는 과거에는 이해할 수 없었던 어려움들을 마침내 이해하게 된 것에 대해 많은 위안을 받는다. "그전에 나는 단지 '실패자, 낙오자'였는데 이제는 내가 겪고 있는 문제에 이름이 생기게 되어 너무 기쁘다."라고 말한 어떤 환자처럼 말이다.

연구들은 어린 시절에 적절하게 제공된 치료적 개입은 아동이 성장함에 따라서 매우 커다란 영향을 끼칠 수 있다고 보고한다(Kessler, Berglund et al., 2005). 따라서 충동장애를 겪고 있는 환자와 그 가족에게 치료를 제공하는 경우 염두에 두어야 할 목표들은 다음과 같다.

- 아동과 십 대들에게 충동 관련 문제에 대해 치료를 제공하는 경우 부모까지도 사정 범위에 포함시킨다. 유전적 그리고 환경적 영향으로 인해 여러 가족들이 비슷한 문제를 겪고 있을 수 있다.
- 최근 연구결과에 관심을 기울이고 특히 ADHD의 경우 교육적 측면을 치료의 중요한 과정으로 포함시킨다.

- 자아통제와 감정관리가 가능할 수 있는 안전하고 정서적으로 지지적인 토대를 만들어 나갈 수 있도록 가족을 돕는다.
- 학교 등과 같은 다른 체계도 치료에 포함시키고, 이러한 체계 속에서 어떻게 아동의 필요를 대변할 수 있는지에 대한 교육을 부모에게 제공한다.
- 가능한 여러 자료를 이용한다. 약물치료, 아동의 개인 학습지도, 학습능력 검사 등 가족을 도울 수 있는 가능한 자료를 적극 활용한다.

결론

알코올과 약물중독, 불안장애, 충동장애 그리고 우울증은 치료자가 가장 흔하게 접하게 되는 4대 정신장애이다. 치료자는 이러한 정신장애를 따로 분리시켜서 이해하지 말고 오히려 가족이 처한 사회적, 정서적 틀 속에서 접근해야 한다. 또한 정신장애를 앓고 있는 환자의 가족이 문제를 지속시키거나 유지하는 데 부지불식간에 참여하고 있을 수도 있다는 것을 염두에 두고 환자뿐만이 아니라 전체 가족의 건강과 안녕을 위해 교육과 지지를 제공해야 한다.

제11장

고착에서 벗어나기

"이 가족과 몇 주째 치료를 해 오고 있는데 좀처럼 상태가 호전되는 것 같지 않아요. 이제 뭘 어떻게 해야 하죠?" 슈퍼비전에서 자주 듣게 되는 질문이다. 분명 치료라는 것이 늘 쉽게 풀려 나가는 것은 아니다. 때때로 치료자는 복잡하고 곤란한 문제들을 직면하게 된다. 스미드 가족의 사례를 살펴보자.

스미드 가족이 치료를 찾은 이유는 16세 된 딸의 성문제와 관련해서였다. 문제의 발생은 어머니가 딸의 방에서 찾아낸 일기였는데, 그 일기는 특정 남자와의 성적인 공상으로 가득 차 있었다. 가족치료 회기에는 13세와 16세인 두 딸과 어머니, 아버지가 참석했다. 중산층에 속하는 스미드 가족은 허심탄회하게 대화를 하거나 감정을 솔직히 표현하는 것에 대체적으로 어려움을 느끼고 있었다. 몇 차례의 가족치료회기를 통해 가족은 관계의 정상화를 찾아갔으며, 수년간에 걸친 부부의 불화가 어떻게 가족문제에 영향을 미치고 있는가에 대한 이해를 이뤄 갔다.

그 후 이뤄진 부부치료는 다소 느리고 고통스럽게 시작됐다. 부부는 오랜 기간 동안 성관계 문제, 대화 단절, 서로에 대한 감정의 상처와 깊게 패인 좌절감 등을 겪고 있었다. 남편은 분노를 조절하는 것에 문제가 있어서 화가 났을 때는 집안 물건을 파손했다. 아내는 이러한 행동을 "철없는 어린아이 같은 생떼"라고 명명했으며, 이러한 행동들 때문에 자신이 관계를 더 멀리하게 됐으며, 우울감 때문에 그저 혼자 있고 싶어졌다고 말했다. 부부 모두 과거 서로에게 받은 상처와 서운함 등의 해결되지 못한 응어리 때문에 힘들어하고 있었다. 남편은 냉랭하고 마음의 문을 열지 않는 아내에게 모든 문제의 원인이 있다는 확고부동한 자세를 취했다. 알코올 남용의 증거는 없었다. 아내는 몇 차례에 걸쳐서 가족의가 처방한 항우울제를 복용하고 있었는데, 정신의학과 의사를 만나는 것은 거부했다.

몇 주에 걸친 부부치료가 별 큰 효과 없이 진행되었으며 아내는 어릴 적에 자신이 학대를 받았다는 것만 시인할 뿐 더 이상의 원가족에 대한 대화는 거부했다. 아내는 자신이 원가족에 대한 이야기를 하면 분명 남편이 그 내용을 부정적으로 해석하고 나중에 꼬투리를 잡을 것이라고 생각하고 있었다. 남편은 자신의 원가족에 대해서 이야기하는 것을 꺼리지는 않았지만 부부치료와 별 관계가 없을 거라고 생각하고 있었다. 변화 없는 부부관계에 남편이 불만을 토로하기 시작했으며 아내의 우울증상이 악화되었다. 아내는 부부치료가 부담스럽고 오히려 더 많은 스트레스와 불화를 야기하는 것 같다고 말했으며, 남편은 급기야 아내가 변화하지 않는다면 이혼을 할 수 밖에 없다고 선언했다.

가족치료자는 변화에 대한 사람들의 양가감정을 예상한다. 치료실을 포함하여 어떤 관계 맥락에서도 변화를 위한 몸부림은 불가피하다. 새로운 방식을 촉진하고 옛 방식을 끝내는 도전이 모든 치료과정의 중심이다. 다음 절에서 우리는 치료 중 나타나는 고착의 일반적인 원인을 찾아보고 그것에 대해 생각하고 해결할 수 있는 방법을 제공하겠다.

변화에 대한 양가감정 이해하기

치료를 시작하는 치료자는 특히 기억해야 할 것이 있는데 이는 치료를 찾는 모든 내담자가 변화에 대해 양가감정을 갖는다는 것이다. 가족이 치료를 찾았다는 것 자체가 변화에 대한 의지와 소망을 나타내는 것이며, 치료자와의 협력관계를 통해 변화를 모색하고 변화를 만들어 나갈 수도 있다. 그러나 변화를 요청했던 사람이 진정한 변화를 환영하지 않을 수도 있다. 인간은 늘 익숙한 것으로 돌아가고자 하는 본능, 즉 항상성에 대한 본능이 있다. 친숙한 것이 편하기 때문이다.

변화를 방해하는 외부적 영향이 존재할 수 있다. 예를 들어, 가족은 치료에 관심이 있을 수 있어도 교통편의 어려움으로 인해 참석이 어려울 수도 있다. 혹은 시간의 여유가 없거나 경제적 이유로 치료를 유지할 수 없을 수 있다. 이러한 제약이 치료를 더욱 어렵게 할 수 있지만 치료에 대한 반감이나 저항으로 이해되지는 않는다.

저항은 치료의 한 부분이며 이례적인 것은 아니다. 어린 치료자는 저항을 만날 때 종종 실패했다고 생각한다. 내담자의 저항에 대해서 이해하기 쉽게 이야기하기 위해서는 정의가 필요하다. 우리는 『저항을 지배하기(Mastering Resistance)』(Anderson & Stewart, 1983)라는 훌륭한 책에서 제공한 다음과 같은 저항의 정의를 사용한다.

> 저항은 치료적 체계 안에서 가족의 치료 목표의 성취를 방해하기 위해 치료적 체계 안에서 상호작용하는 모든 행동이라고 정의할 수 있다. 치료체계는 가족 개개인, 치료자 그리고 치료자가 제공되는 기관/장소를 모두 포함한다. 저항은 치료체계의 이 세 가지 요소들 안에서 시너지를 일으키며 상호작용할 때 성공할 가능성이 가장 크다. 즉, 가족치료가 종결 혹은 실패로 끝난다.

내담자의 변화에 대한 양가감정과 저항은 여러 이론에 의해 다르게 명명되어 왔다. 예를 들어, 구조적 가족치료는 가족의 구조가 변화하는 가족구성원의 발달 요구에 적응하지 못하는 데에서 저항을 발견하는 반면, 다세대 가족치료는 해결되지 못한 문제를 다루는 데 있어서 필수적인 부분으로 평가할 수 있다. 이 모든 경우에 있어서 저항이란 변화와 동반되는 부분이다. 따라서 가족이 경험하는 변화에 대한 저항을 바르게 이해하기 위해서 가족치료자는 가족치료이론을 이해하는 것뿐만 아니라 가족의 치료에 대한 목적을 염두에 두어야만 한다. 저항이란 치료의 한 부분으로, 실패로 이해하기보다는 예측 가능한 하나의 과정으로 이해해야 할 것이다.

내담자는 새롭고, 그래서 예측할 수 없는 변화를 두려워하기 마련이다. 예를 들어, 자녀의 학교문제로 치료를 찾은 어머니가 있다고 가정해 보자. 그녀는 이혼을 한 상태이며 현재 알코올중독 치료 중에 있다. 아동의 어머니가 알코올중독이 아동의 학교 문제에 미칠 수 있는 영향을 제대로 인식하는 것에 실패한다면 치료자는 이내 저항을 경험할 것이다. 또한 내담자가 부부일 경우 그들의 저항은 치료회기 중에 연습한 대안적 상호관계를 실천하지 않고 그전의 역기능적인 상호관계를 계속 유지해 나가는 형태로 표현될 수 있을 것이다. 따라서 오래되고 편안한 대처방안과 의사소통법을 변화한다는 것은 두려운 일이 된다. 결국 미래가 불확실하기 때문이다.

따라서 치료자는 내담자가 갖고 있는 변화에 대한 양가감정을 인식하고 인정함으로써 매우 중요한 정서적 도움을 제공하게 된다. 치료자가 변화는 힘들고 무서우며 불편한 것일 수 있다고 말해 주는 것은 큰 도움이 된다. 또한 저항을 '내담자에게로 되돌려 주는 것'은 치료 중 저항을 더 부추기지 않고 경감시키는 좋은 개입법이 된다. 내담자에게 "당신은 너무 많이 변하고 있어요." 또는 "당신은 너무 빨리 가고 있어요." "당신이 새로운 것을 시도하지 못하게 하는 다른 무언가가, 무언가 더 중요한 관심사가 있는 것 같아요." "결국 옛날 방법이 그리 나쁜 것은 아니었나 봅니다."라고 말하는 것은 치료자으 부담을 낮추고 내담자가 성장을 위해 원하는 영역을 재평가하도록 허용해 준다.

이 절에서는 어떻게 내담자의 변화에 대한 양가감정이 치료과정의 저항을 형성할 수 있는가에 대해서 말하고 있지만, 앞에서 제시한 저항의 의미로 봤을 때 이는 치료자 자신이나 치료가 제공되는 기관에 기인한 것일 수 있다. 치료자는 내담자가 원하는 치료의 목표와 다른 목표를 정해서 작업을 하면서 저항을 나타낼 수 있다. 또한 치료자는 기관의 맥락이 어떻게 치료 체계 안에서 저항에 기여하는지를 고려해야만 한다. 치료 저항을 바르게 이해하기 위해서 치료자는 앞에서 제시한 치료체계의 3대 요소가 어떻게 상호작용하고 있는가를 살펴볼 필요가 있다.

치료자-내담자 간 의제와 타이밍의 불일치

치료저항은 치료자의 치료목표와 가족의 치료목표가 불일치할 때 일어날 수 있다. 특히 치료실습을 막 시작하는 인턴치료자는 '세상을 변화'시키고자 하는 의욕이 넘치고 가족이 겪고 있는 문제를 '고치고 해결'하고자 한다. 치료자와 내담자의 불일치는 치료자가 가족을 그들이 원치 않는 무언가를 향하도록 이끌어 가기 시작할 때 특히 분명해진다. 예를 들어, 10세 아동과 그 한부모인 어머니가 아동의 상습적 거짓말 때문에 가족치료를 찾았다고 가정해 보자. 만일 가족치료자가 아동을 만난 적이 다섯 번 정도밖에 없는 아버지를 치료에 포함하려는 데만 치중한다면, 어머니는 치료를 중단할 것이다. 따라서 치료자가 내담자와의 관계보다는 어떤 특정 치료 모델에만 치중한다거나 치료자의 특정 목표에 초점을 둔다면, 이 두 체계의 불일치가 일어날 가능성이 더욱 커지게 된다.

치료자와 가족이 원하는 변화의 유형에 대해 분명해야 할 뿐 아니라 개입의 시간이 고려되어야 한다. 가족치료는 특정 작업을 언제 해야 하고 누가 변화의 일부분이 되어야 하는지에 대해 의도적일 필요가 있다는 것을 강조한다. 이 문제는 치료 내내 다시 검토된다. 재혼 가정을 생각해 보자. 이 부부는 남편과 전 부인 사이에서 난 딸이 겪는 문제로 가족치료에 전 부인을 초대하게 되는 경우, 전 부인을 초대하기 전에 재혼부부로서 그들이 겪는 견해 차이에서 오는 문제나 소통을 다루고 싶어할 것이다. 재혼부부의 갈등이 해소되기 전에 전 부인을 초대한다면, 치료자는 저항을 보게 될 수 있다. 치료자는 효과적인 진행을 위해 의제를 일치시키는 것과 타이밍과 같은 중요한 문제를 처리해야 한다.

치료자와 내담자 간의 기대의 불일치를 피하는 방법은 정기적으로 내담자가 치료과정에 대해 어떻게 느끼고 있는지를 점검하는 것이다. 예를 들어, 치료과정에서 어떤 것이 가장 도움이 되고 있는지를 내담자에게 물어볼 수도 있으며, 가장 도움이 덜 된다고 생각하는 것은 무엇인지를 알아볼 수도 있다. 정기적으로 점검하는 과정을 통해 치료자는 일어날 수 있는 불일치를 미리 발견하고 이를 해소하기 위해 필요한 변화를 시도할 기회를 얻게 된다.

직접성의 수준을 내담자에게 맞추기

치료자의 직접성이 내담자와 일치하지 않을 경우 또 다른 잠재적 저항의 원천이 발생할 수 있다(Beutler, Harwood, Michelson, Song, & Holman, 2011). 어떤 내담자는 어떻게 변화해야 할지에 대한 직접적인 조언이나 지시를 하는 치료자에게 잘 반응할 것이다. 이런 내담자는 숙제를 내주면 잘해 오는 등 치료자가 요구하는 것에 순응한다.

그러나 다른 내담자는 치료자의 제안에 수동적 또는 적극적으로 저항할 것이다. 치료자가 고려해야만 하는 한 가지 가능성은 내담자가 무엇을 하라고 지시하는 것을 좋아하지 않는다는 것이다. 이는 저항의 근본적인 원천이 될 수 있다. 예를 들어, 제이는 치료자에게 "숙제"를 내주는 것이 싫다고 말했다. 왜냐하면 그것이 어린 시절 그가 학교 숙제를 하지 않았을 때 부모님과 치렀던 전쟁을 상기시켰기 때문이다. 이런 내담자는 일반적으로 그들이 해야 할 일을 지시받는 것에 대한 저항을 비켜 갈 수 있는 보다 간접적인 치료 접근에 더 잘 반응할 것이다.

아니면 역설적인 개입(예: 문제를 처방하는 것)이 효과적일 수 있다. 내담자는 자신이 하고 있는 일을 계속하도록 공식화하는 치료자에게 자신이 변화함으로써 저항하거나 그것을 받아들일 수 있기 때문이다. 로드리게스 가족은 아버지 없이 세 번의 치료를 받았다. 그는 치료는 시간 낭비이고 자신은 일 때문에 너무 바쁘다며 참석을 거부했다. 하지만, 그는 항상 가족들에게 그들의 회기에 대해서 묻고 어떤 변화가 일어나고 있는지 알고 싶어 한다. 그는 여러 번 참여하라는 초대를 받았으나, 그 이후에는 더 이상 초대하지 않겠다는 말을 듣게 된다. 치료자는 가족들에게 그에게 치료 회기에 대해 이야기하지 말고 그가 호기심을 가질 수 있도록 해달라고 요청했다. 또한 그에게 회기에서 그에 관해 이야기할 수도 있다는 말을 하도록 했다.

역설은 로드리게스 씨가 저항을 나타내고 그가 순응하지 않을 것이라는 결정이 내려진 후에 사용된다. 그는 더 이상 초대받지 못한다는 말을 들었다. 로드리게스 씨는 이미 참여하지 않기로 선택했기 때문에 더 이상 초대받지 않는다는 것을 받아들인다면 아무것도 달라질 것이 없다. 그러나 로드리게스 씨는 치료 회기에 관심을 보여 왔다. 만약 그가 궁금해하게 되고 소외감을 느낀다면, 치료 회기에 오고 싶어 할지도 모른다. 로드리게스 씨는 치료에 참여할 수 없다는 치료자의 생각에 저항할 수도 있고, 참석할 수 있어야 한다고 주장할 수도 있다.

개입을 주저하는 치료자

치료가 성공적으로 진행되는 것을 저해하는 여러 요소 중 하나는 치료자가 개입을 주저할 때 나타난다. 치료의 원칙은 예의 바른 대화와는 다르다. 보통의 대화에서 상대방의 말을 자르는 것처럼 보이는 것이 실제로 치료에서는 치료자의 임상적 개입일 수 있다. 어떤 내담자는 내용도 없는 이야기를 끝없이 하기도 한다. 이런 경우 치료자는 개입을 통해 내담자가 대화 내용을 다시 확인하고, 주제로 돌아올 수 있도록 돕는다. 이 경우 치료자는 내담자의 주의를 치료 내용으로 전환해서 대화의 맥을 이어 가기 위한 기회를 찾게 된다.

때로는 치료자가 너무 늦을 때까지 개입을 주저하는 경우가 있다. 많은 경우 경험 부족과 당면과제에 대한 불안감에 의한 것으로 치료자는 정보를 모으는 것에만 급급해하거나 많은 치료회기를 분명한 목적 없이 보내게 된다. 내담자는 치료초기에 어느 정도 문제에 대한 진전을 경험할 필요가 있는데, 이러한 경험이 없다면 내담자는 치료를 계속하려고 하지 않을 수 있다. 이에 대한 하나의 세안은 치료 조기에 혹은 치료의 목표가 확실히 잡히기 전일지라도 치료자가 내담자에게 치료적 '선물'을 제공하는 것이다. 여기서 치료적 선물이란 여러 개입을 들 수 있는데, 예를 들어 문제를 일반화하는 것, 재해석하는 것, 가족 내의 긍정적 상호작용을 부각시키는 것, 전문가의 도움을 찾은 내담자 가족의 용기를 축하하는 것 등이다.

또한 2~3회의 치료회기 후 치료자는 이 책의 5장에서 논의한 임상적 추론과정을 이용하여 제시된 문제를 이해하고 가능한 개입방법에 초점을 맞추기를 원할 것이다. 일단 이 일이 끝나면, 치료자는 그냥 뛰어들어서 뭔가를 시도하는 위험을 감수하면 된다.

치료자의 개념적 이해가 부족할 때

치료자가 겪는 흔한 문제 중 하나는 어떻게 사례를 개념적으로 이해할 것인가에 대한 명료성의 부족에서 올 수 있다. 이 문제가 흔히 나타나는 방식은 치료자가 내담자가 제공하는 내용에만 집중하는 것이다. 가족치료자의 역할은 내용에 관심을 두기보다는 과정에 관심을 두는 것인데, 이는 내담자를 도와서 서로서로와 그리고 문제와 어떻게 관계를 맺고 있는지를 바꾸게 함으로써 성취된다. 따라서 가족 간의 관계의 방식이나 역동성을 관찰하고 그 내용을 나누는 것이 과정을 수면으로 끌어올리는 개입방법이 된다.

치료자가 사례에 이론을 적용하는 데 있어서 의도성과 일관성이 없다면 개념적 명확성의 결핍이 발생할 수 있다. 초보 치료자는 학교에서 배운 여러 치료법을 실제 치료에서 활용하기 위해 치료 초기의 치료적 관계형성 단계나 진단단계가 지나면 다양한 개입법을 사용해 보려 할 수 있다. 예를 들어, 말싸움 후에 약혼을 취소한 커플인 존과 진이 치료를 찾았다. 고등학생 때부터 만나 온 존과 진은 밀착된 원가족 관계로 결혼에 대한 계획을 세우는 과정에서 많은 긴장과 스트레스를 경험했다. 치료자는 이들의 대화방법과 문제해결 방법에 대해서 치료를 진행해 나가다가 그 후에는 어머니와 딸의 경계선을 분명히 해야 할 필요가 있다는 판단하에 구조적 가족치료 접근법으로 치료의 흐름을 바꿨다. 그다음 회기에서 치료자는 이 커플이 겪고 있는 슬픔의 표현을 돕는 방식으로 치료를 진행시켰다. 물론 치료자가 사용한 개입방법이 틀린 것은 아니지만, 이러한 과정에서 치료자는 분명한 치료모델에 초점을 두지 못했으며 이로 인해 모델에 맞는 개입방법이나 심지어 치료의 목표까지도 혼동되기에 이르렀다.

이론적 지향은 치료의 어떤 영역이 어떠한 내담자와 작업을 할 때 가장 중요할 수 있는가를 분별하는 데 도움이 된다. 치료를 통해서 정서, 행동, 인지, 관계의 영역들이 모두 영향을 받지만, 치료자는 이들 중 어느 영역에 보다 더 많은 비중을 둘 것인가를 확실히 한다. 예를 들어, 경험주의 모델의 경우 가족의 정서가 보다 더 강조되어야 한다. 따라서 슬픈 감정의 표현을 쉽게 허락하지 않는 가족의 경우에는 소외감을 느끼는 자녀를 표현한 가족조각을 보고하는 것이 어려울 수 있다. 또한 경험적 치료는 진실하고 정직한 자기노출이 이루어지게 하기 위해 가족들이 치료실에 있을 것을 요구한다. 자녀가 거기 없으면 소외되는 것에 대해 다루기에는 불충분할 것이다.

이와는 대조적으로 문제를 지속시키는 일련의 행동들의 순서에 중점을 두는 전략적 치료자들은 문제행동을 보이는 자녀가 "변화된 행동을 보였을 때 부모가 그 순간을 놓치지 않고 긍정적으로 반응하는 행동"을 하는 것에 중점을 둔다. 이러한 개입법에 부모는 불편함을 들어 낼 수도 있지만, 이렇게 행동의 패턴을 바꾸는 것이 치료의 중요한 영역이 되는데 이러한 변화를 촉진하기 위해 가족 모두가 치료실에 있어야 하는 것을 요구하지는 않는다. 변화를 촉진하는 데 있어서 가장 도움이 되는 방법은 처음 몇 번의 회기 동안 가족과 분명한 목표를 설정한 다음 이러한 목표에 도달하는 데 가장 도움이 될 이론적 관점을 선택하는 것이다. 여러 모델을 의식적으로 통합하는 것 또한 바람직할 수 있다. 그러나 치료목표를 정하는 것이 우선이다. 치료자와 가족은 이 문제들을 초기 회기에서 정기적으로 다루어야 한다. 목표를 우선시하지 않으면 회기 의제는 모든 사람에게 불분명하다.

변화와 수용

내담자나 치료자가 치료에 대해 비현실적인 목표를 추구할 때도 치료의 고착현상이 나타날 수 있다. 많은 경우 치료자는 내담자의 삶이 나아지기 위해서는 변화가 반드시 일어나야 한다는 생각을 갖게 된다. 그러나 이러한 생각이 모든 경우에 적용될 수는 없다. 예를 들어, 성격이나 성향의 경우 전폭적인 변화를 예상하기는 어려울 수 있다. 또한 일부 내담자에게는 만성 정신질환이나 신체질환이 받아들여야 할 삶의 한 부분일 수 있다. 변화가 가능하지 않은 부분에서 변화를 고집하는 것은 좌절과 치료과정 내의 고착을 경험하게 할 뿐이다. 따라서 내담자와 치료자 모두 변화에 대한 현실적인 기대치를 갖고 치료에 임하는 것이 중요하다.

신학자인 라인홀드 니부어(Reinhold Niebuhr)의 '평온의 기도(Serenity Prayer)'는 우리에게 우리가 바꿀 수 없는 것을 평온하게 받아들이는 은혜와 바꿔야 할 것을 바꿀 수 있는 용기 그리고 이 둘을 분별하는 지혜를 허락해 달라고 가르치고 있다. 치료자가 하는 역할 중의 하나 또한 내담자에게 변화할 수 있는 부분은 무엇이며 받아들여야 할 부분이 무엇인지를 구별할 수 있도록 돕는 것이다.

변화가 불가능한 상황에서는 문제를 해결하려는 것보다는 문제를 어떻게 잘 관리하고 더 잘 대처해 나갈 것인가에 초점을 맞춤으로써 그 문제를 받아들이고 수용할 수 있는 능력을 키우게 된다. 문제에 더 능동적으로 대처해 나가는 방법을 나누고 지치지 않게 자기 관리를 하는 방법을 얘기하는 것이 내담자가 느낄 수 있는 스트레스를 낮추게 한다. 또한 수용의 자세를 개발한다는 것은 내담자가 문제에 대한 이해와 인지도를 높인다는 뜻이기도 하다. 예를 들어, 정신질환에 대한 교육은 가족 혹은 질환을 겪고 있는 당사자가 자신에 대해 갖는 부정적인 견해를 해소하는 데 많은 도움이 된다. 메이슨은 ADHD로 인해 교육과정에 어려움을 겪고 있던 12세 소년이었다. 메이슨은 학교 공부를 따라가는 것이 어렵기 때문에 자신을 어리석은 아이라고 생각하고 있었다. 메이슨의 치료자인 쇼넬은 아무리 고급 차라도 어느 한 부분이 제대로 작동하지 않으면 제대로 달릴 수 없다는 비유를 쓰면서, 메이슨이 단지 집중하기 어려운 이유로 공부를 어려워할 뿐이지 그것이 결코 자신이 지적 문제가 있어서 그런 것은 아니라는 사실을 깨닫게 도와주었다.

역전이: 치료자의 문제가 치료에 미치는 영향

샤론은 25세의 인턴치료자로 가족치료기관에서 아동 · 청소년을 대상으로 활동을 해 오고 있었다. 어느 날 7세의 딸을 둔 어머니가 치료를 찾았는데, 그녀는 딸에 대해서 매우 부정적이고 비판적인 견해를 내비쳤으며 딸의 나이에 맞지 않는 것을 기대하고 있었다. 샤론은 어머니가 딸이 완벽하기를 원하고 있다고 느꼈으며, 딸을 대변하고 보호하고픈 느낌이 들었다. 샤론은 딸의 모습에서 자신의 어린 시절을 보는 듯했으며, 내담자의 어머니가 퍼붓는 비난과 요구는 샤론이 어렸을 때의 어머니를 연상시키게 했다. 이런 상황을 파악한 샤론은 다행히 치료자로서의 거리를 유지하면서 내담자의 어머니와 회기를 마칠 수 있었다. 그 후에 샤론은 슈퍼비전을 통해 자신의 원가족 문제를 사례와 분리시키고 충동적 · 방어적으로 내담자의 어머니를 대하지 않도록 도움을 얻었다.

이러한 과정은 치료현장에서 자주 나타나는 것으로 정신분석치료에서 말하는 '전이'와 '역전이'에 의해 발생하게 된다. 가족치료 현장에서는 간혹 간과되거나 다른 이름으로 다뤄지는 이 현상은 주로 슈퍼비전에서 다뤄지는데, 전이란 내담자가 과거의 중요한 타인에게서 느꼈던 긍정적 · 부정적 감정이나 환상을 치료자에게로 이동시킨 것이며, 역전이는 치료자가 내담자에게 자신의 문제나 관계를 투사하는 것을 말한다. 대상관계이론에서는 전이를 통해 내담자가 정서적 · 행동적 · 인지적으로 긍정적인 성장을 위한 작업을 할 수 있다고 보고 있기 때문에 치료과정에서 드러내는 전이를 중요한 치료과정으로 인식한다. 또한 치료자는 역전이가 일어나고 있는지 항상 체크하고, 가능하다면 그것을 치료에 도움이 되도록 사용한다.

어떤 용어로 명명되든 관계없이 과거에 경험한 정서나 행동, 인식이 현재의 치료관계에서 다시 재현되곤 한다. 우울증으로 치료를 찾은 한부모인 여성 내담자를 예로 들어보자. 몇 주의 치료를 통해서 치료자는 내담자의 상황에 공감했으며 그녀의 인생에서 제대로 활용되지 않은 자원들을 사용하도록 내담자를 지지해 나갔다. 내담자는 치료가 거듭될수록 더 조용해졌는데, 간혹 "저에게 화를 내실 거라는 것을 알고 있어요. 하지만……."이라는 얘기를 하곤 했다. 내담자는 자신의 어머니가 그랬듯 치료자도 별다른 진전 없는 자신의 모습에 비난과 실망을 하리라는 두려움을 겪고 있었던 것이다.

치료자 또한 과거의 경험에 의한 감정, 생각과 행동을 치료 도중에 나타낼 때가 있다. 거의 매주 우리는 슈퍼비전 수업에서 인턴치료자들이 "저는 회기 중 어떤 때에는 마치 방 안에서 제 아버지(어머니, 옛 애인)와 함께 있는 것 같았어요."라고 말하는 것을 듣는다.

전이와 역전이를 잘 다루기 위해 첫째는 치료과정에서 나타나는 반응들을 정상화할 필요가 있다. 이러한 현상은 아마도 부부나 가족 작업을 할 때보다 개인치료를 할 때 더 자주 일어날 것이다. 왜냐하면 후자의 경우 여러 사람이 투사적 동일시의 목적을 채워 줄 수 있기 때문이다. 즉, 치료자가 아닌 다른 누군가가 그들 자신 배후에 있는 주요 인물처럼 행동하기를 기대하기 때문이다.

둘째는 주제를 파악한다. 무력감, 통제, 성 등과 같이 자주 등장하는 주제들이 있다. 특히 이러한 주제들은 체계 내에 불안이 가중될 때 더 발달되는 경향이 있다. 어떤 내담자는 "나는 도움이 필요합니다."라고 말하기보다 하염없는 울음으로 도와 달라고 호소하곤 하는데, 이들은 많은 경우 피해자의 역할을 취하는 것에 익숙해 있을 때가 있다. 실제로 이런 비슷한 상황에 처해 있던 한 인턴치료자는 "어쩌다 보니깐 제가 내담자를 대신해서 가족에게 전화를 하고 또 자기 전에도 그 내담자와 가족에 대해서 걱정을 하고 있더라고요."라고 말한 적이 있는데, 이처럼 치료자는 내담자의 상황에 압도되는 것처럼 느낄 수가 있다.

가족치료자로서 일한다는 것은 고통과 어려움에 처한 많은 내담자를 만난다는 것을 뜻한다. 따라서 열정적인 반응은 치료자가 하는 작업의 피할 수 없는 한 부분이 된다. 그러나 성공적인 치료관계란 치료과정에 있는 각각의 참가자가 서로의 역할을 하는 것을 의미한다. 이러한 치료적 동맹관계 없이 내담자는 계속 피해자의 역할을 맡을 것이고 따라서 치료자는 결국 내담자의 요구에 힘과 열정을 소모하게 될 것이다. 그러므로 무력감이라는 주제가 계속 나타날 경우, 내담자가 책임지고 행해야 할 부분을 명확히 하는 것은 매우 중요하다.

통제 또한 자주 드러나는 주제로 내담자 체계의 한 구성원이 치료의 방향을 독선적으로 결정하는 상황에서 자주 나타난다. 내담자가 통제를 하려고 나선다면 많은 경우 치료자는 무능력하고 비판받고 있다는 생각을 하게 된다. 특히 젊은 치료자의 경우 내담자에게 동의를 받아 내려는 경향이 있는데, 이는 자신이 치료자로서 일을 잘해 나가고 있다는 확신을 얻기 위해서이다. 비판을 하거나 많은 것을 요구하는 내담자와 작업을 할 경우 치료자는 원래 자신의 계획과 의무를 잊기 쉽다. 게다가 치료자는 다른 가족이 행동한 것처럼, 즉 수동적으로 반응하게 될 수 있다. 그러므로 치료자는 자신의 약점과 한계를 알고 적극적으로 이를 시인하는 것이 중요하다. 인턴치료자는 자신이 가족치료를 배우고 있는 과정이라고 말하는 것에 편안해져야 하는데, 치료자가 지지적이고 계속적인 슈퍼비전을 받는다면 이것을 성취하는 것은 그리 어려운 일은 아닐 것이다.

치료자는 자신도 모르게 이 통제의 주제에 한몫을 하게 된다. 치료를 자신이 이끌어 나가야 한다고 믿는 치료자는 치료 시 내담자와 협력하는 과정에서 나타날 수 있는 무한한 잠재력을 과소평가한다. 또한 통제하고자 하는 사람은 역설적으로 가장 다치기 쉽거나 혹은 통제력이 없는 사람이라고 재해석을 할 필요도 있다. 통제를 하려는 사람은 대개 요구가 많은 사람들로서 조심성 있게 관계를 맺어 가야 한다. 내담자가 원래 남을 통제하려는 경향이 있다고 파악된다면 가족체계 내의 보다 치료적인 관계형성을 위해 그러한 행동이 생기게 된 원인이 무엇이었는지를 파악하는 것이 매우 중요하다.

세 번째 주제는 성이다. 특히 내담자와 치료자의 성별이 다른 경우 치료 중에 낭만적이거나 성적인 내용이 언어적 또는 비언어적으로 나타날 수 있다. 이로 인해 마음이 끌리거나 치료자는 두려움을 느낀다. 실제로 많은 인턴치료자가 내담자에 대한 성적인 꿈을 꾼 적이 있다고 얘기한다. 성적인 주제의 몇 가지 측면에 대해 살펴본다. 첫째, 성별 문제는 모든 인간과계의 일부분이며 이것을 피할 수는 없다. 게다가 이러한 성별 요인들을 성적화(sexualization)한다. 그들이 성 관련하여 학대를 당했거나 결핍이 있을 때 특히 그렇다. 마지막으로 원가족의 정서적 유산이 치료적 관계 안에서 이 영역이 얼마나 편하게 또는 불편하게 다루어질 것인가에 영향을 미친다.

일반적으로, 아무리 경험이 많아도 치료를 받거나 동료와 의논하는 것이 전문가로서 발전하기 위해 필요하다. 만일 치료자의 원가족 주제가 자신의 내담자에게 영향을 미친다면 치료는 꼼짝 못하게 될 것이다. 모든 치료자는 아킬레스건을 가지고 있지만, 우리 자신의 취약한 부분을 우리의 일에 사용하는 것은 치료를 향상시키고 풍요롭게 할 수 있다.

마지막으로, 치료자가 자신의 원가족 경험을 고려할 때 어떤 종류의 일을 잘할 수 있는지 인식하게 되면 자신의 에너지를 어디에 집중해야 할지가 분명해진다. 자신에 대해 배우는 것은 평생에 걸친 여정이며 이 직업은 이 길을 계속 갈 수 있는 멋진 맥락을 제공한다.

거듭되는 예약 취소와 노쇼 다루기

우울증으로 치료를 받아 오던 19세의 내담자가 취업 면접 때문에 치료 약속을 지키지 못했다. 또한 그는 치료자에게 약속을 취소한다는 전화를 거는 것조차 잊어버렸다. 청소년기의 한 내담자는 늦잠을 잔 이유로 치료에 오지 않았으며, 일찍 깨워 주지 않았다는 이유로 자기 어머니를 원망했다. 두 자녀의 불안장애로 치료를 받아 오던 가족이 약속을 계속 취소하며 재조정하더니 4주째 치료를 받지 못하고 있다.

약속을 취소하거나 회기에 빠지는 것은 치료자에게 내담자와 치료 전반에 대한 많은 정보를 제공하기 때문에 분명히 그 이유에 대해서 치료자는 신중하게 검토해야 한다. 체계론적 이론에서는 치료의 관계적 측면을 가정으로 하기 때문에 취소와 회기에 빠지는 행동 또한 이러한 관계적 관점에서 해석된다. 치료자는 전화를 통해서 약속을 취소하거나 회기에 빠진 이유와 의미를 검토해 보아야 한다. 이럴 경우 내담자에게 치료기관이 정한 회기 취소에 대한 규칙을 다시 한번 설명하고 혹시 내담자가 잘못 이해하고 있는 부분이 있었다면 그 부분을 다시 설명해 주는 것이 필요하다. 대부분의 치료기관은 내담자에게 24시간 전에 약속 변경에 대한 것을 알려 줄 것을 요구하고 있는데, 그렇지 않은 경우 치료비용이 내담자에게 부담된다. 물론 예외의 경우가 있을 수 있는데, 이러한 경우는 어떠한 상황을 뜻하는지 치료자는 내담자에게 이 부분에 대해 설명해 줄 필요가 있다.

연락도 없이 내담자가 치료회기에 나타나지 않았을 때 혹은 약속을 취소했을 때, 치료자는 치료의 전반적인 부분에 있어서 재평가를 할 수 있어야 한다. 특히 치료목표는 치료과정을 통해서 내담자의 참여 속에서 평가되어야 하는데, 내담자가 이렇게 하는 것에 불편함을 느낀다면 많은 경우 내담자는 자신의 불만족과 불편함을 치료 약속을 취소하거나 회기에 빠지는 방법으로 표현한다. 예를 들어, 만일 잦은 부부 싸움으로 부부치료를 받아 오던 내담자가 싸움의 횟수를 줄이고 싶다는 치료목표를 세웠다고 하자. 치료 기간 중 효과적인 의사소통 기술을 통해 내담자의 목표가 부분적으로 성취되었다. 그러나 상황이 진전되자 부부는 치료약속을 취소하고 다시 약속을 잡는 행동을 보이곤 한다. 이런 경우 치료자는 내담자에게 치료를 전반적으로 재평가하기 위한 회기를 하자고 요청할 수 있다. 이 회기를 통해서 치료가 부부의 목표를 달성시켰는지, 치료가 종결될 수 있는지, 약속이 좀처럼 어려운 시간에 정해져 왔다면 모두에게 보다 편리한 시간은 언제인지 혹은 부부가 생각하는 다른 치료목표가 있는지에 대해서 전반적으로 평가를 해 나간다. 이런 경우 치료자는 내담자와 협조적인 자세를 취하는 것이 매우 중요한데, 이는 치료자와 내담자가 서로 다른 치료목표를 갖고 있을 수 있기 때문이다.

치료회기를 취소하거나 시간에 나타나지 않는 것은 내담자 체계가 치료과정에 대해서 전반적으로 확신이 없기 때문일 수도 있다. 예를 들어, 우울증을 겪고 있는 청소년이 치료를 통해 자신의 의사와 요구를 보다 분명히 표현하기 시작했다고 하자. 청소년은 이 과정에서 평소와 달리 소리를 지를 수도 있을 것이며, 이런 경우 그의 가족은 그리 달갑지 않은 자녀의 태도에 치료가 정말 도움이 되고 있는 건지를 반문할 것이다. 따라서 내담자나 그 가족이 회기를 취소한다면, 이는 때때로 그들이 겪고 있는 변화에 대한 불명료하고 혼동된 상태를 표현하는 것이 될 수 있다.

또 다른 이유의 하나는 치료 전 동맹관계의 문제일 수 있을 것이다. 특히 원가족 문제, 예를 들어 부모에 의해서 버려지는 것에 대한 두려움을 겪었던 내담자나 혹은 경계선 장애나 사람을 회피하는 성격장애를 겪고 있는 내담자의 경우 더욱 그러할 수 있다. 또한 어떤 내담자는 회기 중에 치료자가 다른 가족의 이야기에 더 귀를 기울이는 듯한 태도에 매우 민감한 반응을 보인다. 그들은 치료자가 자신의 얘기를 중요하게 여기지 않고 있다고까지 생각하게 된다. 내담자는 이러한 심정을 치료약속을 '잊었거나' 혹은 아예 나타나지 않는 간접적인 방법으로 나타내게 된다. 치료자가 활용하는 치료모델에 따라 이러한 상황은 중하게 혹은 경하게 다뤄질 수 있다. 그러나 모든 치료자는 치료의 성공적인 진전을 위해서 내담자와의 동맹관계를 정기적으로 점검해 볼 필요가 있다.

또한 동기 결여나 여러 이유로 인해 삶에서 무엇인가를 꾸준히 하지 못하는 경향이 있는 내담자 또한 치료 약속을 지키거나 지속적으로 치료를 받는 것에 많은 어려움을 경험할 것이다. 법원의 명령에 의해 어쩔 수 없이 치료를 받아야 하는 내담자 혹은 다른 치료자에 의해 의뢰된 내담자의 경우가 그러한데, 이럴 경우 내담자의 동기 정도와 치료에 대한 의욕을 파악하는 것이 사례를 관리하는 데 도움이 된다.

물론 실제적인 이유로 치료약속을 지키지 못하는 내담자도 있다. 특히 내담자가 경제적으로 어려움을 겪고 있다거나 혹은 사회적인 문제가 있을 수도 있을 것이다. 예를 들어, 경제적인 어려움이나 혹은 대중교통의 어려움 등으로 치료를 받으러 올 수 없을 수도 있다. 이런 실제적인 어려움을 파악해서 계속해서 치료를 받을 수 있는 자원을 늘릴 수 있는 방법을 협상하는 것이 중요하다. 일주일에 한 번 치료약속을 잡는 것은 마법 같은 일이 아니다. 이 형식은 매주 3~5회기를 예약하는 초기의 정신분석 패턴에서 비롯되었다. 체계론적 개입은 창의적으로 관리될 수 있다. 일부 이탈리아 가족치료자(밀란 그룹)는 몇 시간 동안 집중적으로 가족과 작업한 후 몇 달간 가족과 만나지 않는 접근을 사용하기도 했다.

중요한 것은 치료자가 노쇼나 약속 취소의 의미를 적극적으로 이해하고 치료적으로 이 의미를 관리하는 것이다.

치료 참여를 거부하는 가족

가족치료에 참여하지 않은 가족이 있다면 그 이유는 여러 가지일 수 있다. 이에 대해 맨 처음 평가해 보아야 할 부분은 가족 내의 의사소통 부분이다. 우선 치료에 참석해 달라는 요청을 받았는지, 그랬다면 어떤 방식으로 대화가 진행됐는지 등에 대해 평가해 보아야 하는데, 때론 치료의 참여를 놓고 가족간에 언쟁이 있을 수 있으며 따라서 이러한 경우 치료는 문제해결의 수단이라기보다는 문제 자체가 될 수도 있다. 가족들이 "어디 내가 이기나 네가 이기나 보자." 식의 힘겨루기를 하고 있다면, 치료자가 개입을 통해 가족을 치료회기에 초대할 수 있다. 이때 전화통화를 통해 치료에 참여를 시키는 것도 유용한 방법이 될 수 있다.

참여를 회피하는 이유 중의 하나는 단순히 문제가 없다고 생각하기 때문일 수 있다. 부부 중의 한 사람은 치료를 절실히 원하는 데 비해 다른 사람은 치료의 필요성에 대해서 애매한 태도를 취하기도 하는데 이러한 경우는 부부치료에서 흔히 관찰되는 예이다. 이들은 아무 문제가 없다고 생각하기 때문에, "내가 거길 왜 가야 하는데?"라고 묻는다. 이런 경우 치료자는 누가 문제가 있느냐 없느냐를 떠나서 참여를 꺼리는 가족에게 치료자가 제공할 수 있는 가치 있고 의미 있는 견해와 정보에 대한 면을 강조하는 것이 유용하다. 또한 회기에 참석하지 않을 경우 결국 그들의 생각이나 견해가 잘못 전달되거나 아예 전달되지 않을 수 있다는 것을 강조하면서, 그들의 이야기를 나눌 최고의 적임자는 결국 당사자임을 전달할 필요가 있다.

물론 가족 간의 불편함 등을 이유로 회기 참여를 거부하는 경우도 있다. 경우에 따라서는 가족의 하위체계와 먼저 치료를 시작하고 다른 가족의 참여 전에 그 하위체계와의 치료적 관계를 공공히 할 수 있다. 단지 함께 있다는 것 혹은 직접 대화를 나눈다는 것 자체가 이례적인 가족도 있을 수 있으며, 이런 경우 점진적으로 수차례의 치료회기를 통해 가족의 참여를 다룰 필요가 있다.

치료를 주저하는 가족은 치료 자체에 대해 부정적이거나 그 전의 경험한 치료의 기억이 안 좋을 수 있다. 따라서 이전에 치료를 직간접적으로 경험한 적이 있다면, 그 경험에 대해 이야기해 보는 것이 중요하다. 때에 따라서는 한 회기라도 참석해 보기를 권하는 것이 필요할 때가 있다. 이 회기는 서로의 이야기를 듣고 나누는 기

어, 치료자는 자신의 능력이나 신뢰성에 도전하거나, 자신의 정서적, 신체적 안전을 위협하거나, 변화의 동기가 거의 없는 내담자를 싫어할 수 있다.

그 이유 중의 하나로 역전이에 의한 것을 생각해 볼 수 있다. 치료자가 개인적으로 관계의 어려움을 겪었던 사람(예: 부모, 형제자매, 연인)을 내담자가 연상시키지는 않는가? 혹은 치료자가 겪었던 비슷한 학대(예: 아동학대, 가정폭력, 외도)를 내담자가 다른 가족에게 한 적이 있는가? 내담자가 치료자가 편견이나 부정적인 선입견을 가지고 있는 특정 집단(예: 인종, 성적 취향, 종교 등)에 속해 있는가? 이러한 질문에 '그렇다'고 대답했다면 이는 역전이를 뜻하는 것이며, 이 문제는 슈퍼비전이나 치료자의 개인치료에서 다뤄져야 할 것이다. 더 심한 경우에는 내담자를 다른 치료자에게 의뢰하는 것이 내담자의 이익을 위한 보다 나은 방법이 될 수도 있다.

많은 경우에 치료자가 내담자에게 느끼는 부정적인 반응은 중요한 진단에 대한 정보가 된다. 늘 남을 탓하는 내담자의 행동에 치료자가 불편함을 느낀다면 이는 내담자가 자신의 인생이 타인의 뜻에 의해 좌우된다고 믿고 있음을 뜻할 수 있다. 매사에 비판적이고 쉽게 화를 내는 내담자는 우울증으로 어려움을 겪고 있는 것일 수 있다. 어떤 상황에서는 치료자가 호감을 느끼지 못하는 내담자와의 역동관계가 자신이 다른 가족과 맺고 있는 역동관계와 평행적으로 일치함을 깨닫게 되기도 한다. 따라서 저변에 깔린 임상적 이유와 평행적 과정 혹은 역동을 파악하는 것이 치료자가 전문가로서 내담자에 대한 객관성을 유지하고, 내담자에 대한 부정적 감정을 효과적으로 다루는 데 도움이 된다.

치료자가 갖고 있는 내담자에 대한 견해는 다른 이들에 의해 결정되기도 한다. 내담자에 대한 다른 가족의 부정적인 생각, 특히 치료자가 내담자를 직접 만나 보기 전에 이러한 견해를 먼저 듣게 된다면 이는 치료자의 내담자에 대한 생각과 느낌에 많은 영향을 끼칠 수 있다. 반대로 내담자를 좋아하는 가족을 파악하여 그들의 강점에 대해 이야기를 듣는 것이 도움이 될 수 있는데, 이는 치료자가 간과한 내담자의 강점을 다시 인식하게 하는 데 도움이 되기 때문이다.

내담자에게 받은 처음의 느낌이 비호감이나 불안일 수도 있다. 그러나 내담자가 겪고 있는 문제와 그 상황을 바르게 이해하는 것이 치료자의 견해를 변화시키는 데 도움이 되기도 한다. 화를 내고 남을 탓하기만 하는 내담자는 상처와 거절당한 상처, 두려움 등을 경험하고 있는 것일 수 있다. 또한 자존감이 극히 낮은 내담자는 이에 대처하기 위해서 사람들이 그를 좋아하지 못하게 만드는 부적응적인 방법(예: 자기애 성향)을 발전시켜 왔을 수 있다. 물론 많은 내담자가 치료를 시작하면서 느끼는 초기의 긴장과 불안 때문에 자기 방어적인 거리를 두게 된다. 40세의 남성 내담자가 있었는데, 그는 첫 회기에서 단 세 번의 회기 동안 그가 원하는 변화를 만들어 내야 하며 그렇지 않으면 치료를 그만두겠다고 선포했다. 이는 결국 그 나름의 불안을 조절하는 방법이었던 것이다. 처음에는 내담자가 안전하다고 느끼고 어떤 변화에 대해서든 그가 통제력을 갖고 있다는 것을 확인시키는 것이 필요했다. 이러한 과정 후에서야 그 내담자는 자신의 보다 진솔된 모습과 문제를 드러낼 수 있었다. 그가 이해받고 있다는 생각이 들면서 세 번의 회기라는 시간제한은 중요하지 않은 이슈가 되었다.

치료자가 호감을 느끼지 못하는 내담자와 성공적으로 치료를 해 나갈 수 있도록 돕는 여러 가지 방법이 있다. 우선 내담자가 갖고 있는 긍정적인 면을 찾아보는 것인데, 실제로 부정적인 성격이나 태도 등도 보다 긍정적인 것으로 재명명될 수 있다(예: 고집스러움이 인내 혹은 끈기로 재해석될 수 있다). 치료자가 남에게 해(예: 아동학대, 가정폭력)를 끼친 내담자를 좋아하는 데 어려움을 겪는다면 그 내담자를 문제행동으로부터 분리시키는 것이 유용하다. 이러한 접근법을 잘 나타내는 문구가 "하나님은 죄는 미워하시지만 죄인은 사랑하신다."이다. 문제로부터 사람을 분리시키는 방법은 치료자가 내담자에 대해서 열정을 느끼면서도 그들의 문제를 축소시키는 것을 피하는 방법이다. 또한 치료자는 내담자의 삶에 대해서 더 많이 알아감으로써 공감을 해 나가야 한다. 많은 경우, 치료자는 내담자가 겪었던 험난했던 시련 혹은 여러 상황적 이유를 더 배워 가면서 내담자의 행동을 보다 깊이 있게 이해하게 된다. 특히 개인의 다세대 간 맥락을 이해하는 것은 내담자에 대해서 더 깊이 있는 이해를 도울 수 있다.

치료자가 내담자를 좋아하지 않는 문제로 어려움을 겪고 있다면 슈퍼비전을 받는 것이 좋다. 슈퍼바이저는 내담자에 대한 새로운 관점을 제공할 수 있을 것이다. 많은 경우, 치료자가 싫어하는 내담자는 다루기 어려운 내담자이기도 하다. 슈퍼바이저는 어려운 사례에 어떻게 접근해야 할지에 대한 지침을 제공해 줄 수 있을 것이고 그것이 내담자에 대한 당신의 좌절감을 완화시킬 것이다.

기관은 어떻게 고착에 기여하는가

지난 몇 세기 동안 가족치료라는 영역이 그 명성과 인정을 받아 오고 있지만 아직도 정신건강 영역에서는 상대적으로 새로운 부분이기 때문에 개인중심적 치료에 익숙한 기관들은 체계론적 접근법을 낯설어할 수 있다. 예를 들어, 기관은 치료자가 '가족 파일'을 보관하도록 허용하는가, 아니면 각 가족이 진단이나 정신상태 검사를 받을 때 개별적으로 평가될 필요가 있는가? 그 기관에는 가족치료의 이론과 실천에 정통한 고참 슈퍼바이저가 있는가? 실제로, 기관의 치료실은 가족의 필요를 충족시키기에 충분한 공간을 제공하는가? 저녁시간과 주말 근무시간을 제공하는가? 이러한 문제들을 고려하지 않는다면 기관의 조직은 전체 가족의 효과적인 치료를 방해할 수 있다.

초보 가족치료자는 기관에서 일을 시작하기 전에 체계론 중심의 치료에 대한 기관의 헌신 수준을 알아둘 필요가 있다. 이러한 평가를 통해서 기대와 변화가 긍정적으로 촉진될 수 있다. 치료를 할 때처럼 누가 가족치료에 더 지지적인지, 그들이 기관에서 어떤 역할을 하고 있는지 알아본다. 상담소나 기관을 보다 가족치료에 적합한 곳으로 만들기 위해서 중요한 변화가 필요하다면, 가족치료자는 그 변화과정에 솔선해서 참여해야 할 것이다. 치료자의 체계론적 견해를 나눌 수도 있을 것이며, 기관의 여러 형식을 가족치료에 적합하게 바꿀 수도 있을 것이다. 기관 내에서 가족치료에 대해 같은 견해를 갖고 있는 이가 없다면 기관 밖에서라도 뜻을 같이 하는 가족치료자를 찾아야 한다.

흥미롭게도, 관여하고 있는 여러 체계—내담자, 치료자 그리고 치료기관—가 서로 고착상태에 맞물려 있을 때 이는 가장 저항적인 사례가 된다. 이런 경우를 이질동형관계(isomorphism)라고 하는데, 이는 여러 체계 사이에서 비슷한 관계구조가 발생하는 현상을 의미한다. 체계는 여러 영역에서 같은 관계를 다시 재현하는 경향이 있기 때문에 체계의 한 영역에서 관찰된 문제들이 다른 영역에서 똑같이 발생하는 것을 목격하게 된다. 예를 들어, 아내가 남편이 변하리라는 것에 희망이 없다고 호소한다. 치료자는 여러 개입을 통해서 부인이 남편과의 관계에서 다른 역동을 개발하도록 도왔지만 번번히 실패했으며, 부인은 계속 같은 방식으로 행동한다. 슈퍼바이저는 치료자가 다른 치료법을 사용해 보도록 지도했지만 치료자는 몇 회기 더 현재의 의제에 머무르기를 원한다. 이 세 가지 관계의 층에서 관찰되는 양상이 바로 이질동형관계로서 체계 내에서 나타나는 비슷한 유형의 상호작용을 말한다. 이러한 양상은 물론 긍정적일 수도 있다. 그러나 때에 따라서 이는 체계 내의 고착된 부분에 대한 신호로 여겨질 수도 있다. 가족치료자인 칼과 그의 내담자 밥의 사례를 살펴보자. 칼은 근무하는 기관 내에서 여러 어려움을 경험하고 있었는데, 이는 결국 밥의 치료과정에 직접적인 영향을 끼치게 된다.

32세의 백인 밥은 다소 꺼리는 맘으로 약물중독치료 병원에 입원했다. 이혼을 하겠다고 공공히 위협하는 아내와 알코올중독으로 인해 지장을 받고 있는 그의 업무기능을 걱정한 상사의 권유가 있었기 때문이다. 그러나 밥은 자신이 술을 자주 즐길 뿐 별 문제가 없다고 생각하며, 원하기만 하면 언제나 끊을 수도 있다고 생각한다. 물론 밥도 주중에 술을 너무 많이 마시는 행동은 삼가야 한다는 생각에는 동의를 한다. 실제로 그는 2~3개월간의 금주에 여러 차례 성공한 적도 있다. 밥은 아내가 자신이 업무로 인한 스트레스로 술을 먹게 되는 것을 좀 더 이해해 주고 문제 삼지 말며 자신의 문제에나 집중하면 좋겠다고 생각한다. 그럼에도 불구하고 그는 직장과 아내를 잃을지도 모른다는 두려움으로 치료를 찾았다. 회기 중 밥의 태도는 다소 회의적이었으며 치료를 받고 있는 것 자체에 대해 매우 불만스러워했다. 밥은 아내에게 약속한 게 있기 때문에 당분간만 치료를 받겠다고 했으며, 치료목표가 무엇이냐는 질문에 그는 왜 자신이 병원에 있어야 하는지 또 대체 누가 이런 결정을 내리는지 아직도 생각 중이라고 했다.

밥의 치료자인 칼은 가족치료자로 그 자신도 알코올중독을 겪은 경험이 있으며, 과거 7년간 물질남용과 관련해서 일해 온 경험이 있다. 지난 12년간 금주해 온 칼은 매우 성실한 치료자로 12단계 치료법과 정신치료를 접목해서 내담자가 금주할 수 있도록 돕는 방법에 확신을 가지고 있다. 긴 업무 시간에도 불구하고 작업에서 많은 만족을 느끼는 칼은 물질남용이라는 질병의 성격과 시간적 한계를 고려할 때 치료에서 성취할 수 있는 것에 대한 현실적인 그림을 가지고 있다. 칼은 밥처럼 치료에 저항하고 문제를 부인하려 하는 내담자들과 많이 일해 본 경험이 있는데, 밥도 다른 참여자들처럼 집단치료 과정을 통해서 자신의 문제에 대한 새로운 인식을 해 나갈 것이라 기대하고 있다.

첫 번째 회기에서 밥의 분노는 칼을 향했다. 밥은 칼이 자신을 제대로 이해하지 못하면서 자신을 병원에 오래 머물게 하는 것에만 급급하다고 불평했다. 칼은 치료자로서의 거리를 유지하면서 밥이 갖고 있는 치료에 대한 전반적인 느낌에 대해 질문을 해 갔다. 밥은 회기 내내 답변을 하기는 했지만 여전히 전반적으로 공격적인 태도를 보였다. 두 번째 회기에서 밥은 집단치료 회기에 대해 얘기하면서 자신이 왜 그 집단에 속해야 하는지 알 수 없다고 했다. 특히 밥은 집단치료를 같이 받은 사람들 중에서 자신처럼 치료과정에 대해 회의적이었던 두 사람의 얘기를 했는데, 치료자는 더 많은 대화와 질문을 통해서 밥이 치료에 대해 느끼고 있는 불안에 대해서 이야기하도록 도울 수 있었다. 칼은 회기를 마치며 비로소 동맹관계가 형성되기 시작했다고 느끼면서 밥의 치료가 시작됐다고 생각했다.

첫 주의 치료는 잘 진행되었다. 밥은 칼의 의견을 존중했으며, 칼 또한 밥의 진전에 매우 흡족해하고 있었다. 칼은 밥의 모습에서 자신을 보는 듯했으며, 그런 이유로 다른 환자들보다는 좀 더 쉽게 밥에게 자신이 알코올중독을 힘겹게 이겨 온 이야기를 나누기 시작했다.

첫 주가 끝날 무렵 칼은 그의 슈퍼바이저와 문제를 경험하면서 동시에 일하고 있는 병원의 규칙에 대해 불만이 생기기 시작했다. 슈퍼바이저는 칼이 환자들과 치료는 잘 하고 있다고 생각했지만 그에 비해 보고서를 작성하는 부분이 미약하다고 평가했다. 이에 대해 칼은 슈퍼바이저가 질적인 치료를 제공하는 것보다는 너무 사무적인 부분만 중시하는 것 같다고 느꼈으며, 이는 모두 슈퍼바이저가 자신의 자리를 지키는 것에만 관심이 있기 때문이라고 생각했다. 이러한 생각이 슈퍼비전에서 불거지면서 칼은 슈퍼바이저와 껄끄럽게 미팅을 마쳤다.

밥과의 다음 회기에서 칼은 여전히 슈퍼바이저에 대한 껄끄러움을 느끼고 있었다. 급기야 부적절한 것을 알면서도 칼은 병원에서 일하면서 자신이 경험한 불만과 어려움을 밥에게 얘기하기 시작했으며, 그것이 그날 회기의 주제가 되었다. 밥은 칼이 느끼고 있는 병원에 대한 불만에 많은 관심을 보이며 여러 질문을 했다. 회기를 마무리할 때쯤 밥은 자신 또한 직장에서 상사와 비슷한 어려움을 겪었노라고 얘기했다.

다음 집단치료에서 밥은 치료를 그만두겠다고 얘기한다. 그는 병원의 프로그램이 "우선순위를 제대로 정하고 있지 못하다."는 것을 알았으며 자신은 "이곳에 속하지 않는다."라고 말했다.

이 사례에서 나타났듯이 이 치료자는 이질동형관계의 과정이 생길 때 그것을 인지하는 것이 무엇보다도 중요하다. 이러한 통찰력이 없다면 분명 이질동형관계는 치료에 해가 될 수 있다. 치료자가 이러한 점을 깨닫고 그에 맞게 대처할 때 보다 효율적으로 내담자를 위한 치료를 진행해 나가게 된다.

기관이 고착에 기여할 수 있는 또 다른 방법은 치료를 하는 데 있어서 특정한 모델을 엄격하게 고수하는 것이다. 기관은 특정한 틀이 대체로 특정 인구나 문제에 효과가 있다는 것이 입증되었기 때문에 그 틀을 사용하는 데 전념했을 수 있다. 그러나 이 모델이 자신의 필요에 들어맞지 않는 내담자들이 있을 수 있다. 치료자가 이러한 문제에 직면하게 되면 내담자가 수정된 다른 접근 방식을 필요로 하는 이유를 지지해야 할 수도 있다. 치료자가 치료모델에 많은 필수적인 요소를 유지할 수만 있다면 슈퍼바이저나 기관은 아마도 치료계획을 수정하는 데 더 우호적일 것이다. 치료자가 기관에서 요구하는 치료를 내담자의 요구에 맞게 수정할 수 없다고 느낀다면 의뢰를 고려해야 할 필요가 있다.

슈퍼비전

성공적인 치료를 방해하는 여러 걸림돌이 있다. 이러한 상황은 특히나 치료 초기에 더 잘 나타나는데 이러한 어려움들을 제거하는 것에 있어서 가장 중요한 것은 치료자의 실수를 통해 배우려는 의지와 열린 마음일 것이다. 이때 안정감과 지지를 느낄 수 있는 슈퍼비전은 초보 치료자가 문제들을 피해 가며 견고한 발판을 발견하도록 돕는다.

노련한 임상기술과 슈퍼비전 기술을 모두 가지고 있는 슈퍼바이저를 만나는 것이 이상적이다. 예를 들어, 미국 결혼가족치료협회를 통해 승인된 슈퍼바이저는 슈퍼비전에 대한 특별교육을 받았다(슈퍼비전에 대한 슈퍼비전 포함). 물론 슈퍼바이저의 자격이 중요하기도 하지만, 슈퍼비전의 효율을 높이기 위해서 치료자가 해야 할 역할이 있다. 특히 치료자는 사례 중에서 치료자가 어려움을 경험하고 있는 부분을 솔직히 나누려 하는 의지와 이 부분을 비디오로 녹화하여 슈퍼비전을 받거나 혹은 슈퍼바이저가 일방경 뒤에서 관찰하는 방법을 통해서 슈퍼비전을 받으려 하는 자세를 보여야 한다. 치료자가 본인이 자신 있어 하는 사례나 치료의 부분만을 보이려 한다면, 이는 결과적으로 치료자로서의 역량을 높이고 성장할 수 있는 기회를 놓치는 것이 된다.

고전 중인 사례를 슈퍼비전에 가져오는 것은 힘들 수 있지만 그렇게 함으로써 치료자로서의 성장에 헌신하고 있음을 나타낼 수 있다. 또한 치료자는 슈퍼바이저나 그룹 슈퍼비전의 동료들보다 자신이 한 일을 훨씬 더 부정적인 시각으로 볼 가능성이 높다는 것을 알아두어야 한다.

슈퍼비전을 위해 미리 준비하면 슈퍼비전을 받는 쪽과 제공하는 쪽 모두에게 유익하다. 사려 깊고 적절한 질문을 가져오는 것이 도움이 될 수 있다. 사례개념화에 대해 도움을 청하거나 치료에서 발생하는 문제를 어떻게 다루는 것이 가장 좋을지에 대해 도움을 요청할 수 있다. 아니면 사례가 치료자에게 미치는 영향(예: 자신감, 역전이)에 대해 슈퍼바이저와 의논하고 싶을 수도 있다. 일반적으로 질문을 잘할수록 유용하고 분명한 방향을 얻게 될 가능성이 크다.

슈퍼비전이 치료를 처음 시작하는 치료자에게 매우 소중하고 값진 경험이지만, 때론 혼동을 야기할 수 있다. 특히 치료자가 몇 명의 슈퍼바이저와 함께 일을 한다면 그리고 치료자가 받은 제안들이 다르거나 대립할 경우라면, 그 혼동은 더욱 심화될 것이다. 때론 이러한 혼동을 치료자의 임상적 직감에 충실함으로써 해결해 나갈 수 있으며, 내담자와의 친밀한 관계를 통해서 어떤 제안이 내담자에게 더 효과적일 것인가를 감지할 수 있을 것이다. 상반된 제안 속에서 어떤 것을 취해야 할지 혼동된다면 이는 내담자에 대한 평가가 더 이뤄져야 함을 의미하는 것일 수도 있다. 사례에 대해서 보다 많은 정보를 얻어 가는 동안 어떤 치료모델과 개입을 사용해야 할 것인가에 대한 분명한 판단이 서게 된다. 혹은 내담자에게 두 가지 제안을 공유하고 어떠한 것이 그들의 상황에 더 적합하고 유용할 것인가에 대해 대화를 해 볼 수도 있다. 마지막으로, 이 상반되는 제안을 슈퍼바이저와 함께 얘기해 볼 수도 있다. 이러한 경우 슈퍼바이저는 각각의 제안이 갖는 장점과 약점을 토론해 보고, 상반되는 견해를 해결할 수 있는 가능한 방법을 모색해 볼 수 있을 것이다.

슈퍼바이저가 여러 이유로 인해 치료자에게 맞지 않을 수도 있다. 이러한 경우 적합도가 낮은 이유로 여러 요소를 생각해 볼 수 있다. 치료자와 슈퍼바이저가 사례를 이해하고 접근하는 방법에 있어서 서로 다른 치료모델을 사용한다면 당연히 접합도가 떨어질 것이다. 또한 치료자가 필요로 하는 점이 슈퍼바이저의 방법과 일치하지 않을 수도 있다. 예를 들어, 슈퍼비전에서 치료자의 자기(self-of-therapist) 주제를 탐색하는 데 흥미가 있는 치료자는 이론이나 사례개념화에 집중하는 슈퍼바이저에게서 좌절감을 느낄 것이다. 또한 슈퍼바이저는 그 대화 방식이 직간접적인 면에 있어서, 위계적이거나 상호 협조적인 면에 있어서, 긍정적이거나 부정적인 피드백을 나누는 정도에 있어서 매우 다를 수 있다. 이렇게 제시된 요소들과 그 외의 요소들에 의해서 치료자가 느끼는 슈퍼바이저와의 합에 영향을 받을 수 있다. 따라서 앞서 언급했듯이, 치료자는 필요로 하는 점을 분명히 슈퍼바이저에게 전달할 의무가 있는데, 이는 결과적으로 치료자의 성장에 맞는 슈퍼비전을 제공하기 위해 슈퍼바이저가 다르게 제공해야 할 변화들이 가능할 수 있게 하는 근본적인 요소가 된다.

자기-슈퍼비전을 위한 질문

임상경험이 많은 슈퍼바이저로부터 슈퍼비전을 받는 것 외에도 치료자는 스스로 행할 수 있는 슈퍼비전의 기술을 개발시켜 나갈 필요가 있다. 즉, 치료자는 일반적 슈퍼비전을 대신해서 사용될 수 있는 자기 통찰과 반향의 방법을 개발할 필요가 있다. 치료자 스스로 녹화된 치료회기 비디오 테이프를 보는 것은 치료 도중 발생한 일에 대해 보다 객관적인 견해를 얻는 데 도움이 된다. 많은 경우 슈퍼비전 전에 자신의 테이프를 관찰한 치료자는 뜻밖에 발견한 내용이나 견해가 사례를 이해하는 데 많은 도움이 됐다며 놀라워하곤 한다.

치료자는 어려움을 느끼는 사례를 접할 경우 스스로가 개발한 일련의 질문에 답함으로써 해결책을 모색해 보기도 한다. 자가 진단적 슈퍼비전 사례들이 〈표 11-1〉에 소개되었다. 예를 들어, 치료 도중에 별다른 변화나 움직임이 없어서 고민에 빠진 치료자는 자가질문 과정을 통해 그간 내담자보다 자신이 더 열심히 치료에 임하고 있었다는 깨달음을 얻을 수도 있다. 이런 깨달음을 통해서 치료자는 내담자의 치료에 대한 동기에 대해서 생각을 해 보거나 혹은 내담자가 느낄 수 있을 변화에 대한 두려움에 대해서 생각해 볼 수 있을 것이다. 이러한 방식으로 〈표 11-1〉에 소개된 질문들은 자기-슈퍼비전에 있어서 유용하게 사용될 수 있다.

〈표 11-1〉 자기-슈퍼비전 질문서

고착되었다고 느끼거나 내담자의 저항을 느낄 때 스스로에게 질문하라.
1. 나는 치료자로서 내담자보다 더 열심인가? 그렇다면 그 이유는?
2. (내담자가 힘들어하는) 변화의 부정적인 결과는 무엇인가?
3. 문제가 어떤 긍정적인 기능이나 목적에 도움이 되는가?
4. 나는 내담자의 목표를 명확하게 평가했으며 내담자는 내가 그 목표의 달성을 위해 일하고 있다고 생각하는가?
5. 나는 내담자와 강한 치료적 관계를 형성했는가?
6. 내담자는 치료와 치료자가 믿을 만하다고 보는가?
7. 나의 좌절감이 치료를 방해하는 내 개인적인 문제의 징후일까?
8. 나의 반응은 시스템과 동형인가?
9. 나는 내담자들과 변화에 대한 책임의 균형을 적절하게 맞추었는가? (아니면 다른 내담자들보다 한 내담자의 편을 들고 있는가?)
10. 나는 두세 개의 치료적 이슈나 주제를 결정했는가, 아니면 한꺼번에 너무 많은 것에 초점을 맞추려고 하는가?
11. 나는 치료 또는 치료 관계에 영향을 미칠 수 있는 문화적 또는 맥락적 요인에 민감한가?

연구나 문헌을 사용하여 고착 벗어나기

가족치료에 관한 연구는 난해한 사례를 다루는 경우에 많은 도움을 제공한다. 특히 치료자가 많은 경험이 없는 문제나 특정 집단과 일을 할 경우 가족치료에 관한 임상 자료를 읽는 것은 매우 유용할 수 있다. 외도로 인해 어려움을 겪고 있는 부부들과 작업해 본 경험이 없는 치료자는 이 주제를 다루고 있는 서적과 연구논문을 읽음으로써 불륜과 외도문제를 겪는 부부가 풀어 나가야 할 문제들에 대해서 많은 정보와 지식을 얻을 수 있다.

다음에 소개되는 5A[Ask(질문하기), Acquire(얻기), Appraise(평가하기), Apply(적용하기), Analyze and Adjust(분석하고 조정하기)]는 임상 실제에 도움이 되는 연구자료와 도서를 찾는 데 유용한 단계별 지침서가 될 것이다. 첫 번째 단계 '질문하기'에서는 연구자료를 찾기 전에 치료자가 무엇에 관한 자료를 원하는지를 질문한다. 평가에 관심이 있는 건지 혹은 사례와 관련해서 어떤 특정 치료법에 관심이 있는 건지를 확실히 할 필요가 있다. 원하는 것이 무엇인지가 분명할 때 자료 수집의 범위가 좁혀질 수 있다.

질문을 만들었으면 질문에 대한 답을 얻기 위해 연구나 문헌을 찾아본다(두 번째 단계, 얻기). PsyINFO(www.apa.org/psycinfo)는 심리학 논문과 문헌의 가장 포괄적인 데이터베이스를 제공하며 자료를 찾을 때는 보통 여기서부터 시작한다. PsyINFO는 많은 대학 도서관을 통해 접근할 수 있다. GoogleScholar(https://scholar. google.com)는 인터넷에서 학술 논문을 검색하는 데 사용될 수 있다. 증거 기반 정신건강(Evidence Based Mental Health: ebmh.bmjjournals.com)은 의학과 정신건강학 분야에서 실행된 많은 연구에 관한 요약들이 제공되는 논문 사이트이다. 또한 메드라인(Medline)처럼 생의학과 관련된 논문들을 유용하게 찾아볼 수 있는 사이트가 있는데, 이곳은 PubMed(www.ncbi.nlm.nih.ogv/pubmed) 사이트를 통해서 무료로 사용이 가능하다. 또한 연구자료에 대한 요약을 제공하는 Cochrane Database of Systematic Reviews(www.cochrane.org)나 Campbell Collaboration(www.campbellcollaboration.org) 또는 UpToDate(www.uptodate.com) 등은 유용하게 사용될 수 있다. 처음 검색했을 때 논문의 수가 많지 않으면 참고문헌을 검토해서 다른 관련 문헌들을 찾을 수 있다. 참고문헌의 제목에는 검색을 확장하는데 사용할 수 있는 다른 키워드도 포함되어 있을 수 있다. 일부 데이터베이스를 통해 현재 논문을 인용한 다른 논문을 볼 수 있으며 이는 적절한 자료를 추가로 찾는 데 도움이 될 수 있다.

어떤 경우에는 질문에 적용될 수 있는 풍부한 논문을 발견할 수 있다. 문헌이 너무 많은 경우에는 출판일, 출판유형(예: 동료 검토), 인구연령(예: 청소년, 성인) 또는 기타 기준에 따라 검색을 제한하는 것을 고려해 볼 수 있다. 또한 어떤 주제에 대한 연구가 많이 있다면, 분석연구(reviews of literature)나 메타분석을 찾아볼 수 있다. 이러한 것들을 찾을 수 있으면 시간을 절약할 수 있다. 그것들은 주요 문헌이나 연구를 찾고 요약해 주기 때문에 편리하다.

〈표 11-2〉는 연구에 대한 기본적인 이해를 가지고 있는 독자가 대체로 강한 연구와 중요한 약점이 있는 연구를 구별하기 위한 질문을 나열하고 있다. 그러나 연구의 질을 측정하기 위해 좀 더 간접적인 방법도 사용할 수 있다. 동료 검토 학술지에 기재된 연구는 좀 더 믿을 만하다. 또한 권위 있는 학술지는 연구를 엄선하여 출간하기 때문에 더 수준 높은 연구를 포함하고 있다.

세 번째 단계(Appraise)는 논문이나 자료의 질을 평가하는 것이다. 물론 연구방법론이 탄탄한 논문은 더 신뢰가 갈 것이다. 〈표 11-2〉는 연구법에 대해서 일반적 이해를 갖고 있는 치료자가 연구의 장점과 단점을 평가함에 있어서 꼭 살펴보아야 할 부분들에 대한 질문을 나열하고 있다.

〈표 11-2〉 연구논문 평가 질문서

서론과 문헌 연구

1. 연구의 목적과 필요성은 명확하게 설명되어 있는가?
2. 문헌 연구는 관련 연구를 다루고 있는가?
3. 인용된 문헌은 최근의 것인가?
4. 문헌 연구는 기존의 문헌을 비판하는가, 아니면 단순히 요약하는가?

연구방법

측정도구

1. 연구도구는 적절히 설명되어 있는가?
2. 연구에서 사용한 측정도구의 내적 신뢰도, 검사-재검사 신뢰도의 증거가 있는가?
3. 코딩 시스템이 사용되었다면 평가자 간 신뢰도의 증거가 있는가?
4. 도구의 타당도(예: 내용 타당도, 준거 타당도, 공인 타당도, 구성개념 타당도)의 증거가 있는가?
5. 측정도구에서 고려한 다른 사항(예: 반응성, 민감성)이 있는가?

표본 추출 및 외적 타당도

1. 모집단을 대표하는 표본을 추출하기 위해 어떤 과정을 거쳤는가? 표본 추출을 위해 확률 추출(예: 무선 추출, 체계적 추출, 층별 추출, 군집 추출)을 사용했는가, 비확률 추출(예: 편의 추출)을 사용했는가?
2. 낮은 응답률은 표본의 대표성을 위협하는가?
3. 표본의 인구학적 특성이 적절하게 묘사되었는가?
4. 표본은 다양성(예: 인종, 종족, 성별)을 적절하게 나타내는가?
5. 일반화에 대한 잠재적 위협(외적 타당도)이 언급되어 있는가?

내적 타당도

1. 실험연구의 경우, 연구는 실험군과 대조군 모두를 포함하는가? 참여자는 무작위로 배정되었는가?
2. 연구의 결과에 위약효과, 관심효과 또는 사망률 등 잠재적 매개 변인을 참작했는가? 허위 상관관계를 고려했는가?
3. 치료가 의도했던 대로 제공되었는가? 또는 참여자는 치료를 따르는 데 순응적이었나?
4. 상관연구의 경우, 연구자가 원인과 결과를 부적절하게 암시했는가? 허위 상관관계를 고려했는가?
5. 횡단연구에서 코호트 효과로 인한 내적 타당도의 위협이 언급되었는가?

질적연구의 방법론적 문제

1. 연구자는 자료의 해석에 영향을 미칠 수 있는 이론적 틀이나 다른 가능한 편견을 인식하는가?
2. 참가자와 관계된 연구자의 역할이 명료하게 정의되었는가?(예: 참여 대 비참여, 감춰짐 대 감춰지지 않음)
3. 질적연구의 경우, 참가자를 선발하는 조건이 명시되었는가?
4. 연구자는 수집된 자료의 유형과 자료가 어떻게 수집되었는지 상술했는가?
5. 연구자는 자료가 어떻게 분석되었는지 상술했는가?
6. 연구자는 신뢰도와 타당도(예: 자료의 삼각측정, 포화, 참가자의 결과 검토)를 어떻게 확보했는지 보고했는가?
7. 실례가 되는 인용글이나 설명이 결론을 지지하는가?

기타 사항

1. 연구와 관련하여 윤리적인 문제는 없는가(이익이 위험보다 큼, 사전 동의, 자발성, 개인정보)?
2. 성과연구의 경우, 치료가 적절히 설명되었는가?
3. 결과 분석을 위해 적절한 통계적 검정이 사용되었는가?

결과와 논의

1. 연구자는 결과로부터 적절한 결론을 끌어내었는가? 아니면 연구의 내적 또는 외적 타당도의 제한점을 고려할 때 그들이 지켜야 하는 범위를 넘었는가?
2. 연구의 제한점을 분명히 했는가?
3. 연구자는 통계적 유의성에만 근거하여 임상적 유의성을 설명했는가?
4. 치료의 함의(또는 금기사항)가 논의되었는가?
5. 후속 연구를 위한 제안이 포함되었는가?

출처: Williams, Patterson, and Miller (2006, pp. 31-32). Copyright 2006 by the American Association for Marriage and Family Therapy. Reprinted by permission from John Wiley & Sons.

네 번째 단계인 적용하기는 연구자료를 통해 얻은 지식과 내용을 어떻게 자신의 임상에 적용할 것인가에 대한 단계이다. 이런 경우 고려해야 할 여러 사항이 있다. 첫째, 치료자는 먼저 연구자료의 내용이 얼마만큼 내담자의 상황과 관련되어 있는가를 평가한다. 직접적인 관련이 없는 논문을 적용할 경우 그 방법에 있어서 잠정적일 필요가 있다. 둘째, 내담자가 논문에서 말한 연구참가자와 어떻게 비슷한지를 물을 필요가 있다. 비슷한 것보다 차이점이 더 많다면 자료를 통해 얻는 내용을 적용하는 것에 있어서 더 조심스러울 필요가 있을 것이다. 또한 문화, 나이, 성별 등등의 차이를 고려해서 연구자료를 변화시켜 적용할 필요가 있다. 마지막으로, 내담자의 선호도를 고려해야 한다. 치료자는 연구자료를 통해 얻은 여러 개입방안을 소개하고 내담자의 의견을 수렴해서 결정을 내리는 것이 매우 중요하다.

앞서 제시된 사항을 고려해서 결정을 내린다는 것은 치료자로서 임상적 결정을 내린다는 것을 뜻한다. 즉, 연구자료나 논문을 통해서 정보를 얻을 수는 있지만 이 자료를 어떻게 적용하고 가장 적절하게 변경시켜서 내담자의 상태에 맞게 제공할 것인가에 있어서는 치료자의 임상적 분별력과 판단을 요한다는 것을 뜻한다.

이렇게 찾은 정보와 자료를 내담자에 맞게 사용했다면 마지막 단계(분석하고 조정하기)는 그 효과를 측정하고 필요에 따라 조정 또는 수정하는 부분이다. 특히나 내담자의 상황에 맞게 치료법이나 개입방법을 수정한 상황이라면 이 단계는 매우 중요하게 여겨진다. 회기 중 내담자에게 치료의 진행과정을 묻는 것 외에도 객관적인 척도[예: 결과 측정 척도(Outcom Rating Scale), 결과 질문지-45(Outcome Questionnaire-45), 체계론적 치료 변화척도(Systemic Therapy Inventory of Change)]를 통해 치료의 효과에 대한 평가를 내릴 수 있다.

학술지나 서적을 사용하는 것 외에도 인터넷을 사용해서 중요한 정보를 얻기도 하는데 이러한 경우 얻는 정보가 신뢰할 수 있는 기관에서 나온 것인가를 확인할 필요가 있다. 대학, 연구기관 혹은 정부 운영 기관에서 운영하는 웹사이트는 당연 개인이 운영하는 사이트보다 더 신뢰할 수 있을 것이다.

결론

이유가 무엇이든 치료과정에서 고착상태에 빠지는 것은 초보 치료자에게 흔히 있을 수 있는 현상이다. 모든 고착상태는 결국 유능함과 자신감을 증가시키기 위한 기회를 제공한다는 것을 명심하길 바란다. 이 장에서는 치료자가 흔히 경험하게 되는 어려움과 그러한 어려움에서 벗어나는 방법을 소개하였다. 치료과정에 대한 통찰력을 높이고 임상기술을 쌓으며, 장애물을 만났을 때 어떻게 대처해 나가야 하는가를 알아 나가는 것이 우리의 일에 있어서 가장 핵심적인 부분이다.

제12장

종결

지난주에 있었던 소피아와 그래그의 부부치료 회기에 대한 메모를 검토하던 카산드라는 지난 6개월간 이 부부의 관계에 얼마나 많은 회복이 있었는지를 검토하고 있다. 처음 부부치료를 시작했을 때 소피아는 그래그의 외도 사실로 인해 이혼을 고민하고 있었고, 그래그는 자신의 실수를 후회하면서 결혼생활을 회복하기 위해 어떤 일도 하겠다고 말했었다. 소피아는 여전히 그래그를 사랑하고 있지만 커다란 배신 후에 그래그를 다시 믿을 수 있을지 엄두가 나지 않는다고 했다. 치료 초기에 카산드라조차도 부부가 이 위기를 감당해 낼 수 있을지 의구심이 들곤 했다. 그러나 카산드라의 도움으로 그래그가 점차 자신의 마음을 열고 외도 뒤에 숨겨진 이유를 진심으로 얘기하기 시작하면서 부부는 점차 변화를 보이기 시작했다. 나아가 부부는 이 일을 통해 그간 갈등을 회피하려고 미루고 방관했던 서로가 갖고 있던 필요와 아픔을 돌아보는 기회로 삼으려 노력했다. 소피아는 지금도 가끔씩 신뢰의 문제로 고전하고 있다는 것을 시인했지만, 그래도 결혼생활에 있어서는 완전히 확신이 서 있다고 말한다. 카산드라는 이제 치료를 어떻게 진행할지에 대해 고민 중이다. 부부치료를 종결해야 할지 아니면 신뢰 문제에 대해 좀 더 진행해야 할지 고민 중이다. 3주 정도 지켜본 후에 치료를 끝내는 것이 어떻겠냐는 말을 내비쳤을 때 부부는 스스로 문제를 헤쳐 나갈 수 있을지에 대한 두려움을 나타냈다. 이것은 아직도 부부가 치료를 필요로 하고 있다는 의미일까, 아니면 치료를 종결하는 것에 대한 당연한 불안일까? 카산드라는 오늘 치료회기 중에 치료 종결에 대한 말을 꺼내야 할까? 소피아와 그래그에게 가장 도움이 되도록 종결하려면 어떻게 해야 할까?

치료를 어떻게 종결하느냐는 매우 중요한 부분임에도 불구하고 그에 맞는 관심을 받지 못해 온 것은 사실이다. 이는 어떻게 운전을 잘할 수 있는가에 대해서는 많이 배웠음에도 불구하고 어떻게 주차를 잘할 수 있는지 그리고 어떻게 차의 시동을 어떻게 잘 끌 수 있는지에 대해서는 배우지 않는 것과 같다. 따라서 이 장에서는 치료를 성공적으로 종결시키는 것이 왜 중요한지에 대해 이야기해 보려고 한다.

치료의 종결은 그 자체로 내담자와 치료자의 자신감을 높이는 효과적인 방법이 될 수 있다. 이때 성공적인 종결을 통해 내담자는 치료에서 성취한 것들을 더 공고히 하고 강화한다. 내담자가 다른 치료자에게 의뢰된다 하더라도 성공적인 종결은 내담자가 다른 치료자와 생산적이고 긍정적인 경험을 만들어 나갈 수 있는 가능성을 증가시킨다. 또한 치료자는 종결을 통해서 무엇이 가장 내담자에게 도움이 됐는지를 파악하게 되고, 따라서 치료자로서의 자신감을 발달시켜 나가게 된다.

또 다른 중요한 이유는 종결이라는 과정을 통해 오랜 기간 치료과정에서 쌓아 온 치료자와 내담자의 치료적 동맹을 잘 매듭짓도록 할 수 있는 매우 중요한 자리를 마련할 수 있다. 성공적으로 종결과정을 마쳤을 때 치료자와 내담자는 오랜 기간의 치료적 동맹을 종결하면서 느낄 수 있는 상실감 등을 잘 극복할 수 있다.

이 장에서는 세 가지 종결의 형태에 대해서 이야기해 보려 한다. 즉, 내담자에 의한 종결, 치료자에 의한 종결 그리고 상호 합의된 종결이다. 상호 합의된 종결은 치료자와 내담자 모두 치료가 끝났음에 동의를 하는 경우를 말하는 것으로 대부분의 경우 치료 초기에 정한 목표가 이뤄졌음을 시사한다. 내담자에 의한 종결과 치료자에 의한 종결은 한쪽이 일방적으로 결정한 종결이다.

이 장에서 이 세 가지의 경우를 각각 별개로 소개하였는데, 실제로는 모든 경우가 하나의 연장선 위에 있는 것으로 이해되어야 할 것이다. 첫 번째와 두 번째 경우는 연장선의 양 끝을 뜻하는 것이며 세 번째 경우는 중간 지점을 뜻한다. 그러므로 상황에 따라서 각각의 항목에서 소개된 제안들이 모든 경우에 부분적으로 활용될 수 있다.

상호 합의된 종결

대부분의 치료자가 원하는 치료종결의 형태를 말한다. 즉, 치료자와 내담자 모두 치료 초기에 다뤄진 문제들이 잘 해결되었고 따라서 더 이상의 치료가 필요하지 않다는 동의하에 종결을 진행하게 된다. 물론 문제가 해결되었기 때문이라기보다는 다른 이유로 양측이 치료의 종결에 동의하는 드문 경우도 있다. 예를 들어, 내담자가 학생이고 학기 중에 무리한 과제 등으로 많은 시간과 에너지를 요구한다면 치료자와 내담자는 학기가 끝날 때까지 치료를 중단하는 데 동의할 수 있을 것이다.

언제 종결을 할 것인가

내담자가 종결에 대한 이야기를 먼저 꺼내는 경우도 있지만, 대부분의 경우 치료자가 먼저 이에 대한 대화를 제기하는 것이 바람직하다. 그러므로 치료자로서 언제가 치료를 종결하는 것에 대한 대화를 시작하기에 적당한가를 잘 파악하는 것이 매우 중요하다.

이때 치료목표가 정확하고 분명하게 정해져 있는 경우라면 종결의 시점을 파악하는 것은 상대적으로 쉬운 일이 된다. 그러나 그렇지 않은 경우라면 치료자는 내담자의 행동이나 대화 등과 같이 다른 곳에서 얻은 정보에 의지하게 된다. 내담자가 치료에서 다루고자 하는 내용을 찾는 데 어려워한다면 이는 치료의 종결이 가까웠음을 알리는 정보가 될 수 있다. 또한 치료자와 내담자가 치료와는 상관없는 이야기를 하는 데 많은 시간을 보낸다면 이 또한 종결에 대해 생각해 보아야 할 시간임을 시사하는 것일 수 있다.

특히 부부나 가족치료에서의 종결은 더욱 어려울 수 있는데, 이는 각각의 구성원이 똑같이 치료를 중단하는 것에 준비가 되어 있지 않기 때문이다. 어떤 경우 가족들은 자신들의 문제해결 능력에 대해 다른 견해를 갖고 있을 수 있다. 치료자의 도움 없이 과연 직면할 문제를 헤쳐 나갈 수 있을까에 대해서 가족들이 분분한 의견을 갖게 된다. 이런 경우 효과적인 방법은 모든 가족이 치료를 중단하는 것에 대해서 확신이 설 때까지 회기 간의 간격을 늘려 나가는 것이다.

다른 경우 가족구성원들이 치료에서 기대하는 것이 다르기 때문에 종결시점에 이견을 보일 수 있다. 이런 경우 치료자는 치료 초기 내담자들이 다른 목표를 제시할 때와 같은 어려움에 봉착하게 된다. 치료자는 부부나 가족들이 이견의 폭을 좁힐 수 있도록 돕는다. 예를 들어, 잦은 싸움으로 치료를 찾은 부부의 사례가 있다. 남편은 치료결과에 만족하면서 종결을 원하고 있었다. 아내 역시 부부관계가 향상되었음에는 이견이 없었으나, 부부의 성적 문제에 대해서 치료를 더 받고 싶어 했다. 이 경우 부부는 서로의 의견에 한 발씩 양보해서 매주가 아닌 격주로 치료를 계속 진행하기로 결론을 내렸다.

종결 목표 정하기

치료를 종결하는 과정에서 세 가지의 목표를 기억하는 것이 중요하다.

첫째, 내담자가 치료를 통해서 성취한 결과물을 더 공고히 하는 것이다. 치료를 통해서 익힌 기술이나 새로운 행동 혹은 보다 기능적인 사고는 분명히 강화되어야 한다.

둘째, 앞으로 경험하게 될 문제들을 스스로 잘 해결해 나갈 수 있다고 내담자가 자신감을 갖도록 힘을 실어 주는 것이다. 이 과정을 통해서 내담자는 치료자에게 기대는 의존성을 줄이고 스스로의 해결능력을 증가시켜 나간다.

셋째, 종결에 따른 상실감에서 올 수 있는 사태에 민감하게 대처하는 것이다. 많은 내담자가 치료를 통해서 치료자와 뜻있는 관계를 형성하게 된다. 따라서 종결을 앞두고 내담자는 관계의 상실감에 따른 불안과 두려움을 경험할 수 있다. 특히 개인치료의 경우가 부부나 가족치료보다 더 그러한데, 다른 사회적 관계나 지지를 받을 만한 곳이 많지 않은 내담자의 경우에 종결에 따른 상실감은 매우 심할 수 있다.

치료자 또한 특정 내담자와의 치료를 종결하면서 이러한 상실감을 경험할 수 있다. 종종 치료자는 특정 내담자와 매우 의미 있는 치료적 관계를 발달시켜 나간다. 따라서 종결에 따른 슬픈 감정을 경험하게 된다. 특히 이러한 슬픈 감정은 다른 삶의 영역에서 치료자가 경험하고 있는 상실감과 결합될 수 있다. 따라서 치료자 또한 이러한 감정을 인지하고 해소할 수 있도록 준비하는 것이 필요하다.

과정으로서의 종결

치료에서의 종결이란 일시적 이벤트가 아닌 과정으로 이해되고 다뤄져야 한다. 따라서 종결은 마지막 회기에서 다뤄지는 것이 아닌 그 이전부터 계획되고 진행해야 한다. 실제로 어떤 사람은 첫 회기부터 치료자는 종결에 대한 목표를 염두에 두고 있어야 한다고 주장하기도 한다. 예를 들어, 정서적 지지를 해 줄 주변 가족이나 친구가 제한적인 내담자는 치료과정에서 치료자에 대한 지나친 의존성을 발전시킬 수 있다. 따라서 치료의 종결과정은 내담자에게 더 힘겨운 상실이 될 수 있다. 실제로 지나친 의존성을 갖는 내담자는 치료를 유지하기 위해 없는 문제를 만들어 내기도 한다. 따라서 치료자는 이를 미리 인식하고 치료기간 중에 내담자의 사회적 지지층을 넓혀 나가도록 도와야 한다. 이러한 치료목표는 단순히 내담자의 자존감을 높이는 것뿐만 아니라 종결 시 내담자가 경험할 수 있을 상실감을 줄이고 정서적 지지와 도움을 주변 사람들에게서 받을 수 있게 한다.

종결을 위한 치료적 기법

종결 과제를 달성하기 위해 사용되는 기법들이 있다. 가장 흔하게 사용되는 방법이 회기 사이의 간격을 늘려 가는 것이다. 이 방법을 통해 내담자는 그간 성취한 기술이나 보다 기능적 인식 등을 더 공고히 하고 치료자를 안 보는 사이에도 문제에 스스로 대처해 나갈 수 있다는 자신감을 발달시켜 나간다.

특히 내담자가 치료과정에서 얻은 결과물을 더욱 강화시켜 나갈 수 있도록 치료자는 여러 가지 방법을 취할 수 있다. 예를 들어, 치료자는 내담자에게 변화를 일으킨 것이 무엇이며, 무엇이 그 변화를 야기했다고 생각하는지에 대해서 질문할 수 있다. 또한 내담자가 이룬 성공을 강조하면서 내담자를 그들이 경험한 문제의 전문가로 비유할 수 있다. 치료자는 내담자에게 "만약 당신이 이와 비슷한 문제로 힘들어하는 다른 내담자와 작업을 한다면 뭐라고 조언해 줄 수 있을까요?"라는 질문을 할 수 있다. 이런 접근방법은 내담자가 이뤄 낸 결과물을 강화하도록 돕는다는 것 외에도 내담자의 자긍심을 높이도록 돕는 긍정적인 효과가 있다. 무엇이 변화를 가능하게 했는가라는 질문을 하는 경우 내담자가 치료실 밖에서 경험한 이유들을 이야기할 수 있는 자유로운 분위기를 만들 수 있어야 한다. 때때로 내담자는 자신이 어떤 것들을 다르게 하고 있는지 찾아내는 데 어려움을 경험하기도 한다. 이런 경우 치료자는 역설적으로 상황을 악화시킬 수 있는 내담자의 행동이 무엇이냐고 물을 수 있다. 이 질문을 통해 내담자는 자신이 성취한 기능적 변화가 무엇이었는지를 더 분명히 자각하게 된다.

일시적으로 생길 수 있는 퇴행에 대해 이야기하는 것도 중요하다. 변화란 앞으로 내딛는 두 발과 뒤로 내딛는 한 발의 연속임을 상기시킬 필요가 있다. 이런 이해는 내담자가 경험할 수 있는 일시적인 상황 악화에 덜 위협을 받도록 도울 뿐 아니라 결과적으로 문제를 해쳐 나가는 데 있어서 자신의 능력을 더 긍정적으로 바라볼 수 있도록 돕는다.

치료자가 내담자에게 배운 점이 있다면 이를 공유하는 것이 매우 중요하다. 내담자는 치료과정이 상호적으로 영향을 주는 관계였다는 점에서 큰 의미를 찾게 된다. 예를 들어, 한 치료자는 부부치료에 참여했던 부부에게 그들이 치료 도중 사용했던 이미지나 은유 등이 치료자가 다른 부부들과 작업하는 데 얼마나 도움이 되었는지를 나눈 적이 있다.

일부 치료자들은 치료 종결 시 작은 선물을 주는 경우도 있다. 선물은 값 비싼 것이 아니어야 하는데, 그렇지 않다면 내담자가 답례로 선물을 해야 하는 부담감을 느낄 수 있기 때문이다. 한 치료자는 치료 종결 기념으로 부부에게 양파를 선물한 적이 있었는데, 이는 치료에서 함께 탐색하고 이야기를 나눴던 감정과 견해의 다양한 층들을 상징하기 위한 것이었다. 이렇듯 선물은 치료에서 다뤄졌던 중요한 주제를 함축하고 상기시키는 기능을 할 수 있다. 자스민은 데븐이라는 얌전하고 조용한 9세 남자 아동과 자존감에 대한 주제로 치료를 했다. 20회기를 거치는 동안 자스민은 데븐과 좋은 치료관계를 형성했고, 데븐 스스로가 자신에 대한 장점을 볼 수 있도록 도왔다. 치료를 종결하면서 자스민은 데븐에게 조그만 자수정 돌멩이를 선물로 선사했다. 그 돌의 표면은 거칠고 평범했는데 이는 치료 초기 데븐이 자신을 어떻게 바라봤는지를 나타냈다. 그러나 그 안에 있는 아름다운 수정은 치료를 통해 데븐이 스스로에 대해 발견한 숨겨진 재능과 장점을 상징했다.

종결에 따른 특별한 문제

종결에 있어서 생각해 보아야 할 사안들 중 하나가 내담자에게 선물을 받을 수 있는가에 관한 것이다. 일부 치료자는 어떤 상황에서도 내담자에게서 선물을 받아서는 안 된다고 생각하는 반면, 일부 치료자는 선물이 고가의 것이 아니라면 받을 수 있다고 생각한다. 어떤 선물이든 상관없이 이를 받지 않는 경우 치료자는 선물의 액수에 대해 고민할 필요가 없다는 장점이 있다. 그러나 선물을 거절하는 경우 내담자에게 결례를 범할 수 있다는 단점이 있는데, 특히 선물이 어떤 상징적인 의미를 지니는 경우 내담자에게 상처가 될 수도 있다. 선물을 받는 것에 있어서 보다 허용적인 치료자는 선물의 금전적 가치와 의미에 대해 신경을 써야 한다. 쉬운 일은 아니겠지만, 이러한 과정을 통해 내담자의 선물을 어떻게 받아들일지에 대한 결정을 내릴 수 있다. 따라서 치료자는 선물에 대해 어떤 견해를 취해야 할지에 대한 각자의 입장을 정리해 볼 필요가 있다.

종결에 따른 또 다른 사안은 내담자가 치료실 밖에서 계속 치료자와 개인적인 친분관계를 유지하고 싶어 할 때 발생할 수 있다. 우리는 이러한 상황을 피하라고 권고한다. 일단 치료적 관계가 성립되면 다른 형태의 관계로 전환하는 것이 매우 어렵다. 치료적 관계는 내담자가 말을 하고 치료자가 듣는 형태에 기초한다. 상호 나눔이 아니라 주로 내담자가 속마음을 나누고 치료자는 그 나눔이 안전하게 이뤄질 수 있는 공간을 제공한다. 종료 후 내담자가 어떻게 지내는지 관리 차원에서 관계를 유지하는 것은 중요하지만, 다른 형태의 관계로 전환하는 것은 혼동을 야기하고 이중관계를 형성할 수 있는 윤리적 문제에 빠질 수 있다. 또한 새롭게 겪는 문제로 내담자가 다시 치료를 찾는 경우가 있는데, 이러한 경우 치료자가 치료 종결 후 친분관계를 유지해 왔었다면 치료자는 이중관계를 맺게 되는 불편한 자리에 서게 된다. 그러므로 종결 후의 친분관계를 유지하는 것을 피해야 하는 중요한 이유 중의 하나는 내담자가 치료를 다시 받고 싶을 때 치료자를 찾을 수 있는 내담자로서의 권리를 보호해야 하기 때문이다.

치료실 외에서의 내담자와 친분관계를 맺는 것을 피해야 하는 것은 내담자를 보호하기 위한 것뿐만은 아니다. 이는 치료자를 보호하기도 한다. 어떤 이유로 치료실 외의 관계로 인해 문제가 발생한 경우, 치료자는 전문가로서의 자질과 기준을 증명해야 하는 위치에 설 수 있다. 특히 치료자가 내담자와 치료 종결 후 이성적인 관계로 연루되는 경우, 관계에 문제가 생겼을 때 치료자는 전문가라는 자리를 남용해서 이익을 봤다는 비난을 피할 수 없게 될 수 있다.

마지막으로, 종결 시 겪을 수 있는 문제는 내담자가 치료를 계속 유지하고 싶어할 때 생길 수 있다. 일부 치료자는 이러한 상황을 내담자가 지나치게 치료자에 대한 의존성을 발달시킨 예로 해석하기도 한다. 또 다른 치료자들은 일부 내담자에게 이러한 상황은 극히 자연스러운 것이며 오히려 바람직한 것이라고 믿기도 한다. 일부 치료자들은 종결 후에도 치료에서 얻은 변화를 유지시키기 위해서 때에 따라서 추후회기를 갖는 방안을 추진하기도 한다.

내담자가 치료를 계속 유지하기를 원하는 경우 치료자는 그 동기를 바르게 평가할 필요가 있다. 이는 치료자에 대한 내담자의 지나친 의존성을 상징하는 것일 수 있다. 특히 내담자가 치료자를 빈번하게 보고자 한다면 더욱 내담자의 의존성을 점검해 볼 필요가 있다. 전형적으로 이러한 경우 내담자는 치료자 외에는 주위에 가깝게 느끼는 사람이 없는 경우가 많다. 이러한 경우 치료자는 내담자가 사회적 지지층을 넓혀 갈 수 있도록 도와서 치료자에 대한 의존성을 낮출 필요가 있다.

그러나 내담자가 치료를 계속 받기를 원하는 것이 꼭 의존성을 나타내는 것만은 아니다. 일부는 치료자와 정규적으로 만나 가족 간의 건강한 관계를 계속 유지해 나가기를 원하는 것일 수도 있다. 이러한 가족의 경우 치료는 예방적 차원에서 6개월마다 치과의사를 찾아가는 것과 같은 의미일 수 있다. 또는 단순히 지속적인 자아 성장을 원하는 내담자의 경우일 수도 있으며, 따라서 치료란 이를 위한 수단으로 인식될 수 있다. 이러한 경우 치료란 위기 상황에서의 대처가 아닌 코치나 멘토로서의 역할을 수행하게 되며, 치료자는 정규적으로 예방적이거나 혹은 개인 성장의 목표를 갖고 내담자를 보게 된다. 예를 들어, 저자 중의 한 명(Lee Williams)은 부부관계를 더욱더 공고히 하고자 하는 부부의 요청으로 3개월 이상 치료를 유지한 경우가 있다.

치료자에 의한 종결

경우에 따라 치료자가 일방적으로 치료의 중단을 결정할 수 있다. 내담자에 의한 종결과 마찬가지로 여러 상황에서 치료자가 종결을 결정할 수 있다. 흔한 경우는 치료자가 이사하거나 다른 기관으로 이직하는 경우이다. 어떤 경우에는 치료자가 특정 문제 때문에 특정 내담자와 치료를 종결하기를 원할 수 있다. 치료자는 그 문제를 다룰 자격이 없다고 느끼거나 개인적인 문제가 그 사례의 치료를 방해한다고 느낄 수 있다.

또한 치료 계약에 대한 합의가 이루어지지 않거나 내담자가 변화할 준비가 되었는지가 의심스러울 때 치료자는 치료의 종결을 제안할 수 있다. 그러나 어떤 경우라도 치료를 종결하는 과정은 치료자와 내담자 간의 상호적인 의견 교환을 통해서 이뤄져야 한다. 어떤 사례에서 치료자는 남편의 아내에 대한 극심한 불신이 부부역동에 갖는 역할에 대해서 이야기해 보려 했었다. 그러나 남편은 이러한 치료자의 의도에 동의하지 않았으며, 이는 치료의 고착상태를 야기했다. 치료자는 부부와 함께 이 핵심 문제에 대한 합의가 이루어지지 않으면 성공적인 치료 결과를 만들어낼 수 없을지 모른다는 것에 대해 논의했다. 부부는 이에 동의하였고 그 결과 치료를 중단하기로 합의하고 다른 치료자에게 새로운 의견을 구하기 위해 의뢰하기로 결정했다.

치료자가 치료를 종결하려 할 때는 내담자에게 가능한 한 일찍 이 사실을 알리는 것이 중요하다. 갑작스러운 종결은 내담자에게 심한 스트레스를 야기할 수 있으며, 특히 버림받는 것에 대한 두려움이 있는 내담자에게는 치명적인 해를 미칠 수 있다. 충분한 시간을 갖고 치료가 종결되었을 경우 내담자는 감정적인 준비를 할 시간을 가질 수 있다. 따라서 치료자는 종결과 관련해서 스트레스를 받을 것으로 예상되는 내담자에게 적어도 2~3개월 전에 종결을 알릴 필요가 있다. 이를 통해 치료자는 내담자가 느낄 수 있는 다른 치료자에 대한 두려움 등을 치료에서 다룰 수 있으며, 또는 다른 치료자로 의뢰되지 않고 치료를 종결하기 위해서 내담자가 열심히 치료에 참여하도록 동기를 부여할 수도 있다.

내담자가 치료를 계속 받기를 원한다면 치료자는 내담자가 다른 치료자를 찾을 수 있도록 최선을 다해야 한다. 내담자를 다른 기관으로 의뢰할 경우 적어도 3명 이상의 치료자들에 대한 정보를 제공해서 내담자가 선택할 수 있도록 해야 한다. 이를 통해 내담자는 자신에게 맞는 치료자를 선택할 수 있다. 내담자는 같은 기관의 다른 치료자에게 의뢰될 수도 있다.

효과적으로 사례를 의뢰하기 위해서는 내담자의 요구사항 그리고 기존의 치료자와 새로 사례를 맞을 치료자의 요구 등을 고려할 필요가 있다(Williams & Winter, 2009). 내담자는 새로운 치료자와 호흡을 맞추는 것에 있어서 다양한 걱정과 요구가 있을 수 있다. 예를 들어, 내담자는 기존의 치료자가 떠난 후에도 연속성을 가지고 치료가 진행되리라는 확신을 필요로 한다. 만약 가능하다면 종결하기 전, 적어도 한 회기에 새로운 치료자가 기존의 치료자와 합류해서 내담자에게 자기소개를 하는 것이 바람직하다. 치료자는 심지어 과도기를 표시하기 위한 어떤 형식의 개입을 채택할 수 있다. 예를 들어, 후임 치료자가 전환회기(transfer session)에서 처음에는 관찰하는 역할을 하다가 회기의 끝부분에서는 그 지점부터 자신이 치료를 맡는다는 것을 표시하기 위해 간추린 메시지를 전달할 수 있다. 때로는 즉각적으로 새로운 치료자에게 사례를 의뢰할 수 없는 상황이 있을 수 있다. 이렇게 휴지기를 겪어야 하는 경우, 치료자는 내담자에게 언제쯤 새로운 치료자가 가능할 수 있는지 또한 응급 시에는 누구에게 연락을 할지에 대한 정보를 제공해야 한다.

많은 경우 내담자는 새로운 치료자와 치료를 진행해야 하는 것에 불편함을 느낄 수 있다. 사례에 대한 기본적인 정보를 얻기는 하겠지만, 새로운 치료자는 이미 그 전의 치료에서 거론된 이야기들을 다시 다룰 필요가 있을 것이다. 이때 내담자가 자신의 이야기를 다시 말하는 것에 대해서 불편해할 수 있으며, 이러한 감정은 충분히 인식되어야 한다. 그러나 동시에 치료자는 같은 이야기라도 새로운 사람과 나누는 과정에서 그전에도 몰랐던 새로운 관점을 얻을 수 있다는 점을 내담자에게 제시할 필요가 있다. 내담자는 새로운 치료자를 좋아할 수 있을지에 대해서 걱정을 할 수 있다. 기존의 치료자가 새로운 치료자의 선택에 관여한 경우, 내담자에게 다음 치료자가 내담자의 필요를 고려하여 선택되었다는 것을 확신시킬 수 있다. 내담자는 새로운 치료자가 자신을 좋아할 것인가에 대해서 걱정을 할 수 있다. 새로운 치료자가 내담자와 함께 일하는 것을 즐길 것이라는 확신을 주는 것은 이러한 두려움을 완화시킬 수 있다. 특히 기존의 치료자가 내담자와 일하는 것을 어떻게 즐겼는지 이야기해 주면 도움이 된다.

다른 종결의 경우와 마찬가지로 내담자가 치료의 목표에 있어서 성취한 변화를 점검하는 것이 치료자에게도 매우 중요하다. 사례를 이전하는 것은 기존의 치료자와 하나의 장을 마무리하고 새로운 치료자와 또 다른 장을 연다는 방식으로 재해석된다. 앞에서 언급하였듯이, 내담자는 치료종결로 인해 상실감을 경험할 수 있다. 이는 치료자와 강한 동맹관계를 형성한 내담자 혹은 의존성을 발달시킨 내담자의 경우에 더 그러할 것이다. 어떤 경우 내담자는 자신의 사례가 다른 치료자에게 이전되는 것에 대해서 표현하지 않은 언짢음 혹은 분노 등을 지니고 있을 수 있다. 이러한 경우 새로운 치료자는 내담자의 분노나 실망에 대해서 방어적이지 않은 태도로 내담자를 대하는 것이 매우 중요하다. 실제로 치료자의 교체에 따른 내담자의 상실감과 분노 등을 인정하고 공감하는 것이 새로운 치료자가 치료동맹을 공고히 하는 데 도움이 된다.

사례를 종결하고 떠나는 치료자도 상실감을 경험할 수 있다. 따라서 정식으로 사례 이전 면담이나 종결면담을 갖는 것은 내담자뿐만 아니라 치료자에게도 종결감을 느낄 수 있게 한다. 때에 따라서 치료자는 내담자의 미래에 대해 걱정을 하기도 하고 치료의 종결로 인해 내담자의 필요가 제대로 충족되지 못한 것에 대한 죄의식을 느끼기도 한다. 이러한 감정은 특히 치료자가 내담자의 사례를 믿고 의뢰할 만한 치료자에게 이전하지 못하는 경우에 더욱 그러하다.

사례를 새로 맡는 치료자의 필요 또한 간과되어서는 안 된다. 기존의 치료자와 새로운 치료자 모두가 사례에 대해 대화와 의견을 나누는 것이 바람직하다. 물론 그 전의 치료일지를 검토하고 슈퍼바이저를 통해 이전된 사례에 대한 정보를 얻을 수 있다. 때에 따라서는 치료계약을 다시 조율할 필요가 있으며, 치료목표 또한 다시 점검할 필요가 있다. 또한 치료에 있어서의 치료방법, 누가 치료에 참석할 것인지, 치료회기의 수와 기간 등의 기대에 대해서도 검토를 할 필요도 있다. 이전의 치료에 있어서 내담자가 어떤 부분을 좋아했는지 그리고 싫어했는지를 묻는 것은 새로운 치료자가 내담자가 치료에 대해서 갖는 기대를 이해하는 데 중요한 자료가 된다.

내담자에 의한 종결

일방적인 종결에 대한 제안은 어느 쪽에 의해서 제안되었든지 간에 상대방에게는 매우 당혹스럽게 느껴질 수 있다. 특히 내담자가 종결에 대해서 사전에 아무 내색을 하지 않았거나 아무 이유를 제시하지 않은 경우 더 어려울 수 있다. 단순히 내담자가 약속된 회기에 나타나지 않거나 약속을 취소하고 다른 약속을 잡지 않는 경우도 있다. 많은 경우 치료자는 내담자를 비난하거나('동기가 없었어.') 오히려 흘가분해하거나('정말 그 사례는 어려운 거였어.'), 상황을 받아들이거나('이러한 일은 모든 치료자에게 나타나는 일이야. 그저 치료의 한 부분일 뿐이야.') 혹은 치료자 자신을 비난한다('내가 분명 뭔가 잘 못한 것임에 틀림없어.').

내담자가 치료를 받으러 오지 않은 경우 치료자는 뭔가를 잘못한 것은 아닌가 하고 걱정을 한다. 그럴 가능성도 고려되어야 하겠지만, 종결이 자동적으로 치료의 실패를 의미하는 것은 아니라는 것을 이해할 필요가 있다(Ogrodniczuk, Joyce, & Piper, 2005; Skovholt, 2010). 저자들 중 한 사람이 이러한 교훈을 인턴십 과정의 두 사례를 통해서 경험한 적이 있다. 한 부부가 아무런 연락 없이 치료를 종결한 후 5개월 만에 갑자기 나타난 적이 있었다. 치료자가 그 부부에게 놀라움을 표하자, 부부는 이직과 이사 때문에 치료를 지속할 수 없었다고 했다. 그러나 부부는 그 전의 치료를 통해서 도움을 경험했으며 계속해서 치료를 받고 싶다고 했다.

또 다른 사례는 어떤 부부가 강력히 추천을 해서 치료를 찾았다는 부부의 경우였는데, 놀라운 점은 이 부부에게 치료를 강력하게 추천한 부부가 그전에 아무 예고 없이 치료를 종결한 부부였다는 것이다.

내담자는 다양한 이유로 치료를 종결한다(Barrett et al., 2008; Knox et al., 2011; Renk & Dinger, 2002; Roos & Werbart, 2013). 어떤 내담자는 자신의 관점에서 볼 때 문제가 해결되었고 더 이상 치료를 계속할 필요를 느끼지 못한다. 또는 내담자가 상황이 충분히 개선되었다고 느낄 수도 있고 치료에 추가적으로 시간이나 돈을 투자하기를 원하지 않을 수도 있다.

치료에 올 추진력을 잃어버리는 내담자도 있다. 즉, 내담자가 휴가나 출장에서 돌아온 후에 약속을 취소할 수 있다. 이러한 내담자들 중 일부는 더 이상 치료를 다시 시작하거나 계속해야 한다고 느끼지 않을 정도로 충분한 안도감을 얻었거나 다른 일을 우선시하게 되었을 수 있다.

어떤 내담자는 치료 자체와는 관련이 없는 요인 때문에 치료를 종결한다. 금전적인 문제가 하나의 예인데, 실제로 주유할 돈이 없어서 치료를 받으러 올 수 없다고 치료자에게 통보한 예가 있었다. 또한 이사, 이직, 질병 등으로 인해 내담자가 치료를 종결하기를 원할 수 있다. 치료에 자녀 세 명을 데리고 오던 한부모 어머니가 다음 회기에 나타나지 않은 경우가 있었는데, 그녀는 자녀 셋을 데리고 버스로 치료를 받으러 오는 것이 너무 힘들며 대안으로 집으로 오는 다른 치료기관을 찾았다고 얘기한 적이 있었다.

내담자는 희망의 결여나 양가감정 때문에 동기가 훼손되어 치료를 중지할 수 있다. 변화가 일어나리라는 기대가 별로 없으면 치료에 시간과 돈을 투자할 것인지에 대해 의문을 가질 수 있다. 양가감정 또한 치료의 조기 종결의 요인일 수 있다. 예를 들어, 부부치료의 경우 한 사람 또는 두 사람 모두가 관계 작업에 양가적이라면 조기 종결될 위험이 있다(Mondor et al., 2013).

물론, 어떤 내담자는 치료에 불만이 있어서 종결을 원하기도 한다. 치료자가 내담자와 강한 동맹관계 또는 치료적 관계를 맺지 못하면 내담자는 조기 탈락할 위험이 있다(Sharf et al., 2010). 이것은 치료자가 여러 개인과 치료적 유대를 형성해야 하는 부부 또는 가족치료에서 더 복잡할 수 있다. 어떤 경우에는 치료자가 어떤 식으로든 치료관계를 손상시켰을 수 있다. 내담자는 또한 변화가 충분히 빨리 일어나지 않는다면 치료를 떠날 수도 있다. 그들의 불만은 치료에 대한 비현실적인 기대에 뿌리를 두고 있거나 치료자가 효과적으로 변화를 일으키지 못했기 때문일 수도 있다.

내담자에 의한 종료는 치료의 필연적인 부분이지만 내담자의 조기 탈락 가능성을 최소화하기 위해 취할 수 있는 조치가 있다(Barrett et al., 2008; Ogrodniczuk et al., 2005; Rainer & Campbell, 2001; Swift, Greenberg, Whipple & Kominiak, 2012). 첫째, 치료관계를 구축하고 유지하는 데 주의를 기울여야 한다. 둘째, 내담자가 치료가 도움이 된다고 느끼는지를 살펴야 한다. 치료적 관계와 치료의 진전에 대한 내담자의 인식을 측정하기 위해 다양한 도구를 사용할 수 있다(이러한 도구들을 검토하려면 williams et al., 2001를 참조).

각각 4문항으로 구성된 회기평가척도(Session Rating Scale: SRS)와 결과평가척도(Outcome Rating Scale: ORS) 같은 척도들은 간단하고 치료회기에서 쉽게 사용할 수 있다. 지속적인 평가는 문제가 발생할 때 신속하게 알아차릴 수 있도록 도와 내담자의 우려를 해결할 수 있는 기회를 제공한다. 셋째, 치료 초기에 내담자가 치료에 대해 갖는 기대를 평가할 필요가 있다. 내담자가 치료에서 다뤄질 내용으로 기대하는 부분이 충족되지 않는다면 내담자는 당연히 실망감을 느낄 것이고 이는 조기 종결로 이어질 수 있다. 이러한 문제는 내담자가 비현실적인 치료목표를 갖고 있을 때 나타날 수 있다. 예를 들어, 어떤 내담자는 자신들의 문제가 한두 회의 치료회기를 통해서 해결될 수 있다고 기대할 수 있다. 어떤 내담자는 치료에 대한 교육(회기의 길이, 치료자나 내담자의 역할)을 받음으로써 치료에 대해 적절한 기대를 품을 수 있도록 도움을 받는다. 넷째, 동기에 영향을 미치는 요소들, 즉 불분명한 태도나 절망 등과 같은 요소를 관찰할 필요가 있다. 예를 들어, 내담자가 희망을 갖는 것은 충분한 진전이 있기 전에 치료를 조기 종결하는 것을 미리 막을 수 있게 한다. 마지막으로, 내담자가 치료를 계속 받는 데 영향을 줄 수 있는 외부 요인(예: 경제적 어려움 등)에 관심을 기울여야 한다. 이러한 경우 내담자와 함께 외부 요인을 해결함으로써 조기 종결을 예방할 수 있다.

치료자는 어떤 경우든 예고 없이 치료를 종결한 내담자와 추후 접촉을 시도해야 하며, 종결 이유에 따라 다음 행동을 결정해야 한다. 경제적 이유로 치료를 종결한 경우라면 치료자는 치료비를 낮추는 방안을 제안할 수 있다. 치료적 동맹에 어려움이 생긴 경우라면 치료자는 이를 회복하기 위해 노력해 볼 수 있으며 최소한 다른 치료자에게 의뢰하는 것을 제안할 수 있다. 때에 따라서는 의미 있는 종결을 위해 내담자를 마지막 회기에 초대할 수 있다.

결론

치료의 종결은 치료자와 내담자 모두에게 힘든 시간이 될 수 있다. 치료자가 종결을 제안한 경우 내담자는 버림받았다고 느끼거나 새로운 치료자와 다시 치료를 시작하는 것에 불안을 느낄 가능성이 있으며, 반대로 내담자가 갑자기 종결을 제안한 경우 치료자는 자신이 효과적으로 치료를 진행했는가에 대한 의구심을 느낄 수 있다. 치료가 성공적으로 진행되어서 양측의 동의로 종결이 제안된 경우라 하더라도 치료적 관계를 매듭짓는 과정에서 생기는 상실감의 문제가 존재한다. 따라서 성공적인 종결이란 상실감을 효과적으로 해소하고 내담자가 치료를 통해 성취한 변화를 견고히 하며 앞으로의 삶에 있어서 더욱 확신을 갖도록 돕는 것을 뜻한다.

제13장

미래의 가족치료

치료자인 랄프는 상담신청서에 작성된 새로운 내담자의 기록 내용을 살펴보고 있다. "진행 중인. 해결되지 않은 문제"라고 짧게 적힌 상담 신청의 이유를 보면서 내담자가 무슨 뜻으로 이렇게 썼을까를 궁금해했다. 초기면담에서 그는 내담자 앤드리아가 어떻게 22세에 양극성장애 진단을 받았는지, 이를 치료하기 위해 그간 어떤 시도를 해 왔는지 알게 되었다. 그때는 반듯한 직장과 좋은 건강보험도 있었고, 그래서 앤드리아는 치료와 약물을 병행했었다. 또한 가족과 함께 지지집단도 참석했었다. 모든 것이 무난히 진행되는 듯했지만 회사가 어려움을 겪고 해고를 당하면서 상황이 달라졌다. 그녀는 더 이상 값 비싼 약물치료를 유지할 수 없었고 비용 때문에 치료기관의 문턱은 높게만 느껴졌다. 정부 보조를 받으려 했으나 그것 또한 무산됐다.

결국 모든 것을 포기했고 일단 좋은 직장을 구하고 보자고 결심했다. 랄프 치료자와 만났을 즈음엔 이미 내담자가 1년째 구직 중이었고, 건강은 매우 악화된 상태였다. 그러나 친구의 안내로 지역 정신건강센터에서 저렴하게 치료를 받을 수 있다는 정보를 듣고 치료를 다시 시작해 보기로 작정했다. 회기가 끝나갈 즈음 랄프는 치료가 8회기로 제한된다는 것과 그 센터가 최근에 약물치료의 평가를 위해 정신과 의사에게 지불하기 위한 자금을 받을 수 없게 되었다는 것을 어떻게 이야기해야 좋을지 망설였다. "지난 1년간은 너무 힘들었는데 이제야 겨우 희망이 보이는 듯해요."라고 말하는 앤드리아에게 랄프는 무슨 말을 해야 할지 난감했다.

초보 치료자 관련 문제들

초보 가족치료자들은 대학원을 졸업하고 내담자의 고통과 어려움이 경감되도록 돕겠다는 고귀한 목표를 가지고 정신건강시장에 진입한다. 그러나 21세기 치료자 사무실에서는 치료를 향한 도전이 훈련 중에 마주쳤던 기본적인 문제들을 넘어선다. 많은 환경에서 임상 작업은 다른 건강 관리 제공자와 협력하고 함께 관리하며, DSM 진단을 받은 개인 내담자에게 더 주의를 기울이고, 다른 사람이 제공하는 치료 지침을 준수하며, 이용도 조사(역자 주: 의료자원의 적절성과 활용도를 평가하는 활동)에 응하는 것을 의미한다. 가족치료자는 그 어느 때보다도 이중 옹호자 역할을 해야 한다. 즉, 보건의료계획이 치료의 형태와 기간을 제한하는 내담자를 위해 창의적인 옵션을 찾고 가족 치료가 하나의 정당한 치료 옵션임이 보장되도록 도와야 한다.

정신 건강을 포함한 의료 서비스를 제공하는 것은 전 세계적으로 중요한 문제다. 각국이 경제개혁에 어려움을 겪으면서 지도자들은 가족들이 직면하고 있는 스트레스에 주목한다. 세계 경제상황에서 정부 지도자들은 가족을 지원하는 정신 건강 서비스를 구축하는 것을 포함하여 가족과 아동을 지원하는 방법을 찾고 있다. 새로운 시스템이 어떤 형태를 취하든, 가족 치료자들은 자신과 내담자들이 그 효과를 느낄 것이라고 확신하게 된다.

미국에서는 지역별로 정신 건강 서비스의 가용성이 엄청나게 다르다. 우리는 정신과 신체 건강의 동등성과 정부가 후원하는 건강 보험 창설을 지지하는 법안이 더 많은 내담자가 치료를 받을 수 있다는 것을 의미하기를 희망한다. 동등 법안은 개인이 신체 관리 비용을 지불하더라도 정신 서비스에 대해서 동일한 보상(지급)을 받아야 한다고 제안한다. 대부분의 보험은 정신건강보험료를 일부 제공하더라도 그들이 지불하는 금액에 특별한 제한을 둔다. 동등 법안의 주장은 대개 비용 공유와 '의료적 필요성'을 중심으로 전개된다. 개인 보험에도 불구하고 정신 건강 내담자는 정신 건강의 관리를 위해서 신체적인 관리보다 소득의 더 높은 비율을 지불할 가능성이 있다. '의료적 필요성'은 일반적으로 의료 관행이 인정되거나 지역 사회 진료 기준을 충족시키는 치료를 의미한다. 따라서, 지불자들은 의사소통 문제에 대한 비용은 지불하고 싶어하지 않지만 불안, ADHD, 우울증, 조울증, 조현병과 같은 DSM 진단에 대한 치료 비용은 기꺼이 지불한다.

이 장에서 우리는 현재와 미래의 가족치료의 "사업"적 측면, 내담자와의 작업에 대한 시사점(찬반양론) 및 진행 중인 의료 개혁의 예측할 수 없는 물줄기를 탐색하는 데 도움이 될 몇 가지 단서들을 엿볼 수 있다. 또한, 치료자의 일에 영향을 줄 정신 치료 서비스의 동향에 대해 이야기할 것이다. 마지막으로 치료자로 일하는 것이 치료자 개인에게 미치는 영향에 대하여 논의함으로써 이 책을 마무리하겠다.

건강관리 개혁: 가족치료자와 내담자를 위한 시사점

세계보건기구(WHO)는 정신 건강 관리를 위한 서비스가 가장 바람직하게 결합된 형태를 나타내는 피라미드를 만들었다([그림 13-1] 참조). WHO는 정신 건강 서비스에 대한 자금이 거의 없는 국가들과 정부 기금, 민간 기금 및 자기-부담 정신 건강 서비스와 같은 여러 기금 흐름을 가진 미국과 같은 국가들 모두의 정신 건강 서비스에 관심이 있다. WHO 피라미드는 가벼운 정신 건강 서비스를 필요로 하는 많은 사람에게 자기 돌봄과 비공식적인 지역사회 관리가 적합하다는 믿음을 보여준다(밑의 두 단계). 다음 단계에서는 1차 진료가 기본 정신 건강 서비스를 제공하기 위한 이상적인 맥락으로 간주된다. 피라미드를 올라갈수록 비용은 증가하며 서비스가 필요하고 받는 사람은 줄어들게 된다. 세계보건기구 피라미드는 정신 건강이 따로 떨어져 있지 않다는 것을 잘 상기시켜준다. 세계보건기구가 제안했듯이 "정신 건강이 없는 신체 건강은 없다"(Prince et al., 2007). 또한 정신 건강 서비스는 항상 특정 공동체의 이해 관계자의 자원과 신념을 반영한다.

최근 몇 년 동안 미국은 정신 건강 서비스와 전반적인 건강 서비스를 개선하기 위해 상당한 노력을 기울였다. 그러나 전 세계 보건 정책 전문가들이 어떻게 좋은 치료를 할 것인가에 대해 고심하고 있으며 몇 가지 논란은 해결되지 않고 남아 있다.

- **내담자 맞춤치료 vs. 일반적 치료:** 정신 건강 치료자가 서비스를 제공함에 있어서

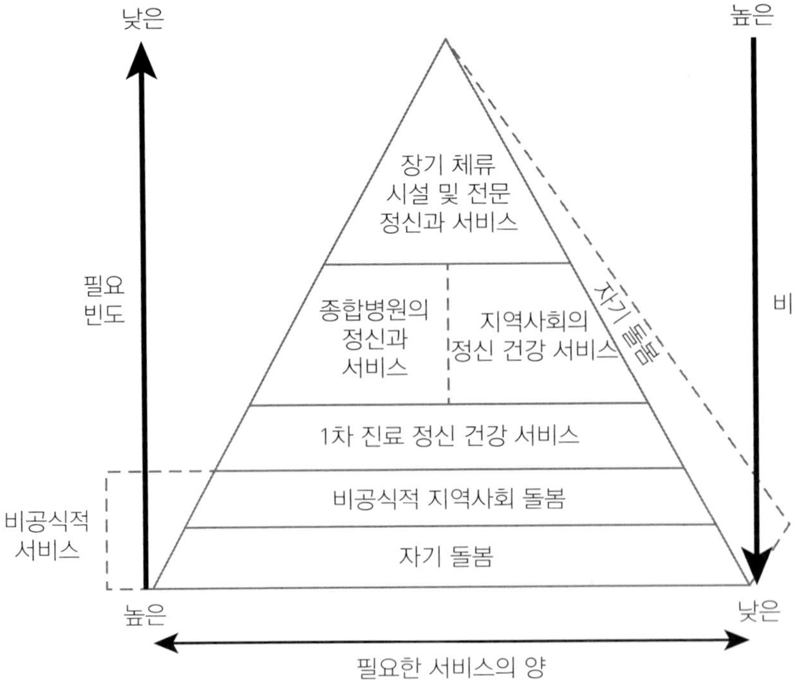

[그림 13-1] WHO 피라미드

내담자에 맞춘 서비스(정해진 치료자가 그 내담자를 치료하는 모델)를 제공해야 하는가, 아니면 집단을 기반으로 돌볼 것인가?(같은 특성을 공유한 개인들의 집단에 일괄 치료 제공) 또한 이러한 결정은 서비스 비용에 어떤 영향을 줄 것인가?

- **사회적 치료개입 vs. 생물학적 치료개입**: 어떤 치료개입/방식이 최소한의 비용으로 가장 극대화된 효과를 창출할 것인가? 예를 들어, 부모교육에 있어서 경제적 보조에 제한을 둘 것인가 혹은 약물치료에 대한 서비스를 무상으로 제공할 것인가?
- **진단 vs. 고통**: 보상을 받을 수 있는 치료의 기준점은 무엇인가? 치료를 받기 위해 몇 가지 증상이 필요한가? 치료비는 어떻게 지불될 것인가?
- **정신 건강 서비스는 어떻게 지불되어야 하며, 누가 지불해야 하는가**: 개인, 고용주, 정부 혹은 다른 사람인가? 지불 계획이 치료에 접근하는데 어떤 영향을 미치는가? 예방적 정신 건강 서비스도 보험에 포함해야 하는가?

이러한 질문은 여전히 미제로 남아 있고 이에 대한 치료자와 보험 관련 기관 그리고 정부 간의 대화는 향후 치료자에게 갖는 의미와 영향력이 크다고 할 것이다.

건강관리 개혁안은 소비자와 정신건강 서비스 분야 종사자들에게 좋은 소식이기도 하고 나쁜 소식이기도 하며, 가족치료자는 이 부분을 바르게 이해하고 있는 것이 중요하다(Edward, Patterson, Scherger, & Vaikili, 2013). 좋은 소식은 2018년에 보험에 가입하지 않아서 혜택을 누리지 못했던 수많은 사람이 필요한 의료혜택에 더 쉽게 접근할 수 있게 되었다는 것이다. 보다 많은 이가 필요한 의료혜택을 받을 수 있게 된 것은 가족치료자가 옹호하는 가치관에 상응하는 것이다. 그러나 이러한 제도의 변화로 인해 증상을 앓고 있는 가족의 한 명을 환자로 분류하고, 그 내담자의 개인적 증상에 초점을 맞춰서 치료를 제공해야 하는 부담이 증가될 가능성이 높으며, 소비자와 치료자 모두 서비스의 질이냐 아니면 비용 절감이냐라고 하는 계속되는 고민을 하게 될 수 있다는 문제점도 내포하고 있다. 문제는 이러한 과정 속에서 치료의 지연, 관료제에 따른 여러 문제로 인하여 내담자가 만날 수 있는 치료자가 제한되거나 혹은 이러한 이유로 아예 치료받기를 포기하는 경우가 발생할 수 있다는 것이다. 게다가 만성 정신장애나 급하게 관리와 치료를 필요로 하는 문제의 경우에 의료혜택이 거부될 수 있으며, 일괄적으로 시간적인 제한이 치료에 적용될 수 있다는 것이다. 마지막으로, 비용을 줄이면서 빠른 효과를 보려는 성향 속에서 약물치료에만 의존하려는 경향이 강화될 수 있으며 이런 이유로 다른 형태의 치료를 받으려는 내담자가 어려움을 겪을 수 있다.

이러한 문제들은 성인 내담자와 그들의 치료자에게 중요한 문제이지만 아동·청소년을 다루는 치료자에게는 더한 어려움일 수 있다. 정신 건강 문제의 발병률에 관한 연구에 따르면, 아동기와 청소년기에 제공되는 치료의 중요성이 잘 나타나 있다(Kessler, Berglund et al., 2005; Kessler et al., 2007). 일반적으로 정신질환의 반 이상이 14세 이전에 그리고 3/4 이상이 24세 이전에 나타나는 것으로 보고하고 있으며, 실제로 불안장애와 충동조절장애의 발병 시점은 평균적으로 11세인 것으로 보고되었다.

다양한 노력에도 불구하고 아동·청소년 치료는 개인 중심으로 이뤄지고 있으며, 가족의 영향은 자주 간과되고 있다. 단적인 예는 일차적인 주요 치료법으로 약물을 사용하려는 경향에서 찾아볼 수 있다. ADHD 치료에 사용되는 자극제와 같이 약물치료로 얻을 수 있는 치료효과나 증상의 차이를 부인하려는 것이 아니다. 다만 보다 근본적이고 지속적인 효과를 위해 아동 · 청소년의 가족 중심적 치료의 임상적 중요성을 인식하고 체계 안에서 적용되어야 한다는 것이다.

석사학위를 소지한 가족치료자에게 앞으로의 건강관리 시장은 여러 긍정적인 점을 지니고 있다. 자주 접하게 되는 질환/장애에 대해 가능한 한 적은 비용으로 양질의 서비스를 제공하는 것이 새로운 건강관리 기관의 최대의 관심사이다. 대부분의 경우 환자의 건강관리 문제를 다루는 데 있어서 가족치료자는 임상심리학자, 정신의학과 의사, 가족담당 의사와 한 팀이 되어 일하게 되는데, 가족치료자가 담당의사와 보다 긴밀하게 일할수록 신체적 · 심리적 · 사회적 측면을 두루 다루는 총체적인 치료를 제공하게 된다.

가족치료자와 가족담당 의사의 공조를 통한 효율적 치료는 보다 나은 서비스를 제공하기 위한 것이며, 따라서 정신 건강 제공자와 가족담당 의사의 공조를 제안하는 새로운 모델이 많이 소개될 것이다. 현재 우울증을 앓고 있는 60세 이상의 환자들을 대상으로 한 연구에서 이러한 협력모델의 매우 긍정적인 효과가 보고되고 있다(http://aims.uw.edu;www.cfha.net;integratedprimarycare.com). 또한 정부기관과 여러 재단에서 개인보험이 없거나 많은 혜택을 받고 있지 않는 환자를 위한 협력 프로그램이 개발 중에 있다. 이러한 협력 프로그램들은 문제해결 중심적으로 매우 단기(5~7 회기)적이며, 경우에 따라서 약물사용이 치료에 포함되기도 한다. 내담자가 치료비를 전적으로 부담하는 전통적 방법의 치료모델이 계속 사용되겠지만, 건강관리 개혁안을 통해 건강관리 전문가들의 공조와 협력에 기초한 새로운 모델이 권장될 것으로 전망된다.

새로운 모델의 장점은 치료를 필요로 하는 가족에게 그들이 진료비를 낼 수 있는가 없는가와 상관없이 치료가 제공될 수 있다는 것이다. 그러나 단점은 치료자가 필요하다고 생각하는 치료의 방식이나 치료법이 여전히 보험으로 지불되지 않을 수 있으며 지불된다 하더라도 정해진 시간 안에서 치료를 마쳐야 하는 제약이 있다는 것이다. 따라서 치료자는 치료자례의 관리라는 측면, 경제적으로 회기를 진행하는 방식, 내담자 만족도 그리고 프로그램의 효율성 등과 같은 영역에 대한 훈련을 받을 필요가 있다.

또한 앞에서 언급하였듯이, 가정의, 영양사, 간호사, 정신의학과 의사, 건강관련 전문가가 하나의 팀을 이뤄서 서비스를 제공하는 상황이 요구될 것이며, 이때 팀의 한 일원으로 일할 수 있는 능력이 요구된다. 이 경우 자체적으로 일할 수 있는 독립성에는 제한이 있을 수 있으며, 각 영역 간의 상위 관계 혹은 가족치료에 익숙하지 않은 전문가들과의 공조에서 오는 어려움 등이 있을 수 있다. 이러한 팀 체계 안에서 가족치료자는 다른 전문가들이 문제를 어떻게 해석하고 접근하는가에 대한 이해가 필요하다. 또한 팀에 속해 있는 여러 전문가와 기능적인 대화를 통해 서로의 전문영역에 대한 역할을 소개하고 필요에 따라 자문과 협력을 주고 받을 수 있는 능력이 요구될 것이다.

건강관리개혁의 일환으로 특정 정신질환과 그에 따른 특정 치료계획이 더 각광을 받을 것이다. 증거-기반 치료에 대한 연구, 질환 및 장애에 대한 명확한 분석과 가능한 치료계획, 치료방법 그리고 예상되는 치료결과 등이 모든 환자의 사례에서 중요하게 검토될 것이다. 다시 말해 가족치료자는 보험관리기관이 필요로 하는 자료가 무엇인지에 대해 명확히 이해하고 있어야 하며, 그에 맞는 자료를 제공할 수 있어야 한다. 예를 들어, 보험관리 기관에게서 환자를 치료할 수 있도록 허가받기 위해 치료자는 DSM에 따른 정신질환 진단명, 기능장애 정도, 관리와 치료의 필요 정도와 질환의 예후에 대한 자료를 제출하여야 한다.

일부 진단(예: 공포증)은 엄격한 기준과 설득력 있는 치료 결과에 대한 연구가 있지만 치료에서 자주 논의되는 다른 문제들은 범위가 더 넓고 보험 혜택을 받기가 어려울 수 있다. 예를 들어, 대부분의 보험은 대화문제에 의한 부부관계 치료를 보험대상에 포함시키지 않는다. 그러나 스트레스를 받고 있는 배우자가 가족전문의에게 결혼 불화에 따라서 겪게 되는 우울 증상과 수면장애 등과 같이 생활 전반에 걸쳐 나타나는 불편함 등을 보고할 수 있으며, 우울치료의 한 부분으로 부부치료가 제공될 수 있다. 보고된 증상이나 치료의 목표가 무엇이든지 치료자는 증상의 감소를 나타낼 수 있도록 관찰 가능한 행동에 준한 용어를 사용할 필요가 있으며, 치료방법 또한 검증된 연구에 기초를 두고 채택되거나 그에 준하여 제공해야 할 것이다.

실제로 가족치료자는 치료의 초점을 분석하고 관찰 가능한 행동 관련 용어를 사용하여 치료일지와 다른 관련 자료들을 작성할 필요가 있다. 치료일지는 매 회기마다 작성해야 하며 치료를 통해 내담자가 어떻게 목표를 달성해 가고 있는가에 대한 보고가 포함되어야 한다. 또한 보험회사의 감사나 검사단을 위해서 치료자는 내담자에게 제공하고 있는 치료가 학회 내에서 정해진 기준에 준하는 치료법임을 보여줄 필요가 있다.

개인치료만큼 효과가 있는 것으로 나타난 집단치료는 비용 절감의 이유로 더 주목을 받을 수 있으며, 인터넷을 통한 환자 교육과 관리가 더 보편화될 것이다.

마지막으로, 내담자 만족도의 중요성이 강조되어 질 것이며, 간단한 도구를 통해 만족도를 평가하게 될 것이다. 가족치료에서 관계에 관한 훈련과 기술이 많이 강조되어 온 까닭에 내담자 만족도에 있어서 가족치료자들이 긍정적인 반응을 보일 것이라고 생각된다. 연구에 따르면 내담자들은 1) 주치의가 관심을 보이지 않거나, 2) 환자의 소리에 귀를 기울이지 않거나, 3) 환자가 알아들을 수 있도록 자세하게 질환에 대해서 설명을 하지 않은 것에 대해 주로 불만을 느끼고, 또 그런 이유로 주치의를 바꾸는 것으로 나타났다(Desmond, 1993). 따라서 치료자는 내담자의 소리에 귀를 기울이고 치료자로서 갖는 염려와 배려를 전달할 필요가 있다.

과거 가족치료자들의 주된 관심사는 가족 간의 상호관계를 변화시켜서 관계의 기능을 높이는 것이었다. 그러나 오늘날의 치료자들은 치료비용 절감, 검증 연구에 기초한 치료법과 이를 적용함에 있어서의 실질적 효능성, 보험회사와 관련된 보고자료, 치료기간과 효능성에 대한 입증 등 여러 가지 사안을 두루 살펴야 한다. 따라서 앞으로의 접근방법은 여러 전문 분야 간의 협력적이고 생물심리사회적 영향을 두루 다루는 통합적인 방법이 될 것이며, 가족치료자는 이러한 통합적 접근법의 팀원으로서 내담자의 총체적 건강을 위해 일하게 될 것이다.

치료의 신흥 동향

가족치료는 항상 가족 기반 치료와 BPS 모델에 초점을 맞출 것이지만, 이 분야는 또한 더 광범위한 영향과 세계적인 변화에 의해 형성되어 가고 있다. 이 절에서 우리는 가족치료에 영향을 미치는 가장 중요한 힘 중의 일부를 짚어 보려 한다. 이러한 영역들이 교육과정에서 항상 다뤄지는 것은 아니지만 그것들이 미래의 임상작업에 영향을 미치게 되리라고 믿는다.

근거-기반 치료

여러 분야에서 학술적으로 검증된 치료법에 대한 관심이 증가되고 있다. 실제로 이러한 경향은 현재 미국 내에서 하나의 움직임으로 형상화되고 있는데, 이를 근거-기반 치료라고 한다(Mash & Hunsley, 2005; Hunsley & Mash, 2005). 근거-기반 치료는 치료법을 결정함에 있어서 연구자료를 통해 검증을 받은 치료법을 치료자의 임상적 경험과 내담자의 가치를 통합하여 결정하는 것을 의미한다(Sackett, Strauss, Richardson, Rosenberg, & Haynes, 2000). 5장과 10장에서 이미 근거에 기초한 치료법을 찾아내는 방법에 대해 다루었다. 현재 미국 내에서 근거-기반 치료로 인정받고 있는 치료는 기능적 가족치료(functional family therapy), 복합체계 가족치료(multisystemic family therapy), 체계적 가족치료(structural family therapy), 인지행동 부부치료(cognitive-behavioral couple therapy), 정서중심치료(emotionally focused therapy) 등을 들 수 있다. 근거-기반 치료는 앞으로 더 많은 관심을 받을 것으로 예상되며, 특정 문제에 대해 그 효과가 연구를 통해 검증된 치료만 임상현장에서 사용되도록 권장될 것이다. 현재는 문제가 일반적으로 DSM 진단을 중심으로 구성된다.

근거-기반 치료를 접할 기회가 별로 없었다면 훈련을 받는 것이 중요하다. 10장에서 언급한 '연구 자료 찾아보기'에서 제시한 방법을 통하여 기본 기술이나 내담자가 겪고 있는 문제에 대한 보다 체계적인 지식을 얻을 수 있다(ebbp.org/training.html 참조). 또한 근거-기반 치료에 대한 정보가 여러 웹사이트에서 제공되고 있다. 이 책의 몇몇 저자들이 출간한 책, 『가족치료 연구방법: 근거-기반 치료의 기초(Clinician's guide to Research Methods in family therapy: Foundations of Evidence-Based Practice)』(Williams et al., 2014) 또한 검증에 기초한 가족치료법을 소개하고 있다.

물론 이러한 치료법의 한계에 대해 우려의 소리를 내는 치료자들도 있다(Patterson, Miller, Carnes, & Wilson, 2004; Williams, Patterson, & Miller, 2006). 예를 들어, 치료자는 근거-기반 치료에 대한 연구 논문을 읽고 찾는 데 걸리는 시간뿐 아니라 내담자의 특수한 상황에 맞춰서 치료법을 결정하는 치료자의 전문가의 재량을 제한할 수 있다고 생각할 수 있다. 일부 치료자들은 근거-기반 치료가 너무 간단하게 상황을 파악하는 경향이 있으며, 내담자가 처해 있는 복잡한 상황이 반영될 수 없다고 생각한다. 이러한 우려의 소리에도 불구하고 앞으로 근거-기반 치료는 더욱 주목을 받을 것이며, 실제로 여러 전문 학술지, 전문협회 그리고 정부기관에서 이러한 치료법에 관한 정보를 제공하기 위해 여러 웹사이트를 운영하고 있는 상황이다. 이러한 웹사이트에 대한 정보를 10장에서 다루었으며, 치료자는 이러한 서비스를 통해 스스로 정보를 익히고 훈련을 계속해 나갈 필요가 있을 것이다.

과학기술

앞에서 우리는 여러 웹사이트를 통해 치료자가 스스로 새로운 치료지식과 기술을 습득할 수 있음에 대해 언급했다. 과학기술의 영향, 특히 인터넷은 사람들이 지식을 얻고 사용하는 방식에 있어서 막대한 변화를 초래하였다. 이러한 변화는 가족치료자와 내담자에게 다양한 기회를 제공함과 동시에 위험성을 내포하기도 한다.

내담자는 인터넷을 통해 자신의 문제에 대한 자료를 듣고 치료를 찾을 것이다. 그러나 가능한 치료법을 검색함에 있어서 내담자는 어떤 치료가 안전하고 효과적인지를 구별하는 데 어려움을 겪을 것이다. 때때로 내담자들은 첫 회기 전에 치료자에 대해 알아보려고 치료자의 이름과 센터명을 검색해 보았다고 이야기한다. 또한 어떤 치료법은 인터넷상에서만 다뤄지고 내담자가 치료자를 직접 만나거나 전화를 통해 대화를 하는 것은 극히 제한적인 경우도 있다. 예를 들어, MoodGym이라는 인터넷상의 우울증 치료 웹사이트가 있는데, 치료자의 개입 없이 이러한 프로그램만으로도 효과가 있었다는 보고가 있다(Haldane, 2006). 실제로 『뉴욕타임스(New York Times)』에 이러한 온라인 치료의 강점에 대한 기사가 실린 적이 있다. 그 저자는 다음과 같이 밝혔다.

> 온라인 치료는…… 지역적으로 치료자를 찾을 수 없는 경우, 직장생활을 하고 있다는 이유로 시간을 낼 수 없는 경우 또는 치료비를 감당하기 어려운 경우에 매우 유익할 수 있다. 이러한 온라인 치료는 새벽 두 시에도 받을 수 있으며, 거의 무상으로 사용할 수 있을 뿐 아니라 내 호주머니에 넣고 다니면서 받을 수 있다는 장점이 있다(Rosenberg, 2015).

모바일 기기 애플리케이션을 포함하여 내담자와 치료자가 사용할 수 있는 디지털 자원들의 목록이 점점 더 많아지고 있다. 일부 온라인 치료 프로그램은, 예를 들어 CBT 기술을 사용하는 불안치료 패키지와 같은 단계별 치료 프로그램을 통해 내담자들을 데려간다. 또 다른 자원으로는 전화로 다운로드할 수 있는 응용 프로그램이 있으며 내담자들이 일 끝나고 집에 가는 길에 버스에서 명상을 할 수 있다.

인터넷은 또한 우리의 내담자들에게 위험요소가 되기도 한다. 그들은 매일 저녁 블로그나 채팅방에서 시간을 보내기 때문에 가족을 무시할 수 있다. 그들은 포르노와 다른 고위험 웹사이트를 탐험한다. 내담자들은 웹에서 자신의 문제나 치료에 대해 잘못된 정보를 얻을 수도 있다.

기회 측면에서 보면 웹은 특정 주제에 대한 문헌의 검색을 신속하게 수행할 수 있는 방법을 제공한다. 10장에서 언급한 사이트 외에도 가족치료자가 사용할 수 있는 웹의 자원들이 많이 있다. 예를 들어, 구글 스칼라(Google Scholar)(www.scholar.google.com)는 사용이 무료인 검색엔진으로 여러 전문영역의 전문서적을 검색할 때 사용된다. 정부 보조기관에 의해 운영되는 검색엔진으로 펍메드(PubMed)(www.pubmed.gov)와 메드라인(MedLine) 또한 무료 사용이 가능하다. 특히 메드라인은 5,200개의 미국전문 학술지와 80여 개 국가의 국제학술지를 포함하고 있다. 무료로 어떻게 펍메드를 사용하는가에 대한 교육을 받을 수 있으며(www.nlm.nih.gov/bsd/disted/pubmedtutorial), 미국정부기관의 웹사이트[예: 미국정신건강연구소(National Institute of Mental Health), www.nimh.nih.gov; 미국물질남용 및 정신보건 서비스국(Substance Abuse and Mental Health Services Administration), www.samhsa.gov] 또한 용이하게 사용할 수 있다. 오늘날에는 여러 전문 학술지가 모든 컨텐츠를 온라인으로 출간한다. 일부는 회비를 납부한 회원 전용이기도 하고 일부는 무료로 사용할 수 있다.

검색엔진을 사용하는 것 외에 가족치료자는 강의와 온라인 훈련을 활용할 수 있다. 앞서 언급한 근거-기반 치료 외에도 치료자는 매사추세츠 일반 정신 병동 아카데미에서 제공하는 정신 건강 문제에 관한 온라인 강의를 받을 수 있다(Massachusetts General Hospital Psychiatry Academy, www.mghcme.org). 회원으로 로그인하는 과정을 통해 치료자들은 온라인 상에서 제공되고 있는 전문가 포럼과 강의를 무료로 사용할 수 있다. 또한 여러 교육기관에서 제공하는 온라인 강의도 있는데, 일례로 피츠버그의 마음-몸 센터에서 제공하는 '사회적 지지기능으로서의 결혼이 갖는 역할의 이해'라는 강의를 들을 수 있다(Pittsburgh Mind-Body Center, pmbcii.psy.cmu.edu).

비디오를 사용한 회의나 다른 의사소통 장비들을 활용한 방법 또한 가능할 수 있다. 우리 팀은 다른 나라에 있는 치료자에게 슈퍼비전을 제공하기 위해 컴퓨터에 카메라를 장착해서 대화를 나누는 스카이프(Skype) 프로그램을 사용하고 있다. 세계 여러 나라의 가족치료자들과 실제로 여행을 하지 않고도 작업할 수 있다는 것은 대단한 기회임이 분명하다. 과학기술을 통해 거리에 제한을 받지 않고 교육과 회의가 진행될 수 있다.

인터넷 이메일과 핸드폰의 문자메시지 등을 통한 서비스 제공의 가능성에 대한 연구의 움직임이 정신 건강 분야에서 진행 중이다. 최근 연구에 따르면, 전화상담이 전통적 방법의 치료에 비해서 중도에 치료를 중단하는 내담자의 비율이 낮은 것으로 나타났으며, 일부 내담자는 편리함과 익명성의 이유로 치료에 있어서 앞서 언급한 과학기술의 사용을 선호하는 것으로 나타났다(Mohr, Vella, Hart, Heckman, & Simon, 2008). 또한 인구가 분산되어 있는 농어촌에서 치료를 제공하는 가족치료자 또한 이러한 방법의 가능성을 타진하고 있다(Bischoff, Hollist, Smith, & Flack, 2004). 오늘날 내담자들은 인터넷을 통해 치료를 제공할 수 있는 치료자를 찾을 수 있으며, 일부 치료자들은 이를 치료범위를 확대할 수 있는 하나의 방법으로 간주하기도 한다.

그러나 가족치료자는 이러한 방법이 내담자의 필요에 부응하면서 치료의 질을 유지하는 한도 내에서 제공되고 있는가를 평가할 필요가 있다. 과학기술을 이용한 치료의 제공이 과학기술 자체만큼이나 빠르게 진화하고 있다는 점을 감안할 때, 주법과 규제, 전문기관의 윤리적 지침이 보조를 맞추지 못하고 있으며 국제적인 지침이 아직 없다. 인터넷이나 다른 기술을 사용하여 치료를 제공하는 것을 고려하고 있는 가족치료자는 자신이 면허를 받은 주와 치료 계약을 체결하기 전에 내담자가 거주하던 주 모두의 가족치료 관련 법률과 규정을 따라야 한다. 치료자는 또한 치료 제공을 위해 과학기술을 사용하는 데 있어서 자신의 한계를 주의 깊게 고려하고 사전에 적절한 교육을 받아야만 한다.

세계화

세계화는 가족치료의 미래에 광범위한 영향을 미치고 있으며, 가족치료자가 문화적 다양성, 경제적 불균형, 성별에 대처하는 데 더 유능해지도록 장려한다 (Keeling & Piercy, 2007). 2007년 영국의 의학 저널인 The Lancet는 국가들의 정신 건강 서비스의 필요성에 관한 일련의 논문을 처음으로 발표했다. 세계은행은 이들 국가를 GDP(국내 총생산)로 정의하고 저소득 국가 또는 중산층 국가로 분류한다. 현재, 이전에는 서비스가 없었던 장소에서 정신 건강 서비스를 만들고, 제공하고, 지불하기 위한 정책 제안(initiative)이 전 세계적으로 일어나고 있다. 가족치료자는 또한 글로벌 커뮤니티에서 서비스를 제공하기 위해 노력하고 있다(Crane, 2013; Pater et al., 2007, 2013; Patel & Saxena, 2014; Paterson, Edwards, & Valili, 2017; Prince et al., 2007; Saxena, Thornicroft, Knapp, & Whiteford, 2007; Underhill, 2007).

가족치료의 세계화는 중요한 이슈를 제기한다. 다른 사회에서의 성 역할, 대체 가족 형태에 대한 견해 그리고 가족에 대한 정의는 종종 미국의 규범과 다르다. 예를 들어, 많은 나라에서, 내담자가 가족에 대해 말할 때, 그들은 핵가족이 아니라 대가족을 의미한다. 게다가 우울증이나 ADHD와 같은 장애를 치료하기 위한 정신 건강 서비스는 많은 국가에서 존재하지 않는다. 또한, 많은 문화적 관행은 "일탈 행동의 반복적이고 지역적인 특정 패턴을 나타내며…… 특정 DSM 진단 범주와 연관될 수도 있고 연관되지 않을 수도 있다."(American Psychiatric Association, 2000, p. 898). 즉, 문화적 차이와 정신 장애 사이의 경계가 항상 명확한 것은아니다. 점점 더 세계화된다는 것은 문화가 정신 건강 서비스에 미치는 영향이 점점 더 중요해지고 있다는 것을 의미한다.

미국 부부/가족치료협회의 슈퍼바이저들이 미국 이외의 여러 나라에서 활동을 하고 있지만, 대부분은 유럽이나 홍콩에 거주하고 있다. 국제가족치료학회 (International Family Therapy Association, www.ifta-familytherapy.org), 유럽가족치료학회(European Family Therapy Association, www.europeanfamiytherapy.eu) 그리고 아시안 지역의 가족치료학회, 아시아 지역의 가족관련 학회 컨소시엄(Consortium of Institute on Family in the Asian Region, www.cifa-net.org) 등과 같은 전문 학회들은 가족치료 전문가들을 양성하면서 회원 간의 관계를 다지고 있다. 또한 여러 지역에서 오스트리아와 뉴질랜드 『가족치료학회지(Australia and NewZealand Journal of family Therapy)』(www.anzjft.com)나 영국의 『가족치료학회지(Journal of Family Therapy)』(www.aft.org.uk) 등과 같은 전문 학회지를 발간하고 있다.

성문제, 경제적 불균형, 문화적 다양성에 대한 인식을 높이는 일과 함께 가족치료자는 지구촌의 여러 곳에서 가족들이 겪고 있는 문제에 대한 사회적 관심을 높이는 작업을 할 수 있다. 모국어 외에 다른 언어를 학습하고 교육과 슈퍼비전을 위해 인터넷을 사용하며 여러 나라의 가족치료자들과 일을 공유하고, 가족과 가족의 이슈에 대한 국제학회지 등을 읽는 일은 모두 지구촌의 가족문제에 대한 인식을 높이는 길이 된다.

현재 가족치료 내에서 다국적 연대에 대한 다양한 시도가 이뤄지고 있다. 홍콩에 있는 가족치료 훈련 프로그램은 화상 프로그램을 통해 대만에 있는 기관들과 함께 집단 슈퍼비전을 제공하고 있으며, 일본 가족치료학회에서는 영어로 출판된 가족치료 전문서적들을 일본어로 번역하여 출판 중이다. 국제가족치료학회에서는 개발도상국가들에 있는 클리닉에 저명한 가족치료자들을 보내고 있으며, 오스트레일리아, 이스라엘 그리고 여러 다른 나라에서 가족치료와 관련된 연구를 미국 학회지에 활발히 발표하고 있다. 가족치료 학생들을 단체로 아시아에서 열리는 가족치료학회에 참여하게 하는 대학도 있으며, 미국 내 가족치료 프로그램은 아시아와 유럽의 학교들과 제휴해서 학위 프로그램을 개발하는 것에 대해 활발한 대화를 진행하고 있다. 또한 국제적인 가족치료자 자격증을 허가하는 체계를 개발하려는 움직임도 진행 중이다.

앞으로 가족치료 프로그램은 여러 나라에서 개발될 것이며, 그 나라의 문화에 따라 독특한 프로그램과 모델이 개발될 것이다. 미래의 가족치료자는 가족치료 일반 이론을 그 지역의 문화와 특성에 맞게 토착화할 수 있어야 하며, 인종, 문화, 경제 등이 가족의 정신건강에 미치는 영향에 대해서도 이해하여야 한다. 가족치료의 세계화에 따른 도전은 앞으로 가족치료자라는 직업에 한층 더 흥미로움을 더할 것이다.

유전과 신경과학

가족치료와 관련해서 매우 흥미로운 연구들이 과거 생물학과 순수과학의 영역으로만 여겨졌던 분야에서 일어나고 있다. 유전과 신경과학에 관한 연구들은 정신질환에 대한 새로운 해석을 내놓고 있다. 다른 영역의 정신건강 치료자들처럼 가족치료자들도 내담자를 진단함에 있어서 관찰이 가능한 증후나 내담자가 보고하는 증상에만 초점을 맞춰 왔다. 이는 곧 증상이나 문제가 발생한 후에야 그에 따른 치료를 받을 수 있었다는 것을 뜻하며, 정신건강 전문가들은 예방적인 면보다는 치료적인 면에 더 관심을 보여 왔음을 뜻한다. 그러나 치료적인 면에만 관심을 보이는 것은 가족발달 과정과 이 과정이 어떻게 가족관계와 개인의 안녕에 영향을 미치는가에 대한 이해를 갖고 있는 가족치료자들에게 다소 비효율적인 것으로 여겨진다. 가족치료자로서 문제가 발생해서 장애나 고충을 야기하기 전에 개입할 수 있는 방법은 없을까?

최근 신경과학과 유전학에서 보고된 연구들은 인간의 문제와 관련해서 생물학이 갖는 가능성을 시사하고 있다. 물론 이러한 연구들은 유전이 절대적인 것이 아님을 시사한다. 실제로 많은 정신질환에 있어서 유전은 그 일부만을 설명해 줄 뿐이다. 스탠퍼드대학교 생물학과 신경과학 교수는 유전 대 환경(nature vs. nurture)에 대한 공방에 다음과 같이 보고하고 있다.

> 유전이 행동에 영향을 미치기는 해도 결코 행동 그 자체의 원인은 아니다. 유전이 행동에 영향을 미치고, 환경은 행동에 영향을 미치며 그리고 유전과 환경은 서로 상호작용한다……. 생물체에 유전이 미치는 영향은 보통 환경 인자에 따라서 다르며 환경의 영향 또한 그 생물체의 유전적 조합에 따라 다르다(Sapolsky, 2005, p. 30).

신경과학 분야에서 진행되고 있는 연구들 또한 정신질환에 대한 우리의 이해를 높이고 있다. 일련의 연구들은 그전의 과학자들이 생각했던 것보다 인간의 뇌가 더 높은 적응력을 보인다고 보고하고 있다. 뇌의 높은 적응력과 성인의 뇌도 새로운 뉴런을 만들어 낸다는 보고는 환경의 변화, 즉 가족 간의 지지적이고 긍정적인 관계를 조성하는 것이 구성원들의 전면적인 건강에 많은 영향을 미칠 수 있음을 시사하는 매우 희망적인 보고이다. 또한 신경과학자들은 유전이 표현되는 경로에 환경이 어떻게 영향을 주는가에 대해 연구를 해 왔다. 특히 흥미로운 발표는 애착이론에 근거한 대인관계적 신경생물학(interpersonal neurobiology)이다(Schore, 2003a, 2003b, 2005; Siegal, 1999, 2007). 연구에 따르면, 인간의 뇌는 사랑과 긍정적인 양육을 받으면서 자랄 때 최상의 성장과 발달이 이루어질 수 있도록 프로그램되어 있다.

9장에서 논의한 바와 같이 유전학과 신경과학 연구도 징후와 증상에 근거하여 분류된 정신질환에 대한 우리의 견해를 바꾸고 있다. 대체로 새로운 연구는 정신질환이 환경이나 '유전적 영향'에 의한 유전적 장애, 뇌의 장애 그리고 발달적 장애라고 말해 준다(Insel, 2014). 사실 질병에 대한 유전적 성향이 있다고 해도, 사람이 나이가 들면서 증상이 출현할 수도 있고 출현하지 않을 수도 있다. Sapolsky(2017)는 행동을 결정하는 수많은 영향을 확인해 준다.

흥미로운 결과는 인간발달에 있어서 조기의 개입이 매우 중요한 변화를 야기할 수 있다는 보고이다. 동물을 대상으로 한 실험에서 어미 쥐의 애착행동을 더 많이 받은 아기 쥐들이 나중에 스트레스를 다루는 데 있어서 더 높은 능력을 나타냈으며, 이 실험에서 과학자들은 뇌 속에서 애착행동과 스트레스 조절 기능 사이의 신경경로를 설명할 수 있었다(Insel & Quirion, 2005). 좀 더 간단히 말하자면, 연구는 "함께 활성화된 뉴런은 함께 연결된다"(Hebb, 1949). 아동이 겪는 정신질환의 발병과 경로에 있어서 가족이 미치는 영향에 대해서도 이와 유사한 질문들이 제기될 수 있다. 예를 들어, 아동의 양극성장애에 관한 연구에서 '점화이론(kinding theory)'에 따르면, 처음의 조증 삽화의 발현은 이후의 조증 삽화들에 비해 치명적인 스트레스와 직접적인 관련이 있는데, 이는 스트레스가 중앙신경계에 있는 신경통로를 변화시켜서 그 후의 조증 삽화는 외부의 자극이 없어도 나타날 수 있게 한다는 사실을 시사한다. 따라서 아동의 뇌가 비정상적으로 예민해지는 것을 예방하고 처음의 조증 삽화를 방지하기 위해 전문가들은 양극성장애의 성향을 보이는 아동의 예방책으로 가족치료의 효능에 관한 연구를 진행 중이다(Egan, 2008). 그러나 가족치료자는 유전과 신경과학 분야의 연구자들이 생체학과 환경 간의 상호관계 경로를 분명하게 설명할 때까지 기다릴 필요는 없다. 오히려 가족치료자는 가족이 정신 건강에 미치는 영향에 대한 전문지식을 활용하여 가족이 보다 지지적이고 긍정적이며 스트레스와 부정적 상호관계를 줄이는 환경을 만들어 나가도록 도울 수 있어야 한다.

유전과 신경과학 분야의 연구는 여전히 발달단계에 있다. 그러나 가족 상호관계와 가족발달 전문가인 가족치료자는 앞으로 펼쳐질 여러 가능성으로 인해 미래가 밝다고 할 수 있다. 어떤 정신질환은 심리사회적 개입으로 치유되기 힘들 수 있지만 그 외의 많은 질환은 건강한 가족환경과 관계, 특히 어린 자녀를 지지하고 바르게 양육하는 관계를 통해 호전될 수 있다. 이러한 방법을 통해 가족치료자는 치료보다는 예방 차원의 전문가가 된다. 특히 비용 절감을 원하는 건강보험 시대에 가족환경을 통해 아동 · 청소년에게 영향을 미치는 것은 많은 정신질환이 아동기나 청소년기에 발병한다는 연구를 생각했을 때 더 이치에 맞는 접근법일 것이다. 건강한 가족과 건강한 아동 간의 관계에 대한 이해를 증진시킬 수 있는 기회는 가족치료자라는 직업이 갖는 또 하나의 장점이 될 것이다(Patterson, Vakili, 2014).

치료자가 느끼는 보람과 부담

치료자라는 직업은 참으로 의미 있는 일이다. 내담자가 성장하고 자신에 대한 이해를 넓혀 가는 과정에 동참한다는 것만으로도 치료자에겐 큰 보상이 된다. Satir (1967)는 내담자와 맺는 관계와 연결감이야 말로 치료자가 줄 수 있는 최상의 선물이라고 말했다. 또한 이 일을 통해 치료자가 경험하는 자아성장과 끝없는 배움 또한 이 직업이 주는 유익 중의 하나이다. 치료자는 자신을 돌보지 않은 채 내담자를 돌볼 수 없기 때문이다.

아마도 대부분의 치료자가 직면하는 문제 중에 하나는 소진(burnout)일 것이다. 소진은 세 가지 부류의 증상, 즉 정서적 소진, 비개인화 그리고 개인적 성취감의 감소 등으로 나타난다(Maslach, 1993). 정서적 소진은 피곤하고 고갈된 느낌을 말한다. 이는 동정심의 결핍을 초래할 수 있다. 비개인화는 "치료가 효과가 있는지 혹은 도움이 되는지 잘 모르겠다."와 같은 생각과 관련된 부정적이거나 냉소적인 태도이다. 이런 지루한 느낌, 자기의심, 부정적 자기평가는 지속적으로 다른 사람의 고통과 괴로움과 동일시하고 그 면전에 있음으로 해서 생길 수 있다.

이러한 경험을 하는 것은 극히 정상적인 것으로 치료가 효과적으로 잘 진행되고 있는가에 대한 의구심을 갖는 것은 많은 치료자가 경험하는 일 중에 하나이다. 특히 치료과정은 치료자의 통제 밖에 있는 다양한 요인으로 인해 그 진행 상태가 눈에 보이게 드러나지 않을 수 있다. 내담자의 회복에 대한 동기도 다양할 수 있고, 심리적 · 사회적 · 신체적 요인들로 인해 치료의 결과가 영향을 받을 수 있다. 따라서 이러한 상황을 인식하고 받아들이는 것은 치료자에게 도움이 된다. 그러나 치료자로서 자신의 일에 대해 갖는 의구심은 예고 없이 찾아 올 수 있고, 이는 부지불식간에 불안과 긴장을 초래한다. 이러한 경우 동료나 슈퍼바이저에게 알리고 필요한 도움을 받는 것이 어려움을 극복하는 데 중요한 방법이 된다.

치료자로서의 자리매김을 위한 개인적 · 직업적 여행

우리가 졸업반 학생들에게 묻는 질문 중 하나는 5년 후 자신을 어디서 보게 될 것인가이다. 어떤 학생들은 좋은 직장에서 일하고 있기를 희망하고, 어떤 이들은 박사과정에 있고 싶어 하는데 학생들은 치료를 할 기회를 갖기 원한다. 이 분야의 일자리는 공공부문과 민간부문에서 증가할 가능성이 있다. 임상작업, 관리, 컨설팅, 교육 및 관리자의 업무 등에서 직업을 발견할 수 있을 것이다.

많은 치료자가 여러 환경에서 일한다. 치료자가 기관, 학교 등에서 파트타임 일자리를 갖고 파트타임 개인 영업을 하는 것이 드문 일이 아니다. 가르치는 일이나 컨설팅을 하게 되면 전문가 동료들과 교제하고 현장에서 최신 아이디어를 접하는 도전적인 기회를 얻을 수 있다. 대부분의 치료자는 하는 일을 통해 다양성을 즐기고 일의 양과 일정을 설정하는 데 상당한 자유를 가지고 있다. 다양한 생활 경험과 여러 가지 배경을 가진 내담자들을 만나는 일은 치료자의 삶에 풍요로움을 더해 줄 수 있다.

졸업식에서 우리는 또한 학생들에게 그들의 인생에 대해서 그리고 어떻게 개인적인 인생목표와 전문가로서의 목표 사이의 균형을 맞출 것인지에 대해 생각해 보라고 한다. 우리는 우리가 몇 년 동안 가져왔던 목표들 중 일부를 나누고 그들이 훈련을 시작했을 때 무엇을 알고 있었으면 좋았을지 묻는다. 여기 그들이 언급한 몇 가지 이슈가 있다.

- "나는 대학원 과정에서 얼마나 내 원가족과의 해결되지 않는 문제들에 직면하게 될지 몰랐다. 개인치료를 미리 했더라면 하는 아쉬움이 있다."
- "가족치료 교육과 임상 훈련은 학부 교육에 비해 매우 정서적으로 버거웠다."
- "긍정적인 직장관계는 그 어떤 것보다도 중요하다. 나의 가치를 인정해 주고 나를 지지해 주는 곳이라면 보수가 적더라도 일하고 싶다."
- "치료자는 오랫동안 치료자일 것이기 때문에 이 일을 좋아하지 않는다면 이 일을 하는 것이 아무 의미가 없다는 것을 나는 깨달았다. 게다가 나는 치료자가 되는 것이 단순히 직업이 아니라 생활방식이라는 것을 깨달았다. 왜냐하면 나는 5시가 되어도 그의 필요가 멈추지 않는 인간들과 함께 일하고 있기 때문이다."
- "보수나 월급은 중요하다. 대학원을 다니기 시작했을 때 나는 미래 직업에 대한 보수에 대해 전혀 생각해 본 적이 없다. 대학 보조금을 갚아야 하고 가족을 부양해야 하는 지금은 나에게 더 나은 보수를 받을 수 있는 직종을 찾는 것이 매우 중요하다."
- "내 인생 전체를 내담자에게 걸지 않고 내 스스로를 챙기고 관리하는 것이 매우 중요하다. 처음에 나는 내담자의 문제에 치여서 내 스스로를 돌볼 시간을 낼 생각조차 할 수 없었다. 그러나 오랫동안 이 직업을 영위하기 위해 무엇보다도 내 스스로를 돌볼 시간이 필요함을 깨닫게 되었다."
- "결국은 가족과 친구와의 관계가 내 인생에서 무엇보다도 소중한 부분이라는 것을 알게 되었다. 처음 이 일을 시작했을 때에 나는 가족과 친구들에게 제대로 신경을 쓰지 못한 채 내담자들의 생각만 했었다. 그러나 시간이 지나면서 내가 사랑하는 사람들과 함께하지 못하면 결국 나는 행복해질 수 없다는 것을 깨닫게 되었다."

치료자가 되는 것의 독특한 측면 중 하나는 개인의 생활과 직업적인 생활을 합치는 것이다. 치료자들은 개인적인 경계선을 인식해야 하며 그들의 사생활이 일에 영향을 미칠 수 있다는 것을 분명히 해야 할 필요가 있다. 또한, 대부분의 치료자들은 자신의 치료자로서의 일이 개인적 생활에서 그들이 하는 선택에 영향을 미친다는 것을 선뜻 인정한다. 치료자는 개인의 한계를 명확히 인지하고 치료자로서의 일이 어떻게 개인의 삶에 영향을 미치는지에 대한 통찰력을 기를 필요가 있다. 또한 많은 이가 치료자라는 직업이 개인의 삶에 있어서 많은 결정에 영향을 미친다고 얘기한다.

결론

"나는 치료자가 인생의 의미를 찾을 수 없다고 불평하는 것을 들어본 적이 없다. 치료자로서의 삶이란 남을 위해 봉사하는 삶이다."(Yalom, 2002, p. 256) 이 직업은 치료자에게 다른 사람들로부터 배우고, 자기를 돌아보고, 삶이 변화하는 경험의 일부가 될 수 있는 기회를 지속적으로 제공한다. 대부분의 치료자는 자신의 직관에 크게 의지한다. 다른 사람에게 자신의 경험을 이해할 수 있도록 도울 뿐 아니라 자신의 감각을 신뢰하는 것은 끊임없는 창조적인 도전이기도 하다. 봉사하는 삶과 의미 그리고 새로운 문제에 대해 창조적으로 반응하는 끊임없는 도전 사이의 상호작용은 많은 치료자에게 치료자로서의 모든 스트레스를 충분히 애쓸 만한 가치가 있는 것으로 만들어 준다.

참고문헌

Achenbach, T. (2008). Assessment, diagnosis, nosology, and taxonomy of child and adolescent psychopathology. In M. Hersen & A. M. Gross (Eds.), *Handbook of clinical psychology: Vol. 2. Children and adolescents* (pp. 429-457). Hoboken, NJ: Wiley.

Adler, L. D., Slootsky, V., Griffith, J. L., & Khin Khin, E. (2016). Teaching the fundamentals of the Risk Assessment Interview to clinicians. *Psychiatric Annals, 46*(5), 293-297.

Ahrons, C. R. (1994). *The good divorce*. New York: HarperCollins.

Ahrons, C. R. (2007). Family ties after divorce: Long-term implications for children. *Family Process, 46,* 53-65.

Ahrons, C. R., & Rodgers, R. H. (1987). *Divorced families: A multidisciplinary view.* New York: Norton.

Alexander, J. F., Holtzworth-Munroe, A., & Jameson, P. (1994). The process and outcome of marital and family therapy: Research review and evaluation. In A. Bergin & A. Garfield (Eds.), *Handbook of psychotherapy and behavior change* (pp. 595-630). New York: Wiley.

Alexander, J. F., & Sexton, T. L. (2002). Functional family therapy: A model for treating high risk, acting out youth. In F. W. Kaslow (Ed.), *Comprehensive handbook of psychotherapy: Vol. 4. Integrative/eclectic* (pp. 111-132). New York: Wiley.

American Psychiatric Association. (2000). *Diagnostic and statistical manual of mental disorders* (4th ed., text rev.). Washington, DC: Author.

American Psychiatric Association. (2013). *Diagnostic and statistical manual of mental disorders* (5th ed.). Arlington, VA: Author.

Amstadter, A. (2008). Emotion regulation and anxiety disorders. *Journal of Anxiety Disorders, 22*(2), 211-221.

Anandarajah, G., & Hight, E. (2001). Spirituality and medical practice: Using the HOPE questions as a practice tool for spiritual assessment. *American Family Physician, 63,* 81-89.

Anderson, C. M. (2003). The diversity, strength, and challenges of single-parent households. In F. Walsh (Ed.), *Normal family processes* (3rd ed., pp. 121-152).

New York: Guilford Press.

Anderson, C. M., & Stewart, S. (1983). *Mastering resistance: A practical guide to family therapy*. New York: Guilford Press.

Arean, P. A., Perri, M. G., Nezu, A. M., Schein, R. L., Christopher, F., & Joseph, T. X. (1993). Comparative effectiveness of social problem-solving therapy and reminiscence therapy as treatments for depression in older adults. *Journal of Consulting and Clinical Psychology, 61,* 1003-1010.

Arean, P. A., Raue, P., Mackin, R. S., Kanellopoulos, D., McCulloch, C., & Alexopoulos, G. S. (2010). Problem-solving therapy and supportive therapy in older adults with major depression and executive dysfunction. *American Journal of Psychiatry, 167,* 1391-1398.

Arkowitz, H., Westra, H. A., Miller, W. R., & Rollnick, R. (Eds.). (2008). *Motivational interviewing in the treatment of psychological problems*. New York: Guilford Press.

Ayers, C. R., Sorrell, J. T., Thorp, S. R., & Wetherell, J. L. (2007). Evidence-based psychological treatments for late-life anxiety. *Psychological Aging, 22,* 8-17.

Ayers, M. M., & Haddock, S. A. (2009). Therapists' approaches in working with heterosexual couples struggling with male partners' online sexual behavior. *Sexual Addiction and Compulsivity, 16,* 55-78.

Baldwin, S. A., Wampold, B. E., & Imel, Z. E. (2007). Untangling the alliance-outcome correlation: Exploring the relative importance of therapist and patient variability in the alliance. *Journal of Consulting and Clinical Psychology, 75,* 842-852.

Bandler, R., & Grinder, J. (1982). *Reframing*. Moab, UT: Real People Press.

Barrett, M. S., Chua, W., Crits-Christoph, P., Gibbons, M. B., & Thompson, D. (2008). Early withdrawal from mental health treatment: Implications for psychotherapy practice. *Psychotherapy: Theory, Research, Practice, Training, 45,* 247-267.

Baruchin, A. (2008, May 22). Nature, nurture and attention deficit. *New York Times*. Retrieved from *health.nytimes.com/ref/health/healthguide/esnadhd-expert.html*.

Baucom, D. H., Hahlweg, K., & Kuschel, A. (2003). Are waiting-list control groups needed in future marital therapy outcome research? *Behavior Therapy, 34,* 179-188.

Beach, S., & Gupta, M. (2005). Understanding and treating depression in couples. *Journal of Family Psychotherapy, 16*(3), 69-83.

Beach, S., & Gupta, M. (2006). Directive and nondirective spousal support: Differential effects? *Journal of Marital and Family Therapy, 32*(4), 465-477.

Beach, S., & Jones, D. (2002). Marital and family therapy for depression in adults. In I. H. Gotlib & C. L. Hammen (Eds.), *Handbook of depression* (pp. 422-440). New York: Guilford Press.

Beach, S. R. H., Wambold, M., Kaslow, N., Hegman, R., First, M., Underwood, L., et al.

(2006). *Relational process and DSM-V.* Washington, DC: American Psychiatric Association.

Beach, S. R. H., & Whisman, M. A. (2012). Affective disorders. *Journal of Marital Family Therapy, 38*(1), 201-219.

Beaton, J., Dienhart, A., Schmidt, J., & Turner, J. (2009). Clinical practices of Canadian couple/marital/family therapists. *Journal of Marital and Family Therapy, 35*(2), 193-203.

Becker, D., & & Liddle, H. A. (2001). Family therapy with unmarried African American mothers and their adolescents. *Family Process, 40,* 413-427.

Beekman, A. T., Copeland, J. R., & Prince, M. J. (1999). Review of community prevalence of depression in later life. *British Journal of Psychiatry, 174,* 307-311.

Beidel, D. C., & Turner, S. M. (2007). *Shy children, phobic adults: Nature and treatment of social anxiety disorder* (2nd ed.). Washington, DC: American Psychological Association.

Belmaker, R. H., & Agam, G. (2008). Major depressive disorder. *New England Journal of Medicine, 358*(1), 55-68.

Belous, C. K., Timm, T. M., Chee, G., & Whitehead, M. R. (2012). Revisiting the sexual genogram. *American Journal of Family Therapy, 40,* 281-296.

Belsky, J., & Kelly, J. (1994). *The transition to parenthood: How a first child changes a marriage and why some couples grow closer and others apart.* New York: Dell.

Berg, B., & Rosenblum, N. (1977). Fathers in family therapy: A survey of family therapists. *Journal of Marriage and Family Counseling, 3,* 85-91.

Berger, D., & Berger, L., (1991). *We heard the angels of madness.* New York: Morrow.

Bergin, A. (1991). Values and religious issues in psychotherapy and mental health. *American Psychologist, 46*(4), 394-403.

Beutler, L. E., Harwood, T. M., Michelson, A., Song, X., & Holman, J. (2011). Resistance/reactance level. *Journal of Clinical Psychology: In Session, 67,* 133-142.

Bischoff, R. J., & Barton, M. (2002). The pathway toward clinical self confidence. *American Journal of Family Therapy, 30,* 231-242.

Bischoff, R. J., Barton, M., Thober, J., & Hawley, R. (2002). Events and experiences impacting the development of clinical self confidence: A study of the first year of client contact. *Journal of Marital and Family Therapy, 28,* 371-382.

Bischoff, R. J., Hollist, C., Smith, C., & Flack, P. (2004). Addressing the mental health needs of the rural underserved: Findings from a multiple case study of a behavioral telehealth project. *Contemporary Family Therapy, 26,* 179-198.

Blow, A. J., & Hartnett, K. (2005). Infidelity in committed relationships: II. A substantive review. *Journal of Marital and Family Therapy, 31,* 217-234.

Borum, R., & Reddy, M. (2001). Assessing violence risk in Tarasoff situations: A fact-based model of inquiry. *Behavioral Sciences and the Law, 19,* 375-385.

Boss, P. (1999). *Ambiguous loss: Learning to live with unresolved grief.* Cambridge, MA: Harvard University Press.

Bowlby, J. (1980). *Attachment and loss.* New York: Basic Books.

Bray, J., & Kelly, J. (1998). *Stepfamilies: Love, marriage, and parenting in the first decade.* New York: Broadway Books.

Bridle, C., Spanjers, K., Patel, S., Atherton, N. M., & Lamb, S. E. (2012). Effec of exercise on depression severity in older people: Systematic review and meta-analysis of randomised controlled trials. *British Journal of Psychiatry, 201,* 180-185.

Brown, E. M. (1991). *Patterns of infidelity and their treatment.* New York: Brunner/Mazel.

Brown, F. H. (1989). The impact of death and serious illness on the family life cycle. In B. Carter & M. McGoldrick (Eds.), *The changing family life cycle: A framework for family therapy* (2nd ed., pp. 457-482). New York: Allyn & Bacon.

Brown, M. T., & Bussell, J. K. (2011). Medication adherence: WHO cares? *Mayo Clinic Proceedings, 86*(4), 304-331.

Brubacher, L., & Lee, A. (2012, Fall). Emotion is more than a feeling: The elements of emotion in action. *The EFT Community News, 15th Issue.* Retrieved September 5, 2016, from *www.iceeft.com/nlissue15.pdf.*

Bryant, C., Jackson, H., & Ames, D. (2008). The prevalence of anxiety in older adults: Methodological issues and a review of the literature. *Journal of Affective Disorders, 109,* 233-250.

Buck, J., & Jolles, I. (1966). *House-Tree-Person.* Los Angeles: Western Psychological Services.

Bulloch, A., & Paten, S. (2009). Non-adherence with psychotropic medication in the general population. *Social Psychiatry and Psychiatric Epidemiology, 45,* 47-56.

Cacioppo, J. T., & Patrick, B. (2008). *Loneliness: Human nature and the need for social connection.* New York: Norton.

Carey, B. (2006, December 22). Parenting as therapy for child's mental disorders *New York Times.* Retrieved from *www.nytimes.com/2006/12/22/health/22KIDS.html.*

Carter, E. M., & McGoldrick, M. (Eds.). (1989). *The changing family life cycle: A framework for family therapy* (3rd ed., pp. 457-482). New York: Allyn & Bacon.

Castle, D., Kulkarni, J., & Abel, K. M. (Eds.). (2006). *Mood and anxiety disorders in women.* New York: Cambridge University Press.

Centers for Disease Control and Prevention. (2006). Homicides and suicides-National Violent Death Reporting System, United States, 2003-2004. *Mortality and*

Morbidity Weekly Report, 55(26), 721.

Chapman, G. D. (2015). *The five love languages: The secret to love that lasts*. Chicago: Northfield.

Chenail, R. J., St. George, S., Wulff, D., Duffy, M., Scott, K. W., & Tomm, K. (2012). Clients' relational conceptions of conjoint couples and family therapy quality: A grounded formal theory. *Journal of Marital and Family Therapy, 38,* 241-264.

Chochinov, H. M., Hack, T., Hassard T., Kristjanson, L. J., McClement, S., & Harlos, M. (2005). Dignity therapy: A novel psychotherapeutic intervention for patients near the end of life. *Journal of Clinical Oncology, 23,* 5520-5525.

Christensen, A., Dimidjian, S., & Martell, C. R. (2015). Integrative behavioral couple therapy. In A. S. Gurman, J. L. Lebow, & D. K. Synder (Eds.), *Clinical handbook of couple therapy* (5th ed., pp. 61-94). New York: Guilford Press.

Chu, C., Klein, K. M., Buchman-Schmitt, J. M., Hom, M. A., Hagan, C. R., & Joiner, T. E. (2015). Routinized assessment of suicide risk in clinical practice: An empirically informed update. *Journal of Clinical Psychology, 71*(12), 1186-1200.

Clarkin, J. F., & Glick, I. (1992). *A manual for psychoeducational marital intervention of bipolar disorder*. New York: Cornell Medical Center.

Cohen, S. (2004). Social relationships and health. *American Psychologist, 59*(8), 676-684.

Combrinck-Graham, L. (1985). A developmental model for family systems. *Family Process, 24,* 139-150.

Connell, J. (1995, December 6). Bridging gap between faith and medicine. *San Diego Union-Tribune,* p. D-1.

Conners, C. K. (1997). *Conners' Rating Scale—Revised technical manual*. North Tonawanda, NY: MultiHealth Systems.

Cooper, A. (1998). Sexuality and the Internet: Surfing into the new millennium. *Cyberpsychology and Behavior, 1*(2), 181-187.

Cordova, J. V., & Gee, C. B. (2001). Couples therapy for depression: Using healthy relationships to treat depression. In S. R. H. Beach (Ed.), *Marital and family processes in depression: A scientific foundation for clinical practice* (pp. 185-204). Washington, DC: American Psychological Association.

Costello, J. E., Mustillo, S., Erkanli, A., Keeler, G., & Angold, A. (2003). Prevalence and development of psychiatric disorders in childhood and adolescence. *Archives of General Psychiatry, 60*(8), 837-844.

Crane, D. R. (2013). Editor's introduction to the special issue on international developments in family therapy. *Contemporary Family Therapy, 35,* 177-178.

Crane, D., Newfield, N., & Armstrong, D. (1984). Predicting divorce at marital therapy intake: Wives' distress and the Marital Status Inventory. *Journal of Marital and Family Therapy, 10*(3), 305-312.

Craske, M., & Zoellner, L. (1995). Anxiety disorders: The role of marital therapy. In N. S. Jacobson & A. S. Gurman (Eds.), *Clinical handbook of couple therapy* (pp. 394-410). New York: Guilford Press.

Dadds, M. (1995). *Families, children and the development of dysfunction.* Thousand Oaks, CA: Sage.

Dattilio, F. M., Piercy, F. P., & Davis, S. D. (2014). The divide between "evidenced-based" approaches and practitioners of traditional theories of family therapy. *Journal of Marital and Family Therapy, 40,* 5-16.

Davis, J. L., & Petretic-Jackson, P. A. (2000). The impact of child sexual abuse on adult interpersonal functioning: A review and synthesis of the empirical literature. *Aggression and Violent Behavior, 5,* 291-328.

DeFife, J. A., & Hilsenroth, M. J. (2011). Starting off on the right foot: Common factor elements in early psychotherapy process. *Journal of Psychotherapy Integration, 21*(2), 172-191.

Dell'Osso, B., Marazziti, D., Hollander, E., & Altamura, A. (2007). Traditional and newer impulse control disorders: A clinical update. *Clinical Neuropsychiatry: Journal of Treatment Evaluation, 4*(1), 30-38.

Denton, W., & Burwell, S. (2006). Systemic couple intervention for depression in women. *Journal of Systemic Therapies, 25*(3), 43-57.

Denton, W., Patterson, J., & Van Meir, E. (1997). Use of the DSM in marriage and family therapy programs: Current practices and attitudes. *Journal of Marital and Family Therapy, 23*(1), 81-86.

Desmond, J. (1993, October). *The physician-patient relationship.* Paper presented at the meeting Managed Care: An Approach for the Physician, San Diego County Medical Society, San Diego, CA.

Dilsaver, S. C. (1990). The Mental Status Examination. *American Family Physician, 41*(5), 1489-1497.

Doherty, W. J., Harris, S. M., & Wilde, J. L. (2015). Discernment counseling for "mixed-agenda" couples. *Journal of Marital and Family Therapy, 42,* 246-255.

Doherty, W. J., & Simmons, D. (1996). Clinical practice of marriage and family therapists: A national survey. *Journal of Marital and Family Therapy, 22,* 9-25.

Dube, P., Kurt, K., Bair, M. J., Theobald, D., & Williams, L. S. (2010). The P4 Screener: Evaluation of a brief measure for assessing potential suicide risk in 2 randomized effectiveness trials of primary care and oncology patients. *Primary Care Companion to the Journal of Clinical Psychiatry, 12*(6).

Duncan, B. L., & Miller, S. D. (2008). *The Outcome and Session Rating Scales: The revised administration and scoring manual, including the Child Outcome Rating Scale*. Chicago: Institute for the Study of Therapeutic Change.

Duncan, G. J., Dowsett, C. J., Claessens, A., Magnuson, K., Huston, A. C., Klebanov, P., et al. (2007). School readiness and later achievement. *Developmental Psychology, 43*(6), 1428–1446.

Dutra, L., Stathopoulou, G., Basden, S. L., Leyro, T. M., Powers, M. B., & Otto, M. W. (2008). A meta-analytic review of psychosocial interventions for substance use disorders. *American Journal of Psychiatry, 165*(2), 179–187.

Duvall, E. (1955). *Family development*. New York: Lippincott. Edwards, G. (1986). *Current issues in clinical psychology*. New York: Springer.

Edwards, J., Johnson, D., & Booth, A. (1987). Coming apart: A prognostic instrument of marital breakup. *Journal of Applied Family and Child Studies, 36*(2), 168–170.

Edwards, M., & Steinglass, P. (1995). Family therapy treatment outcomes for alcoholism. *Journal of Marital and Family Therapy, 21*(4), 475–509.

Edwards, T. M., & Patterson, J. (2012). The daily events and emotions of master's-level family therapy trainees in off-campus practicum sites. *Journal of Marital and Family Therapy, 38,* 688–696.

Edwards, T. M., Patterson, J., Scherger, J., & Vakili, S. (2013). Policy and practice: A primer on the past, present, and future of healthcare reform in the United States. In J. Hodgson, A. Lamson, T. Mendenhall, & R. Crane (Eds.), *Medical family therapy: Advanced applications* (pp. 343–356). New York: Springer.

Egan, J. (2008, September 14). The bipolar puzzle: What does it mean to be a manic depressive child? *New York Times*. Retrieved from www.nytimes. *com/2008/09/14/magazine/14bipolart.html.*

Engel, G. L. (1977). The need for a new medical model: A challenge for biomedicine. *Science, 196,* 535–544.

Essex, M., Kraemer, H., Armstrong, J., Boyce, W., Goldsmith, H., Goldsmith, H., et al. (2006). Exploring risk factors for the emergence of children's mental health problems. *Archives of General Psychiatry, 63*(11), 1246–1256.

Estrada, A., & Pinsof, W. (1995). The effectiveness of family therapies for selected behavioral disorders of childhood. *Journal of Marital and Family Therapy, 4,* 403–440.

Etkin, A., & Wager, T. (2007). Functional neuroimaging of anxiety: A meta-analysis of emotional processing in PTSD, social anxiety disorder, and specific phobia. *American Journal of Psychiatry, 164*(10), 1476–1488.

Everett, C. A., & Volgy, S. S. (1991). Treating divorce in family-therapy practice. In A. S.

Gurman & D. P. Kniskern (Eds.), *Handbook of family therapy* (Vol. 2, pp. 508-524). New York: Brunner/Mazel.

Ewing, J. A. (1984). Detecting alcoholism: The CAGE Questionnaire. *Journal of the American Medical Association, 252,* 1905-1907.

Fals-Stewart, W., Kashdan, T., O'Farrell, T., & Birchler, G. (2002). Behavioral couples therapy for drug abusing patients: Effects on partner violence. *Journal of Substance Abuse Treatment, 22,* 87-96.

Fals-Stewart, W., O'Farrell, T., Birchler, G. R., Cordova, J., & Kelley, M. L. (2005). Behavioral couples therapy for alcoholism and drug abuse: Where we've been, where we are, and where we're going. *Journal of Cognitive Therapy, 19*(2), 225-246.

Felitti, V., Anda, R., Nordenberg, D., Williamson, D., Spitz, A., Edwards, V., et al. (1998). Relationship of childhood abuse and household dysfunction to many of the leading causes of death in adults: The Adverse Childhood Experiences (ACE) Study. *American Journal of Preventive Medicine, 14,* 248-258.

Fingerman, K., Miller, L., & Seidel, A. (2009). Functions families serve in old age. In S. H. Qualls & S. H. Zarit (Eds.), *Aging families and caregiving* (pp. 19-43). Hoboken, NJ: Wiley.

Finkelhor, D., Hotaling, G., Lewis, I. A., & Smith, C. (1990). Sexual abuse in a national survey of adult men and women: Prevalence, characteristics and risk-factors. *Child Abuse, 14,* 19-28.

Fisch, R., Weakland, J. H., & Segal, L. (1985). *The tactics of change: Doing therapy briefly.* San Francisco: Jossey-Bass. Fitchett, G. (1993). *Spiritual assessment in pastoral care: A guide to selected resources.* Decatur, GA: Journal of Pastoral Care Publications.

Forsman, A. K., Nordmyr, J., & Wahlbeck, K. (2011). Psychosocial interventions for the promotion of mental health and the prevention of depression among older adults. *Health Promotion International, 26,* 85-107.

Frances, A. (2013). *Essentials of psychiatric diagnosis: Responding to the challenge of DSM-5* (rev ed.). New York: Guilford Press.

Fredman, S. J., Baucom, D. H., Boeding, S. E., & Miklowitz, D. J. (2015). Relatives' emotional involvement moderates the effects of family therapy for bipolar disorder. *Journal of Consulting and Clinical Psychology, 83*(1), 81-91.

Friedman, H., Rohrbaugh, M., & Krakauer, S (1988). The time-line genogram: Highlighting temporal aspects of family relationships. *Family Process, 27,* 293-303.

Funk, J. L., & Rogge, R. D. (2007). Testing the ruler with item response theory: Increasing precision of measurement of relationship satisfaction with the Couples Satisfaction Index. *Journal of Family Psychology, 21,* 572-583.

Ganong, L., Coleman, M., Fine, M., & Martin, P. (1999). Stepparents' affinity-seeking and affinity-maintaining strategies with stepchildren. *Journal of Family Issues, 20,* 299-327.

Garbarino, J., & Stott, F. (1989). *What children can tell us: Eliciting, interpreting, and evaluating information from children.* San Francisco: Jossey-Bass.

Gawande, A. (2014). *Being mortal.* New York: Metropolitan Books.

Gilbody, S., Bower, P., Fletcher, J., Richards, D., & Sutton, A. J. (2006). Collaborative care for depression: A cumulative meta-analysis and review of longer-term outcomes. *Archives of Internal Medicine, 166,* 2314-2321.

Givens, J., Datto, C. J., Ruckdeschel, K., Knott, K., Zubritsky, C., Oslin, D. W., et al. (2006). Older patients' aversion to antidepressants: A qualitative study. *Journal of General Internal Medicine, 21,* 146-151.

Glied, S., & Frank, R. (2008). Shuffling toward parity-bringing mental health care under the umbrella. *New England Journal of Medicine, 359,* 113-115.

Goldner, V. (1985). Feminism and family therapy. *Family Process, 24,* 31-47.

Gordon, K. C., Khaddouma, A., Baucom, D. H., & Snyder, D. K. (2015). Couple therapy and the treatment of affairs. In A. S. Gurman, J. L. Lebow, & D. K. Synder (Eds.), *Clinical handbook of couple therapy* (5th ed., pp. 412-444). New York: Guilford Press.

Gotlib, I., & Beach, S. (1995). A marital/family discord model of depression: Implications for therapeutic intervention. In N. S. Jacobson & A. S. Gurman (Eds.), *Clinical handbook of couple therapy* (pp. 411-436). New York: Guilford Press.

Gottman, J. M. (1994). *What predicts divorce?* Hillsdale, NJ: Erlbaum. Gottman, J. M. (1999). *The marriage clinic.* New York: Norton.

Gottman, J. M., & Gottman, J. S. (2015). Gottman couple therapy. In A. S. Gurman, J. L. Lebow, & D. K. Synder (Eds.), *Clinical handbook of couple therapy* (5th ed., pp. 129-157). New York: Guilford Press.

Gottman, J. M., & Notarius, C. I. (2000). Decade review: Observing marital interaction. *Journal of Marriage and the Family, 62,* 927-947.

Gould, J. W., & Martindale, D. A. (2007). *The art and science of child custody evaluations.* New York: Guilford Press.

Gould, R. L., Coulson, M. C., & Howard, R. J. (2012a). Cognitive behavioral therapy for depression in older people: A meta-analysis and meta-regression of randomized controlled trials. *Journal of the American Geriatrics Society, 60,* 1817-1830.

Gould, R. L., Coulson, M. C., & Howard, R. J. (2012b). Efficacy of cognitive behavioral therapy for anxiety disorders in older people: A meta-analysis and meta-regression of randomized controlled trials. *Journal of the American Geriatrics*

Society, 60, 218–229.

Grant, J. (2008). *Impulse control disorders: A clinician's guide to understanding and treating behavioral addictions*. New York: Norton.

Granvold, D. K. (1983). Structured separation for marital treatment and decision-making. *Journal of Marital and Family Therapy, 9,* 403–412.

Green, R.-J., & Mitchell, V. (2015). Gay, lesbian, and bisexual issues in couple therapy. In A. S. Gurman, J. L. Lebow, & D. K. Synder (Eds.), *Clinical handbook of couple therapy* (5th ed., pp. 489–511). New York: Guilford Press.

Greene, K., & Bogo, M. (2002). The different faces of intimate violence: Implications for assessment and treatment. *Journal of Marital and Family Therapy, 28,* 455–466.

Griffith, J. L. (2013). Existential inquiry: Psychotherapy for crises of demoralization. *European Journal of Psychiatry, 27,* 42–47.

Griffith, J. L., & Griffith, M. E. (1994). *The body speaks: Therapeutic dialogues for mind–body problems*. New York: Basic Books.

Griffiths, M. D. (2012). Internet sex addiction: A review of empirical research. *Addiction Research and Theory, 20,* 111–124.

Groopman, J. (2007). *How doctors think*. Boston: Houghton Mifflin. Gross, J. J. (Ed.). (2007). *Handbook of emotion regulation*. New York: Guilford Press.

Grunebaum, H. (1988). What if family therapy were a kind of psychotherapy?: A reading of the handbook of psychology and behavioral change. *Journal of Marital and Family Therapy, 14*(2), 195–199.

Gupta, M., Coyne, J. D., & Beach, S. R. H. (2003). Couples treatment for major depression: Critique of the literature and suggestions for some different directions. *Journal of Family Therapy, 25,* 317–346.

Haldane, D. (2006). MoodGym. *Occupational Medicine, 56*(8), 586. Retrieved from *https://moodgym.anu.edu.au*.

Hardy, K. (2011). *Integrative family therapy* [streaming video file]. Mill Valley, CA: Psychotherapy.net.

Hebb, D. O. (1949). *The organization of behavior: A neuropsychological theory*. Mahwah, NJ: Erlbaum.

Herek, G. M. (2008). Hate crimes and stigma-related experiences among sexual minority adults in the United States: Prevalence estimates from a national probability sample. *Journal of Interpersonal Violence, 24,* 54–74.

Hertlein, K. M., & Piercy, F. P. (2012). Essential elements of Internet infidelity treatment. *Journal of Marital and Family Therapy, 38*(1), 257–270.

Hetherington, E. M., & Stanley-Hagan, M. (2002). Parenting in divorced and remarried families. In M. Bornstein (Ed.), *Handbook of parenting* (2nd ed., pp. 287–316).

Mahwah, NJ: Erlbaum.

Hill, C. E., Sullivan, C., Knox, S., & Schlosser, L. Z. (2007). Becoming psychotherapists: Experiences of novice trainees in a beginning graduate class. *Psychotherapy: Theory, Research, Practice, Training, 44,* 434-449.

Hirschfeld, R., & Russell, J. (1997). Assessment and treatment of suicidal patients. *New England Journal of Medicine, 337*(13), 910-915.

Hodge, D. R. (2005). Spiritual assessment in marital and family therapy: A methodological framework for selecting from among six qualitative assessment tools. *Journal of Marital and Family Therapy, 31*(4), 341-356.

Hodgson, J. L., Lamson, A. L., & Kolobova, I. (2016). A biopsychosocial-spiritual assessment in brief or extended couple therapy formats. In G. R. Weeks, S. T. Fife, & C. M. Peterson (Eds.), *Techniques for the couple therapist: Essential interventions from the experts* (pp. 213-217). New York: Routledge/Taylor & Francis Group.

Hof, L., & Berman, E. (1986). The sexual genogram. *Journal of Marital and Family Therapy, 12,* 39-47.

Hoffman, L. (1981). *Foundations of family therapy.* New York: Basic Books. Hofstra, M., Van der Ende, J., & Verhulst, F. (2000, July). Continuity and change of psychopathology from childhood into adulthood: A 14-year follow-up study. *Journal of the American Academy of Child and Adolescent Psychiatry, 39*(7), 850-858.

Hunsley, J., & Mash, E. (2005). Developing guidelines for the evidence-based assessment of adult disorders. *Psychological Assessment, 17,* 251-255.

Imber-Black, E. (1988). *Families and larger systems: A family therapist's guide through the labyrinth.* New York: Guilford Press.

Insel, T. R. (2014, August 21). *UCSD Department of Psychiatry Research Colloquium.* U.C. San Diego Health Sciences, San Diego, CA.

Insel, T. R., & Quirion, R. (2005). Psychiatry as a clinical neuroscience discipline. *Journal of the American Medical Association, 294*(17), 2221-2224.

Iveniuk, J., & Schumm, L. P. (2016, August). *Relationships with family members, but not friends, decrease likelihood of death.* Paper presented at the 111th annual meeting of the American Sociological Association, Seattle, WA.

Jacobs, B. J. (2016). *Meditations for caregivers: Practical, emotional, and spiritualsupport for you and your family.* Boston: Da Capo Press.

Jacobson, N. S., & Gurman, A. S. (Eds.). (1995). *Clinical handbook of couple therapy.* New York: Guilford Press.

James, K., & McIntyre, D. (1983). The reproduction of families: The social role of the family. *Journal of Marital and Family Therapy, 9,* 119-129.

Jensen, F. E., & Nutt, A. E. (2015). *The teenage brain: A neuroscientists survival guide to raising adolescents and young adults.* New York: Harper-Collins.

Johnson, S. M. (2004). *The practice of emotionally focused couple therapy: Creating connection.* New York: Brunner-Routledge.

Johnson, S. M. (2015). Emotionally focused couple therapy. In A. S. Gurman, J. L. Lebow, & D. K. Snyder (Eds.), *Clinical handbook of couple therapy* (5th ed., pp. 97-128). New York: Guilford Press.

Kamel Boulos, M. N. (2012). Xbox 360 Kinect exergames for health. *Games Health Journal, 1,* 326-330.

Karel, M. J., Gatz, M., & Smyer, M. A. (2012). Aging and mental health in thedecade ahead: What psychologists need to know. *American Psychologist, 67,* 184-198.

Kase, L., & Ledley, D. R. (2007). *Anxiety disorders.* Hoboken, NJ: Wiley.

Kaslow, F. (2000). Families experiencing divorce. In W. C. Nichols, M. A. Pace-Nichols D. S. Becvar, & A. Y. Napier (Eds.), *Handbook of family development and intervention* (pp. 341-368). New York: Wiley.

Kaslow, N. J., Broth, M. R., Smith, C. O., & Collins, M. H. (2012). Family-based interventions for child and adolescent disorders. *Journal of Marital and Family Therapy, 38,* 82-100.

Keeling, M. L., & Piercy, F. P. (2007). A careful balance: Multinational perspectives on culture, gender, and power in marriage and family therapy practice. *Journal of Marital and Family Therapy, 33*(4), 443-463.

Keitner, G., Ryan, C., Miller, I., & Kohn, R. (1993). The role of the family in major depressive illness. *Psychiatric Annals, 23*(9), 500-507.

Kerr, M. E., & Bowen, M. (1988). *Family evaluation.* New York: Norton.

Kessler, R. C., Adler, L., Barkley, R., Biederman, J., Conners, C. K., Demler, O., et al. (2006). The prevalence and correlates of adult ADHD in the United States: Results from the National Comorbidity Survey Replication. *Archives of General Psychiatry, 163*(4), 716-722.

Kessler, R. C., Angermeyer, M., Anthony, J. C., De Graaf, R., Demyttenaere, K., Gasquet, I., et al. (2007). Lifetime prevalence and age-of-onset distributions of mental disorders in the World Health Organization's World Mental Health Survey Initiative. *World Psychiatry, 6*(3), 168-176.

Kessler, R. C., Berglund, P., Demler, O., Jin, R., Merikangas, K. R., & Walters, E. E. (2005). Lifetime prevalence and age-of-onset distributions of DSMIV disorders in the National Comorbidity Survey Replication. *Archives of General Psychiatry, 62*(6), 593-602.

Kessler, R. C., Chiu, W. T., Demler, O., & Walters, E. E. (2005, June). Prevalence, severity, and comorbidity of twelve-month DSM-IV disorders in the National Comorbidity Survey Replication (NCS-R). *Archives of General Psychiatry, 62*(6), 617-627.

Kessler, R. C., Eaton, W., Wittchen, H., & Zhao, S. (1994). DSM-III-R: Generalized anxiety disorder in the National Comorbidity Survey. *Archives of General Psychiatry, 51*(5), 355-364.

Kitchens, J. M. (1994). Does this patient have an alcohol problem? *Journal of the American Medical Association, 272*(22), 1782-1787.

Knox, S., Adrians, N., Everson, E., Hess, S., Hill, C., & Crook-Lyon, R. (2011). Clients' perspectives on therapy termination. *Psychotherapy Research, 21,* 154-167.

Kung, W. W. (2000). The intertwined relationship between depression and marital distress: Elements of marital therapy conducive to effective treatment outcome. *Journal of Marital and Family Therapy, 26,* 51-63.

Lambert, M. J. (1992), Psychotherapy outcome research: Implications for integrative and eclectic therapists. In J. C. Norcross & M. R. Goldfried (Eds.), *Handbook of psychotherapy integration* (pp. 94-129). New York: Basic Books.

Larocca-Pitts, M. (2012). FACT, a chaplain's tool for assessing spiritual needs in an acute care setting. *Chaplaincy Today, 28*(1), 25-32. Retrieved from *www.professionalchaplains.org/files/publications/chaplaincy_today_online/volume_28_number_1/28_1laroccapitts.pdf.*

Larson, J. H., Newell, K., Topham, G., & Nichols, S. (2002). A review of three comprehensive premarital assessment questionnaires. *Journal of Marital and Family Therapy, 28,* 233-239.

Lawson, A. (1989). *Adultery: An analysis of love and betrayal.* New York: Basic Books.

Lebow, J. L. (2004). The integrative revolution in couple and family therapy. *Family Process, 36,* 1-17.

Lebow, J. L. (2015). Separation and divorce issues in couple therapy. In A. S. Gurman, J. L. Lebow, & D. K. Synder (Eds.), *Clinical handbook of couple therapy* (5th ed., pp. 445-463). New York: Guilford Press.

Lester, B. M., Conradt, E., & Marsit, C. (2016). Introduction to the special section on epigenetics. *Child Development, 87*(1), 29-37.

Liddle, H. A., & Dakof, G. (1995). Efficacy of family therapy for drug abuse: Promising but not definitive. *Journal of Marital and Family Therapy, 21*(4), 511-543.

Lindblad-Goldberg, M. (1989). Successful minority single-parent families. In L. Combrinck-Graham (Ed.), *Children in family contexts* (pp. 116-134). New York: Guilford Press.

Linn-Walton, R., & Pardasani, M. (2014). Dislikable clients or countertransference: A clinician's perspective. *The Clinical Supervisor, 33,* 100-121.

Livingston, S., & Bowen, L. (2006). Treating divorce families in family therapy: A literature review. In C. A. Everett & R. E. Lee (Eds.), *When marriages fail: Systemic family therapy interventions and issues* (pp. 3-20). New York: Haworth Press.

Loyer-Carlson, V. L. (2016). RELATE Assessment. In J. J. Ponzetti Jr. (Ed.), *Evidence-based approaches to relationship and marriage education* (pp. 148-162). New York: Routledge.

Lozano, R., Naghavi, M., Foreman, K., Lim, S., Shibuya, K., Aboyans, V., et al. (2012). Global and regional mortality from 235 causes of death for 20 age groups in 1990 and 2010: A systematic analysis for the Global Burden of Disease Study 2010. *The Lancet, 380,* 2095-2128.

MacFarlane, M. (2003). Systemic treatment of depression: An integrative approach. *Journal of Family Psychotherapy, 14*(1), 43-61.

Maltz, W., & Maltz, L. (2010). *The porn trap: The essential guide to overcoming problems caused by pornography.* New York: HarperCollins.

Margulies, S. (2007). *Working with divorcing spouses: How to help clients navigate the emotional and legal minefield.* New York: Guilford Press.

Markman, H. J., Stanley, S. M., & Blumberg, S. L. (2010). *Fighting for your marriage: A deluxe revised edition of the classic best seller for enhancing marriage and preventing divorce.* San Francisco: Jossey-Bass.

Mash, E., & Hunsley, J. (2005). Evidence-based assessment of child and adolescent disorders: Issues and challenges. *Journal of Clinical Child and Adolescent Psychology, 34,* 362-379.

Maslach, C. (1993). Burnout: A multi-dimensional perspective, In W. B. Schaufeli, C. Maslach, & T. Marek (Eds.), *Professional burnout: Recent developments in theory and research* (pp. 19-32). Philadelphia: Taylor & Francis.

McClement, S., Chochinov, H. M., Hack, T., Hassard, T., Kristjanson, L. J., & Harlos, M. (2007). Dignity therapy: Family member perspectives. *Journal of Palliative Care, 10,* 1076-1082.

McCollum, E. E. (1990). Integrating structural-strategic and Bowen approaches in training beginning family therapists. *Contemporary Family Therapy, 12,* 23-34.

McFarlane, W. R., Dixon, L., Lukens, E., & Lucksted, A. (2003). Family psychoeducation and schizophrenia: A review of the literature. *Journal of Marital and Family Therapy, 29,* 223-245.

McGoldrick, M., Gerson, R., & Petri, S. (2008). *Genograms: Assessment and intervention* (3rd ed.). New York: Norton.

McGoldrick, M., & Shibusawa, T. (2012). The family life cycle. In F. Walsh (Ed.), *Normal family processes: Growing diversity and complexity* (4th ed., pp. 375-398). New York: Guilford Press.

McGrath, E., Keita, G. P., Strickland, B. R., & Russon, N. F. (1990). *Women and depression: Risk factors and treatment issues*. Washington, DC: American Psychological Association.

McNeil, B. J. (2001). Hidden barriers to improvement in the quality of care. *New England Journal of Medicine, 345*(22), 1612-1620.

Mead, N., Lester, H., Chew-Graham, C., Gask, L., & Bower, P. (2010). Effects of befriending on depressive symptoms and distress: Systematic review and meta-analysis. *British Journal of Psychiatry, 196,* 96-101.

Mikesell, R. H., Lusterman, D., & McDaniel, S. H. (1995). *Integrating family therapy: Handbook of family psychology and systems theory*. Washington, DC: American Psychological Association.

Miklowitz, D. J. (2008). *Bipolar disorder: A family-focused treatment approach* (2nd ed.). New York: Guilford Press.

Miller, D. M., Rose, T., & Van Amburgh, J. A. (2016). Behavioral interviewing: Techniques to improve patients' medication adherence. *Consultant, 56*(8), 702-705.

Miller, S. D., Duncan, B. L., Brown, J., Sparks, J. A., & Claud, D. A. (2003). The Outcome Rating Scale: A preliminary study of the reliability, validity, and feasibility of a brief visual analog measure. *Journal of Brief Therapy, 2,* 91-100.

Miller, S. D., Duncan, B. L., & Hubble, M. A. (1997). *Escape from Babel: Toward a unifying language for psychotherapy practice*. New York: Norton.

Miller, S. D., Duncan, B. L., Sorrell, R., & Brown, G. S. (2005). The partners for change outcome system. *Journal of Clinical Psychology: In Session, 61,* 199-208.

Miller, S. D., & Sherrard, P. A. D. (1999). Couple communication: A system for equipping partners to talk, listen, and resolve conflicts effectively. In R. Berger & M. T. Hannah (Eds.), *Preventive approaches in couples therapy* (pp. 73-105). Philadelphia: Brunner/Mazel.

Miller, W. R., & Rollnick, S. (2013). *Motivational interviewing: Helping people change* (3rd ed.). New York: Guilford Press.

Minuchin, P., Colapinto, J., & Minuchin, S. (2006). *Working with families of the poor* (2nd ed.). New York: Guilford Press.

Minuchin, S., & Fishman, H. C. (1981). *Family therapy techniques*. Cambridge, MA: Harvard University Press.

Minuchin, S., Montalvo, B., Guerney, B. G., Rosman, B. L., & Schumer, F. (1967).

Families of the slums. New York: Basic Books.

Mohr, D., Vella, L., Hart, S., Heckman, T., & Simon, G. (2008). The effect of telephone-administered psychotherapy on symptoms of depression and attrition: A meta-analysis. *Clinical Psychology: Science and Practice, 15*(3), 243-253.

Moltz, D. (1993). Bipolar disorder and the family: An integrative model. *Family Process, 32*(4), 409-423.

Mondor, J., Sabourin, S., Wright, J., Poitras-Wright, H., McDuff, P., & Lussier, Y. (2013). Early termination from couple therapy in a naturalistic setting: The role of therapeutic mandate and romantic attachment. *Contemporary Family Therapy, 35*, 59-73.

Montross, L., Winters, K. D., & Irwin, S. A. (2011). Dignity therapy implementation in a community-based hospice setting. *Journal of Palliative Medicine, 14*, 729-734.

Morris, T. L., & March, J. S. (Eds.). (2004). *Anxiety disorders in children and adolescents* (2nd ed.). New York: Guilford Press.

Mukherjee, S. (2016). *The gene: An intimate history*. New York: Scribners. Napier, A. Y., & Whitaker, C. (1978). *The family crucible*. New York: Harper & Row.

National Alliance on Mental Illness. (2016). Mental health by the numbers. Retrieved from *www.nami.org/Learn-More/Mental-Health-By-the-Numbers*.

National Collaborating Centre for Mental Health. (2009). *Depression: The NICE guideline on the treatment and management of depression in adults* (Updated ed.) (National Clinical Practice Guideline 90). London: British Psychological Society and Royal College of Psychiatrists.

National Conference of Commissioners on Uniform State Laws. (1970). *Uniform Marriage and Divorce Act*. Chicago: Author. (Approved by the American Bar Association in 1974)

National Institute of Mental Health. (2005, June). Mental illness exacts heavy toll, beginning in youth. Retrieved from www.nimh.nih.gov/news/science-news/*2005/mental-illness-exacts-heavy-toll-beginning-in-youth.shtml*.

National Institute of Mental Health. (2016). Research Domain Criteria (RDoC). Retrieved from *www.nimh.nih.gov/research-priorities/rdoc/index.shtml*.

Neimeyer, R. A., & Holland, J. M. (2015). Bereavement in later life: Theory, assessment, and intervention. In P. A. Lichtenberg & B. T. Mast (Eds.), *APA handbook of clinical geropsychology: Vol. 2. Assessment, treatment, and issues of later life*. Washington, DC: American Psychological Association.

Nichols, W. C. (1988). *Marital therapy: An integrative approach*. New York: Guilford Press.

Nichols, W. C., & Everett, C. A. (1986). *Systemic family therapy*. New York: Guilford Press.

Norcross, J. C., & Guy, J. D. (2007). *Leaving it at the office: A guide to psychotherapist self-care*. New York: Guilford Press.

Northey, W. F. (2002). Characteristics and clinical practices of marriage and family therapists: A national survey. *Journal of Marital and Family Therapy, 28*(4), 487-494.

O'Brian, C., & Bruggen, P. (1985). Our personal and professional lives: Learning positive connotation and circular questions. *Family Process, 24,* 311-322.

O'Farrell, T. J., & Fals-Stewart, W. (2006). *Behavioral couples therapy for alcoholism and drug abuse*. New York: Guilford Press.

Ogrodniczuk, J. S., Joyce, A. S., & Piper, W. E. (2005). Strategies for reducing patient-initiated premature termination of psychotherapy. *Harvard Review of Psychiatry, 13*(2), 57-70.

O'Hanlon, W. (1982). Strategic pattern intervention. *Journal of Strategic and Systemic Therapies, 4,* 26-33.

Olson, A. K., & Olson, D. H. (2016). Discoveries about couples from PREPARE/ENRICH. In J. J. Ponzetti Jr. (Ed.), *Evidence-based approaches to relationship and marriage education* (pp. 123-136). New York: Routledge.

Pallanti, S. (2006). From impulse-control disorders toward behavioral addictions. *CNS Spectrums, 11*(12), 921-922.

Paolucci, E. O., Genius, M. L., & Violato, C. (2001). A meta-analysis of the published research on the effects of child sexual abuse. *Journal of Psychology, 135*(1), 17-36.

Parkes, C. M. (1972). *Bereavement: Studies of grief in adult life*. New York: International University Press.

Pasley, K., Rhoden, L., Visher, E. B., & Visher, J. S. (1996). Successful stepfamily therapy: Clients' perspectives. *Journal of Marital and Family Therapy, 22,* 342-357.

Patel, V., Araya, R., Chatterjee, S., Chisholm, D., Cohen, A., De Silva, M., et al. (2007). Treatment and prevention of mental disorders in low-income and middle-income countries. *The Lancet, 370,* 991-1005.

Patel, V., Chisholm, D., Dua, T., Laxminarayan, R., & Medina-Mora, M. E. (Eds.). (2015). *Mental, neurological, and substance use disorders* (3rd ed.). Washington, DC: World Bank.

Patel, V., & Saxena, S. (2014). Transforming lives, enhancing communities-Innovations in global mental health. *New England Journal of Medicine, 370*(6), 498-501.

Patterson, J. E., Albala, A. A., McCahill, M. E., & Edwards, T. M. (2010). *The therapist's guide to psychopharmacology, revised edition: Working with patients, families, and physicians to optimize care*. New York: Guilford Press.

Patterson, J., Edwards, T., & Vakili, S. (in press). Global mental health: A call for increased awareness and action in marriage and family therapy. *Family Process.*

Patterson, J. E., & Magulac, M. (1994). The family therapist's guide to psychopharmacology: A graduate level course. *Journal of Marital and Family Therapy, 20*(2), 151-173.

Patterson, J. E., Miller, R., Carnes, S., & Wilson, S. (2007). Evidence-based practice for marriage and family therapists. *Journal of Marital and Family Therapy, 30,* 183-195.

Patterson, J. E., & Vakili, S. (2014). Relationships, environment, and the brain: How emerging research is changing what we know about the impact of families on human development. *Family Process, 53*(1), 22-32.

Pendagast, E., & Sherman, C. O. (1977). A guide to the genogram. *Family, 5,* 3-13.

Penn, C. D., Hernandez, S. L., & Bermudez, J. M. (1997). Using a cross-cultural perspective to understand infidelity in couples therapy. *American Journal of Family Therapy, 25,* 169-185.

Peris, T. S., & Miklowitz D. J. (2015). Parental expressed emotion and youth psychopathology: New directions for an old construct. *Child Psychiatry and Human Development, 46*(6), 863-873.

Pinsoff, W. (1995). *Integrative problem-centered therapy: A synthesis of biological, individual, and family therapy.* New York: Basic Books.

Prina, A. M., Ferri, C. P., Guerra, M., Brayne, C., & Prince, M. (2011). Prevalence of anxiety and its correlates among older adults in Latin America, India and China: Cross-cultural study. *British Journal of Psychiatry, 199,* 485-491.

Prince, M., Patel, V., Saxena, S., Maj, M., Maselko, J., Phillips, M. R., et al. (2007). No health without mental health. *The Lancet, 370,* 859-877.

Prince, S., & Jacobson, N. (1995). Couple and family therapy for depression. In E. E. Beckham & W. R. Leber (Eds.), *Handbook of depression* (2nd ed., pp. 404-424). New York: Guilford Press.

Prochaska, J., Norcross, J., & DiClemente, C. (1994). *Changing for good.* New York: Avon.

Qualls, S. H. (2000). Therapy with aging families: Rationale, opportunities, and challenges. *Aging and Mental Health, 4,* 191-199.

Qualls, S. H. (2016). Caregiving families within the long-term services and support system for older adults. *American Psychologist, 71,* 283-293.

Qualls, S. H., & Williams, A. (2013). *Caregiver family therapy: Empowering families to meet the challenges of aging.* Washington, DC: American Psychological Association.

Rainer, J. P., & Campbell, L. F. (2001). Premature termination in psychotherapy:

Identification and intervention. *Journal of Psychotherapy in Independent Practice, 2*(3), 19–41.

Rappaport, L. (1970). Crisis intervention as a brief mode of treatment. In R. W. Roberts & R. H. Nee (Eds.), *Theories of social casework* (pp. 123–159).

Chicago: University of Chicago Press. Regier, D. A., Boyd, J. H., Burke, J. D., & Rae, D. A. (1988). One-month prevalence of mental disorders in the United States. *Archives of General Psychiatry, 45,* 977–986.

Reiss, D., Steinglass, P., & Howe, G. (1993). The family's organization around the illness. In R. E. Cole & D. Reiss (Eds.), *How do families cope with chronic illness?* (pp. 173–214). Hillsdale, NJ: Erlbaum.

Renk, K., & Dinger, T. M. (2002). Reasons for therapy termination in a university psychology clinic. *Journal of Clinical Psychology, 58,* 1173–1181.

Riggs, D. S., Caulfield, M. B., & Street, A. E. (2000). Risk for domestic violence: Factors associated with perpetration and victimization. *Journal of Clinical Psychology, 56,* 1289–1316.

Rogers, C. R. (1972). *On becoming a person.* Boston: Houghton Mifflin.

Rolland, J. S. (1990). Anticipatory loss: A family systems developmental framework. *Family Process, 29,* 229–244.

Rolland, J. S. (1994). *Families, illness, and disability.* New York: Basic Books. Roos, J., & Werbart, A. (2013). Therapist and relationship factors influencing dropout from individual psychotherapy: A literature review. *Psychotherapy Research, 23,* 394–418.

Rosenberg, T. (2015, June 19). Depressed?: Try therapy without the therapist. *New York Times.* Retrieved from http://opinionator.blogs.nytimes.*com/2015/06/19/depressed-try-therapy-without-the-therapist/?_r=0.*

Rowe, C. L. (2012). Family therapy for drug abuse: Review and updates 2003–2010. *Journal of Marital and Family Therapy, 38,* 59–81.

Rowe, C. L., & Liddle, H. A. (2007). Substance abuse. *Journal of Marital and Family Therapy, 29*(1), 97–120.

Rubin, S. S. (1999). The two-track model of bereavement: Overview, retrospect and prospect. *Death Studies, 23,* 681–714.

Rumstein-McKean, O., & Hunsley, J. (2001). Interpersonal and family functioning of female survivors of childhood sexual abuse. *Clinical Psychology Review, 21,* 471–490.

Sackett, D. L., Strauss, S., Richardson, S. W., Rosenberg, W., & Haynes, B. R. (2000). *Evidence-based medicine: How to practice and teach EBM.* New York: Churchill Livingstone.

Sapolsky, R. (2005). *Monkeyluv.* New York: Scribners. Sapolsky, R. (2017). *Behave.*

New York: Penguin.

Satir, V. (1967). *Conjoint family therapy.* Palo Alto, CA: Science & Behavior Books.

Saunders, J. B., Aasland, O. G., Babor, T. F., De La Fuente, J. R., & Grant, M. (1993). Development of the Alcohol Use Disorders Identification Test (AUDIT): WHO Collaborative Project on Early Detection of Persons with Harmful Alcohol Consumption-II. *Addiction, 88,* 791-804.

Saxena, S., Thornicroft, G., Knapp, M., & Whiteford, H. (2007). Resources for mental health: Scarcity, inequity, and inefficiency. *The Lancet, 370,* 878-889.

Schore, A. (2003a). *Affect dysregulation and disorders of the self.* New York: Norton.

Schore, A. (2003b). *Affect regulation and the repair of the self.* New York: Norton.

Schore, A. (2005). Back to basics: Attachment, affect regulation, and the right brain: Linking developmental neuroscience to pediatrics. *Pediatrics in Review, 26*(6), 204-217.

Scuka, R. F. (2016). Relationship enhancement program and mastering the mysteries of love. In J. J. Ponzetti Jr. (Ed.), *Evidence-based approaches to relationship and marriage education* (pp. 165-179). New York: Routledge.

Seaburn, D., Landau-Stanton, J., & Horwitz, S. (1995). Core techniques in family therapy. In R. H. Mikesell, D. Lusterman, & S. H. McDaniel (Eds.), *Integrating family therapy: Handbook of family psychology and systems theory* (pp. 5-26). Washington, DC: American Psychological Association.

Selzer, M. L. (1971). The Michigan Alcoholism Screening Test: The quest for a new diagnostic instrument. *American Journal of Psychiatry, 127,* 1653-1658.

Serrano, J. P., Latorre, J. M., Gatz, M., & Montanes, J. (2004). Life review therapy using autobiographical retrieval practice for older adults with depressive symptomatology. *Psychology and Aging, 19,* 272-277.

Shapiro, A. F., & Gottman, J. M. (2005). Effects on marriage of a psycho-communicative-educational intervention with couples undergoing the transition to parenthood, evaluation at 1-year post intervention. *Journal of Family Communication, 5,* 1-24.

Shapiro, A. F., Gottman, J. M., & Carrere, S. (2000). The baby and the marriage: Identifying factors that buffer against decline in marital satisfaction after the first baby arrives. *Journal of Family Psychology, 14,* 345-360.

Sharf, J., Primavera, L. H., & Deiner, M. J. (2010). Dropout and therapeutic alliance: A meta-analysis of adult individual therapy. *Psychotherapy Theory, Research, Practice, Training, 47,* 637-645.

Shaw, P., Eckstrand, K., Sharp, W., Blumenthal, J., Lerch, J. P., Greenstein, D., et al. (2007). Attention-deficit/hyperactivity disorder is characterized by a delay in cortical maturation. *Proceedings of the National Academy of Sciences of the USA, 104*(49), 19649-19654.

Shea, M. T., Gibbons, R., Elkin, I., & Sotsky, S. (1995). Initial severity and differential treatment outcome in the National Institute of Mental Health Treatment of Depression of Collaborative Research Program. *Journal of Consulting and Clinical Psychology, 63*(5), 841-847.

Shields, C. G., Wynne, L. C., McDaniel, S. H., & Gawinski, B. A. (1994). The marginalization of family therapy: A historical and continuing problem. *Journal of Marital and Family Therapy, 20,* 117-138.

Shonkoff, J. P., Garner, A. S. (2012). The lifelong effects of early childhood adversity and toxic stress. *Pediatrics, 129,* 232-236.

Siegel, D. J. (1999). *The developing mind: How relationships and the brain interact to shape who we are.* New York: Guilford Press.

Siegel, D. J. (2007). *The mindful brain: Reflection and attunement in the cultivation of well-being.* New York: Norton.

Skoog, I., Nilsson, L., Palmertz, B., Andreasson, L., & Svanborg, A. (1993). A population-based study of dementia in 85-year-olds. *New England Journal of Medicine, 328,* 153-158.

Skovholt, T. M. (2010). *Becoming a therapist on the path to mastery.* Hoboken, NJ: Wiley.

Skovholt, T. M., & Rønnestad, M. H. (2003). Struggles of the novice counselor and therapist. *Journal of Career Development, 30,* 45-58.

Snyder, D. K. (1979). Multidimensional assessment of marital satisfaction. *Journal of Marriage and Family, 41*(4), 813-823.

Snyder, D. K., Castellani, A. M., & Whisman, M. A. (2006). Current status and future directions in couple therapy. *Annual Review of Psychology, 57,* 317-344.

Spanier, G. B. (1976). Measuring marital adjustment: New scales for assessing the quality of marriage and similar dyads. *Journal of Marriage and Family, 38,* 15-28.

Sprenkle, D. H., & Bischoff, R. J. (1991). Research in family therapy: Trends, issues and recommendations. In M. Nichols & R. Schwartz (Eds.), *Family therapy: Concepts and methods* (pp. 542-580). Boston: Allyn & Bacon.

Sprenkle, D. H., Davis, S. D., & Lebow, J. L. (2009). *Common factors in couple and family therapy: The overlooked foundation for effective practice.* New York: Guilford Press.

Stanton, M. D. (1992). The time line and the "why now"? question: A technique and rationale for therapy, training, organizational consultation and research. *Journal of Marital and Family Therapy, 18,* 331-343.

Steinglass, P., Bennett, L. A., Wolin, S. J., & Reiss, D. (1987). *The alcoholic family.* New York: Basic Books.

Stith, S. M., McCollum, E. E., Amanor-Boadu, Y., & Smith, D. (2012). Systemic perspectives on intimate partner violence treatment. *Journal of Marital and Family Therapy, 38*(1), 220-240.

Straus, M. A. (1979). Measuring intrafamily conflict and violence: The Conflict Tactics Scale. *Journal of Marriage and Family, 41,* 75-88.

Stroebe, M., & Shut, H. (2010). The dual process model of coping with bereavement: Rationale and description. *Death Studies, 23,* 197-224.

Strong, T. (2015). Diagnoses, relational processes, and resourceful dialogs: Tensions for families and family therapy. *Family Process, 54,* 518-532.

Sullivan, H. S. (1953). *Conceptions of modern psychiatry.* New York: Norton.

Swift, J. K., Greenberg, R. P., Whipple, J. L., & Kominiak, N. (2012). Recommendations for reducing premature termination in therapy. *Professional Psychology: Research and Practice, 43,* 379-387.

Swisher, A. K. (2010). Practice-based evidence. *Cardiopulmonary Physical Therapy Journal, 21*(2), 4.

Taggart, M. (1985). The feminist critique in epistemological perspective: Questions of context in family therapy. *Journal of Marital and Family Therapy, 11,* 113-126.

Tanyi, R. A., McKenzie, M., & Chapek, C. (2009). How family practice physicians, nurse practitioners, and physician assistants incorporate spiritual care in practice. *Journal of the American Academy of Nurse Practitioners, 21*(12), 690-697.

Taylor, R. (1990). *Distinguishing psychological from organic disorders: Screening for psychological masquerades.* New York: Springer.

Tomm, K. (1988). Interventive interviewing: Part III. *Family Process, 27*(1), 1-15.

Tonelli, L. A., Pregulman, M., & Markman, H. J. (2016). The Prevention and Relationship Education Program (PREP) for individuals and couples. In J. J. Ponzetti Jr. (Ed.), *Evidence-based approaches to relationship and marriage education* (pp. 180-196). New York: Routledge.

Treas, J., & Giesen, D. (2000). Sexual infidelity among married and cohabiting Americans. *Journal of Marriage and Family, 62,* 48-60.

Uebelacker, L., Weishaar, M., & Miller, I. (2008). Family or relationship problems In M. A. Whisman (Ed.), *Adapting cognitive therapy for depression: Managing complexity and comorbidity* (pp. 326-347). New York: Guilford Press.

Underhill, C. (2007). Barriers to improvement of mental health services in low-income and middle-income countries. *The Lancet, 370,* 1164-1174.

Van Der Kolk, B. A. (1997). The body keeps the score: Approaches to the psychobiology of posttraumatic stress disorder. In B. A. van der Kolk, A. C. McFarlane, & L. Weisaeth (Eds.), *Traumatic stress: The effects of overwhelming experience on mind, body and society* (pp. 214–241). New York: Guilford Press.

Vincent, G. K., & Velkoff, V. A. (2010). The next four decades: The older population in the United States: 2010 to 2050 (Current Population Report P25-1138). Retrieved from *www.census.gov/prod/2010pubs/p25-1138.pdf.*

Visher, E. B., & Visher, J. S. (1988). *Old loyalties, new ties: Therapeutic strategies with stepfamilies*. New York: Brunner/Mazel.

von Bertalanffy, L. (1968). *General system theory*. New York: Braziller. Vossler, A. (2016). Internet infidelity 10 years on: A critical review of the literature. *Family Journal, 24,* 359–366.

Walsh, F. (2010). *Spiritual resources in family therapy* (2nd ed.). New York: Guilford Press.

Wang, P. S., Lane, M., Olfson, M., Pincus, H. A., Wells, K. B., & Kessler, R. C. (2005). Twelve month use of mental health services in the United States. *Archives of General Psychiatry, 62*(6), 629–640.

Watkins, C. E., Jr. (2012). Demoralization, therapist identity development, and persuasion and healing in psychotherapy supervision. *Journal of Psychotherapy Integration, 22,* 187–205.

Weber, T., & Levine, F. (1995). Engaging the family: An integrative approach. In R. H. Mikesell, D. Lusterman, & S. H. McDaniel (Eds.), *Integrating family therapy: Handbook of family psychology and systems theory* (pp. 45–72). Washington, DC: American Psychological Association.

Wechsler, D. (1991). *Wechsler Intelligence Scale for Children* (3rd ed.). San Antonio, TX: Psychological Corporation.

Weeks, G. R., Odell, M., & Methven, S. (2005). *If only I had known . . . : Avoiding common mistakes in couples therapy*. New York: Norton.

Weiss, R., & Cerrato, M. (1980). The Marital Status Inventory: Development of a measure of dissolution potential. *American Journal of Family Therapy, 8*(2), 80–85.

Whelton, W. J. (2004). Emotional processes in psychotherapy: Evidence across therapeutic modalities. *Clinical Psychology and Psychotherapy, 11,* 58–71.

Whisman, M. A., & Beach, S. R. H. (2015). Couple therapy and depression. In A. S. Gurman, J. L. Lebow, & D. K. Synder (Eds.), *Clinical handbook of couple therapy* (5th ed., pp. 585–605). New York: Guilford Press.

White, M. (1988). Saying hullo again: The incorporation of the lost relationship in the resolution of grief. In *Selected Papers*. Adelaide, South Australia: Dulwich Centre.

Williams, L. M. (2016). FOCCUS and REFOCCUS: Preparing and sustaining couples for marriage. In J. J. Ponzetti Jr. (Ed.), *Evidence-based approaches to relationship and marriage education* (pp. 137–147). New York: Routledge.

Williams, L. M., & Day, A. (2007). Strategies for dealing with clients we dislike. *American Journal of Family Therapy, 35,* 83–92.

Williams, L. M., Edwards, T. M., Patterson, J., & Chamow, L. (2011). *Essential assessment skills for couple and family therapists.* New York: Guilford Press.

Williams, L. M., & Jimenez, M. (2012). Treating the overfunctioning and underfunctioning couple. *American Journal of Family Therapy, 40,* 141–151.

Williams, L. M., Patterson, J., & Edwards, T. M. (2014). *Clinician's guide to research methods in family therapy: Foundations of evidence-based practice.* New York: Guilford Press.

Williams, L. M., Patterson, J., & Miller, R. B. (2006). Panning for gold: A clinician's guide to using research. *Journal of Marital and Family Therapy, 32,* 17–32.

Williams, L. M., & Winter, H. (2009). Guidelines for an effective transfer of cases: The needs of the transfer triad. *American Journal of Family Therapy, 37,* 146–158.

Wolff, J. L., & Kasper, J. D. (2006). Caregivers of frail elders: Updating a national profile. *The Gerontologist, 46,* 344–356.

Woodside, M., Oberman, A. H., Cole, K. G., & Carruth, E. K. (2007). Learning to be a counselor: A prepracticum point of view. *Counselor Education and Supervision, 47,* 14–28.

World Health Organization. (2010). *mhGAP intervention guide for mental, neurological and substance use disorders in non-specialized health settings.* Geneva, Switzerland: Author.

Yalom, I. D. (2002). *The gift of therapy: An open letter to a new generation of therapists and their patients.* New York: HarperCollins.

Zarit, S. H., & Heid, A. R. (2015). Assessment and treatment of family caregivers In P. A. Lichtenberg & B. T. Mast (Eds.), *APA handbook of clinical geropsychology: Vol. 2. Assessment, treatment, and issues of later life* (pp. 521–552). Washington, DC: American Psychological Association.

Zitzman, S. T., & Butler, M. H. (2005). Attachment, addiction, and recovery: Conjoint marital therapy for recovery from a sexual addiction. *Sexual Addiction and Compulsivity, 12,* 311–337.

Zuckerman, E. L., & Kolmes, K. (2017). *The paper office for the digital age: Forms, guidelines, and resources to make your practice work ethically, legally, and profitably.* New York: Guilford Press.

찾아보기

인명

내용

◆ 저자 소개 ◆

JoEllen Patterson은 미국 샌디에이고대학교의 부부/가족치료 프로그램 교수이며, 미국 캘리포니아대학교의 정신의학과 임상부교수로 활동 중이다. 가족치료 훈련과 정신건강 통합치료에 관한 여러 편의 책과 논문을 발표해 오고 있다.

Lee Williams는 미국 샌디에이고대학교의 부부/가족치료 프로그램 교수이며, 샌디에이고 의료기관에서 퇴역장교를 위한 부부치료를 진행하고 있다. 결혼 전 상담, 종교문제를 가진 부부치료, 가족치료 훈련에 관한 연구와 논문을 발표해 오고 있다.

Todd M. Edwards는 미국 샌디에이고대학교의 부부/가족치료 프로그램 부교수이며, 가족치료자로 일하고 있다. 주요 연구 주제는 가족치료자와 의료 관련 전문가 간의 협력모델, 의료가족치료 그리고 의료가족치료 훈련 등이다.

Larry Chamow는 미국 샌디에이고대학교의 부부/가족치료 프로그램 임상교수이며, 캘리포니아에서 개인치료소를 운영하고 있다. 주요 연구 주제는 부부치료, 슈퍼비전, 치료자의 자아계발 그리고 가족 비즈니스 등이다.

Claudia Grauf-Grounds는 미국 시애틀퍼시픽대학교의 부부/가족치료 프로그램 교수이자 학과장이며, 미국 워싱턴대학교 의과대학 임상교수로 일하고 있다. 가족치료 훈련, 영성을 접목한 건강관리모델에 관한 연구와 책을 발표하고 있으며, 워싱턴 부부/가족치료협회에서 '올해의 슈퍼바이저'로 선정된 바 있다.

◆ 역자 소개 ◆

김유숙(Yoosook Kim)
일본 도쿄대학교 의학부 정신위생학교실 석 · 박사
현 한스카운셀링센터 책임 슈퍼바이저

박주은(Ju-Eun Park)
경희대학교 대학원 가족학 박사
현 인천여성가족재단 가족정책실장

천희선(Hee-Sun Cheon)
미국 아이오와 주립대학교 가족학(부부가족치료 전공) 박사
현 시애틀퍼시픽대학교 부부가족치료학과 부교수

이현숙(Hyunsook Lee)
서울여자대학교 대학원 교육심리학(상담 및 임상심리 전공) 박사
현 휴먼다이나믹아시아퍼시픽 협력치료자

가족치료의 기술(원서 3판)

- 첫 면접에서 종결까지 -

Essential Skills in Family Therapy (3rd ed.)

2021년 7월 25일 1판 1쇄 인쇄
2021년 7월 30일 1판 1쇄 발행

지은이 • J. Patterson · L. Williams · T. M. Edwards · L. Chamow · C. Grauf-Grounds
옮긴이 • 김유숙 · 박주은 · 천희선 · 이현숙
펴낸이 • 김진환
펴낸곳 • (주) 학지사
04031 서울특별시 마포구 양화로 15길 20 마인드월드빌딩
대표전화 • 02)330-5114 팩스 02)324-2345
등록번호 • 제313-2006-000265호

홈페이지 • http://www.hakjisa.co.kr
페이스북 • https://www.facebook.com/hakjisabook

ISBN 978-89-997-2457-2 93180

정가 23,000원

역자와의 협약으로 인지는 생략합니다.
파본은 구입처에서 교환해 드립니다.